밑바닥부터 시작하는 **데이터 과학** 2판

데이터 분석을 위한 파이썬 프로그래밍과 수학·통계 기초

KB179957

Data Science from Scratch 2/E
by Joel Grus

밑바닥부터 시작하는 데이터 과학

초판 1쇄 발행 2016년 5월 31일 초판 5쇄 발행 2018년 10월 22일 2판 1쇄 발행 2020년 3월 12일 2판 2쇄 발행 2021년 4월 5일 지은이 조엘 그루스 옮긴이 김한결, 하성주, 박은정 펴낸이 한기성 펴낸곳 인사이트 편집 이지연 본문 디자인 최우정 제작·관리 신승준, 박미경 용지 월드페이퍼 출력·인쇄 현문인쇄 제본 자현제책 등록번호 제2002-000049호 등록일자 2002년 2월 19일 주소 서울시 마포구 연남로5길 19-5 전화 02-322-5143 팩스 02-3143-5579 블로그 http://blog.insightbook.co.kr 이메일 insight@insightbook.co.kr ISBN 978-89-6626-257-1 93000 책값은 뒤표지에 있습니다. 이 책의 정오표는 https://github.com/insightbook/data-science-from-scratch/wiki/Errata-(2nd-Edition)에서 확인하실 수 있습니다.

프로그래밍 **인사이트**

밑바닥부터 시작하는
데이터 과학 ^{2판}

데이터 분석을 위한 파이썬 프로그래밍과 수학·통계 기초

조엘 그루스 지음 | 김한결, 하성주, 박은정 옮김

인사이트

차례

추천사

'세계적인'이라고 표현하면 별로 좋아하지 않을 것 같은, 세계적인 데이터 과학자이자 파워 트위터리안 조엘 그루스의 《밑바닥부터 시작하는 데이터 과학 2판》의 추천사를 쓰는 내가 자랑스럽다. 게다가 이 책의 번역자들은 하나같이 우리나라 인공지능 영역의 젊은 거인들이 아닌가? 뭔가 퍼거슨 전 맨유 감독이 지휘하고 박지성과 손흥민이 뛰는 경기에 귀빈으로 초대받은 기분이다. 내가 이렇게 대단한 사람인가...

감상은 뒤로하고 지금 우리의 필드를 돌아보자. 빅데이터, 인공지능, 머신러닝, 데이터 과학... 이제 더는 일반인에게도 생소하지 않은 이 단어들은 우리 생활 속에 자리 잡고 있다. 많은 학생과 개발자 들이 데이터 과학자가 되기 위해 공부하고 이를 통해 새로운 기회를 찾고 있다. 텐서플로, 케라스, 사이킷런 등 다양한 도구를 사용하여 캐글이나 국내외 데이터 분석 사이트에서 자신의 실력을 뽐낼 수도 있다. 요즘엔 초등학생도 "딥러닝을 한다. 데이터 과학을 한다"고 할 정도로 대중화되고 있다.

하지만 좀 더 자세히 들여다보자. 우리는 도대체 얼마나 알고 있는가? 얼마나 설명할 수 있을까? 예를 들어 텍스트 간의 유사성을 비교할 때 왜 유클리드 거리(Euclidean distance)를 쓰지 않고, 코사인 거리를 쓰는 걸까? 왜 데이터가 적을 때는 경사 하강법(Gradient Descent)보다 정규 방정식(Normal Equation)을 쓰라고 할까? 왜 데이터가 커지면 일반적인 단일 시스템이 아닌 맵리듀스를 사용하는 하둡 같은 분산머신을 사용해야 할까?

학부생 시절 사례 기반 추론(case-based reasoning) 기법을 공부한 적이 있다. 영어 원서의 내용도 어려웠지만 따라 해보니 그냥 모듈만 쓰면 매우 쉽게 두 인스턴스 간의 유사도가 나왔다. 영어에다 설명을 어렵게 써놔서 그렇지 한국 사람 대부분이 고등학교 때 배우는 피타고라스 정리를 조금만 더 들여다보면 이해할 수 있는 유클리드 거리로, 두 인스턴스 값들의 유사도를 구하는 기법이었다. 처음부터 프로그래밍으로 바닥부터 작성해 보았다면 훨씬 더 빨리 이해했을 텐데...

이 책은 그런 책이다. 데이터와 관련해서 가장 넓은 개념이라고 볼 수 있는 '데이터 과학'에서 쓰이는 모든 기초적인 기법을 파이썬을 이용해서 가장 기초적인 것부터 구현한다. 정말 거의 모든 데이터 과학의 영역을 다룬다. 파이썬, 통계학, 머신러닝, 네트워크 분석, 데이터베이스, 데이터 엔지니어링 그리고 심지어 2판에서는 데이터에 대한 윤리까지 말이다. 데이터 과학에 입문하면서 모든 내용을 톺아볼 때 이것만큼 좋은 책이 있을까?

조엘의 서술 방식 역시 처음 데이터 과학을 배우는 독자들에게 큰 도움이 될 것이다. 조엘은 복잡한 개념을 유머와 해학으로 쉽게 풀어 설명하는 재능이 뛰어나다. 자연어처리(natural language processing, NLP) 영역에서 뛰어난 연구를 하는 학자면서 학회에서 많은 이에게 감명을 주는 워크숍을 진행하는 자애로운 교육자이기도 하다. 세 분의 번역자 역시 독자들에게 조금 더 좋은 내용을 전달해 주기 위해 고심했다. 현재 파파고 기계 번역팀의 리더이기도 한 박은정 님이 이 책의 초판을 번역할 때, 기존의 우리말 번역에서는 의미 구별이 쉽지 않은 단어들(예를 들어 regularization과 normalization은 모두 '정규화'라고 번역하는 게 맞는가?)을 함께 고민하면서 밥 먹으러 갔던 기억이 있다. 번역의 생산성보다는 용어에 대한 올바른 이해를 제공하기 위해 늘 고민하던 분들의 작품이다.

처음 데이터 과학을 배우는 사람이 내게 책을 한 권만 추천해달라고 한다면 이 책을 권하고 싶다. 이 책은 어려운 내용을 쉽게 설명하고 있으며, 우리가 어릴 적부터 배워왔던 한국의 수학교육이 머신러닝 분야에서 얼마나 쓸모 있는지 이해할 수 있게 해준다. 독자는 처음 봤을 때 다소 어렵게 느껴지는 데이터 과학의 수식들이 코드로 표현하면 얼마나 간단한지 이해할 수 있게 될 것이다. 이후에 공부를 이어갈 때도 좋은 초석이 될 만한 기초 코드들이 많이 포함되어 있다. 데이터 과학을 공부하려 한다면 이 책을 반드시 소장할 것을 권한다.

최성철, 가천대 산업경영공학과 교수

옮긴이 서문

1판이 나온 지 3년이 넘었습니다. 그간 데이터 과학 업계에는 새로운 기술이 많이 탄생했고, 그러한 기술을 토대로 세상에 실질적인 영향을 끼치기도 했습니다. 한편으로는 빠르게 발전하는 기술을 좇아가기가 쉽지 않다고도 느끼지만, 그럴 때일수록 기본을 다지는 것이 중요하다고 생각합니다. 2판은 1판에서 훑었던 데이터 과학과 기계학습의 중요한 알고리즘들에, 1판 이후 탄생한 기술 중 핵심적인 몇 가지(딥러닝 등)를 더해서 기초를 탄탄히 쌓을 수 있게 해줍니다.

데이터 과학은 기술적으로 발전했을 뿐 아니라, 더욱더 많은 학생 그리고 연구자와 대중으로부터 관심을 얻기 시작하면서 한국어의 용어 면에서도 많은 논의와 개선이 있었습니다. 예를 들어 'likelihood'의 경우 2016년 당시에는 '우도' 또는 '가능도'라고 번역되곤 했고 그 어느 쪽도 정착했다고 보기 어려운 상황이었지만, 지금은 많은 번역서가 '가능도'라는 용어를 채택하고 있고, 대중도 큰 어색함 없이 이 용어를 받아들이고 있는 것 같습니다. 한편으로는 아직 마땅히 자리를 잡지 못했거나 옮긴이들이 모호하다고 판단한 용어 몇 가지는 음차 했습니다. 예를 들어 'gradient'의 경우 'gradient descent'의 맥락에서 논의될 때는 '경사'로 번역했지만, 그 외에 홀로 사용된 경우에는 '그래디언트'라고 표기했습니다.

이 책의 1판을 통해 새로운 인연을 맺게 되었기 때문에 저희에게는 매우 의미가 있는 책입니다. 훌륭한 책의 번역을 다시 한번 맡게 되어 영광입니다. 한편으로 부족한 번역임에도 기꺼이 책을 추천해 주신 분들께 깊은 감사를 드립니다. 훌륭한 데이터 과학자들을 양성해서 세상에 내보내고 계신 최성철 교수님, 냉철한 시각으로 한국의 데이터 과학 업계를 이끌어 주고 계신 권정민 님, 그리고 혜안 넘치는 블로그 포스트와 각종 발표 자료로 많은 이에게 영감을 주는 데이터 과학계의 떠오르는 샛별 변성윤 님(*https://zzsza.github.io*), 감사합니다.

3년 뒤, 5년 뒤, 10년 뒤의 데이터 과학 업계는 또 어떻게 변해있을까요? 그때는 우리와 같은 옮긴이가 필요하지 않고 기계번역으로 번역서가 나오게 될까요? 혹시 좋은 기술서를 기계가 쓰고 있지는 않을까요? 다가오는 미래가 무척 기대됩니다. 이 번역서를 통해 그 미래를 더 많은 분과 함께 지켜보고, 만들어 갈 수 있게 되길 바랍니다.

김한결, 하성주, 박은정 드림

2판 서문

나는 《밑바닥부터 시작하는 데이터 과학》 초판이 아주 자랑스럽다. 내가 원하는 방향대로 책이 나와 주었기 때문이다. 하지만 수년간 데이터 과학이 발전하고, 파이썬 개발 환경이 진보하고, 개인적으로는 개발자와 교육자로서 성장하다 보니 이상적인 데이터 과학 책에 관한 나의 생각이 바뀌었다.

인생에 있어 재도전이란 없다. 하지만 글에는 2판이라는 것이 있다.

그렇기에 이번에는 모든 코드와 예시를 파이썬 3.6으로 수정하였으며 타입 어노테이션 등 새로운 기능을 활용하였다. 깔끔한 코드 작성에 대해 강조하는 내용을 같이 엮어 보았다. 초판의 간단한 예시들을 '진짜' 데이터셋을 사용하여 조금 더 현실적인 예시로 교체했다. 오늘날의 데이터 과학자들이 다루어야 할 딥러닝, 통계, 자연어 처리 등의 주제를 다루는 내용을 추가했다. (시의성이 떨어진다고 생각되는 내용도 제거했다.) 세심하게 책을 다시 살피며 버그를 고치고, 설명이 명쾌하도록 다시 쓰고, 몇몇 농담을 새롭게 바꿨다.

추판은 훌륭한 책이었지만, 이번 판은 그보다 더 낫다. 즐겁게 읽기를 바란다!

조엘 그루스(시애틀, 2019)

표기 관례

이 책에서는 다음의 표기 관례를 따른다.

이탤릭
URL, 메일 주소, 책 제목(원저작물)에 사용한다.

고정폭 글꼴
코드의 표현 및 문단 내의 프로그램 구성 요소인 변수, 함수명, 데이터 타입, 환경 변수, 문장(statement), 키워드 등을 표현한다.

볼드체
강조하는 용어에 사용한다.

이 책에 쓰인 표시

	팁 혹은 제안을 나타낸다.
	일반적인 주석을 뜻한다.
	경고 혹은 주의를 나타낸다.

예시 코드 사용하기

예시 코드, 문제 풀이 등 이 책에서 사용되는 자료는 *https://github.com/joelgrus/data-science-from-scratch*에서 내려받을 수 있다.

이 책은 업무에 실질적인 도움을 줄 목적으로 쓰였기 때문에, 예시 코드를 자신의 프로그램이나 문서에 재사용해도 문제가 없다. 가령, 예시 코드를 짜깁기해서 프로그램을 짜는 것은 내 허락을 받을 필요가 없다. 특정 질문에 관해 답변할 때 이 책을 인용하면서 예시 코드를 활용하는 것도 따로 허락을 받을 필요가 없다. 하지만 책에 수록된 예시들을 판매하거나 재배포하는 경우와 예시 코드의 상당량을 다른 문서에 활용할 때는 허락이 필요하다.

출처(attribution) 표기는 권고하지만, 강제하지는 않는다. 출처는 일반적으로 제목, 저자, 출판사 등을 포함하고, ISBN이 있는 경우 병기한다. 예를 들어 《밑바닥부터 시작하는 데이터 과학 2판》(조엘 그루스 지음, 김한결·하성주·박은정 옮김, 인사이트, 2020)과 같은 방식으로 표기하면 된다. 위에서 언급되지 않은 용도로 코드 예시를 사용하고 싶다면 *permissions@oreilly.com*으로 연락을 주기 바란다.

연락하는 법

이 책에 대한 지적이나 질문은 출판사로 연락하길 바란다.

- O'Reilly Media, Inc.
  1005 Gravenstein Highway North
  Sebastopol, CA 95472
- 800-998-9938(미국 혹은 캐나다)
- 707-829-0515(국제)
- 707-829-0104(팩스)

우리는 이 책을 위한 웹페이지에 정오표, 예시 및 기타 정보를 모아두었다. 해당 페이지는 *http://bit.ly/data-science-from-scratch-2e*(영문판) 또는 *https://github.com/ insightbook/data-science-from-scratch/wiki/Errata-(2nd-Edition)*(한국어판)으로 접근 할 수 있다.

책의 기술적인 부분에 관한 질문이나 논의는 *bookquestions@oreilly.com*으로 메 일을 보내면 된다.

감사의 글

가장 먼저, 이 책을 쓰겠다는 제안을 받아 준 (그리고 적정량으로 내용을 줄이자 고 조언해 준) Mike Loukides에게 감사드린다. '자꾸 나한테 원고 샘플을 보내 서 귀찮게 하는 이 작자는 누구야? 어떻게 물리치지?'라고 충분히 생각할 수 있 었음에도 그러지 않아서 감사하다. 출판 과정 내내 옆에서 지도해 주며 혼자서 했을 때보다 훨씬 좋은 책을 만들 수 있게 해준 편집자 Marie Beaugureau에게 도 감사하다.

내가 데이터 과학을 배우지 않았다면 이 책을 쓰지 못했을 것이고, Dave Hsu, Igor Tatarinov, John Rauser 등 Farecast 친구들의 영향이 없었다면 데이터 과 학을 배우지 않았을 것이다(너무 오래전이어서 당시에는 그것을 데이터 과학이 라고 부르지도 않았지만). Coursera와 DataTau에 있는 분들에게도 많은 고마움 을 전한다.

베타 리딩과 검토를 해준 분들께도 감사하다. Jay Fundling은 수많은 실수 와 불명확한 설명을 짚어 주었고, 그 덕분에 훨씬 정확하고 좋은 책을 쓸 수 있 었다. Debashis Ghosh는 내 통계 수식들에 틀린 곳이 없는지 검토해 주는 데 훌륭한 역할을 했다. Andrew Musselman은 내가 자꾸 "파이썬보다 R을 선호 하는 사람은 도덕적으로 파렴치한 사람(people who prefer R to Python are moral reprobates)"이라고 주장하는 것을 조금 누그러뜨릴 수 있게 해줬는데, 결과적으로 그건 꽤 괜찮은 조언이었다. Trey Causey, Ryan Matthew Balfanz, Loris Mularoni, Núria Pujol, Rob Jefferson, Mary Pat Campbell, Zach Geary, Denise Mauldin, Jimmy O'Donnell 그리고 Wendy Grus 역시 아주 귀중한 피 드백을 주었다. 초판을 읽어 주고 이 책이 더 나은 책이 될 수 있도록 도와준 모 두에게 감사한다. 책에 오류가 남아 있다면 그것은 당연히 나의 책임이다.

내게 수많은 새로운 개념을 소개해 주고 멋진 사람들을 만나게 해주며, 스스로의 자격지심을 만회하기 위해 이 책을 쓰게 해준 트위터의 #datascience 해시태그 사용자들에게도 감사한다. 선형대수에 관한 장을 책에 추가하도록 조언해 준 Trey Causey에게 (다시 한번) 감사드리고, 10장 '데이터 다루기'에서 누락된 중요한 부분들을 지적해 준 Sean J. Taylor에게도 감사드린다.

　그 누구보다도 Ganga와 Madeline에게 감사드린다. 책을 쓰는 것보다 유일하게 더 힘든 것은 책을 쓰는 사람과 함께 사는 것인데, 이들의 도움이 아니었다면 결코 이 책을 쓰지 못했을 것이다.

초판 서문

데이터 과학

'21세기의 가장 섹시한 직업'은 데이터 과학자라고 한다.[1] (이 말을 한 사람은 소방서에 가보지 않았나 보다.[2]) 실제로 데이터 과학은 많은 인기를 누리며 성장하고 있고, 몇몇 애널리스트는 앞으로 10년 안에 수십억 명의 데이터 과학자가 더 필요할 것이라고 침 튀기며 주장하기도 한다.

데이터 과학(data science)이란 무엇인가? 이를 모른다면 데이터 과학자도 양성할 수 없으니 먼저 데이터 과학이 무엇인지 이해하는 것이 중요하다. 업계에서 제법 알려진 한 벤다이어그램[3]에 의하면 데이터 과학은 다음 세 가지 영역의 교집합이다.

- 해킹[4] 실력
- 수학 및 통계에 관한 지식
- 도메인 전문성

처음에는 이 책에서 세 가지를 모두 다루려고 했으나, 도메인 전문성을 상세히 설명하기 위해서는 수만 페이지가 필요하다는 것을 깨달았다. 그래서 앞의 두 가지에 집중하기로 했다. 이 책의 목표는 데이터 과학을 시작하는 데 필요한 해킹 실력을 키워 주고, 데이터 과학의 핵심인 수학 및 통계학에 익숙해질 수 있게 도와 주는 것이다.

어쩌면 이마저도 책 한 권에 담기에는 너무 많을 수 있다. 사실 해킹 실력을 키우기 위한 가장 좋은 방법은 직접 이것저것 해킹해 보는 것이다. 이 책을 읽고 나면 필자가 어떤 방식으로 해킹하는지 알게 되겠지만, 막상 그것이 본인에게는 가장 적합한 방법이 아닐 수 있다. 내가 어떤 도구들을 주로 쓰는지도 알게 되겠지만, 마찬가지로 본인에게 가장 좋은 방법은 아닐 수 있다. 또한 데이터 관련

---

1   *https://hbr.org/2012/10/data-scientist-the-sexiest-job-of-the-21st-century*
2   (옮긴이) 미국에는 소방관이 가장 섹시한 직업이라는 농담이 있다.
3   *http://drewconway.com/zia/2013/3/26/the-data-science-venn-diagram*
4   (옮긴이) 여기서 말하는 해킹은 악의적 의도를 담은 크래킹이 아니라, 일반적인 의미의 프로그래밍이라고 할 수 있다.

문제에 어떻게 접근하는지는 알게 되겠지만, 그것이 본인에게 가장 좋은 접근법은 아닐 수 있다. 나의 의도는 (그리고 바람은) 여기서 보여 주는 예시들이 영감이 돼서 자기만의 방법을 찾는 것이다. 이 책의 모든 코드와 데이터는 깃허브(GitHub)에서 볼 수 있다.[5]

비슷한 맥락으로 수학을 배우는 가장 좋은 방법은 수학을 직접 해보는 것이다. 이 책은 결코 수학책이 아니며 '진짜 수학'을 다루지 않을 것이다. 하지만 확률과 통계, 선형대수에 대한 최소한의 이해 없이 데이터 과학을 할 수는 없다. 따라서 우리는 필요할 때마다 수식, 수학적 직관, 수리적 공리 그리고 수학적 아이디어를 최대한 간단하게 이해하려 할 것이다. 이런 것들을 함께 풀어나가는 과정을 겁내지 않았으면 한다.

또한 이 책을 읽고 나서 데이터를 가지고 노는 것이 재밌다는 느낌을 받았으면 좋겠다. 왜냐하면... 데이터를 가지고 노는 것은 재밌으니까! (적어도 연말정산을 하거나 석탄을 캐는 것보다는 훨씬 재밌다.)

왜 '밑바닥'부터인가

잘 알려진 (그리고 덜 알려진) 알고리즘이나 테크닉을 효율적으로 잘 구현한 데이터 과학 관련 라이브러리, 프레임워크, 모듈 그리고 툴킷은 아주아주 많다. 데이터 과학자가 되면 NumPy, scikit-learn, pandas 그리고 그 외에도 아주 많은 다른 라이브러리에 익숙해진다. 이들은 데이터 과학을 하는 데 아주 유용한 도구다. 하지만 한편으로는 데이터 과학의 원리를 제대로 이해하지 못한 상태로 데이터 과학을 할 수 있는 방법이기도 하다.

따라서 이 책에서 우리는 데이터 과학을 '밑바닥'부터 시작해 볼 것이다. 즉, 도구와 알고리즘을 더 명확하게 이해하기 위해서 라이브러리 등을 이용하지 않고 직접 만들어 볼 것이다. 나는 이를 위해 주석을 열심히 달고, 읽기 쉬운 명확한 구현체와 예시를 만드는 데 많은 노력을 들였다. 하지만 우리가 작성할 코드는 이해하기는 쉬워도 효율적이지는 않을 수 있다. 즉, 작은 데이터에는 잘 작동하겠지만 '웹 스케일(web scale)'의 대용량 데이터에는 적합하지 않을 것이다.

대용량의 데이터에 어떤 라이브러리를 쓰면 적합한 알고리즘을 적용할 수 있는지 알려주겠지만, 직접 사용하지는 않을 것이다.

요즘 데이터 과학을 배우기 위한 가장 적합한 언어가 무엇인지에 대한 생산적

---

5 *https://github.com/joelgrus/data-science-from-scratch*

인 토론이 많다. 어떤 사람들은 그 언어가 R이라고 한다(물론 나는 그 사람들이 틀렸다고 생각한다). 몇몇은 자바 또는 스칼라도 괜찮다고 한다. 그러나 내 생각에는, 당연히 파이썬이 정답이다.

파이썬은 데이터 과학을 배우기 위해 (그리고 수행하기 위해) 적합한 몇 가지 특성이 있다.

- 공짜다.
- 코드를 간편하게 작성할 수 있다(게다가 읽기 쉽다).
- 데이터 과학과 관련해 유용한 라이브러리가 많다.

그렇다고 내가 가장 좋아하는 프로그래밍 언어가 파이썬이라고 말하기는 어렵다. 개인적으로 더 만족스럽거나, 잘 설계되었다고 생각하거나, 또는 단순히 코딩하는 게 더 즐거운 언어들이 있다. 그럼에도 새로운 데이터 과학 프로젝트를 시작할 때마다 나는 매번 파이썬을 쓴다. 실제로 작동하는 프로토타입을 빠르게 만들어야 할 때나, 데이터 과학의 개념을 명확하고 이해하기 쉬운 방식으로 전달하고 싶을 때도 파이썬을 쓴다. 따라서 이 책에서도 파이썬을 사용하게 되었다.

이 책의 목표는 파이썬을 가르치는 것이 아니다(물론 이 책을 읽음으로써 파이썬을 어느 정도 배우기는 할 것이다). 한 개 장 분량의 파이썬 속성 강좌를 통해 기초적인 파이썬 사용법을 다루기는 하겠지만, 파이썬 프로그래밍을 전혀 할 줄 모른다면 (또는 프로그래밍을 전혀 할 줄 모른다면) 초보자를 위한 파이썬 책을 함께 볼 것을 추천한다.

데이터 과학에 대한 설명 역시 비슷한 방식을 취할 것이다. 필요하거나 도움이 될 만한 부분은 깊이 들어가겠지만, 그렇지 않은 경우에는 스스로 내용을 터득해야 (또는 위키피디아를 찾아보도록) 한다.

지난 몇 년간, 나는 여러 명의 데이터 과학자를 지도해왔다. 그 모두가 세상을 변화시키는 슈퍼스타가 되지는 않았지만, 처음 만났을 때보다 분명히 더 나은 데이터 과학자가 되었다고 자부한다. 그리고 그 경험을 통해, 어느 정도의 수학적 능력과 프로그래밍 실력만 있다면 누구나 데이터 과학자가 될 자질을 갖고 있다고 믿게 되었다. 그 외에는 오로지 호기심과 열심히 하겠다는 의지 그리고 이 책만 있으면 된다. 이 책을 선택하게 된 것을 축하한다.

1장

D a t a   S c i e n c e   *f r o m*   *S c r a t c h*

들어가기

> "데이터! 데이터! 데이터!" 그가 조바심내며 말했다.
> "진흙 없이 벽돌을 만들 수는 없잖아."
> - 아서 코난 도일(Arthur Conan Doyle)

1.1 데이터 시대의 도래

우리는 데이터의 홍수 속에 살고 있다. 웹사이트는 모든 사용자의 클릭 하나하나를 추석하며, 스마트폰은 우리의 위치와 움직이는 속도를 매일 시시각각 기록하고 있다. 자신의 생활을 데이터로 남기려는 사람들은 첨단 만보계를 차고 다니며 심장 박동수, 움직임, 식습관 그리고 수면 습관까지 기록한다. 스마트카(smart car)는 운전 습관을, 스마트홈(smart home)은 생활 습관을, 스마트 마케터(smart marketer)는 고객의 구매 습관 데이터를 수집한다. 인터넷 또한 방대한 양의 지식이 서로 참조되어 있는 거대한 백과사전으로 자리잡았다. 인터넷을 통해 영화, 음악, 스포츠 경기 결과, 핀볼 게임, 밈(memes), 칵테일 등 세부적인 분야의 데이터까지 얻을 수 있으며 지나치게 많은 대상으로부터 나오는, 지나치게 많은 데이터는 우리가 분석해 주기만을 기다리고 있다. (심지어 그들 중 대부분은 거짓 데이터도 아니다!)

이렇게 방대한 데이터 속에는 아무도 생각해 내지 못했던 수많은 질문에 관한 답이 숨어 있다. 이 책에서는 그 답을 찾는 방법들을 알아볼 것이다.

1.2 데이터 과학이란?

데이터 과학자란 컴퓨터 과학자보다는 통계학을 더 잘 알고 통계학자보다는 컴퓨터 과학을 더 잘 아는 사람이라는 농담이 있다(타당한 농담이라는 뜻은 아니다). 실제로, 여러 이유로 통계학자인 데이터 과학자들도 있으며 소프트웨어 엔지니어와 크게 다른 일을 하지 않는 데이터 과학자들도 있다. 또한 기계학습 전문가인 사람도 있으며 기계학습의 '기'자도 모르는 사람이 있다. 몇몇은 대단한 논문 실적을 가지고 있는 박사지만, 논문 한 편 읽어본 적도 없는 사람들 또한 있다(물론 그런 사람들은 스스로 좀 부끄러워해야 한다고 생각한다). 간단히 말해, 데이터 과학자를 어떻게 정의하든 그 정의에 결코 부합되지 않는 실무자들은 항상 존재한다.

그러한 어려움에도 불구하고 데이터 과학자에 관한 정의를 내려보자. 일단, 지저분한 데이터에서 통찰(insight), 즉 유용한 규칙을 발견하려는 사람이라고 해볼까? 실제로 세상에는 데이터를 통찰력으로 바꾸려는 사람들이 한가득이다.

데이팅 서비스 OkCupid는 회원들에게 수천 개의 질문에 관한 답변을 받아 그들에게 가장 잘 맞는 짝을 찾아준다. 게다가 그 결과를 분석해서 상대방이 첫 데이트에서 나와 잠자리를 가질 가능성이 얼마나 되는지[1] 알아볼 수 있는 질문들을 찾아냈다.

페이스북은 표면적으로는 사용자의 친구들을 쉽게 찾고 연결해 주기 위해 사용자의 고향과 현재 위치 정보를 요청한다. 하지만 그뿐 아니라 이 데이터를 분석해서 국제 이주 패턴을 찾거나[2] 각 미식축구팀 팬들의 주요 거주 지역을 찾기[3]도 한다.

Target[4]은 온라인과 오프라인 구매 내역 데이터로 예측 모델을 만들어 어떤 고객이 임신했는지 추정하고[5], 해당 고객들을 대상으로 아기 용품을 광고한다.

2012년 오바마 대선 캠프는 수십 명의 데이터 과학자를 고용했다. 이들은 데이터마이닝과 실험을 통해 더욱 집중적인 관심을 요하는 유권자들을 걸러내고, 기부자들이 가장 좋아할 만한 최적의 선거 모금 프로그램과 분위기를 선택하는 데 도움을 주었다. 그리고 선거 참여율이 높아질 경우 당선에 도움이 되는 지역을 찾아냈다. 2016년 트럼프 대선 캠프 또한 다양한 종류의 온라인 광고에서 발생하는 데이터를 분석하여[6] 반응이 좋은 캠페인 광고와 그렇지 못한 광고를 구

---

1 *https://www.gwern.net/docs/psychology/okcupid/thebestquestionsforafirstdate.html*
2 *http://on.fb.me/1EQTq3A*
3 *http://on.fb.me/1EQTvnO*
4 (옮긴이) 미국의 커다란 슈퍼마켓 체인점.
5 *http://nyti.ms/1EQTznL*
6 *https://www.wired.com/2016/11/facebook-won-trump-election-not-just-fake-news/*

별했다.

이러한 데이터 과학의 용도에 실망할 수도 있지만, 몇몇 데이터 과학자는 정부를 더 효율적으로 돌아가게 한다거나[7], 집이 없는 사람들을 돕거나[8], 공중 보건을 개선하는 등, 좋은 의도의 행동을 위해 자신의 능력을 이용하기도 한다. 하지만 사용자의 광고 클릭 수를 늘릴 수 있는 최적의 방법을 분석해 보는 게 개인의 경력을 해치진 않을 것이다.

1.3 동기부여를 위한 상상: 데이텀 주식회사

축하한다! 여러분은 데이터 과학자들의 최대 소셜 네트워크, '데이텀(Datum) 주식회사'의 책임 데이터 과학자로 고용되었다.

> ✅ 이 책의 초판이 나왔을 때, 데이터 과학자들을 위한 소셜 네트워크는 흥미롭지만 비현실적인 예시라고 생각했었다. 하지만 실제로 이러한 사이트들이 생겨나고 있고, 이 책의 원고료보다 훨씬 많은 금액을 벤처 캐피털에서 투자받고 있다. 터무니 없는 데이터 과학 예시에서 조차 얻어갈 것은 항상 있는가 보다.

데이텀은 데이터 과학자들을 위한 소셜 네트워크임에도 불구하고, 아직 내부 시스템에 네이터 과학을 도입해 보지는 않았다. (회사의 입장에서 변명을 하지면 데이텀은 아직 제품을 만드는 데도 투자해 본 적이 없다.) 그것을 바꾸는 것이 여러분의 역할이다! 이 책에서 우리는 업무 중 맞닥뜨리는 몇 가지 문제를 해결하면서 데이터 과학에 관한 개념들을 하나씩 익혀나갈 것이다. 사용자들이 직접 제공한 데이터를 들여다보거나, 그들이 사이트 안에서 돌아다니면서 생성한 데이터를 다뤄 보고, 때로는 우리가 직접 설계한 실험에서 나온 데이터를 사용하기도 할 것이다.

데이텀에는 '우리가 만든 게 아니면 안돼(not-invented-here)'[9] 정신이 만연하기 때문에 모든 코드를 밑바닥부터 직접 작성할 것이다. 결국 책이 끝나갈 때쯤에는 데이터 과학을 제법 탄탄하게 이해하고 있을 것이며, 회사 안팎에서 더욱 안정적으로 실력을 발휘할 수 있게 될 것이다.

---

7 *http://bit.ly/1EQTGiW*
8 *http://www.dssgfellowship.org//2014/08/20/tracking-the-paths-of-homelessness/*
9 (옮긴이) 'not-invented-here(NIH)'는 다른 개인 혹은 집단의 저작물을 사용하지 않는 폐쇄적 행위를 일컫는 부정적인 말이다. 프로그래머들은 이러한 행동을 '바퀴를 재발명하기(reinventing the wheel)'라고 표현하기도 한다.

하여튼, 입사를 진심으로 환영한다. 그리고 행운을 빈다! (금요일에는 청바지를 입는 것이 허용되고, 화장실은 복도 끝에서 오른쪽으로 돌면 있다.)

1.3.1 핵심 인물 찾기

오늘은 첫 출근일이다. 네트워크 사업부 부사장은 사용자들에 관해 매우 궁금해한다. 그동안 궁금한 점을 물어 볼 사람이 없어서 아쉬워하고 있었는데, 이제 물어 볼 데가 생겨 아주 신이 나 있다.

부사장이 특히 궁금해 하는 것은, 데이터 과학의 핵심 인물이 누구인지 알아내는 것이다. 그것을 알아내기 위해 그는 여러분에게 데이텀 네트워크 데이터 전체를 넘겨 주었다. (실제 상황에서는 필요한 데이터를 바로 넘겨 주는 경우는 흔치 않다. 9장 '파이썬으로 데이터 수집하기'에서는 실생활에서 데이터를 수집하는 방법을 알아본다.)

어떻게 생긴 데이터인지 살펴보자. 먼저 딕셔너리 형태로 구성된 사용자 명단이 있다. 각 사용자는 숫자로 된 고유 번호인 id와 이름을 나타내는 name으로 구성되어 있다(엄청난 우연의 일치로 id와 name의 영어 발음의 운율이 딱 맞아떨어진다).

```
users = [
    { "id": 0, "name": "Hero" },
    { "id": 1, "name": "Dunn" },
    { "id": 2, "name": "Sue" },
    { "id": 3, "name": "Chi" },
    { "id": 4, "name": "Thor" },
    { "id": 5, "name": "Clive" },
    { "id": 6, "name": "Hicks" },
    { "id": 7, "name": "Devin" },
    { "id": 8, "name": "Kate" },
    { "id": 9, "name": "Klein" }
]
```

그리고 id의 쌍으로 구성된 친구 관계 데이터인 friendship_pairs도 있다.

```
friendship_pairs = [(0, 1), (0, 2), (1, 2), (1, 3), (2, 3), (3, 4),
                    (4, 5), (5, 6), (5, 7), (6, 8), (7, 8), (8, 9)]
```

예를 들어 (0, 1)은 id가 0인 데이터 과학자 Hero와 id가 1인 데이터 과학자 Dunn이 서로 친구라는 것을 의미한다. 그림 1-1은 이 데이터가 나타내는 네트워크를 보여 주고 있다.

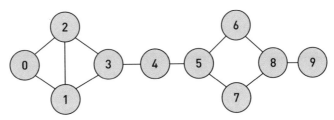

그림 1-1 데이텀의 사용자 네트워크

친구 관계를 쌍의 리스트로 표현하는 것이 이것을 다루는 가장 쉬운 방법은 아
니다. 가령, id가 1인 사용자의 모든 친구를 찾으려면 모든 쌍을 순회하여 1이
포함되어 있는 쌍을 구해야 한다. 만약 엄청나게 많은 쌍이 주어졌다면 특정 사
용자의 모든 친구를 찾기 위해 굉장히 오랜 시간이 걸릴 것이다.

대신, 사용자 id를 키(key)로 사용하고 해당 사용자의 모든 친구 목록을 값
(value)으로 구성한 딕셔너리를 생성해 보자. (딕셔너리를 통한 데이터 탐색은
매우 빠르다).

> ☑ 2장에 '파이썬 속성 강좌'가 준비되어 있으니 당장은 코드에 너무 집착하지 말자. 지금은
> 우리가 하려는 것이 무엇인지 파악하는 데 집중하길 바란다.

사용자의 친구 목록을 딕셔너리로 생성하기 위해서는 여전히 모든 쌍을 탐색해
야 한다. 하지만 처음에 단 한 번만 탐색하면 이후에는 훨씬 빠르게 각 사용자별
친구 목록을 찾아볼 수 있다.

```
# 사용자별로 비어 있는 친구 목록 리스트를 지정하여 딕셔너리를 초기화
friendships = {user["id"]: [] for user in users}

# friendship_pairs 내 쌍을 차례대로 살펴보면서 딕셔너리 안에 추가
for i, j in friendship_pairs:
    friendships[i].append(j)  # j를 사용자 i의 친구로 추가
    friendships[j].append(i)  # i를 사용자 j의 친구로 추가
```

이렇게 각 사용자의 친구 목록을 딕셔너리로 만들면 '네트워크상에서 각 사용자의
평균 연결 수는 몇 개인가?'와 같이 네트워크의 특성에 관한 질문에 답할 수 있다.

이 질문에 답하기 위해 먼저 friendships 안 모든 리스트의 길이를 더해서 총
연결 수를 구해 보자.

```
def number_of_friends(user):
    """user의 친구는 몇 명일까?"""
    user_id = user["id"]
```

```
    friend_ids = friendships[user_id]
    return len(friend_ids)

total_connections = sum(number_of_friends(user)
                        for user in users)          # 24
```

이제 단순히 이 합을 사용자의 수로 나누면 된다.

```
num_users = len(users)                           # 총 사용자 리스트의 길이
avg_connections = total_connections / num_users  # 24 / 10 == 2.4
```

다음으로 연결 수가 가장 많은 사람, 즉 친구가 가장 많은 사람이 누군지 알아
보자.

사용자의 수가 많지 않으므로 '친구가 제일 많은 사람'부터 '제일 적은 사람' 순
으로 사용자를 정렬해 보자.

```
# (user_id, number_of_friends)로 구성된 리스트 생성
num_friends_by_id = [(user["id"], number_of_friends(user))
                     for user in users]

num_friends_by_id.sort(                          # 정렬해 보자.
       key=lambda id_and_friends: id_and_friends[1],  # num_friends 기준으로
       reverse=True)                             # 제일 큰 숫자부터 제일 작은 숫자순으로

# (user_id, num_friends) 쌍으로 구성되어 있다.
# [(1, 3), (2, 3), (3, 3), (5, 3), (8, 3),
#  (0, 2), (4, 2), (6, 2), (7, 2), (9, 1)]
```

우리는 방금 네트워크에서 중심 역할을 하는 사람들을 찾아냈다. 실제로 우리가
방금 계산한 것을 네트워크 용어로는 연결 중심성(degree centrality)이라고 부
른다(그림 1-2).

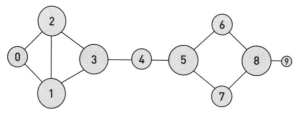

그림 1-2 연결 차수(degree)의 크기가 반영된 데이텀 네트워크

이 지수는 계산하기 쉽다는 장점이 있지만, 항상 기대하는 결과를 가져다 주지
는 않는다. 예를 들어 데이텀 네트워크를 살펴보면 Dunn(id: 1)은 세 개의 연

결 고리를 갖고 있지만 Thor(id: 4)는 두 개의 연결 고리밖에 갖고 있지 않다. 하지만 네트워크상에서는 Thor가 가운데에 위치하여 더 중심적인 역할을 하는 것처럼 보인다. 22장 '네트워크 분석'에서 네트워크를 더 심층적으로 살펴보면서 직관에 더 부합하거나 덜 부합하는 중심성 지표들에 관해 더 자세히 공부할 것이다.

1.3.2 데이터 과학자 추천하기

여러분이 아직 입사 관련 서류를 작성하고 있을 때, 친목관리부 부사장이 찾아왔다. 그녀는 사용자들 간 친구 맺기가 더 활발해졌으면 좋겠다며, 친구 추천 기능을 설계해 달라고 요청했다.

가장 먼저 떠오르는 아이디어는 사용자에게 친구의 친구를 소개해주는 것이다. 계산은 그리 어렵지 않다. 각 사용자의 친구에 대해 그 친구의 친구들을 살펴보고, 사용자의 모든 친구에 대해 똑같은 작업을 반복하고 결과를 저장하면 된다.

```python
def foaf_ids_bad(user):
    # "foaf"는 친구의 친구("friend of a friend")를 의미하는 약자다.
    return [foaf_id
            for friend_id in friendships[user["id"]]
            for foaf_id in friendships[friend_id]]
```

이 함수를 users[0], 즉 Hero에 관해 실행하면 다음 결과가 반환된다.

```
[0, 2, 3, 0, 1, 3]
```

Hero도 자신의 친구의 친구이므로, 사용자 0(자기 자신)이 두 번 포함되어 있다. 그리고 이미 Hero와 친구인 사용자 1과 사용자 2도 포함되어 있는 것을 볼 수 있다. 사용자 3인 Chi는 두 명의 친구와 친구이기 때문에 두 번 포함되어 있다.

```python
print(friendships[0])  # [1, 2]
print(friendships[1])  # [0, 2, 3]
print(friendships[2])  # [0, 1, 3]
```

사용자들이 여러 친구의 친구들로 연결되어 있다는 점이 흥미롭다. 그렇다면 이번에는 서로가 함께 아는 친구(mutual friends)가 몇 명인지 세어 볼까? 동시에 사용자가 이미 아는 사람을 제외하는 함수를 만들어 보자.

```
from collections import Counter                    # 별도로 import해 주어야 한다.

def friends_of_friends(user):
    user_id = user["id"]
    return Counter(
        foaf_id
        for friend_id in friendships[user_id]      # 사용자의 친구 개개인에 대해
        for foaf_id in friendships[friend_id]      # 그들의 친구들을 세어 보고
        if foaf_id != user_id                      # 사용자 자신과
        and foaf_id not in friendships[user_id]    # 사용자의 친구는 제외
    )

print(friends_of_friends(users[3]))                # Counter({0: 2, 5: 1})
```

이제 Chi(id: 3)는 Hero(id: 0)와 함께 아는 친구가 두 명이고, Clive(id: 5)와 함께 아는 친구가 한 명이라는 것을 알 수 있다.

데이터를 꾸준히 보다 보니, 데이터 과학자의 직감에 따라 비슷한 관심사를 가진 사람을 소개받으면 기분이 좋을 것 같다는 생각이 든다. (이런 경험은 데이터 과학 벤다이어그램에 나타난 '도메인 전문성'의 좋은 예다.) 여러분은 주변 직원 몇 명한테 물어 보고 나서 관심사 데이터 interests를 손에 넣었다. 이 데이터는 사용자 고유 번호 user_id와 관심사 interest의 쌍 (user_id, interest)로 구성되어 있다.

```
interests = [
    (0, "Hadoop"), (0, "Big Data"), (0, "HBase"), (0, "Java"),
    (0, "Spark"), (0, "Storm"), (0, "Cassandra"),
    (1, "NoSQL"), (1, "MongoDB"), (1, "Cassandra"), (1, "HBase"),
    (1, "Postgres"), (2, "Python"), (2, "scikit-learn"), (2, "scipy"),
    (2, "numpy"), (2, "statsmodels"), (2, "pandas"), (3, "R"), (3, "Python"),
    (3, "statistics"), (3, "regression"), (3, "probability"),
    (4, "machine learning"), (4, "regression"), (4, "decision trees"),
    (4, "libsvm"), (5, "Python"), (5, "R"), (5, "Java"), (5, "C++"),
    (5, "Haskell"), (5, "programming languages"), (6, "statistics"),
    (6, "probability"), (6, "mathematics"), (6, "theory"),
    (7, "machine learning"), (7, "scikit-learn"), (7, "Mahout"),
    (7, "neural networks"), (8, "neural networks"), (8, "deep learning"),
    (8, "Big Data"), (8, "artificial intelligence"), (9, "Hadoop"),
    (9, "Java"), (9, "MapReduce"), (9, "Big Data")
]
```

예를 들어 Hero(id: 0)와 Klein(id: 9)은 함께 아는 친구가 한 명도 없지만, 자바(Java)와 빅데이터(big data)라는 공통된 관심사를 갖고 있다.

특정 관심사를 공유하는 사용자들을 찾아 주는 함수를 만드는 것도 그리 어렵지 않다.

```
def data_scientists_who_like(target_interest):
    """특정 관심사를 갖고 있는 모든 사용자 id를 반환해 보자."""
    return [user_id
            for user_id, user_interest in interests
            if user_interest == target_interest]
```

그러나 이 코드는 호출할 때마다 관심사 데이터를 매번 처음부터 끝까지 훑어야 한다는 단점이 있다. 사용자 수가 많고 그들의 관심사가 많다면(또는 데이터를 여러 번 훑을 거라면) 각 관심사로 사용자 인덱스(index)를 만드는 것이 나을지 모른다.

```
from collections import defaultdict

# 키가 관심사, 값이 사용자 id
user_ids_by_interest = defaultdict(list)

for user_id, interest in interests:
    user_ids_by_interest[interest].append(user_id)
```

더불어 각 사용자에 관한 관심사 인덱스도 만들어 두자.

```
# 키가 사용자 id, 값이 관심사
interests_by_user_id = defaultdict(list)

for user_id, interest in interests:
    interests_by_user_id[user_id].append(interest)
```

이제 특정 사용자가 주어졌을 때, 사용자와 가장 유사한 관심사를 가진 사람이 누구인지 다음의 3단계로 알 수 있다.

- 해당 사용자의 관심사들을 훑는다.
- 각 관심사를 가진 다른 사용자들이 누구인지 찾아 본다.
- 다른 사용자들이 몇 번이나 등장하는지 센다.

위의 과정들을 다음과 같은 코드로 구현할 수 있다.

```
def most_common_interests_with(user):
    return Counter(
        interested_user_id
        for interest in interests_by_user_id[user["id"]]
        for interested_user_id in user_ids_by_interest[interest]
        if interested_user_id != user["id"]
    )
```

함께 아는 친구와 공통된 관심사 정보를 동시에 이용하면 데이터 과학자 추천 시스템의 성능을 더욱 높일 수 있을 것이다. 좋은 추천 시스템을 만드는 방법에 대해서는 22장 '추천 시스템'에서 더 자세히 살펴보자.

1.3.3 연봉과 경력

이제 막 점심을 먹으러 가려는 찰나, 홍보부 부사장이 여러분에게 데이터 과학자들의 통상적인 연봉 수준에 관해 흥미로운 정보를 찾아봐 줄 수 있는지 부탁했다. 연봉은 민감한 데이터이기 때문에 그는 데이터를 익명화해서 보내줬다. 데이터에는 각 사용자의 연봉(salary)이 달러로, 근속 기간(tenure)이 연 단위로 표기되어 있다.

```
salaries_and_tenures = [(83000, 8.7), (88000, 8.1),
                        (48000, 0.7), (76000, 6),
                        (69000, 6.5), (76000, 7.5),
                        (60000, 2.5), (83000, 10),
                        (48000, 1.9), (63000, 4.2)]
```

이 데이터를 가지고 곧 3장 '데이터 시각화'에서 배우게 될 데이터 시각화를 해봤다. 그림 1-3에서 볼 수 있다.

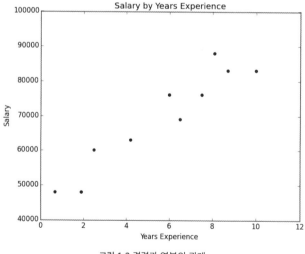

그림 1-3 경력과 연봉의 관계

그림을 보니 더 많은 경력을 가진 사람이 더 높은 연봉을 받는다는 자명한 결과가 나왔다. 조금 더 흥미로운 정보는 어떻게 찾을 수 있을까? 먼저, 근속 연수에 따라 평균 연봉이 어떻게 달라지는지 살펴보자.

```
# 키는 근속 연수, 값은 해당 근속 연수에 대한 연봉 목록
salary_by_tenure = defaultdict(list)

for salary, tenure in salaries_and_tenures:
    salary_by_tenure[tenure].append(salary)

# 키는 근속 연수, 값은 해당 근속 연수의 평균 연봉
average_salary_by_tenure = {
    tenure: sum(salaries) / len(salaries)
    for tenure, salaries in salary_by_tenure.items()
}
```

흠... 그런데 근속 연수가 같은 사람이 한 명도 없어서 결과가 쓸모 있어 보이지 않는다. 사용자 개개인의 연봉을 보여 주는 것과 다르지가 않기 때문이다.

```
{0.7: 48000.0,
 1.9: 48000.0,
 2.5: 60000.0,
 4.2: 63000.0,
 6: 76000.0,
 6.5: 69000.0,
 7.5: 76000.0,
 8.1: 88000.0,
 8.7: 83000.0,
 10: 83000.0}
```

차라리 아래와 같이 경력을 몇 개의 구간으로 나누고

```
def tenure_bucket(tenure):
    if tenure < 2:
        return "less than two"
    elif tenure < 5:
        return "between two and five"
    else:
        return "more than five"
```

각 연봉을 해당 구간에 대응시켜 보자.

```
# 키는 근속 연수 구간, 값은 해당 구간에 속하는 사용자들의 연봉
salary_by_tenure_bucket = defaultdict(list)

for salary, tenure in salaries_and_tenures:
    bucket = tenure_bucket(tenure)
    salary_by_tenure_bucket[bucket].append(salary)
```

마지막으로 각 구간의 평균 연봉을 구해 보면

```
# 키는 근속 연수 구간, 값은 해당 구간에 속하는 사용자들의 평균 연봉
average_salary_by_bucket = {
    tenure_bucket: sum(salaries) / len(salaries)
    for tenure_bucket, salaries in salary_by_tenure_bucket.items()
```

이처럼 훨씬 흥미로운 결과가 나온다.

```
{'between two and five': 61500.0,
 'less than two': 48000.0,
 'more than five': 79166.66666666667}
```

결과를 통해 이제 이런 말을 할 수 있게 되었다. "5년 이상의 경력을 가진 데이터 과학자들은 경력이 없거나 적은 데이터 과학자들보다 65%나 더 번다!"

여기서 우리는 구간을 임의로 설정했지만, 경력이 1년 증가함에 따라 연봉이 평균적으로 어떻게 변하는지를 알아보는 것도 정말 흥미로울 것이다. 그렇게 하면 단순히 연봉에 대한 정보를 흥미롭게 요약하는 데 그치는 것이 아니라 연봉을 예측할 수 있게 된다. 예측에 대해서는 14장 '단순 회귀 분석'에서 알아보자.

1.3.4 유료 계정

점심을 먹고 돌아오자, 수익관리부 부사장이 자리에서 기다리고 있다. 그녀는 어떤 사용자들이 유료 계정으로 전환하는지 파악하고 싶어한다. (그녀는 유료 계정을 사용하는 사용자들의 이름만 갖고 있을 뿐 수익 창출과 연관시킬 수 있는 사용자 정보는 가지고 있지 않다.)

데이터를 살펴보니, 서비스를 이용한 기간이 유료 계정 사용 여부와 상관 있어 보인다.

```
0.7  paid
1.9  unpaid
2.5  paid
4.2  unpaid
6.0  unpaid
6.5  unpaid
7.5  unpaid
8.1  unpaid
8.7  paid
10.0 paid
```

서비스 이용 기간이 매우 짧거나 아주 긴 경우에는 유료 계정을 사용하는 경향이 있고, 기간이 평균치 내외인 경우에는 그렇지 않은 것 같다. 따라서, 비록 데이터가 부족하기는 해도 기간에 따라 유료 계정 사용 여부를 예측할 수 있는 간단한 모델을 만들어 볼 수 있다.

```
def predict_paid_or_unpaid(years_experience):
  if years_experience < 3.0:
    return "paid"
  elif years_experience < 8.5:
    return "unpaid"
  else:
    return "paid"
```

여기서 분류의 기준이 되는 임계치들은 대충 감으로 정했다.

더 많은 데이터가 있다면(더불어 약간의 수학을 가미한다면) 사용자의 서비스 이용 기간에 따라 사용자가 유료 계정으로 전환할 가능성을 계산할 수 있게 된다. 이런 종류의 문제는 16장 '로지스틱 회귀 분석'에서 다뤄 보자.

1.3.5 관심 주제

이제 막 회사에서 보낸 첫날을 마무리 하려는데, 콘텐츠전략부 부사장이 자신의 블로깅 일정을 조정하기 위해 사용자들이 주로 어떤 관심사를 가지고 있는지 물어 보았다. 친구 추천 프로젝트를 통해 필요한 데이터는 이미 갖고 있다.

```
interests = [
    (0, "Hadoop"), (0, "Big Data"), (0, "HBase"), (0, "Java"),
    (0, "Spark"), (0, "Storm"), (0, "Cassandra"),
    (1, "NoSQL"), (1, "MongoDB"), (1, "Cassandra"), (1, "HBase"),
    (1, "Postgres"), (2, "Python"), (2, "scikit-learn"), (2, "scipy"),
    (2, "numpy"), (2, "statsmodels"), (2, "pandas"), (3, "R"), (3, "Python"),
    (3, "statistics"), (3, "regression"), (3, "probability"),
    (4, "machine learning"), (4, "regression"), (4, "decision trees"),
    (4, "libsvm"), (5, "Python"), (5, "R"), (5, "Java"), (5, "C++"),
    (5, "Haskell"), (5, "programming languages"), (6, "statistics"),
    (6, "probability"), (6, "mathematics"), (6, "theory"),
    (7, "machine learning"), (7, "scikit-learn"), (7, "Mahout"),
    (7, "neural networks"), (8, "neural networks"), (8, "deep learning"),
    (8, "Big Data"), (8, "artificial intelligence"), (9, "Hadoop"),
    (9, "Java"), (9, "MapReduce"), (9, "Big Data")
]
```

(그다지 흥미로운 방법은 아니지만) 간단하게 단어의 개수를 세서 가장 인기가 많은 관심사를 찾을 수 있다. 일단 다음과 같이 시작한다.

```
words_and_counts = Counter(word
                           for user, interest in interests
                           for word in interest.lower().split())
```

이 중에서 한 번을 초과해서 등장하는 단어들만 출력하면

```
for word, count in words_and_counts.most_common():
    if count > 1:
        print(word, count)
```

원하는 결과를 얻을 수 있다. ('scikit-learn'이 두 개의 단어로 쪼개지기를 원했다면 이 방법이 조금 아쉽긴 할 것이다.)

```
learning 3
java 3
python 3
big 3
data 3
hbase 2
regression 2
cassandra 2
statistics 2
probability 2
hadoop 2
networks 2
machine 2
neural 2
scikit-learn 2
r 2
```

데이터에서 주제(topic)를 뽑는 방법은 21장 '자연어 처리'에서 더 심도 있게 다뤄 보자.

1.3.6 시작해 보자

성공적인 첫 출근일이었다! 다른 사람들이 또 무언가를 시키기 전에 피곤한 몸을 이끌고 서둘러 건물을 빠져나왔다. 내일은 신입사원 오리엔테이션이 있는 날이니 푹 쉬자. (그렇다. 여러분은 지금 신입사원 오리엔테이션을 받기도 전에 종일 일한 것이다. 불만이 있다면 인사팀에게 따지자.)

2장

D a t a   S c i e n c e   f r o m   S c r a t c h

파이썬 속성 강좌

믿기 어렵겠지만 25년이나 지났는데도 사람들은 아직도 파이썬에 열광한다.
- 마이클 페일린(Michael Palin)

데이텀의 모든 신입사원은 의무적으로 신입사원 오리엔테이션을 받는다. 그중 가장 흥미로운 시간은 파이썬 속성 강좌다.

이 강좌는 종합적인 파이썬 튜토리얼은 아니지만, 파이썬 언어 중 우리에게 가장 중요한 부분들을 짚어 준다. (여기서 다루는 몇 가지 특징은 일반적인 파이썬 튜토리얼에 포함되어 있지 않은 것도 있다.) 만약 파이썬을 사용해본 적이 아예 없다면, 다른 초보자용 파이썬 튜토리얼을 추가적으로 참고하는 것을 추천한다.

2.1 기본기 다지기

파이썬에는 설계 원칙에 대한 일종의 '교리'인 The Zen of Python이 있다.[1] 이 문서는 파이썬 인터프리터에서 'import this'를 입력하면 바로 출력되는데, 그중 가장 논란이 많은 부분은 다음과 같다.

어떤 일에든 명확한-바람직하고 유일한-방법이 존재한다.

---

1 (옮긴이) 이 아름다운 시를 비롯해 다른 많은 PEP을 이수겸 님께서 한국어로 번역해 주셨으니 궁금하면 다음 링크에 방문해 보자. *https://bitbucket.org/sk8erchoi/peps-korean/src*

이렇게 '명확한' 방식으로 쓰여진 코드를 일반적으로 '파이썬스럽다(Pythonic)'고 한다(물론 초보자에게는 전혀 당연하게 느껴지지 않을 수 있다). 이 책은 파이썬에 관한 책은 아니지만 앞으로 파이썬스러운 코드와 그렇지 않은 코드를 비교할 것이고, 대부분의 경우 파이썬스러운 해법을 더 선호할 것이다.

또한 다음과 같은 파이썬스러운 코드의 특징에 부합하는 코드를 작성할 것이다.

아름다움이 추함보다 좋다. 명시가 암시보다 좋다. 단순함이 복잡함보다 좋다.

2.2 파이썬 설치하기

 파이썬을 설치하는 방법이 바뀔 수도 있기 때문에, 이 책의 깃허브 저장소[2]에 최신 설치 가이드를 올려두었다. 이 책에 적힌 대로 작동하지 않는다면 깃허브 저장소를 참고하자.

파이썬은 python.org[3]에서 내려받을 수 있다. 아직 파이썬을 설치하지 않았다면, 데이터 과학을 하는 데 필요한 대부분의 라이브러리가 이미 설치되어 있는 아나콘다(Anaconda) 배포판[4] 설치를 추천한다.

이 책이 처음 출판되었을 때만 하더라도 대부분의 데이터 과학자는 파이썬 2.7을 사용하였기에 《밑바닥부터 시작하는 데이터 과학》 초판의 모든 코드는 파이썬 2.7 방식으로 작성되었다.

하지만 최근 몇 년 새 거의 대부분의 사람들이 파이썬 3으로 넘어갔다. 최근에 배포된 3.6 이후의 파이썬부터 코드를 더욱 깔끔하게 작성할 수 있게 해주는 많은 기능이 추가되었다. 즉, 파이썬 3.6 이상의 버전 설치를 추천한다. (덧붙여, 많은 파이썬 라이브러리가 파이썬 2.7에 대한 호환을 중지하고 있으니 꼭 최신 버전으로 설치하자).

2.3 가상 환경

다음 장부터 본격적으로 matplotlib 라이브러리를 사용하여 데이터를 시각화할 것이다. 하지만 matplotlib는 파이썬에서 기본적으로 제공하는 라이브러리가 아

---

2 *https://github.com/joelgrus/data-science-from-scratch/blob/master/INSTALL.md*
3 *https://www.python.org/*
4 *https://www.anaconda.com/download/*

니기 때문에 직접 설치해야 한다. 모든 데이터 과학 프로젝트는 이러한 외부 라이브러리를 사용하여 진행될 것이다. 하지만 각 프로젝트별로 사용하는 라이브러리의 버전이 다른 경우가 빈번할 것이다. 만약 단 하나의 파이썬 환경만 구축되어 있다면 라이브러리 버전 충돌 문제로 꽤나 고생하게 될 것이다.

독립적인 파이썬 및 라이브러리 환경을 제공하는 가상 환경(virtual environment)은 이러한 버전 충돌 문제를 해결해 줄 수 있다. (설정에 따라 파이썬 버전 또한 관리할 수 있다). 앞서 추천한 대로 아나콘다 배포판을 설치했다고 가정하고 아나콘다 환경이 어떻게 작동하는지 보여줄 것이다. 만약 아나콘다를 사용하지 않을 예정이라면 파이썬 자체의 가상 환경 기능인 venv[5]를 사용하거나 virtualenv[6]를 설치하면 된다. venv나 virtualenv의 사용법은 해당 라이브러리의 공식 가이드를 참고하기 바란다.

먼저 (아나콘다) 가상 환경을 생성해 보자.

```
# dsfs라는 파이썬 3.6 가상 환경 생성
conda create -n dsfs python=3.6
```

위의 명령어로 생성된 'dsfs'라는 가상 환경을 다음과 같이 활성화시키면

```
## 가상 환경을 활성화:
# > source activate dsfs
## 가상 환경을 비활성화:
# > source deactivate
#

source activate dsfs
```

활성화된 가상 환경을 명령어 창에서 확인할 수 있을 것이다. 가령, 맥북에서는 명령어 창이 다음과 같이 변경되었을 것이다.

```
(dsfs) ip-10-0-0-198:~ joelg$
```

이 가상 환경이 활성화되어 있는 동안 설치한 모든 라이브러리는 dsfs 가상 환경에만 설치된다. 이 책을 다 읽고 나서 직접 데이터 과학 프로젝트를 진행할 예정이라면 해당 프로젝트를 위한 가상 환경을 생성하도록 하자.

---

5 *https://docs.python.org/3/library/venv.html*
6 *https://virtualenv.pypa.io/en/latest/*

이제 가상 환경이 준비되었으니 내친김에 더 괜찮은 파이썬 셸인 IPython[7]을 설치하는 것도 좋을 것이다.

```
python -m pip install ipython
```

 아나콘다는 conda라는 자체 패키지 관리 툴을 제공하지만 파이썬 기본 패키지 관리 툴인 pip을 사용할 수도 있다. 이 책에서는 pip을 사용할 것이다.

앞으로 이 책의 모든 예시는 파이썬 3.6 가상 환경에서 진행될 것이며, 다루는 라이브러리들을 동일한 가상 환경에 설치했으리라 가정할 것이다. (물론, 가상 환경의 이름은 마음대로 설정해도 상관없다).

기본 파이썬 환경 대신 항상 가상 환경을 사용하는 습관을 들이길 추천한다.

2.4 들여쓰기

많은 프로그래밍 언어가 코드의 단락을 구분하는 데 중괄호(curly braces, {})를 사용한다. 하지만 파이썬은 들여쓰기를 사용한다.

```
# '#' 기호는 주석을 의미한다.
# 파이썬에서 주석은 실행되지 않지만, 코드를 이해하는 데 도움이 된다.
for i in [1, 2, 3, 4, 5]:
    print(i)                    # 'for i' 단락의 첫 번째 줄
    for j in [1, 2, 3, 4, 5]:
        print(j)                # 'for j' 단락의 첫 번째 줄
        print(i + j)            # 'for j' 단락의 마지막 줄
    print(i)                    # 'for i' 단락의 마지막 줄
print("done looping")
```

이 덕분에 파이썬의 가독성은 아주 높아졌지만, 들여쓰기를 잘못하면 오류가 발생하니 주의해야 한다.

들여쓰기에 탭(tab)을 쓸지 아니면 스페이스 키를 사용할지 개발자들 사이에서 논쟁이 끊이질 않는다. 다른 많은 프로그래밍 언어에서는 별로 중요하지 않는 문제이지만, 파이썬에서는 탭과 스페이스를 다르게 인식한다. 들여쓰기에 둘을 섞어서 사용한다면 파이썬 코드는 정상적으로 실행되지 않는다. 파이썬 코드를 작성할 때는 항상 스페이스 키로만 들여쓰기를 하자. (에디터로 코드를 작성한다면 탭을 자동으로 스페이스로 변환해 주는 설정이 있을 것이다).

---

7   http://ipython.org/

공백문자(whitespace)는 소괄호(parentheses, ())와 대괄호(brackets, [ ]) 안에서는 무시되기 때문에 다음과 같은 긴 계산을 하거나

```
long_winded_computation = (1 + 2 + 3 + 4 + 5 + 6 + 7 + 8 + 9 + 10 + 11 + 12 +
                           13 + 14 + 15 + 16 + 17 + 18 + 19 + 20)
```

코드의 가독성을 높이는 데 유용하게 쓸 수 있다.

```
list_of_lists = [[1, 2, 3], [4, 5, 6], [7, 8, 9]]

easier_to_read_list_of_lists = [[1, 2, 3],
                                [4, 5, 6],
                                [7, 8, 9]]
```

자주 사용하지는 않지만, 역슬래시(backslash)를 사용하면 코드가 다음 줄로 이어지는 것을 명시할 수 있다.

```
two_plus_three = 2 + \
                 3
```

들여쓰기를 사용함으로써 생기는 한 가지 문제는 코드를 복사해서 파이썬 셸에 붙여넣을 때 어려움을 겪을 수 있다는 것이다. 예를 들어 다음과 같은 코드를 파이썬 셸에 붙여넣기 하면

```
for i in [1, 2, 3, 4, 5]:

    # 빈 줄이 있다는 것을 확인하자.
    print(i)
```

인터프리터가 빈 줄을 보고 for문이 끝난 것으로 판단해서 다음과 같은 에러가 출력될 것이다.

```
IndentationError: expected an indented block
```

한편 IPython에는 %paste라는 특별한 명령어가 있어서 공백문자뿐만 아니라 클립보드에 있는 무엇이든 제대로 붙여넣을 수 있다. 이것 하나만으로도 IPython을 쓸 이유는 충분하다.

2.5 모듈

파이썬에 기본적으로 포함된 몇몇 기능과 각자 내려받은 제3자 패키지(3rd party packages)에 포함된 기능들은 파이썬을 실행시킬 때 함께 실행되지 않는

다. 이 기능을 사용하기 위해서는 모듈을 불러오는 import를 사용해야 한다.

```
import re
my_regex = re.compile("[0-9]+", re.I)
```

여기서 불러온 re는 정규표현식(regular expression, regex)을 다룰 때 필요한 다양한 함수와 상수를 포함하고 있다. 그 함수와 상수를 사용하기 위해서는 re 다음에 마침표(.)를 붙인 후 함수나 상수의 이름을 이어서 쓰면 된다.

코드에서 이미 re를 사용하고 있다면 별칭(alias)을 사용할 수도 있다.

```
import re as regex
my_regex = regex.compile("[0-9]+", regex.I)
```

모듈의 이름이 복잡하거나 이름을 반복적으로 타이핑할 경우에도 별칭을 사용할 수 있다. 예를 들어 matplotlib라는 라이브러리로 데이터를 시각화할 때는 다음과 같은 별칭을 관습적으로 사용한다.

```
import matplotlib.pyplot as plt

plt.plot(...)
```

모듈 하나에서 몇몇 특정 기능만 필요하다면 전체 모듈을 불러오지 않고 해당 기능만 명시해서 불러올 수 있다.

```
from collections import defaultdict, Counter
lookup = defaultdict(int)
my_counter = Counter()
```

가장 좋지 않은 습관 중 하나는 모듈의 기능들을 통째로 불러와서 기존의 변수들을 덮어쓰는 것이다.

```
match = 10
from re import *      # 이런! re에도 match라는 함수가 존재한다.
print(match)          # "<function match at 0x10281e6a8>"
```

그러나 아직은 우리에게 이런 습관이 없을 테니 크게 걱정하지 않아도 된다.

2.6 함수

함수란 0개 혹은 그 이상의 인자를 입력 받아 결과를 반환하는 규칙이다. 파이썬에서는 def를 이용해 함수를 정의한다.

```
def double(x):
    """
    이곳은 함수에 대한 설명을 적어 놓는 공간이다.
    예를 들어 '이 함수는 입력된 변수에 2를 곱한 값을 출력해 준다'라는 설명을 추가할 수 있다.
    """
    return x * 2
```

파이썬 함수들은 변수로 할당되거나 함수의 인자로 전달할 수 있다는 점에서 일급 함수(first-class)의 특성을 가진다.

```
def apply_to_one(f):
    """인자가 1인 함수 f를 호출"""
    return f(1)

my_double = double              # 방금 정의한 함수를 나타낸다.
x = apply_to_one(my_double)     # 2
```

짧은 익명의 **람다 함수**(lambda function)도 간편하게 만들 수 있다.

```
y = apply_to_one(lambda x: x + 4)       # 5
```

대부분의 사람들은 그냥 def를 사용하라고 얘기하겠지만, 변수에 람다 함수를 할당할 수도 있다.

```
another_double = lambda x: 2 * x        # 이 방법은 최대한 피하도록 하자.

def another_double(x):
    """대신 이렇게 작성하자."""
    return 2 * x
```

함수의 인자에는 기본값을 할당할 수 있는데, 기본값 외의 값을 전달하고 싶을 때는 값을 직접 명시해 주면 된다.

```
def my_print(message = "my default message"):
    print(message)

my_print("hello")   # 'hello'를 출력
my_print()          # 'my default message'를 출력
```

가끔씩 인자의 이름을 명시해 주면 편리하다.

```
def full_name(first = "What's-his-name", last = "Something"):
    return first + " " + last

full_name("Joel", "Grus")       # 'Joel Grus'를 출력
```

```
full_name("Joel")            # 'Joel Something'을 출력
full_name(last="Grus")       # 'What's-his-name Grus'를 출력
```

앞으로 이런 방식으로 수많은 함수를 생성할 것이다.

2.7 문자열

문자열(string)은 작은 따옴표(') 또는 큰 따옴표(")로 묶어 나타낸다. (다만, 앞
뒤로 동일한 기호를 사용해야 한다).

```
single_quoted_string = 'data science'
double_quoted_string = "data science"
```

파이썬은 몇몇 특수 문자를 인코딩할 때 역슬래시를 사용한다.

```
tab_string = "\t"        # 탭(tab)을 의미하는 문자열
len(tab_string)          # 1
```

만약 역슬래시를 역슬래시로 보이는 문자로 사용하고 싶다면 (특히 윈도우 디
렉터리 이름이나 정규표현식에서 사용하고 싶을 때) 문자열 앞에 r을 붙여 raw
string(가공되지 않은 문자열)이라고 명시하면 된다.

```
not_tab_string = r"\t"  # 문자 '\'와 't'를 나타내는 문자열
len(not_tab_string)      # 2
```

세 개의 따옴표를 사용하면 하나의 문자열을 여러 줄로 나눠서 나타낼 수 있다.

```
multi_line_string = """This is the first line.
and this is the second line
and this is the third line"""
```

파이썬 3.6부터 문자열 안의 값을 손쉽게 추가할 수 있는 f-string 기능이 추가되
었다. 가령, 다음과 같이 각각 다른 변수로 주어진 성과 이름을 합쳐서

```
first_name = "Joel"
last_name = "Grus"
```

전체 이름을 의미하는 full_name 변수를 만들 수 있는 방법은 다양하다.

```
full_name1 = first_name + " " + last_name           # 문자열 합치기
full_name2 = "{0} {1}".format(first_name, last_name)  # .format을 통한 문자열 합치기
```

하지만 f-string을 사용하면 훨씬 간편하게 두 문자열을 합칠 수 있다.

```
full_name3 = f"{first_name} {last_name}"
```

앞으로 이런 방식으로 문자열을 합칠 것이다.

2.8 예외 처리

코드가 뭔가 잘못됐을 때 파이썬은 예외(exception)가 발생했음을 알려 준다. 예외를 제대로 처리해 주지 않으면 프로그램이 죽는데, 이를 방지하기 위해 사용할 수 있는 것이 try와 except이다.

```
try:
    print(0 / 0)
except ZeroDivisionError:
    print("cannot divide by zero")
```

많은 프로그래밍 언어에서 예외는 나쁜 것이라고 받아들여지지만, 파이썬에서는 코드를 깔끔하게 작성하기 위해서라면 얼마든지 사용되며 앞으로 우리도 사용할 것이다.

2.9 리스트

파이썬의 가장 기본적인 데이터 구조를 꼽으라면 그건 아마 리스트(list)일 것이다. 리스트는 순서가 있는 자료의 집합(collection)이라고 볼 수 있다. (다른 언어에서 보통 배열(array)이라고 하는 것과 유사하지만, 리스트의 기능이 조금 더 풍부하다.)

```
integer_list = [1, 2, 3]
heterogeneous_list = ["string", 0.1, True]
list_of_lists = [integer_list, heterogeneous_list, []]

list_length = len(integer_list)      # 결과는 3
list_sum    = sum(integer_list)      # 결과는 6
```

대괄호를 사용해 리스트의 n번째 값을 불러오거나 설정할 수 있다.

```
x = [0, 1, 2, 3, 4, 5, 6, 7, 8, 9]

zero = x[0]          # 결과는 0, 리스트의 순서는 0부터 시작한다.
```

```
one = x[1]              # 결과는 1
nine = x[-1]            # 결과는 9, 리스트의 마지막 항목을 가장 파이썬스럽게 불러오는 방법
eight = x[-2]           # 결과는 8, 뒤에서 두 번째 항목을 가장 파이썬스럽게 불러오는 방법
x[0] = -1               # x는 이제 [-1, 1, 2, 3, ..., 9]
```

또한 대괄호를 사용해서 리스트를 슬라이싱(slicing)할 수도 있다. i:j는 리스트를 i번째 값부터 j번째 직전의 값까지 분리하라는 의미이다. 만약 i를 따로 명시해주지 않는다면 리스트의 첫 번째 값부터 나눈다는 것을 의미한다. 반면 j를 명시해주지 않는다면 리스트의 마지막 값까지 나눈다는 것을 의미한다.

```
first_three = x[:3]              # [-1, 1, 2]
three_to_end = x[3:]             # [3, 4, ..., 9]
one_to_four = x[1:5]             # [1, 2, 3, 4]
last_three = x[-3:]              # [7, 8, 9]
without_first_and_last = x[1:-1] # [1, 2, ..., 8]
copy_of_x = x[:]                 # [-1, 1, 2, ..., 9]
```

파이썬에서는 동일한 방식으로 리스트뿐 아니라 문자열 같은 순차형(sequential) 변수를 나눌 수 있다.

또한 간격(stride)을 설정하여 리스트를 분리할 수도 있다. 참고로 간격은 음수로도 설정할 수 있다.

```
every_third = x[::3]             # [-1, 3, 6, 9]
five_to_three = x[5:2:-1]        # [5, 4, 3]
```

파이썬에서 제공하는 in 연산자를 사용하면 리스트 안에서 항목의 존재 여부를 확인할 수 있다.

```
1 in [1, 2, 3]      # True(참)
0 in [1, 2, 3]      # False(거짓)
```

이 방법은 리스트의 항목을 하나씩 모두 확인해 보기 때문에 리스트의 크기가 작을 때만 (혹은 확인하는 데 걸리는 시간이 상관없다면) 사용하도록 하자. 리스트를 연결시키는 방법은 매우 간단하다.

만약 주어진 리스트에 바로 다른 리스트를 추가하고 싶다면 extend를 사용하자.

```
x = [1, 2, 3]
x.extend([4, 5, 6])     # x는 이제 [1, 2, 3, 4, 5, 6]
```

만약 x를 수정하고 싶지 않다면 리스트를 더해 줄 수도 있다.

```
x = [1, 2, 3]
y = x + [4, 5, 6]        # y는 이제 [1, 2, 3, 4, 5, 6]이며 x는 변하지 않았다.
```

주로 리스트에 항목을 하나씩 추가하는 경우가 많다.

```
x = [1, 2, 3]
x.append(0)      # x는 이제 [1, 2, 3, 0]
y = x[-1]        # 결과는 0
z = len(x)       # 결과는 4
```

만약 리스트 안에 몇 개의 항목이 존재하는지 알고 있다면 손쉽게 리스트를 풀수도 있다.

```
x, y = [1, 2]    # 이제 x는 1, y는 2
```

하지만 양쪽 항목의 개수가 다르다면 ValueError가 발생한다.
보통 버릴 항목은 밑줄로 표시한다.

```
_, y = [1, 2]    # 이제 y == 2이고 첫 번째 항목은 신경 쓰지 않는다.
```

2.10 튜플

튜플(tuple)은 변경할 수 없는 리스트이다. 리스트에서 수정을 제외한 모든 기능을 튜플에 적용할 수 있다. 튜플은 대괄호 대신 괄호를 사용해서 (혹은 아무런 기호 없이) 정의한다.

```
my_list = [1, 2]
my_tuple = (1, 2)
other_tuple = 3, 4
my_list[1] = 3      # my_list는 이제 [1, 3]

try:
    my_tuple[1] = 3
except TypeError:
    print("cannot modify a tuple")
```

함수에서 여러 값을 반환할 때 튜플을 사용하면 편하다.

```
def sum_and_product(x, y):
    return (x + y), (x * y)

sp = sum_and_product(2, 3)      # 결과는 (5, 6)
s, p = sum_and_product(5, 10)   # s는 15, p는 50
```

튜플과 리스트는 **다중 할당**(multiple assignment)을 지원한다.

```
x, y = 1, 2        # x는 1, y는 2
x, y = y, x        # 가장 파이썬스럽게 변수를 교환; 이제 x는 2, y는 1
```

2.11 딕셔너리

딕셔너리(dict, dictionary, 사전)는 파이썬의 또 다른 기본적인 데이터 구조이며, 특정 값(value)과 연관된 키(key)를 연결해 주고 이를 사용해 값을 빠르게 검색할 수 있다.

```
empty_dict = {}                     # 가장 파이썬스럽게 딕셔너리를 만드는 방법
empty_dict2 = dict()                # 덜 파이썬스럽게 딕셔너리를 만드는 방법
grades = {"Joel": 80, "Tim": 95}    # 딕셔너리 예시
```

대괄호를 사용해서 키의 값을 불러올 수 있다.

```
joels_grade = grades["Joel"]        # 결과는 80
```

만약 딕셔너리에 존재하지 않는 키를 입력하면 KeyError가 발생한다.

```
try:
    kates_grade = grades["Kate"]
except KeyError:
    print("no grade for Kate!")
```

연산자 in을 사용하면 키의 존재 여부를 확인할 수 있다.

```
joel_has_grade = "Joel" in grades      # True (참)
kate_has_grade = "Kate" in grades      # False (거짓)
```

크기가 굉장히 큰 딕셔너리에서도 키의 존재 여부를 빠르게 확인할 수 있다. 딕셔너리에서 get 메서드[8]를 사용하면 입력한 키가 딕셔너리에 없어도 에러를 반환하지 않고 기본값을 반환해 준다.

```
joels_grade = grades.get("Joel", 0)    # 결과는 80
kates_grade = grades.get("Kate", 0)    # 결과는 0
no_ones_grade = grades.get("No One")   # 기본값으로 None을 반환
```

또한 대괄호를 사용해서 키와 값을 새로 지정해 줄 수 있다.

---

8 (옮긴이) 메서드는 클래스에 속한 함수이다.

```
grades["Tim"] = 99            # 기존의 값을 대체
grades["Kate"] = 100          # 세 번째 항목을 추가
num_students = len(grades)    # 결과는 3
```

1장 '들어가기'에서 봤다시피, 정형화된 데이터를 간단하게 나타낼 때는 주로 딕셔너리가 사용된다.

```
tweet = {
    "user" : "joelgrus",
    "text" : "Data Science is Awesome",
    "retweet_count" : 100,
    "hashtags" : ["#data", "#science", "#datascience", "#awesome", "#yolo"]
}
```

특정 키 대신 딕셔너리의 모든 키를 한번에 살펴볼 수 있다.

```
tweet_keys   = tweet.keys()    # 키에 대한 리스트
tweet_values = tweet.values()  # 값에 대한 리스트
tweet_items  = tweet.items()   # (key, value) 튜플에 대한 리스트

"user" in tweet_keys           # True. 하지만 리스트에서 in을 사용하기 때문에 느리다.
"user" in tweet               # 훨씬 파이썬스럽고 딕셔너리에서 in을 사용하기 때문에 빠르다.
"joelgrus" in tweet_values    # True
```

딕셔너리의 키는 수정할 수 없으며 리스트를 키로 사용할 수 없다. 만약 다양한 값으로 구성된 키가 필요하다면 튜플이나 문자열을 키로 사용하도록 하자.

2.11.1 defaultdict

문서에서 단어의 빈도수를 세어 보는 중이라고 상상해 보자. 가장 직관적인 방법은 단어를 키로, 빈도수를 값으로 지정하는 딕셔너리를 생성하는 것이다. 이때, 각 단어가 딕셔너리에 이미 존재하면 값을 증가시키고 존재하지 않는다면 새로운 키와 값을 추가해 주면 된다.

```
word_counts = {}
for word in document:
    if word in word_counts:
        word_counts[word] += 1
    else:
        word_counts[word] = 1
```

혹은 '용서를 구하는 게 허락을 받는 것보다 쉽다(forgiveness is better than permission)'는 마음가짐으로 예외를 처리하면서 딕셔너리를 생성하는 방법도

있다.

```
word_counts = {}
for word in document:
    try:
        word_counts[word] += 1
    except KeyError:
        word_counts[word] = 1
```

세 번째 방법은 존재하지 않는 키를 적절하게 처리해 주는 get을 사용해서 딕서
너리를 생성하는 방법이다.

```
word_counts = {}
for word in document:
    previous_count = word_counts.get(word, 0)
    word_counts[word] = previous_count + 1
```

세 가지 방법 모두 약간 복잡하다. 이런 경우 defaultdict를 사용하면 편해진다.
defaultdict와 평범한 딕셔너리의 유일한 차이점은 만약 존재하지 않는 키가 주
어진다면 defaultdict는 이 키와 인자에서 주어진 값으로 dict에 새로운 항목을
추가해 준다는 것이다. defaultdict를 사용하기 위해서는 먼저 collections 모
듈에서 defaultdict를 불러와야 한다.

```
from collections import defaultdict
```

```
word_counts = defaultdict(int)          # int()는 0을 생성
for word in document:
    word_counts[word] += 1
```

리스트, 딕셔너리 혹은 직접 만든 함수를 인자에 넣어줄 수 있다.

```
dd_list = defaultdict(list)             # list()는 빈 리스트를 생성
dd_list[2].append(1)                    # 이제 dd_list는 {2: [1]}을 포함

dd_dict = defaultdict(dict)             # dict()는 빈 딕셔너리를 생성
dd_dict["Joel"]["City"] = "Seattle"     # {"Joel" : {"City": Seattle"}}

dd_pair = defaultdict(lambda: [0, 0])
dd_pair[2][1] = 1                       # 이제 dd_pair는 {2: [0,1]}을 포함
```

만약 키를 사용해서 어떤 결과를 수집하는 중이라면 매번 키가 존재하는지 확인
할 필요없이 딕셔너리를 생성할 수 있다.

2.12 Counter

Counter는 연속된 값을 defaultdict(int)와 유사한 객체로 변환해 주며, 키와 값의 빈도를 연결시켜 준다.

```
from collections import Counter
c = Counter([0, 1, 2, 0])          # c는 결국 {0: 2, 1: 1, 2: 1}
```

게다가 특정 문서에서 단어의 개수를 셀 때도 유용하다.

```
# document가 단어의 리스트임을 상기하자.
word_counts = Counter(document)
```

Counter 객체에는 굉장히 유용하게 쓰이는 most_common 함수가 있다.

```
# 가장 자주 나오는 단어 10개와 이 단어들의 빈도수를 출력
for word, count in word_counts.most_common(10):
    print(word, count)
```

2.13 Set

집합(set)은 파이썬의 데이터 구조 중 유일한 항목의 집합을 나타내는 구조다. 집합은 중괄호를 사용해서 정의한다.

```
primes_below_10 = {2, 3, 5, 7}
```

{}는 비어 있는 딕셔너리를 의미하기 때문에 set()을 사용해서 비어 있는 set을 생성할 수 있다.

```
s = set()
s.add(1)       # s는 이제 { 1 }
s.add(2)       # s는 이제 { 1, 2 }
s.add(2)       # s는 아직도 { 1, 2 }
x = len(s)     # 결과는 2
y = 2 in s     # True
z = 3 in s     # False
```

두 가지 장점 때문에 앞으로 가끔 집합을 사용할 것이다. 첫 번째로 in은 집합에서 굉장히 빠르게 작동한다. 수많은 항목 중에서 특정 항목의 존재 여부를 확인해 보기 위해서는 리스트를 사용하는 것보다 집합을 사용하는 것이 훨씬 효율적이다.

```
stopwords_list = ["a", "an", "at"] + hundreds_of_other_words + ["yet", "you"]

"zip" in stopwords_list      # False, 하지만 모든 항목을 확인해야 한다.

stopwords_set = set(stopwords_list)
"zip" in stopwords_set       # 굉장히 빠르게 확인 가능
```

두 번째 이유는 중복된 원소를 제거해 주기 때문이다.

```
item_list = [1, 2, 3, 1, 2, 3]
num_items = len(item_list)            # 6
item_set = set(item_list)             # {1, 2, 3}
num_distinct_items = len(item_set)    # 3
distinct_item_list = list(item_set)   # [1, 2, 3]
```

하지만 집합보다 딕셔너리나 리스트를 더 자주 사용할 것이다.

2.14 흐름 제어

대부분의 프로그래밍 언어처럼 if를 사용하면 조건에 따라 코드를 제어할 수
있다.

```
if 1 > 2:
    message = "if only 1 were greater than two..."
elif 1 > 3:
    message = "elif stands for 'else if'"
else:
    message = "when all else fails use else (if you want to)"
```

앞으로 가끔씩 사용하겠지만 삼항 연산자(ternary operator)인 if-then-else문을
한 줄로 표현할 수도 있다.

```
parity = "even" if x % 2 == 0 else "odd"
```

파이썬에도 while이 존재하지만

```
x = 0
while x < 10:
    print(f"{x} is less than 10")
    x += 1
```

다음과 같이 for와 in을 더 자주 사용할 것이다.

```
# range(10)은 0부터 9까지를 의미한다.
```

```
for x in range(10):
    print(f"{x} is less than 10")
```

만약 더 복잡한 논리 체계가 필요하다면 continue와 break를 사용할 수 있다.

```
for x in range(10):
    if x == 3:
        continue  # 다음 경우로 넘어간다.
    if x == 5:
        break     # for문 전체를 끝낸다.
    print(x)
```

위 코드를 실행하면 0, 1, 2, 4가 출력될 것이다.

2.15 True와 False

다른 프로그래밍 언어처럼 파이썬에서도 불(boolean) 타입이 존재하는데, 이들은 항상 대문자로 시작한다.

```
one_is_less_than_two = 1 < 2        # 결과는 True
true_equals_false = True == False    # 결과는 False
```

다른 언어의 null처럼 파이썬은 존재하지 않는 값을 None으로 표기한다.

```
x = None
assert x == None, "this is the not the Pythonic way to check for None"
assert x is None, "this is the Pythonic way to check for None"
```

파이썬은 다른 값으로도 불 타입을 표현할 수 있게 해준다. 다음은 모두 거짓을 의미한다.

- False

- None

- [] (빈 리스트)

- {} (빈 딕셔너리)

- ""

- set()

- 0

- 0.0

나머지 거의 모든 것은 참(True)을 의미한다. 이를 통해 리스트, 문자열, 딕셔너리 등이 비어 있는지 쉽게 확인할 수 있다. 하지만 예상치 못한 오류가 발생하기도 한다.

```
s = some_function_that_returns_a_string()
if s:
    first_char = s[0]
else:
    first_char = ""
```

위 코드는 다음과 같이 더욱 간단하게 표현할 수 있다.

```
first_char = s and s[0]
```

and는 첫 번째 값이 참이면 두 번째 값을 반환해 주고, 첫 번째 값이 거짓이면 첫 번째 값을 반환해 준다. 만약 x가 숫자거나 None이라면

```
safe_x = x or 0
```

위의 값은 항상 숫자일 것이다. 하지만

```
safe_x = x if x is not None else 0
```

이렇게 표현하는 것이 읽기 더 편할 것이다.

파이썬에는 리스트의 모든 항목이 참이라면 True를 반환해 주는 all 함수와 적어도 하나의 항목이 참이라면 True를 반환해 주는 any 함수가 있다.

```
all([True, 1, {3}])    # True
all([True, 1, {}])     # False, {}는 거짓을 의미하기 때문에
any([True, 1, {}])     # True
all([])                # True, 거짓인 항목이 없기 때문에
any([])                # False, 참인 항목이 없기 때문에
```

2.16 정렬

파이썬의 모든 리스트에는 리스트를 자동으로 정렬해 주는 sort 메서드가 있다. 만약 이미 만든 리스트를 망치고 싶지 않다면 sorted 함수를 사용해서 새롭게 정렬된 리스트를 생성할 수 있다.

```
x = [4, 1, 2, 3]
y = sorted(x)     # y는 [1, 2, 3, 4], 하지만 x는 변하지 않는다.
x.sort()          # 이제 x는 [1, 2, 3, 4]
```

기본적으로 sort 메서드와 sorted 함수는 리스트의 각 항목을 일일이 비교해서 오름차순으로 정렬해 준다.

만약 리스트를 내림차순으로 정렬하고 싶다면 인자에 reverse=True를 추가해 주면 된다. 그리고 리스트의 각 항목끼리 서로 비교하는 대신 key를 사용하면 지정한 함수의 결괏값을 기준으로 리스트를 정렬할 수 있다.

```
# 절댓값의 내림차순으로 리스트를 정렬
x = sorted([-4, 1, -2, 3], key=abs, reverse=True)  # 결과는 [-4, 3, -2, 1]

# 빈도의 내림차순으로 단어와 빈도를 정렬
wc = sorted(word_counts.items(),
            key=lambda word_and_count: word_and_count[1],
            reverse=True)
```

2.17 리스트 컴프리헨션

기존의 리스트에서 특정 항목을 선택하거나 변환시킨 결과를 새로운 리스트에 저장해야 하는 경우도 자주 발생한다. 가장 파이썬스럽게 처리하는 방법은 리스트 컴프리헨션(list comprehension)이다.

```
even_numbers = [x for x in range(5) if x % 2 == 0]  # [0, 2, 4]
squares      = [x * x for x in range(5)]            # [0, 1, 4, 9, 16]
even_squares = [x * x for x in even_numbers]        # [0, 4, 16]
```

또한 딕셔너리나 집합으로 변환시킬 수 있다.

```
square_dict = {x: x * x for x in range(5)}  # {0: 0, 1: 1, 2: 4, 3: 9, 4: 16}
square_set  = {x * x for x in [1, -1]}      # {1}
```

보통 리스트에서 불필요한 값은 밑줄로 표기한다.

```
zeros = [0 for _ in even_numbers]       # even_numbers와 동일한 길이
```

리스트 컴프리헨션에는 여러 for를 포함할 수 있고

```
pairs = [(x, y)
         for x in range(10)
         for y in range(10)]    # (0,0) (0,1) ... (9,8), (9,9) 총 100개
```

뒤에 나오는 for는 앞에 나온 결과에 대해 반복한다.

```
increasing_pairs = [(x, y)                      # x < y인 경우만 해당
                    for x in range(10)          # range(lo, hi)는
                    for y in range(x + 1, 10)]  # [lo, lo + 1, ..., hi − 1]을 의미한다.
```

앞으로 리스트 컴프리헨션도 자주 사용할 것이다.

2.18 자동 테스트와 assert

데이터 과학자로서 굉장히 많은 코드를 작성할 것이다. 하지만 코드가 제대로 작성되었는지 어떻게 확인할 수 있을까? 곧 다루게 될 타입(type)이나 자동 테스트(automated test)를 통해 코드가 제대로 작성되었는지 확인할 수 있다.

다양한 테스팅 프레임워크가 존재하지만 이 책에서는 assert문만 사용할 것이다. assert는 지정된 조건이 충족되지 않는다면 AssertionError를 반환한다.

```
assert 1 + 1 == 2
assert 1 + 1 == 2, "1 + 1 should equal 2 but didn't"
```

위의 두 번째 예시처럼 조건이 충족되지 않을 때 출력하고 싶은 문구를 추가할 수도 있다.

위의 예시처럼 1 + 1 = 2인지 테스팅을 해보는 것은 의미가 없다. 하지만 직접 작성한 함수를 테스팅해보는 것은 의미가 있을 것이다.

```
def smallest_item(xs):
    return min(xs)

assert smallest_item([10, 20, 5, 40]) == 5
assert smallest_item([1, 0, -1, 2]) == -1
```

이 책에서는 위의 예시처럼 assert를 자주 사용할 것이다. 코드를 작성할 때 꼭 assert를 사용해서 테스트해 보길 추천한다. (이 책의 깃허브 저장소에서 수많은 assert를 사용하여 코드를 검증한 것을 확인할 수 있다.)

자주 사용하는 방식은 아니지만 assert로 함수의 인자를 검증할 수도 있다.

```
def smallest_item(xs):
    assert xs, "empty list has no smallest item"
    return min(xs)
```

이 책에서는 assert로 함수의 인자를 검증할 때도 있지만 대부분의 경우 코드가 제대로 작성되었는지 테스팅을 할 때 assert를 사용할 것이다.

2.19 객체 지향 프로그래밍

다른 프로그래밍 언어처럼 파이썬에서도 클래스(class)를 사용해서 **객체 지향 프로그래밍**(object-oriented programming)을 하면 데이터와 관련 함수를 하나로 묶어 줄 수 있다. 코드를 더 깔끔하고 간단하게 작성하기 위해 클래스를 가끔씩 사용할 것이다. 예제 코드의 주석으로 클래스를 설명하는 것이 가장 간단할 것 같다.

예제로 '데이터 과학 고급 강의' 같은 모임에 몇 명이 참가했는지 확인해 주는 CountingClicker 클래스를 만들 것이다.

이 클래스에는 참석자 수를 나타내는 count 변수, count를 증가시키는 click 메서드, 현재 count를 반환해 주는 read 메서드 그리고 count를 0으로 재설정해 주는 reset 메서드가 필요할 것이다. (실제로 참석자를 셀 때 9999 다음에 0000으로 넘어가는 카운팅 기계를 사용하기도 하지만 이런 경우는 무시하겠다.)

먼저 클래스를 정의하기 위해서는 class 뒤에 파스칼케이스(PascalCase)[9]로 클래스의 이름을 표기하면 된다.

```python
class CountingClicker:
    """함수처럼 클래스에서도 주석을 추가할 수 있다"""
```

클래스는 0개 이상의 **멤버 함수**를 포함한다. 모든 멤버 함수의 첫 번째 인자는 해당 클래스의 인스턴스(instance)를 의미하는 self로 정의해야 한다.

```python
def __init__(self, count = 0):
    self.count = count
```

클래스의 이름으로 클래스의 인스턴스를 생성할 수 있다.

```python
clicker1 = CountingClicker()            # count=0으로 생성된 인스턴스
clicker2 = CountingClicker(100)         # count=100으로 생성된 인스턴스
clicker3 = CountingClicker(count=100)   # 동일하지만 더욱 명시적으로 표현
```

__init__ 메서드 이름의 앞뒤로 밑줄 표시(underscore)가 두 개씩 추가되었다. 이러한 메서드를 dunder(double-UNDERscore) 메서드라고 부르며 특별한 기능을 갖고 있다.

 메서드의 이름이 밑줄 표시로 시작하는 경우, 클래스 밖에서 바로 호출을 하면 안되는 프라이빗(private) 메서드를 의미한다. 하지만 파이썬에서는 클래스 밖에서 프라이빗 메서드를 호출하는 것을 막아두지는 않았다.

---

9 (옮긴이) 공백 없이 여러 단어를 붙여서 표현할 때, 각 단어의 첫 글자를 대문자로 표현하는 방식.

__repr__은 클래스 인스턴스를 문자열 형태로 반환해주는 dunder 메서드다.

```
def __repr__(self):
    return f"CountingClicker(count={self.count})"
```

이제 클래스를 활용할 수 있도록 퍼블릭(public) API를 만들어 보자.

```
def click(self, num_times = 1):
    """한 번 실행할 때마다 num_times만큼 count가 증가"""
    self.count += num_times

def read(self):
    return self.count

def reset(self):
    self.count = 0
```

assert를 사용하여 테스트 조건들을 만들어 보자.

```
clicker = CountingClicker()
assert clicker.read() == 0, "clicker should start with count 0"
clicker.click()
clicker.click()
assert clicker.read() == 2, "after two clicks, clicker should have count 2"
clicker.reset()
assert clicker.read() == 0, "after reset, clicker should be back to 0"
```

이러한 테스트를 통해서 작성한 코드가 정상적으로 실행되는지 확인할 수 있다.

또한 부모 클래스에서 기능을 상속받을 수 있는 서브클래스(subclass)를 종종 사용할 것이다. 예를 들어 CountingClicker를 상속받지만 reset 메서드를 오버라이딩(overriding)하여 count를 재설정할 수 없는 서브클래스를 만들 수도 있다.

```
# 부모 클래스의 모든 기능을 상속받는 서브클래스
class NoResetClicker(CountingClicker):
    # CountingClicker와 동일한 메서드를 포함

    # 하지만 reset 메서드는 아무런 기능이 없도록 변경된다.
    def reset(self):
        pass

clicker2 = NoResetClicker()
assert clicker2.read() == 0
clicker2.click()
assert clicker2.read() == 1
clicker2.reset()
assert clicker2.read() == 1, "reset shouldn't do anything"
```

2.20 이터레이터와 제너레이터

리스트는 순서나 인덱스(index)만 알고 있으면 쉽게 특정 항목을 가져올 수 있다는 큰 장점이 있다. 하지만 이러한 장점은 경우에 따라 큰 단점이 될 수도 있다. 가령 10억 개의 항목으로 구성된 리스트를 생성하려면 컴퓨터의 메모리가 부족해질 수 있다. 만약 항목을 한 개씩 처리하고 싶다면 리스트 전체를 가지고 있을 필요가 없다. 앞부분의 몇몇 값만 필요한데도 10억 개의 항목을 갖는 리스트 전체를 생성하는 것은 매우 비효율적이다.

제너레이터(generator)는 (주로 for문을 통해서) 반복할 수 있으며, 제너레이터의 각 항목은 필요한 순간에 그때그때 생성된다.

제너레이터를 만드는 한 가지 방법은 함수와 yield를 활용하는 것이다.

```python
def generate_range(n):
    i = 0
    while i < n:
        yield i    # yield가 호출될 때마다 제너레이터에 해당 값을 생성
        i += 1
```

다음과 같은 반복문은 yield로 반환되는 값이 없을 때까지 반환된 값을 차례로 하나씩 사용한다.

```python
for i in generate_range(10):
    print(f"i: {i}")
```

(사실 range 자체가 제너레이터로 만들어졌기 때문에 이렇게 따로 만들 필요는 없다.)

이는 무한한 수열도 메모리의 제약을 받지 않고 구현할 수 있다는 것을 의미한다.

```python
def natural_numbers():
    """1, 2, 3, ...을 반환"""
    n = 1
    while True:
        yield n
        n += 1
```

물론 break 없이 무한 수열을 생성하는 것은 추천하지 않는다.

제너레이터의 단점은 제너레이터를 단 한 번만 반복할 수 있다는 점이다. 만약 데이터를 여러 번 반복해야 한다면 매번 제너레이터를 다시 만들거나 리스트를 사용해야 한다. 제너레이터를 매번 생성하는 것이 너무 오래 걸린다면 리스트 사용을 추천한다.

또한 괄호 안에 for문을 추가하는 방법으로도 제너레이터를 만들 수 있다.

```
evens_below_20 = (i for i in generate_range(20) if i % 2 == 0)
```

물론 for나 next를 통해서 반복문이 시작되기 전까지는 제너레이터가 생성되지 않는다. 이를 사용하여 정교한 데이터 처리 파이프라인을 만들 수 있다.

```
# 실제 반복문이 시작되기 전까지는 제너레이터가 생성되지 않는다.
data = natural_numbers()
evens = (x for x in data if x % 2 == 0)
even_squares = (x ** 2 for x in evens)
even_squares_ending_in_six = (x for x in even_squares if x % 10 == 6)
# 등등
```

종종 리스트나 제너레이터에서 항목을 하나씩 확인해 볼 경우, 항목의 순서 (index)를 반환하고 싶을 때도 있다. 파이썬의 enumerate 함수를 사용하면 (순서, 항목) 형태로 값을 반환시킬 수 있다.

```
names = ["Alice", "Bob", "Charlie", "Debbie"]

# 파이썬스럽지 않다.
for i in range(len(names)):
    print(f"name {i} is {names[i]}")

# 파이썬스럽지 않다.
i = 0
for name in names:
    print(f"name {i} is {names[i]}")
    i += 1

# 파이썬스럽다.
for i, name in enumerate(names):
    print(f"name {i} is {name}")
```

앞으로 enumerate도 자주 사용할 것이다.

2.21 난수 생성

데이터 과학을 하다 보면 난수(random number)를 생성해야 할 때가 자주 있다. 이때는 random 모듈을 사용할 수 있다.

```
import random
random.seed(10)  # 매번 동일한 결과를 반환해 주는 설정

four_uniform_randoms = [random.random() for _ in range(4)]

# [0.5714025946899135,      # random.random()은
#  0.4288890546751146,      # 0과 1 사이의 난수를 생성
#  0.5780913011344704,      # 앞으로 가장 자주 사용할
#  0.20609823213950174]     # 함수이다.
```

만약 수도 랜덤(pseudo random)한(결정론적으로 동일한) 난수를 계속 사용하고 싶다면 random.seed를 통해 매번 고정된 난수를 생성하면 된다.

```
random.seed(10)         # seed를 10으로 설정
print(random.random())  # 0.57140259469
random.seed(10)         # seed를 10으로 다시 설정해도
print(random.random())  # 0.57140259469가 출력된다.
```

인자가 1개 혹은 2개인 random.randrange 메서드를 사용하면 range()에 해당하는 구간 안에서 난수를 생성할 수 있다.

```
random.randrange(10)    # range(10) = [0, 1, ..., 9]에서 난수 생성
random.randrange(3, 6)  # range(3, 6) = [3, 4, 5]에서 난수 생성
```

random 모듈에는 가끔씩 사용하지만 유용한 여러 함수가 존재한다. random.shuffle은 리스트의 항목을 임의 순서로 재정렬해 준다.

```
up_to_ten = [1, 2, 3, 4, 5, 6, 7, 8, 9, 10]
random.shuffle(up_to_ten)
print(up_to_ten)
# [7, 2, 6, 8, 9, 4, 10, 1, 3, 5]   (사람마다 결과가 다를 것이다.)
```

random.choice 메서드를 사용하면 리스트에서 임의의 항목을 하나 선택할 수 있다.

```
my_best_friend = random.choice(["Alice", "Bob", "Charlie"])  # 저자의 경우 "Bob"이 출력
```

그리고 random.sample을 사용하면 리스트에서 중복이 허용되지 않는 임의의 표본 리스트를 만들 수 있다.

```
lottery_numbers = range(60)
winning_numbers = random.sample(lottery_numbers, 6)  # [16, 36, 10, 6, 25, 9]
```

만약 중복이 허용되는 임의의 표본 리스트를 만들고 싶다면 random.choice 메서드를 여러 번 사용하면 된다.

```
four_with_replacement = [random.choice(range(10)) for _ in range(4)]
print(four_with_replacement)  # [9, 4, 4, 2]
```

2.22 정규표현식

정규표현식(regular expressions, regex)을 사용하면 문자열을 찾을 수 있다. 정규표현식은 매우 유용하지만 책 한 권으로 설명해야 할 정도로 상당히 복잡하다. 앞으로 매번 정규표현식을 사용할 때마다 조금씩 설명하도록 할 테니 일단 여기서는 간략한 예시를 통해 맛만 보자.

```
import re

re_examples = [                          # 모두 True
    not re.match("a", "cat"),            # 'cat'은 'a'로 시작하지 않기 때문에
    re.search("a", "cat"),              # 'cat' 안에는 'a'가 존재하기 때문에
    not re.search("c", "dog"),          # 'dog' 안에는 'c'가 존재하지 않기 때문에
    3 == len(re.split("[ab]", "carbs")),  # a 혹은 b 기준으로 분리하면
                                        # ['c', 'r', 's']가 생성되기 때문에
    "R-D-" == re.sub("[0-9]", "-", "R2D2")  # 숫자를 "-"로 대체하기 때문에
    ]

assert all(re_examples), "all the regex examples should be True"
```

re.match 메서드는 문자열의 시작이 정규표현식과 같은지 비교하고, re.search 메서드는 문자열 전체에서 정규표현식과 같은 부분이 있는지 찾는다. 사용하다 보면 이 둘은 정말 헷갈리기 쉽다.

더 자세한 내용은 공식 문서[10]를 참고하도록 하자.

2.23 함수형 도구

 초판에서는 이 부분에서 partial, map, reduce, filter 메서드에 대해 설명했었다. 하지만 2판에서는 이 함수들을 제외하고 더 파이썬스러운 for문과 리스트 컴프리헨션 등으로 대체했다.

---

10 *https://docs.python.org/3/library/re.html*

2.24 zip과 인자 언패킹

가끔씩 두 개 이상의 리스트를 서로 묶어주고 싶을 때가 있다. zip은 여러 개의 리스트를 서로 상응하는 항목의 튜플로 구성된 리스트로 변환해 준다.

```
list1 = ['a', 'b', 'c']
list2 = [1, 2, 3]

# 실제 반복문이 시작되기 전까지는 묶어주지 않는다.
[pair for pair in zip(list1, list2)]    # [('a', 1), ('b', 2), ('c', 3)]
```

주어진 리스트의 길이가 서로 다른 경우 zip은 첫 번째 리스트가 끝나면 멈춘다. 묶인 리스트는 다음과 같은 트릭을 사용해 다시 풀어줄 수도 있다.

```
pairs = [('a', 1), ('b', 2), ('c', 3)]
letters, numbers = zip(*pairs)
```

이 트릭에서 사용한 별표(*)는 원래 인자 언패킹(argument unpacking)을 할 때 사용되는 문법으로, 이를 사용하면 pairs 안의 항목들을 zip 함수에 개별적인 인자로 전달해 준다. 결국 다음과 같은 코드와 동일하다.

```
letters, numbers = zip(('a', 1), ('b', 2), ('c', 3))
```

이런 방식의 인자 해체는 모든 함수에 적용할 수 있다.

```
def add(a, b): return a + b

add(1, 2)       # 3
try:
    add([1, 2])
except TypeError:
    print("add expects two inputs")
add(*[1, 2])    # 3
```

자주 사용하지는 않겠지만 꽤 유용한 기법이다.

2.25 args와 kwargs

특정 함수 f를 입력하면 f의 결과를 두 배로 만드는 함수를 반환해 주는 고차 함수를 만들고 싶다고 해보자.

```
def doubler(f):
    # f를 참조하는 새로운 함수
    def g(x):
        return 2 * f(x)

    # 새로운 함수를 반환
    return g
```

이 함수는 특별한 경우에만 작동한다.

```
def f1(x):
    return x + 1

g = doubler(f1)
assert g(3) == 8,  "(3 + 1) * 2 should equal 8"
assert g(-1) == 0, "(-1 + 1) * 2 should equal 0"
```

두 개 이상의 인자를 받는 함수의 경우에는 문제가 발생한다.

```
def f2(x, y):
    return x + y

g = doubler(f2)
try:
    g(1, 2)
except TypeError:
    print("as defined, g only takes one argument")
```

문제를 해결하기 위해 임의의 수의 인자를 받는 함수를 만들어 줘야 한다. 앞서 설명한 인자 언패킹을 사용하면 마법같이 임의의 수의 인자를 받는 함수를 만들 수 있다.

```
def magic(*args, **kwargs):
    print("unnamed args:", args)
    print("keyword args:", kwargs)

magic(1, 2, key="word", key2="word2")

# 다음과 같은 결과가 출력된다.
# unnamed args: (1, 2)
# keyword args: {'key': 'word', 'key2': 'word2'}
```

위의 함수에서 args는 이름이 없는 인자로 구성된 튜플이며 kwargs는 이름이 주어진 인자로 구성된 딕셔너리이다. 반대로, 정해진 수의 인자가 있는 함수를 호출할 때도 리스트나 딕셔너리로 인자를 전달할 수 있다.

```
def other_way_magic(x, y, z):
    return x + y + z

x_y_list = [1, 2]
z_dict = {"z": 3}
assert other_way_magic(*x_y_list, **z_dict) == 6, "1 + 2 + 3 should be 6"
```

args와 kwargs를 사용하면 온갖 희한한 것을 할 수 있다. 하지만 앞으로 임의의 인자를 입력 받을 수 있는 고차 함수를 만들 때만 args와 kwargs를 사용할 것이다.

```
def doubler_correct(f):
    """f의 인자에 상관없이 작동한다."""
    def g(*args, **kwargs):
        """g의 인자가 무엇이든 간에 f로 보내준다."""
        return 2 * f(*args, **kwargs)
    return g

g = doubler_correct(f2)
assert g(1, 2) == 6, "doubler should work now"
```

코드의 가독성을 위해 함수에서 필요한 인자는 모두 명시하는 것을 추천한다. 이 책에서는 꼭 필요할 때만 args와 kwargs를 사용할 것이다.

2.26 타입 어노테이션

파이썬은 동적 타입(dynamically typed) 언어다. 이는 변수를 올바르게만 사용한다면 변수의 타입은 신경 쓰지 않아도 된다는 뜻이다.

```
def add(a, b):
    return a + b

assert add(10, 5) == 15,                "+ is valid for numbers"
assert add([1, 2], [3]) == [1, 2, 3],   "+ is valid for lists"
assert add("hi ", "there") == "hi there", "+ is valid for strings"

try:
    add(10, "five")
except TypeError:
    print("cannot add an int to a string")
```

반면 정적 타입(statically typed) 언어의 경우, 모든 함수나 객체의 타입을 명시해야 한다.

```
def add(a: int, b: int) -> int:
    return a + b

add(10, 5)          # 이 경우에는 정상적으로 작동하겠지만
add("hi ", "there")  # 이 경우에는 정상적으로 작동하지 않아야 한다.
```

최근에 배포된 파이썬 버전에서는 이러한 기능을 제공하기 시작했다. 앞에서
int 타입을 명시한 add 함수는 파이썬 3.6에서는 유효한 표현법이다!

하지만 이렇게 명시된 타입은 실제로 아무런 기능도 하지 않는다. 타입이 명시
된 add 함수여도 문자열을 더할 수 있고, add(10, "five")를 호출하면 TypeError
가 발생한다.

하지만 타입을 명시하면 좋은 이유가 (적어도) 4개나 있다.

- 타입 명시는 문서를 작성할 때 매우 중요하다. 이론적이거나 수학적인 개념
  을 코드로 설명할 때 특히 도움이 많이 된다. 동일한 함수에 관한 두 가지 다
  른 표현 방식을 비교해 보자.

  ```
  def dot_product(x, y): ...

  # Vector라는 것을 사전에 정의를 했다고 가정해 보자.
  def dot_product(x: Vector, y: Vector) -> float: ...
  ```

  개인적으로 두 번째 방식이 유익한 정보를 더 많이 제공하는 것 같다. 모두
  그렇게 느끼길 빈다. (타입 명시가 너무 익숙해져서 타입을 명시하지 않은 코
  드는 읽기 힘들다.)

- mypy처럼 코드를 실행하기 전에 코드를 불러와서 타입 관련된 에러를 검사해
  주는 도구가 있다. 예를 들어 mypy로 add("hi ", "there")가 포함되어 있는
  파일을 검사하면 다음과 같은 에러를 출력한다.

  ```
  error: Argument 1 to "add" has incompatible type "str"; expected "int"
  ```

  assert로 테스트하는 것처럼 코드 안의 오류를 사전에 잡아낼 수 있다. 이 책
  의 코드를 검증하기 위해 이러한 도구를 사용했지만 책의 예시에서 직접 다
  루지는 않을 것이다.

- 타입을 명시하다 보면 더 깔끔하고 이해하기 쉬운 함수를 만들 수밖에 없다.

  ```
  from typing import Union

  def secretly_ugly_function(value, operation): ...
  ```

```
def ugly_function(value: int,
                  operation: Union[str, int, float, bool]) -> int:
    ...
```

앞의 함수에서 operation 인자는 str, int, float, bool 객체를 받을 수 있다. 아마 이 함수는 굉장히 복잡하게 구성되어 있을 가능성이 크다. 하지만 타입 이 명시되어 있는 경우, 훨씬 명확하게 코드를 파악할 수 있을 것이다. 그리 고 자연스럽게 코드 또한 최대한 이해하기 쉽게 작성될 것이다.

- 타입을 명시하면 코드를 작성하는 에디터(editor)의 자동 완성 기능(그림 2-1)을 활용할 수 있으며, 타입 에러 또한 사전에 감지할 수 있다.

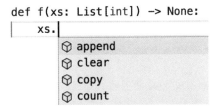

그림 2-1 VSCode 예시. 다른 에디터도 비슷할 것이다.

종종 큰 규모의 프로젝트에서나 타입 명시가 도움이 된다고 주장하는 사람들이 있다. 하지만 타입 명시는 그렇게 시간이 많이 걸리는 일이 아니며 에디터의 유용한 기능들을 사용할 수 있게 해준다. 오히려 작은 규모의 프로젝트에서도 코드를 더 빠르게 작성할 수 있게 해준다.

이러한 이유로 이 책의 모든 예시에는 타입이 명시되어 있다. 지금 당장은 불필요하다고 생각할 수도 있겠지만, 책을 다 읽었을 때쯤에는 생각이 바뀌었을 것이다.

2.26.1 타입 어노테이션하는 방법

int, bool, float 같은 기본적인 객체는 타입을 바로 명시해 주면 된다. 리스트의 경우에는 어떻게 타입을 명시하는 게 좋을까?

```
def total(xs: list) -> float:
    return sum(total)
```

이렇게 명시하는 것도 틀린 방법은 아니다. 하지만 더 구체적으로 표현해 보자. xs는 문자열이 아닌 float 객체를 갖고 있는 리스트이다.

typing 모듈을 사용하면 이렇게 구체적으로 타입을 명시할 수 있다.

```
from typing import List  # L은 대문자인 것을 유의하자.

def total(xs: List[float]) -> float:
    return sum(total)
```

지금까지는 변수의 타입이 너무 명확했기 때문에 함수의 인자나 반환값에 대해서만 타입을 명시했다.

```
# 이렇게 변수의 타입을 명시할 수 있다.
# 하지만 x가 int라는 것이 자명하기 때문에 타입을 명시할 필요가 없다.
x: int = 5
```

종종 변수의 타입이 명확하지 않을 때가 있다.

```
values = []          # 이 변수의 타입은 무엇일까?
best_so_far = None  # 이 변수의 타입은 무엇일까?
```

이런 경우에는 변수를 정의할 때 타입에 대한 힌트를 추가할 수 있다.

```
from typing import Optional

values: List[int] = []
best_so_far: Optional[float] = None  # float이나 None으로 타입 명시
```

typing 모듈은 다양한 타입을 제공하지만 그 중에서 몇 개만 자주 사용할 것이다.

```
# 여기서 명시하고 있는 타입들은 너무 자명하여 굳이 명시할 필요는 없다.
from typing import Dict, Iterable, Tuple

# 키는 문자열, 값은 int
counts: Dict[str, int] = {'data': 1, 'science': 2}

# 리스트와 제너레이터는 모두 이터러블이다.
if lazy:
    evens: Iterable[int] = (x for x in range(10) if x % 2 == 0)
else:
    evens = [0, 2, 4, 6, 8]

# 튜플 안의 각 항목들의 타입을 구체적으로 명시
triple: Tuple[int, float, int] = (10, 2.3, 5)
```

파이썬의 일급 함수(first-class functions)에 대해서도 타입을 명시할 수 있다. 인위적으로 만든 예시를 한번 살펴보자.

```
from typing import Callable

# repeater 함수가 문자열과 int를 인자로 받고
# 문자열을 반환해 준다는 것을 명시
def twice(repeater: Callable[[str, int], str], s: str) -> str:
    return repeater(s, 2)

def comma_repeater(s: str, n: int) -> str:
    n_copies = [s for _ in range(n)]
    return ', '.join(n_copies)

assert twice(comma_repeater, "type hints") == "type hints, type hints"
```

명시된 타입 자체도 파이썬 객체이기 때문에 변수로 선언할 수 있다.

```
Number = int
Numbers = List[Number]

def total(xs: Numbers) -> Number:
    return sum(xs)
```

이 책을 통해서 명시된 타입을 이해하고 직접 작성하는 데 익숙해질 것이다. 앞으로 코드를 작성할 때는 항상 타입을 명시해 주자.

2.27 데이텀에 오신 것을 환영합니다!

이제 신입사원 오리엔테이션이 끝났다. 아, 무엇보다 재직 중에 횡령하지 않도록 조심하자.

2.28 더 공부해 보고 싶다면

- 세상에는 수없이 많은 파이썬 튜토리얼이 존재한다. 공식 튜토리얼[11]부터 시작하는 것도 나쁘지 않다.
- 만약 IPython에 대해 더 자세히 알아보고 싶다면 공식 IPython 튜토리얼[12]을 참고하자. IPython을 꼭 사용하길 바란다.
- 타입을 명시하고 검증하는 것에 대해 더 자세히 알아보고 싶다면 mypy 공식 문서[13]를 참고하자.

---

11 *https://docs.python.org/3/tutorial/*
12 *http://ipython.readthedocs.io/en/stable/interactive/index.html*
13 *https://mypy.readthedocs.io/en/stable/*

3장

데이터 시각화

시각화는 개인의 목표를 달성하기 위한 가장 좋은 방법 중 하나다.
- 하비 맥케이(Harvey Mackay)[1]

데이터 과학자가 갖춰야 할 기본 기술 중 하나는 데이터 시각화다. 시각화를 만드는 것은 아주 쉽지만, 좋은 시각화를 만드는 것은 상당히 어렵다.

데이터 시각화에는 두 가지 목적이 있다.

- 데이터 탐색(exploration)
- 데이터 전달(communication)

이 장에서는 데이터를 탐색하는 방법을 배우고, 앞으로 이 책에서 살펴볼, 시각화를 만드는 데 필요한 기술들을 익힐 것이다. 데이터 시각화는 다른 내용과 마찬가지로 그 하나만 다뤄도 책 한 권이 되고도 남을 방대한 분야다. 이 장에서는 좋은 시각화와 그렇지 않은 것에 대한 분별력을 길러 보자.

3.1 matplotlib

데이터를 시각화하기 위한 도구는 무궁무진하다. 여기서는 (다소 오래되기는 했지만) 널리 사용되고 있는 matplotlib를 사용해 보자. matplotlib는 웹을 위한 복잡하고 인터랙티브한 시각화를 만들고 싶다면 가장 좋은 선택이 아닐 수는 있지만, 간단한 막대 그래프, 선 그래프, 또는 산점도를 그릴 때는 나쁘지 않다.

---

1   (옮긴이) 하비 맥케이는 미국의 유명한 자기 계발서 작가이자 칼럼니스트다.

앞서 언급했듯이 matplotlib는 파이썬에서 기본으로 제공하는 라이브러리가 아니다. 가상 환경을 활성화하고 아래 명령어로 matplotlib를 설치하자(가상 환경을 만드는 법은 2.3절 '가상 환경'을 참조하도록 하자).

```
python -m pip install matplotlib
```

그 중에서도 우리는 특히 matplotlib.pyplot 모듈을 사용할 것이다. pyplot은 시각화를 단계별로 간편하게 만들 수 있는 구조로 되어 있으며, 시각화가 완성되면 savefig()를 통해 그래프를 저장하거나 show()를 사용해서 화면에 띄울 수 있다.

예를 들어 그림 3-1과 같이 단순한 그래프는 아주 간단하게 그릴 수 있다.

```
from matplotlib import pyplot as plt

years = [1950, 1960, 1970, 1980, 1990, 2000, 2010]
gdp = [300.2, 543.3, 1075.9, 2862.5, 5979.6, 10289.7, 14958.3]

# x축에 연도, y축에 GDP가 있는 선 그래프를 만들자.
plt.plot(years, gdp, color='green', marker='o', linestyle='solid')

# 제목을 더하자.
plt.title("Nominal GDP")

# y축에 레이블을 추가하자.
plt.ylabel("Billions of $")
plt.show()
```

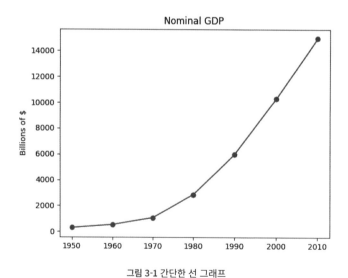

그림 3-1 간단한 선 그래프

어딘가 매체에 게재할 수 있는 수준의 그래프를 그리는 것은 상당히 복잡하고 이 책의 범위를 벗어난다. 이를테면 축 레이블이나 점과 선의 모양 등 그래프를 꾸밀 수 있는 방법은 아주 많은데, 여기서는 그 모든 방법을 살펴보기보다는, 무엇이 있는지 감을 잡을 수 있도록 몇몇 예시를 통해 가볍게 다뤄 보자.

 이 책에서는 다루지 않겠지만 matplotlib를 사용해서 그래프 속에 그래프를 그리거나, 복잡한 구조의 그래프를 만들거나, 인터랙티브한 시각화를 만들 수도 있다. 이 책에서 설명한 것보다 더 상세한 내용에 관심이 있다면, 관련 문서를 직접 찾아서 살펴보도록 하자.

3.2 막대 그래프

막대 그래프(bar chart)는 이산적인(discrete) 항목들에 대한 변화를 보여 줄 때 사용하면 좋다. 예를 들어 그림 3-2는 여러 영화가 아카데미 시상식에서 상을 각각 몇 개 받았는지 보여 준다.

```python
movies = ["Annie Hall", "Ben-Hur", "Casablanca", "Gandhi", "West Side Story"]
num_oscars = [5, 11, 3, 8, 10]

# 막대의 x 좌표는 [0, 1, 2, 3, 4], y 좌표는 [num_oscars]로 설정
plt.bar(range(len(movies)), num_oscars)

plt.title("My Favorite Movies")      # 제목을 추가
plt.ylabel("# of Academy Awards")    # y축에 레이블을 추가하자.

# x축 각 막대의 중앙에 영화 제목을 레이블로 추가하자.
plt.xticks(range(len(movies)), movies)

plt.show()
```

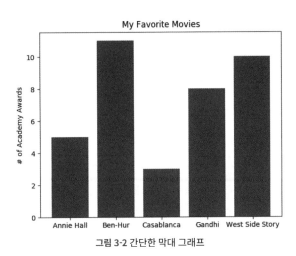

그림 3-2 간단한 막대 그래프

막대 그래프를 이용하면 그림 3-3과 같이 히스토그램(histogram)도 그릴 수 있다. 히스토그램이란 정해진 구간에 해당되는 항목의 개수를 보여줌으로써 값의 **분포**를 관찰할 수 있는 그래프 형태이다.

```python
from collections import Counter
grades = [83, 95, 91, 87, 70, 0, 85, 82, 100, 67, 73, 77, 0]

# 점수는 10점 단위로 그룹화한다. 100점은 90점대에 속한다.
histogram = Counter(min(grade // 10 * 10, 90) for grade in grades)

plt.bar([x + 5 for x in histogram.keys()],   # 각 막대를 오른쪽으로 5만큼 옮기고
        histogram.values(),                   # 각 막대의 높이를 정해 주고
        10,                                    # 너비는 10으로 하자.
        edgecolor=(0, 0, 0))                   # 각 막대의 테두리는 검은색으로 설정하자.

plt.axis([-5, 105, 0, 5])                      # x축은 -5부터 105
                                               # y축은 0부터 5

plt.xticks([10 * i for i in range(11)])        # x축의 레이블은 0, 10, ..., 100
plt.xlabel("Decile")
plt.ylabel("# of Students")
plt.title("Distribution of Exam 1 Grades")
plt.show()
```

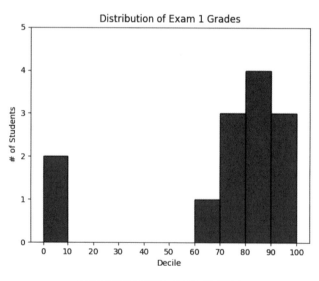

그림 3-3 막대 그래프로 히스토그램 그리기

`plt.bar`의 세 번째 인자(argument)는 막대의 너비를 정한다. 여기서는 각 구간의 너비가 10이므로 막대의 너비 또한 10으로 설정했다. 또, 막대들을 오른쪽으

로 5씩 이동해서 (예를 들어) '10'에 해당하는 막대의 중점이 15가 되게 했다. 막대 간 구분이 되도록 각 막대의 테두리를 검은색으로 설정했다.

plt.axis는 x축의 범위를 -5에서 105로 하고('0', '100'에 해당하는 막대가 잘리지 않도록 그리기 위해서) y축의 범위를 0부터 5로 정했다. 그리고 plt.xticks는 x축의 레이블이 0, 10, 20, ..., 100이 되게 했다.

plt.axis를 사용할 때는 특히 신중해야 한다. 막대 그래프를 그릴 때 y축을 0에서 시작하지 않으면 그림 3-4와 같이 오해를 불러일으키기 쉽기 때문이다.

```
mentions = [500, 505]
years = [2017, 2018]

plt.bar(years, mentions, 0.8)
plt.xticks(years)
plt.ylabel("# of times I heard someone say 'data science'")

# 이렇게 하지 않으면 matplotlib이 x축에 0, 1 레이블을 달고
# 주변부 어딘가에 +2.013e3이라고 표기해 둘 것이다. (나쁜 matplotlib!)
plt.ticklabel_format(useOffset=False)

# 오해를 불러일으키는 y축은 500 이상의 부분만 보여 줄 것이다.
plt.axis([2016.5, 2018.5, 499, 506])
plt.title("Look at the 'Huge' Increase!")
plt.show()
```

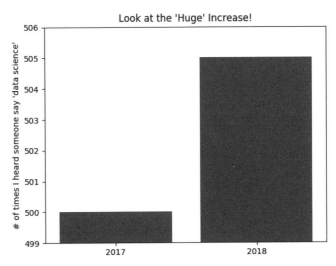

그림 3-4 y축이 오해를 불러일으키는 그래프

그림 3-5에서는 더 적합한 축을 사용했고, 훨씬 더 합리적인 그래프가 되었다.

```
plt.axis([2016.5, 2018.5, 0, 550])
plt.title("Not So Huge Anymore")
plt.show()
```

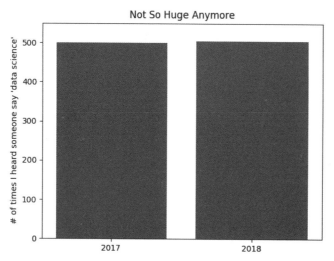

그림 3-5 y축이 오해를 불러일으키지 않는 그래프

3.3 선 그래프

앞에서 이미 살펴본 바와 같이 plt.plot()을 이용하면 선 그래프(line chart)를 그릴 수 있다. 이 그래프는 그림 3-6과 같이 어떤 경향을 보여 줄 때 유용하다.

```
variance     = [1, 2, 4, 8, 16, 32, 64, 128, 256]
bias_squared = [256, 128, 64, 32, 16, 8, 4, 2, 1]
total_error  = [x + y for x, y in zip(variance, bias_squared)]
xs = [i for i, _ in enumerate(variance)]

# 한 차트에 여러 개의 선을 그리기 위해
# plt.plot을 여러 번 호출할 수 있다.
plt.plot(xs, variance,     'g-',  label='variance')    # 실선
plt.plot(xs, bias_squared, 'r-.', label='bias^2')      # 일점쇄선
plt.plot(xs, total_error,  'b:',  label='total error') # 점선

# 각 선에 레이블을 미리 달아 놨기 때문에
# 범례(legend)를 쉽게 그릴 수 있다.
plt.legend(loc=9)
plt.xlabel("model complexity")
plt.xticks([])
plt.title("The Bias-Variance Tradeoff")
plt.show()
```

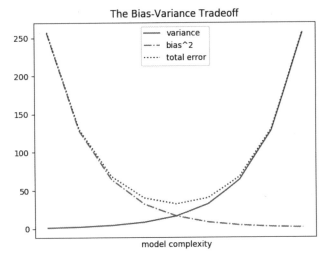

그림 3-6 여러 개의 선 그래프와 범례 동시에 그리기

3.4 산점도

산점도(scatterplot)는 두 변수 간의 연관 관계를 보여 주고 싶을 때 적합한 그래프다. 예를 들어 그림 3-7은 각 사용자의 친구 수와 그들이 매일 사이트에서 체류하는 시간 사이의 연관성을 보여 준다.

```
friends = [ 70,  65,  72,  63,  71,  64,  60,  64,  67]
minutes = [175, 170, 205, 120, 220, 130, 105, 145, 190]
labels  = ['a', 'b', 'c', 'd', 'e', 'f', 'g', 'h', 'i']

plt.scatter(friends, minutes)

# 각 포인트에 레이블을 달자.
for label, friend_count, minute_count in zip(labels, friends, minutes):
    plt.annotate(label,
        xy=(friend_count, minute_count), # 레이블을 데이터 포인트 근처에 두되
        xytext=(5, -5),                   # 약간 떨어져 있게 하자.
        textcoords='offset points')

plt.title("Daily Minutes vs. Number of Friends")
plt.xlabel("# of friends")
plt.ylabel("daily minutes spent on the site")
plt.show()
```

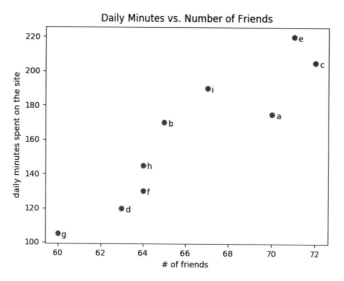

그림 3-7 친구 수와 사이트 체류 시간에 관한 산점도

변수들끼리 비교할 때 matplotlib이 자동으로 축의 범위를 설정하게 하면 그림 3-8과 같이 공정한 비교를 하지 못하게 될 수 있다.

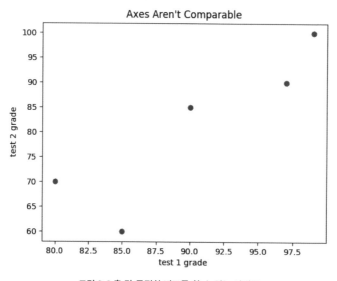

그림 3-8 축 간 공정한 비교를 할 수 없는 산점도

```
test_1_grades = [ 99, 90, 85, 97, 80]
test_2_grades = [100, 85, 60, 90, 70]

plt.scatter(test_1_grades, test_2_grades)
plt.title("Axes Aren't Comparable")
```

```
plt.xlabel("test 1 grade")
plt.ylabel("test 2 grade")
plt.show()
```

여기서 `plt.axis("equal")`이라는 명령을 추가하면 그림 3-9와 같이 공정한 비교를 할 수 있게 된다. 이 그림을 보면 test 2에서 대부분의 편차가 발생했다는 사실을 알 수 있다.

앞으로 이 책에서 시각화를 계속 사용하고 배울 테지만, 일단 이 정도면 시각화 입문에 충분할 것이다.

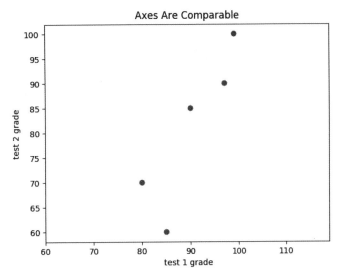

그림 3-9 축 간 공정한 비교를 할 수 있는 산점도

3.5 더 공부해 보고 싶다면

• matplotlib 갤러리[2]를 살펴보면 matplotlib로 구현할 수 있는 시각화의 종류에 대해 감이 올 것이다.

• seaborn[3]은 matplotlib를 발전시킨 것으로, 더 아름답고 복잡한 시각화를 그릴 수 있게 해준다.

• Altair[4]는 최근에 나온 선언형 시각화(declarative visualization) 파이썬 라이브러리다.

---

2   *https://matplotlib.org/gallery.html*
3   *https://seaborn.pydata.org/*
4   *https://altair-viz.github.io/*

- D3.js[5]는 웹을 위한 인터랙티브 시각화를 만드는 데 사용되는 자바스크립트 라이브러리다. 자바스크립트로 쓰이긴 했지만, 인기 있고 폭넓게 사용되므로 익숙해지는 게 좋을 것이다.
- Bokeh[6]는 D3.js 스타일의 시각화를 파이썬에서 만들 수 있게 해주는 라이브러리다.

---

5 *http://d3js.org*
6 *http://bokeh.pydata.org*

4장

선형대수

대수보다 더 쓸모없거나 덜 쓸모 있는 것이 있는가?
- 빌리 코놀리(Billy Connolly)

선형대수는 **벡터** 공간을 다루는 수학의 한 분야다. 이번 장을 통해 선형대수에 관한 모든 것을 배우기는 어렵다. 하지만 선형대수는 다양한 데이터 과학 기술과 개념을 뒷받침해 주는 분야이므로 이번 장에서는 선형대수의 핵심적인 개념들을 싶고 넘어가자. 이번 장에서 배울 개념들은 이 책 전반에서 자주 쓰일 것이다.

4.1 벡터

간단히 말하면 **벡터**(vector)는 벡터끼리 더하거나 **상수**(scalar)와 곱해지면 새로운 벡터를 생성하는 개념적인 도구다.

더 자세하게는, 벡터는 어떤 유한한 차원의 공간에 존재하는 점들이다. 대부분의 데이터, 특히 숫자로 표현된 데이터는 벡터로 표현할 수 있다.

수많은 사람들의 키, 몸무게, 나이에 대한 데이터가 주어졌다고 해보자. 그렇다면 주어진 데이터를 (키, 몸무게, 나이)로 구성된 3차원 벡터로 표현할 수 있을 것이다. 또 다른 예로, 시험을 네 번 보는 수업을 가르친다면 각 학생의 성적을 (시험1 점수, 시험2 점수, 시험3 점수, 시험4 점수)로 구성된 4차원 벡터로 표현할 수 있을 것이다.

벡터를 가장 간단하게 표현하는 방법은 여러 숫자의 리스트로 표현하는 것이다. 예를 들어 3차원 벡터는 세 개의 숫자로 구성된 리스트로 표현할 수 있다.

앞으로 벡터는 float 객체를 갖고 있는 리스트인 Vector라는 타입으로 명시할 것이다.

```
from typing import List

Vector = List[float]

height_weight_age = [70,  # 인치,
                     170, # 파운드,
                     40 ] # 나이

grades = [95,    # 시험1 점수
          80,    # 시험2 점수
          75,    # 시험3 점수
          62 ]   # 시험4 점수
```

앞으로 벡터에 대한 **산술 연산(arithmetic)**을 하고 싶은 경우가 생길 것이다. 파이썬 리스트는 벡터가 아니기 때문에, 이러한 벡터 연산을 해주는 기본적인 도구가 없다. 그러니 벡터 연산을 할 수 있게 해주는 도구를 직접 만들어 보자.

여기서는 종종 두 개의 벡터를 더할 것이다. 두 개의 벡터를 더한다는 것은 각 벡터상에서 같은 위치에 있는 성분끼리 더하는 것이다. 가령 길이가 같은 v와 w라는 두 벡터를 더한다면 계산된 새로운 벡터의 첫 번째 성분은 v[0] + w[0], 두 번째 성분은 v[1] + w[1] 등등으로 구성된다. (만약 두 벡터의 길이가 다르다면 두 벡터를 더할 수 없다.)

예를 들어 [1, 2]로 구성된 벡터와 [2, 1]로 구성된 벡터를 더한다면 그림 4-1 처럼 [1 + 2, 2 + 1] 즉, [3, 3]으로 구성된 벡터가 계산된다.

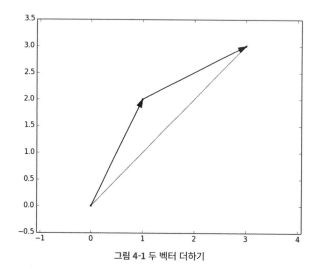

그림 4-1 두 벡터 더하기

벡터 덧셈은 zip을 사용해서 두 벡터를 묶은 뒤, 각 성분끼리 더하는 리스트 컴 프리헨션을 적용하면 된다.

```python
def add(v: Vector, w: Vector) -> Vector:
    """각 성분끼리 더한다."""
    assert len(v) == len(w), "vectors must be the same length"

    return [v_i + w_i for v_i, w_i in zip(v, w)]

assert add([1, 2, 3], [4, 5, 6]) == [5, 7, 9]
```

비슷하게 벡터 뺄셈은 각 성분끼리 빼준다.

```python
def subtract(v: Vector, w: Vector) -> Vector:
    """각 성분끼리 뺀다."""
    assert len(v) == len(w), "vectors must be the same length"

    return [v_i - w_i for v_i, w_i in zip(v, w)]

assert subtract([5, 7, 9], [4, 5, 6]) == [1, 2, 3]
```

또한 가끔씩 벡터로 구성된 리스트에서 모든 벡터의 각 성분을 더하고 싶은 경우도 있을 것이다. 즉, 새로운 벡터의 첫 번째 성분은 모든 벡터의 첫 번째 성분을 더한 값, 두 번째 성분은 모든 벡터의 두 번째 성분을 더한 값 등으로 구성된다.

```python
def vector_sum(vectors: List[Vector]) -> Vector:
    """모든 벡터의 각 성분들끼리 더한다."""
    # vectors가 비어있는지 확인
    assert vectors, "no vectors provided!"

    # 모든 벡터의 길이가 동일한지 확인
    num_elements = len(vectors[0])
    assert all(len(v) == num_elements for v in vectors), "different sizes!"

    # i번째 결괏값은 모든 벡터의 i번째 성분을 더한 값
    return [sum(vector[i] for vector in vectors)
            for i in range(num_elements)]

assert vector_sum([[1, 2], [3, 4], [5, 6], [7, 8]]) == [16, 20]
```

또한 벡터에 스칼라를 곱해 줄 수 있어야 한다. 스칼라 곱셈은 벡터의 각 원소마다 스칼라 값을 곱해 주는 방법으로 간단하게 구현할 수 있다.

```python
def scalar_multiply(c: float, v: Vector) -> Vector:
    """모든 성분을 c로 곱하기."""
```

```
        return [c * v_i for v_i in v]

assert scalar_multiply(2, [1, 2, 3]) == [2, 4, 6]
```

이제 같은 길이의 벡터로 구성된 리스트가 주어졌을 때 각 성분별 평균을 구할
수도 있다.

```
def vector_mean(vectors: List[Vector]) -> Vector:
    """각 성분별 평균을 계산"""
    n = len(vectors)
    return scalar_multiply(1/n, vector_sum(vectors))

assert vector_mean([[1, 2], [3, 4], [5, 6]]) == [3, 4]
```

벡터의 **내적**(dot product)은 조금 덜 자명하다. 내적은 벡터의 각 성분별 곱한
값을 더해준 값이다.

```
def dot(v: Vector, w: Vector) -> float:
    """v_1 * w_1 + ... + v_n * w_n"""
    assert len(v) == len(w), "vectors must be same length"

    return sum(v_i * w_i for v_i, w_i in zip(v, w))

assert dot([1, 2, 3], [4, 5, 6]) == 32  # 1 * 4 + 2 * 5 + 3 * 6
```

만약 벡터 w의 크기가 1이라면 내적은 벡터 v가 벡터 w 방향으로 얼마나 멀리 뻗
어 나가는지를 나타낸다. 다른 관점에서 보자면 내적은 v가 w로 투영된 벡터의
길이를 나타낸다(그림 4-2).

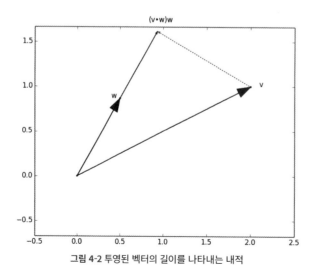

그림 4-2 투영된 벡터의 길이를 나타내는 내적

내적의 개념을 사용하면 각 성분의 제곱 값의 합을 쉽게 구할 수 있다.

```python
def sum_of_squares(v: Vector) -> float:
    """v_1 * v_1 + ... + v_n * v_n"""
    return dot(v, v)

assert sum_of_squares([1, 2, 3]) == 14  # 1 * 1 + 2 * 2 + 3 * 3
```

제곱 값의 합을 이용하면 벡터의 크기를 계산할 수 있다.

```python
import math

def magnitude(v: Vector) -> float:
    """벡터 v의 크기를 반환"""
    return math.sqrt(sum_of_squares(v))    # math.sqrt는 제곱근을 계산해 주는 함수

assert magnitude([3, 4]) == 5
```

이제 두 벡터 간의 거리를 계산하기 위해 필요한 모든 것이 준비되었다. 두 벡터 간의 거리는 다음과 같이 정의된다.

$$\sqrt{(v_1 - w_1)^2 + ... + (v_n - w_n)^2}$$

다음과 같은 코드로 구현할 수 있다.

```python
def squared_distance(v: Vector, w: Vector) -> float:
    """(v_1 - w_1) ** 2 + ... + (v_n - w_n) ** 2"""
    return sum_of_squares(subtract(v, w))

def distance(v: Vector, w: Vector) -> float:
    """벡터 v와 w 간의 거리를 계산"""
    return math.sqrt(squared_distance(v, w))
```

다음과 같이 수정하면 더욱 깔끔해진다.

```python
def distance(v: Vector, w: Vector) -> float:
    return magnitude(subtract(v, w))
```

이 정도면 충분한 것 같다. 방금 정의한 함수들은 이후 장들에서 굉장히 자주 쓰일 것이다.

 벡터를 리스트로 표현하는 것은 벡터의 원리를 설명하는 데 굉장히 편리하지만 끔찍한 성능을 보인다. 실제로 코딩을 할 때는, 성능도 좋고 다양한 연산이 이미 구현된 NumPy 라이브러리를 활용하자.

4.2 행렬

행렬(matrix)은 2차원으로 구성된 숫자의 집합이며, 리스트의 리스트로 표현할 수 있다. 리스트 안의 리스트들은 행렬의 행(row)을 나타내며 모두 같은 길이를 가지게 된다. 예를 들어 A라는 행렬에서 A[i][j]는 i번째 행과 j번째 열에 속한 숫자를 의미한다. 수학에서 쓰는 관습에 따라 행렬을 대문자로 표기해 보자. 예를 들어

```
# 타입 명시를 위한 별칭
Matrix = List[List[float]]

A = [[1, 2, 3],   # A는 2개의 행과 3개의 열로 구성되어 있다.
     [4, 5, 6]]

B = [[1, 2],      # B는 3개의 행과 2개의 열로 구성되어 있다.
     [3, 4],
     [5, 6]]
```

> ✓ 수학에서는 첫 번째 행을 '행 1', 첫 번째 열을 '열 1'로 표기한다. 하지만 파이썬의 리스트
> 는 0부터 시작하기 때문에 여기서도 첫 번째 행을 '행 0', 첫 번째 열을 '열 0'으로 표기했다.

행렬을 리스트의 리스트로 나타내는 경우, 행렬 A는 len(A)개의 행과 len(A[0])개의 열로 구성되어 있다.

```
from typing import Tuple

def shape(A: Matrix) -> Tuple[int, int]:
    """(열의 개수, 행의 개수)를 반환"""
    num_rows = len(A)
    num_cols = len(A[0]) if A else 0   # 첫 번째 행의 원소의 개수
    return num_rows, num_cols

assert shape([[1, 2, 3], [4, 5, 6]]) == (2, 3)  # 2 행, 3 열
```

행렬이 n개의 행과 k개의 열로 구성되어 있다면 이 행렬을 '$n \times k$ 행렬'이라고 부르자. $n \times k$ 행렬에서 각 행의 길이는 k이고 각 열의 길이는 n이다.

```
def get_row(A: Matrix, i: int) -> Vector:
    """A의 i번째 행을 반환"""
    return A[i]               # A[i]는 i번째 행을 나타낸다.

def get_column(A: Matrix, j: int) -> Vector:
    """A의 j번째 열을 반환"""
```

```
        return [A_i[j]          # A_i 행의 j번째 원소
                for A_i in A]    # 각 A_i 행에 대해
```

이제 형태(shape)가 주어졌을 때, 형태에 맞는 행렬을 생성하고 각 원소를 채워 넣는 함수를 만들어 보자. 중첩된 리스트 컴프리헨션을 사용해서 만들면 된다.

```
from typing import Callable

def make_matrix(num_rows: int,
                num_cols: int,
                entry_fn: Callable[[int, int], float]) -> Matrix:
    """
    (i,j)번째 원소가 entry_fn(i, j)인
    num_rows x num_cols 리스트를 반환
    """
    return [[entry_fn(i, j)              # i가 주어졌을 때, 리스트를 생성한다.
             for j in range(num_cols)]   # [entry_fn(i, 0), ... ]
            for i in range(num_rows)]    # 각 i에 대해 하나의 리스트를 생성한다.
```

이 함수를 사용해서 다음과 같이 5×5 단위 행렬(identity matrix, 대각선의 원소는 1이고 나머지 원소는 0인 경우)을 생성할 수 있다.

```
def identity_matrix(n: int) -> Matrix:
    """nxn 단위 행렬을 반환"""
    return make_matrix(n, n, lambda i, j: 1 if i == j else 0)

assert identity_matrix(5) == [[1, 0, 0, 0, 0],
                              [0, 1, 0, 0, 0],
                              [0, 0, 1, 0, 0],
                              [0, 0, 0, 1, 0],
                              [0, 0, 0, 0, 1]]
```

앞으로 행렬은 몇 가지 이유로 매우 중요해질 것이다.

먼저 각 벡터를 행렬의 행으로 나타냄으로써 여러 벡터로 구성된 데이터셋을 행렬로 표현할 수 있다. 예를 들어 1,000명에 대한 키, 몸무게, 나이가 주어졌다면 $1,000 \times 3$ 행렬로 표현할 수 있다.

```
data = [[70, 170, 40],
        [65, 120, 26],
        [77, 250, 19],
        # ....
        ]
```

두 번째로, 나중에 더 자세히 다루겠지만 k차원의 벡터를 n차원 벡터로 변환해 주는 선형 함수를 $n \times k$ 행렬로 표현할 수 있다. 앞으로 배울 기술과 개념에서 이

러한 함수를 다룰 것이다.

세 번째로, 행렬로 이진 관계(binary relationship)를 나타낼 수 있다. 1장 '들어가기'에서 네트워크의 엣지(edge)들을 (i,j) 쌍의 집합으로 표현했다. 이러한 네트워크의 구조를 행렬로 나타낼 수도 있다. 예를 들어 i와 j가 연결되어 있다면, A[i][j]의 값이 1이고 그렇지 않다면, 0인 행렬 A로 네트워크를 표현할 수 있다.

앞서 다음과 같이 네트워크를 표현했다면

```
friendships = [(0, 1), (0, 2), (1, 2), (1, 3), (2, 3), (3, 4),
               (4, 5), (5, 6), (5, 7), (6, 8), (7, 8), (8, 9)]
```

다음과 같이 행렬로 표현할 수도 있다.

```
#             사용자 0  1  2  3  4  5  6  7  8  9
#
#friend_matrix = [[0, 1, 1, 0, 0, 0, 0, 0, 0, 0],  # 사용자 0
                  [1, 0, 1, 1, 0, 0, 0, 0, 0, 0],  # 사용자 1
                  [1, 1, 0, 1, 0, 0, 0, 0, 0, 0],  # 사용자 2
                  [0, 1, 1, 0, 1, 0, 0, 0, 0, 0],  # 사용자 3
                  [0, 0, 0, 1, 0, 1, 0, 0, 0, 0],  # 사용자 4
                  [0, 0, 0, 0, 1, 0, 1, 1, 0, 0],  # 사용자 5
                  [0, 0, 0, 0, 0, 1, 0, 0, 1, 0],  # 사용자 6
                  [0, 0, 0, 0, 0, 1, 0, 0, 1, 0],  # 사용자 7
                  [0, 0, 0, 0, 0, 0, 1, 1, 0, 1],  # 사용자 8
                  [0, 0, 0, 0, 0, 0, 0, 0, 1, 0]]  # 사용자 9
```

만약 네트워크 안에 연결된 사용자의 수가 적다면 행렬은 수많은 0값을 저장해야 하기 때문에 네트워크를 표현하기에 훨씬 더 비효율적일 것이다. 하지만 행렬에서는 두 사용자가 연결되어 있는지 훨씬 빠르게 확인해 볼 수 있다. 모든 엣지를 살펴보지 않고, 직접 행렬의 값을 확인해 보면 된다.

```
assert friend_matrix[0][2] == 1, "참, 사용자 0과 2는 친구다"
assert friend_matrix[0][8] == 0, "거짓, 사용자 0과 8은 친구가 아니다"
```

사용자가 누구와 연결되어 있는지 알아보기 위해서는 해당 사용자를 나타내는 열(또는 행)만 살펴보면 된다.

```
# 하나의 행만 살펴보면 된다.
friends_of_five = [i
                   for i, is_friend in enumerate(friend_matrix[5])
                   if is_friend]
```

이러한 작업을 빠르게 처리하기 위해 각 사용자 객체에 해당 사용자와 연결된 사용자들을 리스트를 사용해서 표현했다. 하지만 네트워크의 크기가 커지거나 형태가 지속적으로 변한다면 이러한 방법은 매우 비효율적이고 관리하기가 힘들 것이다.

앞으로 책에서 행렬에 대해 여러 번 다시 논의할 것이다.

4.3 더 공부해 보고 싶다면

- 선형대수는 데이터 과학자가 자주 사용하는 개념이다(명시적으로 사용하고 있지 않아도 알게 모르게 빈번하게 사용하고, 심지어 선형대수를 모르는 사람들 또한 상당히 자주 쓴다). 그렇기 때문에 선형대수 교과서를 읽어 보는 것도 나쁘지 않다. 인터넷에 무료로 제공되는 교과서도 꽤 있다.
  - 세인트 마이클스 칼리지에서 제공하는 선형대수 교과서[1]
  - UC Davis 대학교에서 제공하는 선형대수 교과서[2]
  - 만약 조금 더 고급 내용을 탐색해보고 싶다면 Linear Algebra Done Wrong[3]을 참조하자.
- NumPy[4]를 사용하면 이번 장에서 만든 모든 함수를 (그리고 훨씬 더 많은 함수들을) 무료로 사용할 수 있다.

---

1   http://joshua.smcvt.edu/linearalgebra/
2   https://www.math.ucdavis.edu/~linear/linear-guest.pdf
3   https://www.math.brown.edu/~treil/papers/LADW/LADW_2017-09-04.pdf
4   http://www.numpy.org

5장

통계

> 진실은 굳세지만 통계는 유연하다.
> - 마크 트웨인

통계는 데이터를 이해하는 바탕이 되는 수리적 기법이며, 도서관의 책장 한 칸이나 방 하나를 차지할 정도로 매우 풍부하고 광범위한 분야다. 그렇기 때문에 이 책에서 통계를 깊이 다루지는 않을 것이다. 다만 자발적으로 통계를 더 공부하고 싶게 느낄 수 있는 정도만 자극할 것이다.

5.1 데이터셋 설명하기

입소문과 운 덕분에 데이텀 주식회사는 꽤 많이 성장했다. 자금조달부 부사장은 자신의 엘리베이터 피치[1]를 위해, 사용자들이 몇 명의 친구를 갖고 있는지 설명해 달라고 요청했다.

요청한 데이터는 1장에서 배운 내용을 사용하면 쉽게 불러올 수 있다. 하지만 이제 이 데이터를 어떻게 설명할지를 놓고 고민에 빠졌다.

가장 간단한 방법은 데이터 자체를 보여 주는 것이다.

```
num_friends = [100, 49, 41, 40, 25,
               # ... 등등 훨씬 많은 데이터
               ]
```

데이터의 수가 적다면 데이터 자체를 보여 주는 것이 가장 좋은 방법일 수 있다.

---

1 (옮긴이) 엘리베이터에서 투자자를 만났을 때처럼 짧은 시간 안에 비즈니스를 효과적으로 설명하는 방식.

하지만 데이터가 많다면 데이터를 다루는 것도 불편하고 이해하기도 힘들 것이다. (데이터가 100만 개의 숫자로 구성되어 있다고 상상해 보라.) 이럴 때 통계를 사용하면 데이터를 정제해서 중요한 정보만 전달해 줄 수 있다.

일단 사용자들의 친구 수를 Counter와 plt.bar()를 사용해서 히스토그램으로 표현해 보자(그림 5-1).

```
from collections import Counter
import matplotlib.pyplot as plt

friend_counts = Counter(num_friends)
xs = range(101)                     # 최댓값은 100
ys = [friend_counts[x] for x in xs] # 히스토그램의 높이는 해당 친구 수를 갖고 있는 사용자 수
plt.bar(xs, ys)
plt.axis([0, 101, 0, 25])
plt.title("Histogram of Friend Counts")
plt.xlabel("# of friends")
plt.ylabel("# of people")
plt.show()
```

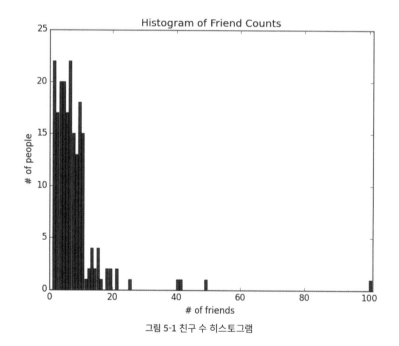

그림 5-1 친구 수 히스토그램

일단 만들긴 했지만, 빠른 대화 중에 히스토그램을 설명하는 것은 다소 어려울 수 있다. 그렇기 때문에 이번에는 히스토그램에 대한 통계치를 계산해 보기로 했다. 가장 간단한 통계치는 데이터 포인트의 개수일 것이다.

```
num_points = len(num_friends)                    # 204
```

최댓값과 최솟값도 유용할 것이다.

```
largest_value = max(num_friends)                 # 100
smallest_value = min(num_friends)                # 1
```

한편 최댓값과 최솟값을 구하는 문제는 정렬된 리스트의 특정 위치에 있는 값을 구하는 문제로 볼 수 있다.

```
sorted_values = sorted(num_friends)
smallest_value = sorted_values[0]                # 1
second_smallest_value = sorted_values[1]         # 1
second_largest_value = sorted_values[-2]         # 49
```

이것은 겨우 시작에 불과하다.

5.1.1 중심 경향성

데이터의 중심이 어디 있는지를 나타내는 중심 경향성(central tendency) 지표는 매우 중요하다. 그리고 대부분의 경우, 데이터의 값을 데이터 포인트의 개수로 나눈 평균(average)을 사용하게 된다.

```
def mean(xs: List[float]) -> float:
    return sum(xs) / len(xs)

mean(num_friends)    # 7.333333
```

만약 데이터 포인트가 두 개라면 평균은 두 데이터 포인트의 정중앙에 위치한 값일 것이다. 데이터의 개수를 추가할수록, 평균은 각 데이터 포인트의 값에 따라 이동하게 된다. 예를 들어 10개의 데이터 포인트 중 아무 데이터 하나만 1을 증가시켜도 평균은 0.1이 증가한다.

가끔은 중앙값(median)도 필요할 것이다. 데이터 포인트의 개수가 홀수라면 중앙값은 전체 데이터에서 가장 중앙에 있는 데이터 포인트를 의미한다. 반면 데이터 포인트의 개수가 짝수라면 중앙값은 전체 데이터에서 가장 중앙에 있는 두 데이터 포인트의 평균을 의미한다.

예를 들어 5개의 데이터 포인트가 값의 크기에 따라 정렬된 x라는 벡터로 주어졌다고 해보자. 여기서 중앙값은 x[5 // 2], 즉 x[2]이다. 만약 6개의 데이터 포인트가 주어졌다면 중앙값은 세 번째 데이터 포인트 x[2]와 네 번째 데이터 포인트 x[3]의 평균이다.

재미있는 사실은, 평균과 달리 중앙값은 데이터 포인트 모든 값의 영향을 받지 않는다는 것이다. 예를 들어 값이 가장 큰 데이터 포인트의 값이 더 커져도 중앙값은 변하지 않는다.

어쨌거나 데이터 포인트의 개수가 짝수인 경우를 포함해야 하기 때문에, median 함수는 생각보다 살짝 복잡하다.

```python
# 밑줄 표시로 시작하는 함수는 프라이빗 함수를 의미하며,
# median 함수를 사용하는 사람이 직접 호출하는 것이 아닌
# median 함수만 호출하도록 생성되었다.
def _median_odd(xs: List[float]) -> float:
    """len(xs)가 홀수면 중앙값을 반환"""
    return sorted(xs)[len(xs) // 2]

def _median_even(xs: List[float]) -> float:
    """len(xs)가 짝수면 두 중앙값의 평균을 반환"""
    sorted_xs = sorted(xs)
    hi_midpoint = len(xs) // 2  # e.g. length 4 => hi_midpoint 2
    return (sorted_xs[hi_midpoint - 1] + sorted_xs[hi_midpoint]) / 2

def median(v: List[float]) -> float:
    """v의 중앙값을 계산"""
    return _median_even(v) if len(v) % 2 == 0 else _median_odd(v)

assert median([1, 10, 2, 9, 5]) == 5
assert median([1, 9, 2, 10]) == (2 + 9) / 2
```

이제 사용자별 친구 수의 중앙값을 계산해 볼 수 있다.

```python
print(median(num_friends))  # 6
```

평균은 중앙값보다 계산하기 간편하며 데이터가 바뀌어도 값의 변화가 더 부드럽다. 만약 n개의 데이터 포인트가 주어졌을 때, 데이터 포인트 한 개의 값이 작은 수 e만큼 증가한다면 평균은 e/n만큼 증가할 것이다. (이러한 성질 덕분에 평균에 다양한 미적분 기법을 적용할 수 있다.) 반면 중앙값을 찾기 위해서는 주어진 데이터를 정렬해야 한다. 만약 데이터 포인트 한 개의 값이 작은 수 e만큼 증가한다면 중앙값은 e만큼 증가할 수도 있고, e보다 작은 값만큼 증가할 수도 있다. 심지어 주어진 데이터에 따라 중앙값이 변하지 않을 수도 있다.

직관적이지는 않지만 데이터를 정렬하지 않고 효율적으로 중앙값을 찾는 방법[2] 또한 존재한다. 하지만 그런 방법들은 이 책의 범위를 벗어나기 때문에 여기서는 데이터를 정렬해서 중앙값을 찾을 것이다.

하지만 평균은 이상치(outlier)에 매우 민감하다. 가령 우리 네트워크에서 친구가 가장 많은 사용자가 (100명 대신) 200명의 친구를 가지고 있다고 해 보자. 이런 경우, 평균은 7.82만큼 증가하겠지만 중앙값은 변하지 않을 것이다. 이상치가 '나쁜' 데이터(이해하려는 현상을 제대로 나타내고 있지 않은 데이터)라면 평균은 데이터에 대한 잘못된 정보를 줄 수 있다. 예시를 하나 살펴보자. 1980년대 노스캐롤라이나대학교의 전공 중에서 지리학과 졸업생의 초봉이 가장 높게 조사되었다. 그 이유는 지리학을 전공한 NBA 최고의 스타(그리고 이상치인) 마이클 조던의 초봉 때문이었다.

또 분위(quantile)는 중앙값을 포괄하는 개념인데, 특정 백분위보다 낮은 분위에 속하는 데이터를 의미한다. (중앙값은 상위 50%의 데이터보다 작은 값을 의미한다).

```python
def quantile(xs: List[float], p: float) -> float:
    """x의 p분위에 속하는 값을 반환"""
    p_index = int(p * lcn(xs))
    return sorted(xs)[p_index]

assert quantile(num_friends, 0.10) == 1
assert quantile(num_friends, 0.25) == 3
assert quantile(num_friends, 0.75) == 9
assert quantile(num_friends, 0.90) == 13
```

흔치는 않지만 **최빈값**(mode, 데이터에서 가장 자주 나오는 값)을 살펴보는 경우도 있다.

```python
def mode(x: List[float]) -> List[float]:
    """최빈값이 하나보다 많을수도 있으니 결과를 리스트로 반환"""
    counts = Counter(x)
    max_count = max(counts.values())
    return [x_i for x_i, count in counts.items()
            if count == max_count]

assert set(mode(num_friends)) == {1, 6}
```

하지만 앞으로는 평균을 자주 사용할 것이다.

2 (옮긴이) *http://en.wikipedia.org/wiki/Quickselect*

5.1.2 산포도

산포도(dispersion)는 데이터가 얼마나 퍼져 있는지를 나타낸다. 보통 0과 근접한 값이면 데이터가 거의 퍼져 있지 않다는 의미이고 큰 값이면 매우 퍼져 있다는 것을 의미하는 통계치다. 예를 들어 가장 큰 값과 작은 값의 차이를 나타내는 범위는 산포도를 나타내는 가장 간단한 통계치다.

```
# 파이썬에서 "range"는 이미 다른 것을 의미하기 때문에 다른 이름을 사용하겠다.
def data_range(xs: List[float]) -> float:
    return max(xs) - min(xs)

assert data_range(num_friends) == 99
```

범위는 max와 min이 같은 경우에만 0이 된다. 이 경우 x의 데이터 포인트는 모두 동일한 값을 갖고 있으며 데이터가 퍼져 있지 않다는 것을 의미한다. 반대로 범위의 값이 크다면 max가 min에 비해 훨씬 크다는 것을 의미하며 데이터가 더 퍼져 있다는 것을 의미한다.

범위 또한 중앙값처럼 데이터 전체에 의존하지 않는다. 모두 0 혹은 100으로 구성된 데이터나 0, 100 그리고 수많은 50으로 구성된 데이터나 동일한 범위를 갖게 된다. 하지만 첫 번째 데이터(0 혹은 100으로만 구성된 데이터)가 더 퍼져 있다는 느낌이 든다.

분산(variance)은 산포도를 측정하는 약간 더 복잡한 개념이며 다음과 같이 계산된다.

```
from scratch.linear_algebra import sum_of_squares

def de_mean(xs: List[float]) -> List[float]:
    """x의 모든 데이터 포인트에서 평균을 뺌(평균을 0으로 만들기 위해)"""
    x_bar = mean(xs)
    return [x - x_bar for x in xs]

def variance(xs: List[float]) -> float:
    """편차의 제곱의 (거의) 평균"""
    assert len(xs) >= 2, "variance requires at least two elements"

    n = len(xs)
    deviations = de_mean(xs)
    return sum_of_squares(deviations) / (n - 1)

assert 81.54 < variance(num_friends) < 81.55
```

식을 살펴보면 편차의 제곱의 평균을 계산하는 데, n 대신에 n–1로 나누는 것을 확인할 수 있다. 이는 편차의 제곱 합을 n으로 나누면 편향(bias) 때문에 모분산에 대한 추정값이 실제 모분산보다 작게 계산되는 것을 보정하기 위해서다.[3]

데이터 포인트의 단위(우리의 경우 '친구 수')가 무엇이든 간에 중심 경향성은 같은 단위를 가진다. 범위(range) 또한 동일한 단위다. 하지만 분산의 단위는 기존 단위의 제곱이다(즉, '친구 수의 제곱'). 그렇기 때문에 분산 대신 원래 단위와 같은 단위를 가지는 **표준편차**(standard deviation)를 이용할 때가 많다.

```
import math

def standard_deviation(xs: List[float]) -> float:
    """표준편차는 분산의 제곱근"""
    return math.sqrt(variance(xs))

assert 9.02 < standard_deviation(num_friends) < 9.04
```

범위와 표준편차 또한 평균처럼 이상치에 민감하게 반응하는 문제가 있다. 이전 예시와 동일하게, 친구 수가 가장 많은 사용자에게 200명의 친구가 있다면 표준편차는 60%나 증가한 14.89가 된다!

더 안정적인 방법은 상위 25%에 해당되는 값과 하위 25%에 해낭뇌는 값의 차이를 계산하는 것이다.

```
def interquartile_range(xs: List[float]) -> float:
    """상위 25%에 해당되는 값과 하위 25%에 해당되는 값의 차이를 반환"""
    return quantile(xs, 0.75) - quantile(xs, 0.25)

assert interquartile_range(num_friends) == 6
```

이 방법을 통해 몇몇 이상치가 주는 영향을 제거할 수 있다.

5.2 상관관계

데이텀의 성장관리부 부사장이 "사용자가 사이트에서 보내는 시간과 사용자의 친구 수 사이에 연관성이 있다"라는 가설(그녀가 괜히 부사장이 아니다)을 검증해 달라고 요청했다.

---

3 (옮긴이) *https://en.wikipedia.org/wiki/Unbiased_estimation_of_standard_deviation*

사이트 사용량 데이터를 통해 각 사용자가 하루에 몇 분 동안 데이텀을 사용하는지를 나타내는 daily_minutes 리스트를 만들었다. 또한, 이 리스트의 각 항목과 num_friends 리스트의 각 항목이 같은 사용자를 의미하도록 리스트를 정렬하였다. 이제 두 리스트의 관계를 살펴보자.

일단, 분산과 비슷한 개념인 **공분산**(covariance)부터 살펴보자. 분산은 하나의 변수가 평균에서 얼마나 멀리 떨어져 있는지 계산한다면, 공분산은 두 변수가 각각의 평균에서 얼마나 멀리 떨어져 있는지 살펴본다.

```
from scratch.linear_algebra import dot

def covariance(xs: List[float], ys: List[float]) -> float:
    assert len(xs) == len(ys), "xs and ys must have same number of elements"

    return dot(de_mean(xs), de_mean(ys)) / (len(xs) - 1)

assert 22.42 < covariance(num_friends, daily_minutes) < 22.43
assert 22.42 / 60 < covariance(num_friends, daily_hours) < 22.43 / 60
```

dot은 각 성분별로 곱한 값을 더해 준다는 것을 기억하자. 만약 x와 y 모두 각각의 평균보다 크거나 작은 경우, 양수가 더해질 것이다. 반면 둘 중 하나는 평균보다 크고 다른 하나는 평균보다 작을 경우, 음수가 더해질 것이다. 공분산이 양수이면 x의 값이 클수록 y의 값이 크고, x의 값이 작을수록 y의 값도 작다는 의미다. 반대로 공분산이 음수이면 x의 값이 클수록 y의 값이 작고, x의 값이 작을수록 y의 값이 크다는 것을 의미한다. 공분산이 0이면 그와 같은 관계가 존재하지 않는다는 것을 의미한다.

하지만 공분산을 해석하는 것은 다음과 같은 이유 때문에 쉽지 않다.

- 공분산의 단위는 입력 변수의 단위들을 곱해서 계산되기 때문에 이해하기 쉽지 않다. (예를 들어 친구 수 × 하루 사용량(분)이라는 단위는 무엇을 의미하는 것일까?)
- 만약 모든 사용자의 하루 사용량은 변하지 않고 친구 수만 두 배로 증가한다면 공분산 또한 두 배로 증가할 것이다. 하지만 생각해 보면 두 변수의 관계는 변하지 않았다. 다르게 얘기하면, 공분산의 절대적인 값만으로는 '크다'고 판단하기 어렵다는 것이다.

이러한 이유 때문에 공분산에서 각각의 표준편차를 나눠 준 **상관관계**(correlation)를 더 자주 살펴본다.

```
def correlation(xs: List[float], ys: List[float]) -> float:
    """xs와 ys의 값이 각각의 평균에서 얼마나 멀리 떨어져 있는지 계산"""
    stdev_x = standard_deviation(xs)
    stdev_y = standard_deviation(ys)
    if stdev_x > 0 and stdev_y > 0:
        return covariance(xs, ys) / stdev_x / stdev_y
    else:
        return 0       # 편차가 존재하지 않는다면 상관관계는 0

assert 0.24 < correlation(num_friends, daily_minutes) < 0.25
assert 0.24 < correlation(num_friends, daily_hours) < 0.25
```

상관관계는 단위가 없으며, 항상 -1(완벽한 음의 상관관계)에서 1(완벽한 양의 상관관계) 사이의 값을 갖는다. 예를 들어 상관관계가 0.25라면 상대적으로 약한 양의 상관관계를 의미한다.

이제 지금까지 잊고 있었던 데이텀 사용자 데이터의 상관관계를 살펴보자(그림 5-2).

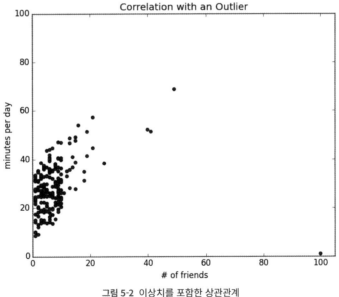

그림 5-2 이상치를 포함한 상관관계

100명의 친구가 있지만 하루에 1분만 사이트를 이용하는 사용자는 확실히 이상치이며 상관관계에 큰 영향을 주고 있다. 만약 이 사용자를 제외하면 어떻게 될까?

```
outlier = num_friends.index(100)      # 이상치의 인덱스
```

```
num_friends_good = [x
                    for i, x in enumerate(num_friends)
                    if i != outlier]

daily_minutes_good = [x
                      for i, x in enumerate(daily_minutes)
                      if i != outlier]

daily_hours_good = [dm / 60 for dm in daily_minutes_good]

assert 0.57 < correlation(num_friends_good, daily_minutes_good) < 0.58
assert 0.57 < correlation(num_friends_good, daily_hours_good) < 0.58
```

이상치를 제거하니 더 강력한 상관관계를 볼 수 있다(그림 5-3).

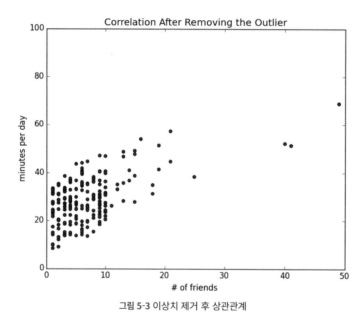

그림 5-3 이상치 제거 후 상관관계

이상치 데이터는 알고 보니 회사에서 테스트용으로 생성했다가 제거하는 것을 잊은 내부 테스트용 계정이었다. 상관관계에서 이상치 사용자를 포함하지 않는 것이 타당하다고 확인되는 순간이었다.

5.3 심슨의 역설

데이터 분석을 하다 보면 **혼재변수**(confounding variables)가 누락되어 상관관계가 잘못 계산되는 심슨의 역설(Simpson's paradox)에 흔히 직면하게 된다.

예를 들어 모든 사용자를 동부에서 활동하는 데이터 과학자와 서부에서 활동하는 데이터 과학자로 나눌 수 있다고 해보자. 이 중 어느 지역에서 활동하는 데이터 과학자가 더 친구가 많은지 살펴보기로 했다.

지역	사용자 수(명)	평균 친구 수(명)
서부	101	8.2
동부	103	6.5

확실히 서부에 있는 데이터 과학자가 동부에 있는 데이터 과학자보다 친구가 더 많고 사교적인 것 같다. 주변의 동료들이 이러한 결과에 관한 여러 가지 추측 의견을 제시해 주었다. 어쩌면 서부의 화창한 날씨, 혹은 커피나 친환경 음식, 아니면 느긋한 서부 특유의 문화 때문은 아닐까?

  데이터를 계속 살펴보다가 흥미로운 점을 발견하였다. 박사 학위가 있는 사용자만 한정적으로 살펴보면 동부에 있는 데이터 과학자가 평균적으로 친구가 더 많다. 그리고 박사 학위가 없는 사용자만 따로 보면, 동부에 있는 데이터 과학자가 더 많은 친구를 가지고 있는 것을 확인할 수 있다!

지역	학위	사용자 수(명)	평균 친구 수(명)
서부	박사	35	3.1
동부	박사	70	3.2
서부	기타	66	10.9
동부	기타	33	13.4

사용자의 학위를 고려하면 상관관계가 반대로 변하는 것을 확인할 수 있다! 사용자를 동부, 서부로 나눔으로써 동부 지역의 사용자 대다수가 박사라는 정보가 생략되어 버린 것이다.

  이러한 현상은 실제로 생각보다 자주 발생한다. 중요한 점은 상관관계는 다른 모든 것이 동일할 때 두 변수의 관계를 나타낸다는 것이다. 만약 실험을 잘 설계해서 데이터의 레이블을 무작위로 설정했다면, '다른 모든 것이 동일'하다는 가정은 잘 맞아떨어질 것이다. 하지만 만약 데이터의 레이블에 어떠한 패턴이 존재한다면 '다른 모든 것이 동일'하다는 가정은 성립되지 않을 것이다.

  이 문제를 피하는 유일한 방법은 데이터를 이해하고 변수에 영향을 주는 모든 요인을 확인하는 방법밖에 없다. 물론, 모든 요인을 확인하는 것이 항상 가능하지는 않다. 만약 사용자들의 교육 수준에 대한 정보가 없었다면 서부의 데이터 과학자가 더 사교적이라 결론을 내릴 수밖에 없을 수도 있다.

5.4 상관관계에 대한 추가적인 경고 사항

상관관계가 0이라는 것은 두 변수 사이에 선형적인 관계가 없다는 것을 의미한다. 하지만 다른 종류의 관계가 존재할 수도 있다.

```
x = [-2, -1, 0, 1, 2]
y = [ 2,  1, 0, 1, 2]
```

예를 들면 위의 경우, x와 y의 상관관계는 0일 것이다.

하지만 분명히 y는 x의 절댓값이라는 관계를 가지고 있다. 이러한 관계는 x_i 와 mean(x)의 관계가 어떻게 y_i와 mean(y)의 관계에 영향을 주는지 살펴보는 방식(즉, 상관관계로 연관성을 살펴보는 방식)으로는 설명할 수 없다.

또한 상관관계는 연관성이 얼마나 크고 작은지 설명해 주지 않는다.

```
x = [-2, -1, 0, 1, 2]
y = [99.98, 99.99, 100, 100.01, 100.02]
```

이 두 변수는 1의 상관관계를 갖는다. 하지만 (물론 무엇을 측정하느냐에 따라 다르겠지만) 이 관계는 문제를 분석하는 데 무의미할 수도 있다.

5.5 상관관계와 인과관계

아마 "상관관계는 인과관계를 의미하지 않는다(correlation is not causation)"라는 얘기를 많이 들어봤을 것이다. 특히, 본인의 확고한 견해와 반대되는 데이터를 본 사람들이 자주 하는 말이다. 하지만 이 말은 매우 중요하다. 만약 x와 y가 강한 상관관계를 보인다면 x가 y를 발생시켰다고 볼 수도 있고, y가 x를 발생시켰다고 볼 수도 있다. 혹은 서로가 서로를 동시에 발생시키거나, 다른 외부 요인이 발생시키거나 아니면 아무런 인과관계가 없을 수도 있다.

예를 들어 num_friends와 daily_minutes의 관계를 살펴보자. 친구가 많은 사용자들은 친구가 많기 때문에 사이트에서 더 많은 시간을 보내고 있는 것일 수도 있다. 만약 각각의 친구들이 일정량의 새로운 글을 매일 올린다면 친구 수가 많을수록 사용자는 새로운 글을 확인하기 위해 더욱 오랜 시간을 사이트에서 보낼 것이다.

한편, 데이텀에서 다른 사용자와 소통하며 시간을 보내다 보면 오히려 자신과 비슷한 친구들을 더 찾을 수도 있다. 즉, 사이트에서 더 오랜 시간을 보낼수록 친구 수가 증가할 가능성도 있는 것이다.

또, 어쩌면 데이터 과학에 더 열정적인 사용자일수록 더 많은 시간을 사이트에 할애하고, (사람들과 관심사가 같기 때문에) 데이터 과학 분야에 속한 친구들을 더 많이 만드는 것일 수도 있다.

인과관계를 확인해 보는 방법 중에서 데이터 포인트를 무작위로 선택해서 확인해 보는 방법이 있다. 사용자를 비슷한 조건과 성질의 두 그룹으로 나누고 한 그룹에만 다른 요인을 적용해 본다면 해당 요인과 결과의 인과관계를 확인해 볼 수 있다.

예를 들어 사용자를 대상으로 몰래 실험을 진행했다고 욕을 먹어도 상관없다면[4] 무작위로 일부 사용자를 선별해서 각 사용자에게 일부 친구들의 글만 보여 줄 수 있다. 선별된 사용자들이 사이트에서 더 적은 시간을 보낸다면 친구 수가 증가하는 경우에 사이트에서 보내는 시간이 증가한다는 가설이 어느 정도 맞다고 할 수도 있을 것이다.

5.6 더 공부해 보고 싶다면

- SciPy, pandas, Statsmodels 모두 다양한 통계 관련 함수를 포함하고 있다.
- 통계학은 중요하다(아니면 통계치를 내는 것이 중요한 것인가?). 좋은 데이터 과학자가 되고 싶다면 통계학 교과서 하나쯤은 읽어 보는 것이 좋다. 무료 온라인 교과서도 많다. 내가 추천하는 사이트는 다음과 같다.
  ◦ Introductory Statistics[5]
  ◦ OnlineStatBook[6]
  ◦ OpenStax Introductory Statistics[7]

---

4 (옮긴이) 사용자 모르게 심리 실험을 진행한 페이스북 기사. *http://news.chosun.com/site/data/html_dir/2014/07/ 01/2014070102059.html?Dep0=twitter&d=2014070102059*
5 *https://open.umn.edu/opentextbooks/textbooks/introductory-statistics*
6 *http://onlinestatbook.com/*
7 *https://openstax.org/details/introductory-statistics*

6장

확률

확률 법칙은 일반적으로 보면 굉장히 맞지만, 구체적으로 보면 굉장히 틀리다.
- 에드워드 기본(Edward Gibbon)

확률 및 관련된 수학적 지식을 어느 정도 갖추지 않고 데이터 과학을 하는 것은 매우 어렵다. 통계를 다룬 5장과 비슷하게, 이번에는 확률과 관련된 수많은 기술은 생략하고 기초적인 내용만 다뤄 보자.

확률(probability)이란 어떠한 사건의 공간에서 특정 사건이 선택될 때 발생하는 불확실성을 수치적으로 나타내는 것이다. 정의를 더 구체적으로 설명하기보다 주사위 던지기를 예시로 살펴보자. 사건의 공간은 주사위를 던졌을 때 나올 수 있는 모든 결과로 이루어져 있다. 이 공간의 부분 집합을 하나의 사건으로 볼 수 있다. 예를 들어 '주사위를 던져서 1이 나오는 경우' 혹은 '주사위를 던져서 짝수가 나오는 경우'를 하나의 사건으로 볼 수 있다.

여기서는 위와 같은 사건 E에 대한 확률을 $P(E)$라고 표시하자.

우리는 다양한 모델을 만드는 데 확률을 사용할 예정이며, 모델의 성능을 평가하는 데도 확률을 사용할 것이다. 여기서 우리는 확률을 온갖 목적으로 사용할 것이다.

만약 누군가 원한다면 확률 이론의 깊은 철학에 대해 논의해 볼 수도 있다(이런 얘기는 맥주를 마시면서 얘기하는 걸 추천한다). 하지만 이 책에서 그런 얘기는 다루지 않을 것이다.

6.1 종속성과 독립성

대략적으로 얘기하면, 사건 E의 발생 여부가 사건 F의 발생 여부에 대한 정보(혹은 그 반대로)를 제공한다면 두 사건 E와 F는 **종속 사건**(dependent events)으로 볼 수 있다. 그렇지 않다면 두 사건은 **독립 사건**(independent events)이다.

예를 들어 동전을 두 번 던졌을 때, 첫 번째 동전에서 앞면이 나왔더라도 두 번째 동전에서 마찬가지로 앞면이 나올지는 아무도 알 수 없다. 이 두 사건은 독립 사건이다. 하지만 첫 번째 동전에서 앞면이 나왔다면 두 동전에서 모두 뒷면이 나오는 경우의 발생 여부에 대해서는 알 수 있다(첫 번째 동전에서 앞면이 나왔다면 두 동전에서 모두 뒷면이 나올 경우는 사라지기 때문이다). 그렇다면 두 사건은 종속 사건이다.

수학적으로, 사건 E와 F가 동시에 발생할 확률이 각각 사건이 발생할 확률의 곱과 같다면 두 사건은 독립 사건를 의미한다.

$$P(E,F) = P(E)P(F)$$

동전 던지기 예시를 다시 살펴보면 첫 번째 동전에서 앞면이 나올 확률은 1/2이고 두 동전이 모두 뒷면일 확률은 1/4이다. 하지만 첫 번째 동전이 앞면이고 두 동전이 뒷면일 확률은 0이기 때문에 두 사건은 종속 사건이다.

6.2 조건부 확률

만약 두 사건이 독립 사건이라면, 정의에 따라 다음과 같은 식을 얻을 수 있다.

$$P(E,F) = P(E)P(F)$$

또, 두 사건이 반드시 독립 사건이라는 보장이 없고 사건 F의 확률이 0이 아닌 경우, 사건 E가 발생할 **조건부 확률**(conditional probability)을 다음과 같이 정의할 수 있다.

$$P(E\,|\,F) = P(E,F)\,/\,P(F)$$

즉, 조건부 확률이란 사건 F가 발생했을 경우, 사건 E가 발생할 확률이라고 이해할 수 있다. 앞의 식은 종종 다음과 같이 정리되기도 한다.

$$P(E,F) = P(E|F)\,P(F)$$

따라서 사건 E와 F가 독립 사건이라면 다음과 같은 식이 성립한다는 것을 확인할 수 있다.

$$P(E|F) = P(E)$$

앞의 식은 사건 F가 발생해도 사건 E의 발생 여부에 관한 추가적인 정보를 알 수 없다는 것을 수학적으로 표현한 식이다.

헷갈리기 쉬운 예시로 자주 언급되는, 한 가족 안의 두 아이의 성별을 맞추는 예시를 살펴보자. 다음 두 가지 조건을 가정하겠다.

- 각 아이가 딸이거나 아들일 확률은 동일하다.
- 둘째의 성별은 첫째의 성별과 독립이다.

그렇다면 '두 아이가 모두 딸이 아닌 경우'는 1/4의 확률로 발생하며 '딸 한 명과 아들 한 명인 경우'는 1/2의 확률로 그리고 '두 아이가 모두 딸인 경우'는 1/4의 확률로 발생한다.

그렇다면 첫째가 딸인 경우(사건 G), 두 아이가 모두 딸일(사건 B) 확률은 어떻게 될까? 조건부 확률의 정의를 사용하면 다음과 같이 계산할 수 있다.

$$P(B|G) = P(B,G)/P(G) = P(B)/P(G) = 1/2$$

사건 B와 G가 동시에 일어나는 확률(즉, 두 아이가 모두 딸이고 첫째가 딸일 확률)은 사건 B가 발생할 확률과 동일하기 때문이다. (만약 두 아이가 모두 딸이라면 첫째는 항상 딸이다.)

직관적으로 납득할 수 있는 값이 계산되었다.

딸이 최소 한 명인 경우(사건 L), 두 아이가 모두 딸일 확률 또한 계산해 볼 수 있다. 하지만 신기하게도 이전과 다른 값이 계산될 것이다!

사건 B와 L이 동시에 발생할 확률(즉, 두 아이가 모두 딸이고 적어도 하나는 딸인 경우)은 사건 B가 발생할 확률과 동일하다. 즉, 다음과 같이 계산된다.

$$P(B|L) = P(B,L)/P(L) = P(B)/P(L) = 1/3$$

어떻게 이런 결과가 나올 수가 있을까? 만약 딸이 최소 한 명이라면 딸 한 명과 아들 한 명일 확률이 두 명이 모두 딸일 확률보다 두 배나 높다.

　수많은 가족들을 '만들어서' 결과를 검증해 볼 수 있다.

```python
import enum, random

# Enum을 사용하면 각 항목에 특정 값을 부여할 수 있으며
# 파이썬 코드를 더욱 깔끔하게 만들어 준다.
class Kid(enum.Enum):
    BOY = 0
    GIRL = 1

def random_kid() -> Kid:
    return random.choice([Kid.BOY, Kid.GIRL])

both_girls = 0
older_girl = 0
either_girl = 0

random.seed(0)

for _ in range(10000):
    younger = random_kid()
    older = random_kid()
    if older == Kid.GIRL:
        older_girl += 1
    if older == Kid.GIRL and younger == Kid.GIRL:
        both_girls += 1
    if older == Kid.GIRL or younger == Kid.GIRL:
        either_girl += 1

print("P(both | older):", both_girls / older_girl)      # 0.514 ~ 1/2
print("P(both | either): ", both_girls / either_girl)    # 0.342 ~ 1/3
```

6.3 베이즈 정리

조건부 확률을 '반대로 뒤집는' 베이즈 정리(Bayes's Theorem)는 데이터 과학자들에게 무척 친숙한 존재다. 가령, 사건 F가 발생했다는 가정하에 사건 E가 발생할 확률이 필요하다고 해보자. 하지만 사건 E가 발생했다는 가정하에 사건 F가 발생할 확률만 주어졌다. 조건부 확률의 정의를 두 번 사용하면 다음과 같이 식을 정리할 수 있다.

$$P(E|F) = P(E,F)/P(F) = P(F|E)\,P(E)/P(F)$$

사건 F를 '사건 F와 사건 E가 모두 발생하는 경우'와 '사건 F는 발생하지만 사건 E는 발생하지 않는 경우' 두 상호 배타적인 사건으로 나눌 수 있다. 만약 '사건 E가 발생하지 않는 경우'를 $\neg E$로 표현하면 다음 식으로 표현할 수 있다.

$$P(F) = P(F,E) + P(F,\neg E)$$

이를 이용하면 베이즈 정리는 다시 다음과 같이 정리할 수 있다.

$$P(E|F) = P(F|E)\,P(E)\,/\,[P(F|E)\,P(E) + P(F\,|\,\neg E)\,P(\neg E)]$$

이 정리는 데이터 과학자가 의사보다 더 똑똑하다는 것을 보여 주기 위해 자주 사용된다. 예를 들어 10,000명 중에 1명이 걸리는 질병이 있다고 상상해 보자. 이때 질병이 있는 경우 '양성', 질병이 없는 경우 '음성'이라고 판단하는 검사가 99%의 경우에 대해 정확한 판단을 내린다고 해보자.

그렇다면 양성 판정을 받았다는 것은 무엇을 의미하는 것일까? 사건 T는 양성 판정을 나타내고, 사건 D는 질병에 걸렸다는 것을 나타낸다고 해보자. 양성 판정인 경우, 실제로 병에 걸렸을 확률을 베이즈 정리를 사용해서 풀어 보면 다음과 같다.

$$P(D|T) = P(T|D)\,P(D)\,/\,[P(\,T|D)\,P(D) + P(\,T\,|\neg D)\,P(\neg D)]$$

질병에 걸린 사람이 양성 판정을 받을 확률을 나타내는 $P(T|D)$가 0.99라는 것은 이미 알고 있다. 특정 사람이 질병에 걸릴 확률인 $P(D)$가 1/10,000 = 0.0001이라는 것 또한 알고 있다. 그리고 질병이 없는 사람이 양성 판정을 받는 확률인 $P(T|\neg D)$는 0.01이라는 것을 알 수 있다. 또한 특정 사람이 질병에 걸리지 않았을 확률인 $P(\neg D)$는 0.9999라는 것을 알고 있다. 이 숫자들을 위의 베이즈 정리에 대입해 보면 다음과 같은 값이 계산된다.

$$P(D|T) = 0.98\%$$

즉, 양성 판정을 받은 사람 중 실제로 질병에 걸린 사람은 1%도 안 된다는 것을 의미한다.

이 예시는 임의의 사람들이 검사를 받는다는 것을 가정하였다. 특정 증상을 보이는 사람들만 이 검사를 받는다면, 양성으로 판정되고 특정 증상을 보이는 조건을 전제로 조건부 확률을 계산해야 할 것이다. 그렇다면 더 높은 확률값이 나올 것이다.

결과를 더 직관적으로 이해할 수 있게 100만 명의 사람에게 검사를 한다고 해보자. 100만 명 중에 100명은 질병에 걸렸을 것이라고 예측되며 이 중 99명은 양성 판정을 받을 것이다. 반대로 999,900명은 질병에 걸리지 않았을 것이다. 하지만 이 중에서 9,999명은 양성 판정을 받았을 것이다. 즉, 양성 판정을 받은 (99 + 9,999)명 중에서 99명만 실제로 질병이 있을 것이라고 추측할 수 있다.

6.4 확률변수

확률변수(random variable)란 특정 확률분포와 연관되어 있는 변수를 의미한다. 굉장히 간단하게 동전의 앞면이 나오면 1이고 동전의 뒷면이 나오면 0인 확률변수를 예시로 들 수 있겠다. 조금 더 복잡한 확률변수의 예로 동전을 10번 던져서 나온 앞면의 개수나 range(10)에서 나온 값을 생각해 볼 수 있다.

확률변수와 연관된 확률분포는 각 변수의 값에 해당되는 확률값을 계산해 준다. 동전 던지기 예시로 돌아가면 값이 0인 확률변수의 확률은 0.5이며 값이 1인 확률변수의 확률 또한 0.5이다. range(10) 확률변수의 경우, 0부터 9까지 모든 변수의 값에 대한 확률은 0.1이다.

그리고 모든 확률변수의 확률을 해당 확률변수의 값으로 가중평균한 값인 확률변수의 **기댓값**(expected value) 역시 자주 쓰이는 개념이다. 예를 들어 동전 던지기 예시에서 확률변수의 기댓값은 1/2(= 0*1/2 + 1*1/2)이다. 또한 range(10) 예시에서 확률변수의 기댓값은 4.5이다.

확률변수 또한 보통 사건처럼 조건부 확률을 구할 수 있다. 조건부 확률 부분에서 다루었던 두 아이의 성별을 구분하는 예시로 돌아가 보자. 만약 X라는 확률변수가 딸의 수를 나타낸다면 X가 0일 확률은 1/4, 1일 확률은 1/2 그리고 2일 확률은 1/4가 된다.

그리고 새로운 확률변수 Y로 딸이 최소 한 명일 때 전체 딸의 수를 나타낸다면 Y가 1일 확률은 2/3이며 2일 확률은 1/3이 된다. 또한 Z로 첫째가 딸일 때 전체 딸의 수를 나타낸다면 Z가 1일 확률은 1/2이며 2일 확률 또한 1/2이다.

앞으로 이 책에서는 대부분의 경우 확률변수를 사용한다고 따로 명시하지 않을 것이다. 조금만 자세히 살펴보면 변수가 확률변수인지 아닌지 금방 확인할 수 있기 때문이다.

6.5 연속 분포

동전 던지기는 각각의 결과에 확률을 계산해 주는 **이산형 분포**(discrete distribution)를 따른다. 하지만 대부분의 경우, 연속적인 결과에 대한 분포를 사용해서 모델을 만들 것이다. (이 책에서는 모든 결괏값을 실수로 가정하겠지만, 실제로 그렇지 않은 경우도 있다). 예를 들어 **균등 분포**(uniform distribution)는 0과 1 사이의 모든 값에 동등한 비중을 준 분포다.

0과 1 사이에는 무한히 많은 숫자가 존재하기 때문에, 숫자 하나의 비중은 0일 것이다. 이러한 이유 때문에, 밀도 함수를 특정 구간에서 적분한 값으로 확률을 나타내는 **확률 밀도 함수**(probability density function, pdf)로 연속 분포 (continuous distribution)를 표현하겠다.

 적분이 잘 기억나지 않는다면 다음과 같이 간단하게 생각해 볼 수 있다. 분포를 나타내는 어떤 밀도 함수 f가 있고 h가 매우 작은 숫자라면 분포에서 x와 x + h 사이의 값이 나올 확률은 h * f(x)로 근사해 볼 수 있다.

균등 분포의 확률 밀도 함수는 다음과 같이 간단하다.

```python
def uniform_pdf(x: float) -> float:
    return 1 if 0 <= x < 1 else 0
```

균등 분포를 따르는 확률변수의 값이 0.2와 0.3 사이일 확률은, 모두 예상했듯이 1/10이다. 파이썬의 `random.random()`은 균등 분포를 따르는 일종의 확률변수다.

확률변수의 값이 특정 값보다 작거나 클 확률을 나타내는 **누적 분포 함수**(cumulative distribution function, cdf)를 더 자주 사용할 것이다. 균등 분포에 대한 누적 분포 함수는 어렵지 않게 만들 수 있다(그림 6-1).

```python
def uniform_cdf(x: float) -> float:
    """균등 분포를 따르는 확률변수의 값이 x보다 작거나 같은 확률을 반환"""
    if x < 0:   return 0    # 균등 분포의 확률은 절대로 0보다 작을 수 없다.
    elif x < 1: return x    # 예시: P(X <= 0.4) = 0.4
    else:       return 1    # 균등 분포의 확률은 항상 1보다 작다.
```

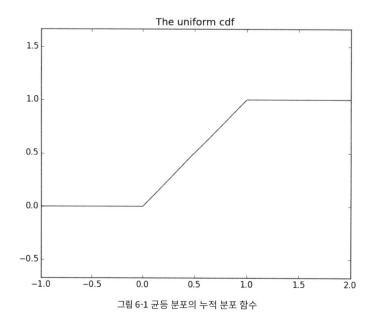

그림 6-1 균등 분포의 누적 분포 함수

6.6 정규분포

정규분포(normal distribution)는 그 유명한 종형 곡선 모양의 분포이며, 평균인 μ(뮤)와 표준편차 σ(시그마)의 두 파라미터로 정의된다. 평균은 종의 중심이 어디인지를 나타내며, 표준편차는 종의 폭이 얼마나 넓은지를 나타낸다.

정규분포의 밀도 함수는 다음과 같다.

$$f(x \mid \mu, \sigma) = \frac{1}{\sqrt{2\pi}\,\sigma} \exp\left(-\frac{(x-\mu)^2}{2\sigma^2}\right)$$

그리고 다음과 같이 구현할 수 있다.

```python
import math
SQRT_TWO_PI = math.sqrt(2 * math.pi)

def normal_pdf(x: float, mu: float = 0, sigma: float = 1) -> float:
    return (math.exp(-(x-mu) ** 2 / 2 / sigma ** 2) / (SQRT_TWO_PI * sigma))
```

그림 6-2는 정규분포의 여러 밀도 함수가 어떻게 생겼는지 보여 주고 있다.

```python
import matplotlib.pyplot as plt
xs = [x / 10.0 for x in range(-50, 50)]
plt.plot(xs,[normal_pdf(x,sigma=1) for x in xs],'-',label='mu=0,sigma=1')
plt.plot(xs,[normal_pdf(x,sigma=2) for x in xs],'--',label='mu=0,sigma=2')
```

```
plt.plot(xs,[normal_pdf(x,sigma=0.5) for x in xs],':',label='mu=0,sigma=0.5')
plt.plot(xs,[normal_pdf(x,mu=-1)    for x in xs],'-.',label='mu=-1,sigma=1')
plt.legend()
plt.title("Various Normal pdfs")
plt.show()
```

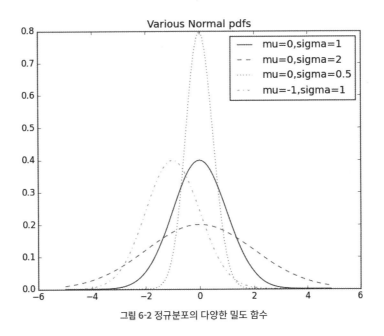

그림 6-2 정규분포의 다양한 밀도 함수

표준정규분포(standard normal distribution)는 μ = 0이고 σ = 1인 정규분포를 의미한다. 만약 Z가 표준정규분포의 확률변수를 나타낸다면 다음과 같이

$$X = \sigma Z + \mu$$

X도 평균이 μ이고 표준편차가 σ인 정규분포로 표현할 수 있다. 반대로 X가 평균이 μ이고 표준편차가 σ인 정규분포의 확률변수를 나타낸다면 다음과 같이 선형변환을 통해 표준정규분포로 표현할 수 있다.

$$Z = (X - \mu) / \sigma$$

정규분포의 누적 분포 함수를 간단하게 표현하기는 어렵지만, 파이썬의 `math.erf`[1]를 사용하면 가능해진다.

---

1 (옮긴이) *https://ko.wikipedia.org/wiki/*오차_함수

```
def normal_cdf(x: float, mu: float = 0, sigma: float = 1) -> float:
    return (1 + math.erf((x - mu) / math.sqrt(2) / sigma)) / 2
```

그림 6-3에 몇몇 누적 분포 함수를 그려 보았다.

```
xs = [x / 10.0 for x in range(-50, 50)]
plt.plot(xs,[normal_cdf(x,sigma=1) for x in xs],'-',label='mu=0,sigma=1')
plt.plot(xs,[normal_cdf(x,sigma=2) for x in xs],'--',label='mu=0,sigma=2')
plt.plot(xs,[normal_cdf(x,sigma=0.5) for x in xs],':',label='mu=0,sigma=0.5')
plt.plot(xs,[normal_cdf(x,mu=-1) for x in xs],'-.',label='mu=-1,sigma=1')
plt.legend(loc=4) # bottom right
plt.title("Various Normal cdfs")
plt.show()
```

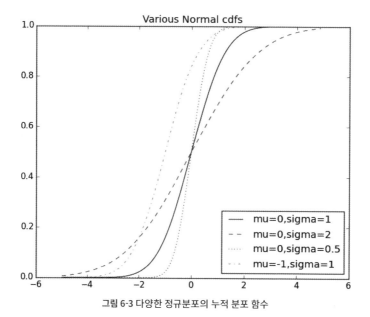

그림 6-3 다양한 정규분포의 누적 분포 함수

가끔씩 특정 확률을 갖는 확률변수의 값을 찾기 위해 normal_cdf의 역함수가 필요할 수도 있다. 누적 분포 함수의 역함수를 쉽게 계산해 내는 방법은 없지만, 누적 분포 함수가 연속 및 증가 함수라는 점을 고려하면 이진 검색[2]을 사용해 비교적 쉽게 값을 구할 수 있다.

```
def inverse_normal_cdf(p: float,
                       mu: float = 0,
                       sigma: float = 1,
                       tolerance: float = 0.00001) -> float:
```

2 (옮긴이) *https://ko.wikipedia.org/wiki/*이진_검색_알고리즘

```
"""이진 검색을 사용해서 역함수를 근사"""

# 표준정규분포가 아니라면 표준정규분포로 변환
if mu != 0 or sigma != 1:
    return mu + sigma * inverse_normal_cdf(p, tolerance=tolerance)


low_z = -10.0                        # normal_cdf(-10)은 0에 근접
hi_z  =  10.0                        # normal_cdf(10)은 1에 근접
while hi_z - low_z > tolerance:
    mid_z = (low_z + hi_z) / 2       # 중간 값
    mid_p = normal_cdf(mid_z)        # 중간 값의 누적분포 값을 계산
    if mid_p < p:
        low_z = mid_z                # 중간 값이 너무 작다면 더 큰 값들을 검색
    else:
        hi_z = mid_z                 # 중간 값이 너무 크다면 더 작은 값들을 검색

return mid_z
```

앞의 함수는 원하는 확률 값에 가까워질 때까지 표준정규분포의 구간을 반복적으로 이등분한다.

6.7 중심극한정리

정규분포가 중요한 이유 중의 하나는 **중심극한정리**(central limit theorem) 때문이다. 중심극한정리란 동일한 분포에 대한 독립적인 확률변수의 평균을 나타내는 확률변수가 대략적으로 정규분포를 따른다는 정리다.

예를 들어 $(x_1 + \ldots + x_n)$을 평균 μ와 표준편차 σ를 갖는 확률변수라고 해보자. n이 적당히 크다면

$$\frac{1}{n}(x_1 + \ldots + x_n)$$

위 수식은 대략 평균이 μ이고 표준편차가 σ/n인 정규분포와 비슷해질 것이다. 그렇다면 다음과 같은 수식은 대략 평균이 0이고 표준편차가 1인 정규분포와 비슷해질 것이다.

$$\frac{(x_1 + \ldots + x_n) - \mu n}{\sigma\sqrt{n}}$$

중심극한정리를 보다 더 쉽게 이해하기 위해 **이항 확률변수**(binomial random variable)를 예시로 살펴보자. 이항 확률변수는 n과 p 두 가지 파라미터로 구성

되어 있다. 이항 확률변수는 단순히 n개의 독립적인 **베르누이 확률변수**(Bernoulli random variable)를 더한 것이다. 각 베르누이 확률변수의 값은 p의 확률로 1, $1 - p$의 확률로 0이 된다.

```python
def bernoulli_trial(p: float) -> int:
    """p의 확률로 1을, 1-p의 확률로 0을 반환"""
    return 1 if random.random() < p else 0

def binomial(n: int, p: float) -> int:
    """n개 bernoulli(p)의 합을 반환"""
    return sum(bernoulli_trial(p) for _ in range(n))
```

베르누이 확률변수의 평균은 p이며 표준편차는 $\sqrt{p(1-p)}$ 이다. 중심극한정리는 n이 적당히 크다면 이항 확률변수는 대략 평균이 $\mu = np$이고 표준편차가 $\sigma = \sqrt{np(1-p)}$ 인 정규분포의 확률변수와 비슷해진다는 것을 알려준다. 두 변수를 그래프로 나타내면 비슷한 점이 보일 것이다.

```python
from collections import Counter

def binomial_histogram(p: float, n: int, num_points: int) -> None:
    """binomial(n, p)의 결괏값을 히스토그램으로 표현"""
    data = [binomial(n, p) for _ in range(num_points)]

    # 이항분포의 표본을 막대 그래프로 표현
    histogram = Counter(data)
    plt.bar([x - 0.4 for x in histogram.keys()],
            [v / num_points for v in histogram.values()],
            0.8,
            color='0.75')

    mu = p * n
    sigma = math.sqrt(n * p * (1 - p))

    # 근사된 정규분포를 라인 차트로 표현
    xs = range(min(data), max(data) + 1)
    ys = [normal_cdf(i + 0.5, mu, sigma) - normal_cdf(i - 0.5, mu, sigma)
          for i in xs]
    plt.plot(xs,ys)
    plt.title("Binomial Distribution vs. Normal Approximation")
    plt.show()
```

예를 들어 make_hist(0.75, 100, 10000)을 호출하면 그림 6-4와 같은 그래프가 만들어진다.

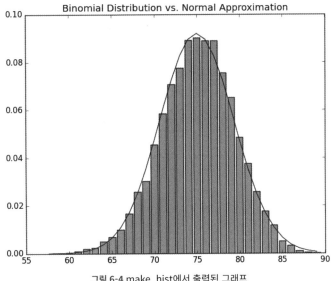

그림 6-4 make_hist에서 출력된 그래프

만약 평범한 동전을 100번 던져서 앞면이 60번 이상 나올 확률을 알고 싶다고 해보자. 중심극한정리의 핵심은 이 확률을 (평균이 50이고 표준편차가 5인) 정규분포의 확률변수가 60보다 클 확률로 근사할 수 있다는 점이다. 이 방법은 이항 함수의 밀도 함수에서 확률을 직접 계산하는 것보다 훨씬 쉽다. (실제로 대부분의 경우 통계 소프트웨어에서 계산된 정확한 확률값을 사용하기노 한나.)

6.8 더 공부해 보고 싶다면

- scipy.stats는 대부분의 유명한 확률분포의 확률 밀도 함수와 누적 분포 함수를 구현해놓았다.

- 5장의 끄트머리에서 통계학 교과서를 보는 것을 추천한다고 했던 것을 기억하는가? 확률론 교과서도 하나쯤 보는 것을 추천한다. 온라인에서 구할 수 있는 것 중 가장 좋은 교과서로 *Introduction to Probability*[3]를 추천한다.

---

3 (옮긴이) *http://www.dartmouth.edu/~chance/teaching_aids/books_articles/probability_book/book.html*

7장

D a t a   S c i e n c e   *f r o m   S c r a t c h*

가설과 추론

통계에 감명을 받는다는 것은 그가 진정 명석한 사람이라는 의미다.
- 조지 버나드 쇼(George Bernard Shaw)

지금까지 배운 다양한 통계와 확률 이론으로 가설을 검정[1]하고 통계적 추론을 해보자. 주어진 데이터와 데이터를 발생시킨 현상에 대한 가설을 세우고 검정하는 것은 데이터 과학자가 꽤 자주 하는 일이다.

7.1 통계적 가설검정

특정 가설이 사실인지 아닌지 검정해 보고 싶은 경우가 있다. 여기서 가설 (hypothesis)이란 '이 동전은 앞뒤가 나올 확률이 공평한 동전이다', '데이터 과학자는 R보다 파이썬을 선호한다', '닫기 버튼이 작아서 찾기 힘든 광고 창을 띄우면 사용자는 해당 사이트를 죽었다 깨어나도 들어가지 않을 것이다' 등과 같은 주장을 의미하며, 데이터 통계치에 대한 얘기로 변환될 수 있다. 그런 통계치들은 다양한 가정하에서 특정 분포에 대한 확률변수의 관측치로 이해할 수 있고, 그런 가정들이 얼마나 타당한지 알 수 있게 해주기도 한다.

고전적인 가설검정에서는 기본 입장을 나타내는 **귀무가설**(H_0, null hypothesis)과 대비되는 입장을 나타내는 **대립가설**(H_1, alternative hypothesis)을 통

1　(옮긴이) '검정(檢正, testing)'이라는 용어는 일상적으로 자주 쓰이지 않아 어색할 수 있는데, 한자를 풀어 보면 (가설이) 옳은지 검사한다는 의미다. 뜻이 비슷한 일상 용어로는 증거를 조사한다는 '검증(檢證, validation)'이 있고, 두 단어의 의미가 어느 정도 통하기는 하지만, 통계적 가설의 시비를 논할 때는 '검정'이 더 명확한 표현이다.

계적으로 비교해서 귀무가설을 기각할지 말지를 결정한다. 더 쉽게 이해할 수 있도록 예시를 살펴보자.

7.2 예시: 동전 던지기

동전이 하나 있다. 우리는 이 동전이 공평한 동전인지 아닌지 검정하고 싶다. 이 동전에서 앞면이 나올 확률이 p라고 하면 동전이 공평하다는 의미의 '$p = 0.5$이다'는 귀무가설이 되고 '$p \neq 0.5$이다'는 대립가설이 된다.

동전을 n번 던져서 앞면이 나온 횟수 X를 세는 것으로 검정을 진행해 보자. 동전 던지기는 각각 베르누이 분포를 따를 것이며, 이는 X가 이항분포를 따르는 확률변수라는 것을 의미한다. 그리고 이미 6장에서 다뤘듯이 이항분포는 정규분포로 근사할 수 있다.

```
from typing import Tuple
import math

def normal_approximation_to_binomial(n: int, p: float) -> Tuple[float, float]:
    """Binomial(n, p)에 해당되는 mu(평균)와 sigma(표준편차) 계산"""
    mu = p * n
    sigma = math.sqrt(p * (1 - p) * n)
    return mu, sigma
```

확률변수가 정규분포를 따른다는 가정하에 `normal_cdf`를 사용하면 실제 동전 던지기로부터 얻은 값이 구간 안(혹은 밖)에 존재할 확률을 계산할 수 있다.

```
from scratch.probability import normal_cdf

# 누적 분포 함수는 확률변수가 특정 값보다 작을 확률을 나타낸다.
normal_probability_below = normal_cdf

# 만약 확률변수가 특정 값보다 작지 않다면, 특정 값보다 크다는 것을 의미한다.
def normal_probability_above(lo: float,
                             mu: float = 0,
                             sigma: float = 1) -> float:
    """mu(평균)와 sigma(표준편차)를 따르는 정규분포가 lo보다 클 확률"""
    return 1 - normal_cdf(lo, mu, sigma)

# 만약 확률변수가 hi보다 작고 lo보다 작지 않다면 확률변수는 hi와 lo 사이에 존재한다.
def normal_probability_between(lo: float,
                               hi: float,
                               mu: float = 0,
                               sigma: float = 1) -> float:
    """mu(평균)와 sigma(표준편차)를 따르는 정규분포가 lo와 hi 사이에 있을 확률"""
```

```
        return normal_cdf(hi, mu, sigma) - normal_cdf(lo, mu, sigma)

# 만약 확률변수가 범위 밖에 존재한다면 범위 안에 존재하지 않다는 것을 의미한다.
def normal_probability_outside(lo: float,
                               hi: float,
                               mu: float = 0,
                               sigma: float = 1) -> float:
    """mu(평균)와 sigma(표준편차)를 따르는 정규분포가 lo와 hi 사이에 없을 확률"""
    return 1 - normal_probability_between(lo, hi, mu, sigma)
```

반대로, 확률이 주어졌을 때 평균을 중심으로 하는 (대칭적인) 구간을 구할 수도
있다. 예를 들어 분포의 60%를 차지하는 평균 중심의 구간을 구하고 싶다면 양
쪽 꼬리 부분이 각각 분포의 20%를 차지하는 지점을 구하면 된다.

```
from scratch.probability import inverse_normal_cdf

def normal_upper_bound(probability: float,
                       mu: float = 0,
                       sigma: float = 1) -> float:
    """P(Z <= z) = probability인 z 값을 반환"""
    return inverse_normal_cdf(probability, mu, sigma)

def normal_lower_bound(probability: float,
                       mu: float = 0,
                       sigma: float = 1) -> float:
    """P(Z >= z) = probability인 z 값을 반환"""
    return inverse_normal_cdf(1 - probability, mu, sigma)

def normal_two_sided_bounds(probability: float,
                            mu: float = 0,
                            sigma: float = 1) -> Tuple[float, float]:
    """
    입력한 probability 값을 포함하고,
    평균을 중심으로 대칭적인 구간을 반환
    """
    tail_probability = (1 - probability) / 2

    # 구간의 상한은 tail_probability 값 이상의 확률 값을 갖고 있다.
    upper_bound = normal_lower_bound(tail_probability, mu, sigma)

    # 구간의 하한은 tail_probability 값 이하의 확률 값을 갖고 있다.
    lower_bound = normal_upper_bound(tail_probability, mu, sigma)

    return lower_bound, upper_bound
```

자, 이제 실제로 동전을 1,000번 던져 보자($n=1000$). 만약 동전이 공평하다는 가
설이 맞다면 X는 대략 평균이 500이고 표준편차가 15.8인 정규분포를 따를 것
이다.

```
mu_0, sigma_0 = normal_approximation_to_binomial(1000, 0.5)
```

이제 제1종 오류를 얼마나 허용해 줄 것인지를 의미하는 유의수준(significance)을 결정해야 한다. 제1종 오류란 비록 H_0가 참이지만 H_0를 기각하는 'false positive(가양성)' 오류를 의미한다. 유의수준은 보통 5%나 1%로 설정하는 경우가 많은데, 여기서는 유의수준을 5%로 선택해 보자.

다음의 코드에서 X가 주어진 범위를 벗어나면 귀무가설 H_0를 기각하는 가설검정을 고려해 보자.

```
# (469, 531)
lower_bound, upper_bound = normal_two_sided_bounds(0.95, mu_0, sigma_0)
```

p가 정말로 0.5, 즉 H_0가 참이라면 X가 주어진 범위를 벗어날 확률은 우리가 원한 대로 5%밖에 되지 않을 것이다. 바꿔 말하면, 만약 H_0가 참이라면 이 가설검정은 20번 중 19번은 올바른 결과를 줄 것이다.

한편 제2종 오류를 범하지 않을 확률을 구하면 검정력(power)을 알 수 있다. **제2종 오류**란 H_0가 거짓이지만 H_0를 기각하지 않는 오류를 의미하기 때문에, 제2종 오류를 측정하기 위해서는 먼저 H_0가 거짓이라는 것이 무엇을 의미하는지 알아볼 필요가 있다. (p가 0.5가 아니라는 말은 X의 분포에 관해 많은 것을 알려 주지는 않는다.) 예를 들어 p가 0.55, 즉 동전의 앞면이 나올 확률이 약간 편향되어 있다면 검정력은 다음과 같다.

```
# p가 0.5라고 가정할 때, 유의수준이 5%인 구간
lo, hi = normal_two_sided_bounds(0.95, mu_0, sigma_0)

# p = 0.55인 경우의 실제 평균과 표준편차
mu_1, sigma_1 = normal_approximation_to_binomial(1000, 0.55)

# 제2종 오류란 귀무가설(H0)을 기각하지 못한다는 의미
# 즉, X가 주어진 구간 안에 존재할 경우를 의미
type_2_probability = normal_probability_between(lo, hi, mu_1, sigma_1)
power = 1 - type_2_probability       # 0.887
```

한편 $p \leq 0.5$, 즉 동전이 앞면에 편향되지 않은 경우를 귀무가설로 정한다면 X가 500보다 크면 귀무가설을 기각하고, 500보다 작다면 기각하지 않는 단측검정(one-sided test)이 필요해진다. 유의수준이 5%인 가설검정을 위해서는 `normal_probability_below`를 사용하여 분포의 95%가 해당 값 이하인 경계 값을 찾을 수 있다.

```
hi = normal_upper_bound(0.95, mu_0, sigma_0)
# 결괏값은 526 (< 531, 분포 상위 부분에 더 높은 확률을 주기 위해서)

type_2_probability = normal_probability_below(hi, mu_1, sigma_1)
power = 1 - type_2_probability       # 0.936
```

이 가설검정은 더 이상 X가 469보다 작을 때 H_0를 기각하는 게 아니라(H_1이 참이라면 이는 거의 발생하지 않을 것이다) X가 526에서 531 사이일 때 H_0를 기각하기 때문에(H_1이 참이라면 이는 가끔 발생할 것이다) 전보다 검정력이 더 좋아졌다고 볼 수 있다.

7.3 p-value

가설을 바라보는 또 다른 관점은 p-value이다. 이는 어떤 확률값을 기준으로 구간을 선택하는 대신에, H_0가 참이라고 가정하고 실제로 관측된 값보다 더 극단적인 값이 나올 확률을 구하는 것이다.

동전이 공평한지를 확인해 보기 위해 양측검정을 해 보자.

```
def two_sided_p_value(x: float, mu: float = 0, sigma: float = 1) -> float:
    """
    mu(평균)와 sigma(표준편차)를 따르는 정규분포에서 x같이
    극단적인 값이 나올 확률은 얼마나 될까?
    """
    if x >= mu:
        # 만약 x가 평균보다 크다면 x보다 큰 부분이 꼬리다.
        return 2 * normal_probability_above(x, mu, sigma)
    else:
        # 만약 x가 평균보다 작다면 x보다 작은 부분이 꼬리다.
        return 2 * normal_probability_below(x, mu, sigma)
```

만약 동전의 앞면이 나온 경우가 530번 관측되었다면 p-value는 다음과 같다.

```
two_sided_p_value(529.5, mu_0, sigma_0)    # 0.062
```

왜 530 대신 529.5를 사용했을까? 이유는 연속수정(continuity correction)[2] 때문이다. 즉, 동전의 앞면이 530번 나올 확률은 normal_probability_between(530, 531, mu_0, sigma_0)보다 normal_probability_between(529.5, 530.5, mu_0, sigma_0)을 사용할 때 더 정확하다.

동전의 앞면이 적어도 530번 나올 확률 또한 normal_probability_above(529.5, mu_0, sigma_0)을 사용하는 것이 더 정확하다. 그림 6-4를 만들었던 코드에서도 이를 사용한 것을 확인할 수 있다.

시뮬레이션을 해보면 우리의 추정값이 그럴듯하다는 것을 확인할 수 있다.

```python
import random

extreme_value_count = 0
for _ in range(1000):
    num_heads = sum(1 if random.random() < 0.5 else 0   # 앞면이 나온 경우를 세어 본다.
                    for _ in range(1000))               # 동전을 1000번 던져서
    if num_heads >= 530 or num_heads <= 470:            # 그리고 극한 값이
        extreme_value_count += 1                        # 몇 번 나오는지 세어 본다.

# p-value was 0.062 => ~62 extreme values out of 1000
assert 59 < extreme_value_count < 65, f"{extreme_value_count}"
```

계산된 p-value가 5%보다 크기 때문에 귀무가설을 기각하지 않는다. 만약 동전의 앞면이 532번 나왔다면 p-value는 5%보다 작을 것이고, 이 경우에는 귀무가설을 기각할 것이다.

```python
two_sided_p_value(531.5, mu_0, sigma_0)   # 0.0463
```

이전 가설검정에 비해 통계를 보는 관점만 다를 뿐 동일한 검정 방법이다. 같은 방식으로

```python
upper_p_value = normal_probability_above
lower_p_value = normal_probability_below
```

동전의 앞면이 525번 나왔다면 단측검정을 위한 p-value는 다음과 같이 계산되며

```python
upper_p_value(524.5, mu_0, sigma_0) # 0.061
```

2　http://en.wikipedia.org/wiki/Continuity_correction
　　(옮긴이) 연속 분포를 이산형 분포로 근사할 때 필요한 수정치.

귀무가설을 기각하지 않을 것이다. 만약 동전의 앞면이 527번 나왔다면 p-value 는 다음과 같이 계산되며 귀무가설을 기각할 것이다.

```
upper_p_value(526.5, mu_0, sigma_0) # 0.047
```

 normal_probability_above로 p-value를 계산하기 전에, 주어진 데이터가 정규분포를 따르는지 꼭 확인하자. 사람들은 종종 "발생 확률이 백만 분의 1밖에 안 되는 사건이 일어 났다"는 식으로 말하는데, 사실 이 말에는 '만약 데이터가 정규분포를 따른다면'이라는 가 정이 숨어 있다. 즉, 데이터가 애초에 정규분포를 따르지 않는다면 이는 무의미한 말이 된 다. 데이터가 정규분포를 따르는지 확인하는 방법은 꽤 다양하다. 단순하게는 데이터를 시 각화해서 정규분포를 따르는지 눈으로 확인해 보는 것도 좋은 방법이다.

7.4 신뢰구간

지금까지 앞면이 나올 확률인 p를 다양한 값으로 바꿔가면서 가설검정을 해보았 다. 여기서 p 값은 앞면이 나올 미지의 분포를 나타내는 파라미터였다. 만약 사 건에 대한 분포를 모른다면 관측된 값에 대한 **신뢰구간**(confidence interval)을 사용하여 가설을 검정할 수 있다.

예를 들어 공평하지 않은 동전에 대한 확률을 앞면이면 1, 뒷면이면 0인 베르 누이 확률변수의 평균을 이용하여 추정할 수 있다. 만약 동전을 1,000번 던져서 앞면이 525번 나왔다면 p는 0.525로 추정할 수 있다.

이 추정값에 대해 얼마나 신뢰할 수 있을까? 만약 p의 정확한 값을 알고 있다 면 중심극한정리를 사용하여 베르누이 확률변수들의 평균은 대략 평균이 p이고 표준편차가 다음과 같은 정규분포로 추정할 수 있을 것이다.

```
math.sqrt(p * (1 - p) / 1000)
```

p의 정확한 값을 모른다면 추정값을 사용할 수 있다.

```
p_hat = 525 / 1000
mu = p_hat
sigma = math.sqrt(p_hat * (1 - p_hat) / 1000)    # 0.0158
```

물론 이렇게 계산하는 것이 완벽하게 옳은 방법은 아니지만, 많은 사람이 이렇 게 계산한다. 정규분포의 근사를 사용하면 진짜 p가 다음 구간 안에 포함되어 있 을 것이라고 '95% 확신'할 수 있다.

```
normal_two_sided_bounds(0.95, mu, sigma)          # [0.4940, 0.5560]
```

 지금 얘기하고 있는 것은 p가 아닌 구간에 대한 얘기다. 실험을 수없이 반복하면 전체 실험의 95%에서는 '진짜' 파라미터 p가(진짜 파라미터 p는 매번 동일할 것이다) 관측된 신뢰구간 사이에(신뢰구간은 매번 다를 수도 있다) 존재할 것이다.

이 경우 0.5는 신뢰구간 안에 있기 때문에 동전은 공평하지 않다고 결론을 내릴 수가 없다.

반대로, 앞면이 540번 나왔다면

```
p_hat = 540 / 1000
mu = p_hat
sigma = math.sqrt(p_hat * (1 - p_hat) / 1000) # 0.0158
normal_two_sided_bounds(0.95, mu, sigma) # [0.5091, 0.5709]
```

'공평한 동전'에 대한 확률은 계산된 신뢰구간 밖에 존재하게 된다. 공평한 동전이라는 가설은, 가설이 참이라면 모든 경우의 95%에 대해 가설검정을 통과하지 못하게 된다.

7.5 p 해킹

귀무가설을 잘못 기각하는 경우가 5%인 가설검정은 정의에서 알 수 있듯이 모든 경우의 5%에서 귀무가설을 잘못 기각한다.

```python
from typing import List

def run_experiment() -> List[bool]:
    """동전을 1000번 던져서 True = 앞면, False = 뒷면"""
    return [random.random() < 0.5 for _ in range(1000)]

def reject_fairness(experiment: List[bool]) -> bool:
    """신뢰구간을 5%로 설정"""
    num_heads = len([flip for flip in experiment if flip])
    return num_heads < 469 or num_heads > 531

random.seed(0)
experiments = [run_experiment() for _ in range(1000)]
num_rejections = len([experiment
                      for experiment in experiments
                      if reject_fairness(experiment)])

assert num_rejections == 46
```

즉, '의미 있는' 결과를 찾으려고 노력한다면 보통 의미 있는 결과를 찾을 수 있다는 것을 말한다. 주어진 데이터에 다양한 가설을 검정하다 보면 이 중 하나는 반드시 의미 있는 가설로 보일 것이다. 적절한 이상치를 제거하면 0.05 이하의 p-value를 구할 수 있을 것이다. (상관관계를 공부할 때가 떠오르는가?)

이렇게 p-value의 관점에서 추론을 하면 'p 해킹'이 발생할 수 있다.[3] "지구는 둥글다(The Earth Is Round)"라는 기사는 이러한 p 해킹의 문제점을 잘 설명해 놓은 글이다.[4]

데이터 과학을 제대로 하고 싶다면 다음의 세 가지를 지키자. 첫째, 가설은 데이터를 보기 전에 세운다. 둘째, 데이터를 전처리할 때는 세워둔 가설을 잠시 잊는다. 셋째, p-value가 전부는 아니다(대안으로 베이즈 추론을 사용할 수 있다).

7.6 예시: A/B test 해보기

데이텀에서 우리의 중요한 임무 중 하나는 사용자들에게 광고를 클릭하게 만드는 것이고, 이를 점잖게 돌려 말하면 사용자의 경험을 최적화하는 것이다. 여러 광고주 중 한 회사가 데이터 과학자를 위한 새로운 에너지 음료를 개발하였다. 광고부 부사장은 광고 A("맛이 끝내줘요!")와 광고 B("편향(bias)이 없어요!") 중 어떤 광고를 사용할지 선택하는 데 우리의 도움을 요청하였다.

'과학자'로서 우리는 사용자에게 임의로 두 개의 광고 중 하나를 보여 주고 실제로 광고를 클릭하는 사용자의 수를 살펴보는 실험을 진행하기로 하였다.

만약 광고 A를 본 1,000명 중 990명이 광고를 클릭했고 광고 B를 본 1,000명 중 10명만이 광고를 클릭했다면, 광고 A가 더 좋은 광고라고 자신 있게 얘기할 수 있다. 하지만 차이가 이렇게 명확하지 않다면 어떻게 해야 할까? 통계적 추론은 이럴 때 사용해야 한다.

가령 N_A명의 사용자가 광고 A를 보았고, 그중 n_A명이 광고를 클릭했다고 해보자. 각 사용자가 광고를 보고 클릭하는 것을 베르누이 시행으로 볼 수 있으며 각 사용자가 광고 A를 클릭할 확률을 p_A라고 정의하자. 그렇다면(만약 N_A가 지금처럼 큰 숫자라면) n_A/N_A는 평균이 p_A이고 표준편차가 $\sigma_A = \sqrt{p_A(1-p_A)/N_A}$인 정규분포에 근접하다는 것을 알 수 있다.

비슷하게, n_B/N_B는 평균이 p_B이고 표준편차가 $\sigma_B = \sqrt{p_B(1-p_B)/N_B}$인 정규분

---

3 *https://www.nature.com/news/scientific-method-statistical-errors-1.14700*

4 *http://www.iro.umontreal.ca/~dift3913/cours/papers/cohen1994_The_earth_is_round.pdf*

포에 근접하다는 것을 알 수 있다.

```
def estimated_parameters(N: int, n: int) -> Tuple[float, float]:
    p = n / N
    sigma = math.sqrt(p * (1 - p) / N)
    return p, sigma
```

만약 두 정규분포가 독립이라면(각각의 베르누이 시행은 독립적인 시행이기 때문에 적절한 가정이다), 두 정규분포의 차이 또한 평균이 $p_B - p_A$이고 표준편차가 $\sqrt{\sigma_A^2 + \sigma_B^2}$인 정규분포를 따른다.

 사실 이건 일종의 반칙이다. 표준편차를 미리 정확하게 알고 있어야 수식을 이렇게 정리할 수 있기 때문이다. 여기서는 표준편차를 데이터에서 추정하기 때문에, 사실 t 분포[5]를 사용해야 한다. 하지만 주어진 데이터가 많다면 차이가 별로 크지 않기 때문에 정규분포를 사용해도 상관없다.

그렇다면 p_A와 p_B가 같다는(즉 $p_A - p_B$가 0이라는) 귀무가설은 다음과 같은 통계치로 검정해 볼 수 있다.

```
def a_b_test_statistic(N_A: int, n_A: int, N_B: int, n_B: int) -> float:
    p_A, sigma_A = estimated_parameters(N_A, n_A)
    p_B, sigma_B = estimated_parameters(N_B, n_B)
    return (p_B - p_A) / math.sqrt(sigma_A ** 2 + sigma_B ** 2)
```

이 식은 대략 표준정규분포를 따른다.

예를 들어 1,000명 중 200명이 "맛이 끝내줘요!"라는 광고를 클릭했고 1,000명 중 180명이 "편향이 없어요!"라는 광고를 클릭했다고 해보자. 그렇다면 통계치는 다음과 같다.

```
z = a_b_test_statistic(1000, 200, 1000, 180)    # -1.14
```

만약 두 분포의 평균이 같다면 이렇게 큰 차이가 발생할 확률은 다음과 같다.

```
two_sided_p_value(z)                            # 0.254
```

값이 크기 때문에 두 분포가 다르다고 결론을 내릴 수가 없다. 만약 150명이 "편향이 없어요!"라는 광고를 클릭했다면 다음과 같은 결과가 나올 것이다.

---

5 (옮긴이) 정규분포의 평균을 측정할 때 주로 사용되는 분포. *https://ko.wikipedia.org/wiki/%EC%8A%A4%ED%8A%9C%EB%8D%98%ED%8A%B8_t_%EB%B6%84%ED%8F%AC*

```
z = a_b_test_statistic(1000, 200, 1000, 150)      # -2.94
two_sided_p_value(z)                              # 0.003
```

즉, 두 광고가 동일하게 효과적이라면 이렇게 큰 차이가 발생할 확률은 불과 0.003이라는 것을 의미한다.

7.7 베이즈 추론

지금까지 살펴본 방법들은 통계적 검정을 확률적으로 설명하는 것에(예를 들어 '귀무가설이 사실이라면 이렇게 극단적인 통계치가 발생할 확률은 3%이다') 중점을 두었다.

다른 추론 방법으로는 알려지지 않은 파라미터를 확률변수로 보는 방법이 있다. 분석가(여러분)에게 파라미터에 대한 사전분포가 주어지고, 관측된 데이터와 베이즈 정리를 사용하여 **사후분포**를 갱신할 수 있다. 통계적 검정에 대해 확률적으로 결론을 내는 대신에 파라미터에 대해 확률적으로 결론을 낼 수 있다.

예를 들어 동전 던지기 예시처럼 알려지지 않은 파라미터가 확률이라고 해보자. 보통 모든 확률 값이 0과 1 사이에서 정의되는 **베타분포**를 사전분포로 사용한다.

```
def B(alpha: float, beta: float) -> float:
    """모든 확률값의 합이 1이 되도록 해수는 성규화 값"""
    return math.gamma(alpha) * math.gamma(beta) / math.gamma(alpha + beta)

def beta_pdf(x: float, alpha: float, beta: float) -> float:
    if x <= 0 or x >= 1:              # [0, 1] 구간 밖에서는 밀도가 없다.
        return 0
    return x ** (alpha - 1) * (1 - x) ** (beta - 1) / B(alpha, beta)
```

일반적으로 베타분포의 중심은 다음과 같고

```
alpha / (alpha + beta)
```

alpha와 beta가 크면 클수록 분포는 더 중심으로 몰려 있다.

예를 들어 만약 alpha와 beta가 모두 1이라면 (중심이 0.5이고 굉장히 퍼진) 균등분포가 될 것이다. 만약 alpha가 beta보다 훨씬 크다면, 대부분의 밀도는 1 근처에 있을 것이다. 반대로 alpha가 beta보다 훨씬 작다면, 대부분의 밀도는 0 근처에 있을 것이다. 그림 7-1은 다양한 베타분포를 보여 주고 있다.

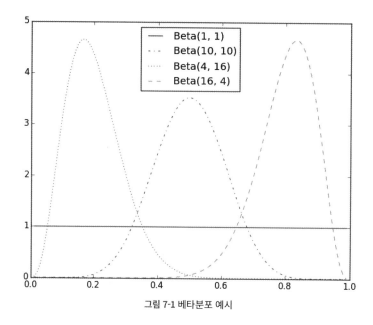

그림 7-1 베타분포 예시

이제 p에 대한 사전확률을 가정해 보자. 만약 동전이 공평한지 아닌지 어떠한 입장을 취하고 싶지 않다면 alpha와 beta를 모두 1로 가정할 수 있다. 아니면 앞면이 55%의 경우로 발생한다고 굳게 믿는다면, alpha를 55로 beta를 45로 가정할 수 있다.

이제 동전을 여러 번 던져서 앞면이 h번, 뒷면이 t번 나왔다고 해보자. 베이즈 정리(그리고 여기서는 설명하기 너무 지루한 수학적 전개)를 통해 p의 사후확률은 alpha + h와 beta + t에 대한 베타분포라는 것을 알 수 있다.

> ✔️ 사후확률로 베타분포가 다시 계산된 것은 우연의 일치가 아니다. 동전의 앞면이 나올 경우는 이항분포를 따르고 베타분포는 이항분포의 켤레사전분포(conjugate prior distribution)[6]이기 때문이다. 즉, 이항분포에서 관측된 데이터로 베타분포를 따르는 사전분포를 갱신한다면 계산되는 사후분포 또한 베타분포를 따른다는 것을 의미한다.

이제 동전을 10번 던져서 앞면을 3번 관측했다고 해보자. 균등분포를 따르는 사전분포로 시작했다면(동전의 공평성에 대해 아무런 의견이 없다고 볼 수 있다), 사후분포는 중심이 0.33인 베타분포 Beta(4, 8)이 될 것이다. 모든 경우를 동일한 확률로 가정했기 때문에 동전의 앞면이 나올 확률은 관측된 확률과 비슷할

---

6   *http://www.johndcook.com/blog/conjugate_prior_diagram/*
(옮긴이) 사전분포와 사후분포가 동일한 확률분포 유형(probability distribution family)에 속하는 것을 의미.

것이다.

만약 사전분포가 Beta(20, 20)이라면(즉, 동전이 대략 공평하다고 본다면), 사후분포는 중심이 0.46인 Beta(23, 27)이 될 것이다. 즉, 동전이 뒷면으로 살짝 편향되었다는 것으로 믿음이 바뀔 것을 의미한다.

만약 사전분포가 Beta(30, 10)이라면(즉, 앞면이 나올 확률이 75%라고 믿는다면), 사후분포는 중심이 0.66인 Beta(33, 17)이 될 것이다. 이러한 경우 동전이 아직도 앞면으로 편향되어 있다고 믿지만, 처음 생각했던 것보다 덜 강하게 믿는다는 것을 의미한다. 그림 7-2에서 3가지 사후분포를 확인해 보자.

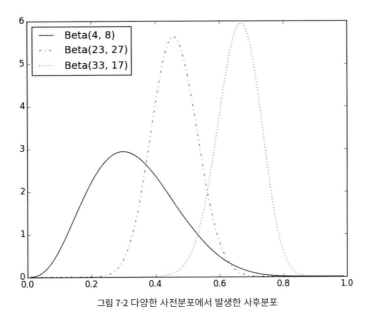

그림 7-2 다양한 사전분포에서 발생한 사후분포

동전을 더 많이 던져볼수록 사전분포는 점점 의미가 없어질 것이며, 사전분포에 상관없이 (거의) 동일한 사후분포가 계산될 것이다.

예를 들어 아무리 사전에 동전이 편향되었다고 믿었더라도 동전을 2,000번 던져서 앞면이 1,000번 나왔다면 생각을 바꿀 수밖에 없다(물론 사전분포를 Beta(1000000,1)로 설정하는 정신 나간 사람이라면 다르겠지만).

신기한 것은 이러한 과정을 통해 가설에 대해 확률적으로 말할 수 있다는 점이다. 예를 들어 "관측된 데이터와 사전분포를 고려해 볼 때, 동전의 앞면이 나올 확률이 49%~51%일 경우는 5%밖에 되지 않는다"라고 말할 수 있다. "동전이 공평하다면 이렇게 편향된 데이터를 관측할 경우는 5%밖에 되지 않는다"라는 말과 비교하면 굉장히 다른 관점의 이야기이다.

베이즈 추론으로 가설검정을 하는 것은 논란의 여지가 있다. 수학적으로 복잡해지고, 사전분포를 선택하는 것이 주관적이기 때문이다. 앞으로 이 책에서는 베이즈 추론을 다루지 않겠지만, 기억해 두는 것은 나쁘지 않을 것이다.

7.8 더 공부해 보고 싶다면

- 이번 장에서는 통계적 추론에 관해 알아야 하는 것의 아주 일부만 다루었다. 더 자세히 공부해 보고 싶다면 5장 뒤에서 추천한 책들을 읽어 보자.
- 코세라(Coursera)의 "Data Analysis and Statistical Inference"[7] 강의 또한 통계적 추론에 대해 자세히 다루고 있다.

---

[7] *https://www.coursera.org/course/statistics*

8장

경사 하강법

자신의 가문(descent)[1]을 뽐내는 사람들은,
다른 사람들에게 진 빚을 자랑하는 것이다.
- 세네카(Seneca)

데이터 과학을 하다 보면 특정 상황에 가장 적합한 모델을 찾아야 할 때가 많다.
여기서 '가장 적합한(best)'이라 함은 대부분 '모델의 오류(error)를 최소화하는'
또는 '가능도(likelihood)[2]를 최대화하는' 것을 의미한다. 즉, 어떤 최적화 문제에
관한 답을 내리는 것이다.

이 말은 즉, 앞으로 여러 최적화 문제를 풀어야 한다는 것을 의미한다. 문제를
풀기 위해 **경사 하강법**(gradient descent)이라 부르는 방법을 사용할 텐데, 이
방법은 밑바닥에서부터 구현하기도 용이하다. 엄청나게 흥미롭지 않아도 책에
서 다룰 다른 흥미로운 일들을 할 때 도움이 될 것이므로, 조금만 참고 같이 가
보자.

8.1 경사 하강법에 숨은 의미

실수 벡터를 입력하면 실수 하나를 출력해 주는 함수 f가 있다고 해보자. 예를
들어 이런 함수가 있을 수 있다.

1　(옮긴이) descent에는 '하강하다', '내려오다'라는 뜻 외에도 '가문', '혈통'이라는 뜻도 있다. 혈통도 전해 '내려
　오는' 것이라고 생각하면 이 말이 어떤 의미인지 알기 쉽다.
2　(옮긴이) likelihood는 흔히 '우도' 또는 '공산'으로 번역되곤 하는데, 원어에 포함된 다양한 의미를 충분히 전
　달하지 못할 뿐더러 어려운 번역이라고 판단하여 이 책에서는 '가능도'로 바꾸어 표기한다.

```
from scratch.linear_algebra import Vector, dot

def sum_of_squares(v: Vector) -> float:
    """v에 속해 있는 항목들의 제곱합을 계산한다."""
    return dot(v, v)
```

우리는 이런 류의 함수를 종종 최대화(또는 최소화)해야 한다. 즉, 함수 f를 최대화시키는 입력값 v를 찾아야 한다.

그래디언트(gradient, 경사, 기울기)(미적분을 기억한다면 이것은 편미분 벡터임을 알 수 있다)는 함수가 가장 빠르게 증가할 수 있는 방향을 나타낸다. (미적분이 기억나지 않는다면 이 말을 그대로 믿고, 못 믿겠으면 인터넷에서 찾아보자.)

따라서 함수의 최댓값을 구하는 방법 중 하나는 임의의 시작점을 잡은 후, 그래디언트를 계산하고, 그래디언트의 방향(즉 함수의 출력값이 가장 많이 증가하는 방향)으로 조금 이동하는 과정을 여러 번 반복하는 것이다. 마찬가지로 함수의 최솟값은 그림 8-1과 같이 반대 방향으로 이동함으로써 구할 수 있다.

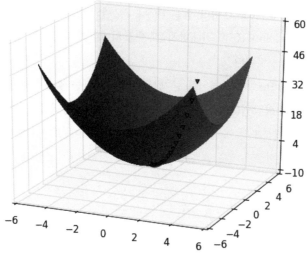

그림 8-1 경사 하강법으로 최솟값 찾기

☑ 이 방법은 함수에 하나의 전역 최솟값(global minimun)이 존재하는 경우에 꽤 쓸만하다. 하지만 함수에 지역 최솟값(local minimum)이 여러 개 있는 경우에는 시작점을 어디로 잡느냐에 따라 잘못된 곳으로 빠질 수 있다. 그런 경우에는 기존의 점과 다른 다양한 시작점에서 경사 하강법을 사용해 볼 수 있다. 만일 함수에 최솟값이 존재하지 않는다면 이 과정은 영원히 끝나지 않을 수도 있다.

8.2 그래디언트 계산하기

f가 단변수 함수인 경우, 점 x에서의 미분값은 x가 아주 조금 변했을 때 f(x)의 변화량을 의미한다. x의 변화량을 다음 식에서는 h로 표기했으며, 아주 조금 변한다는 것을 반영하기 위해 h를 0에 점근하게 했다. 이때 미분값은 함수 변화율 (difference quotient)의 극한값이다.

```python
from typing import Callable
def difference_quotient(f: Callable[[float], float],
                        x: float,
                        h: float) -> float:
    return (f(x + h) - f(x)) / h
```

(극한값의 자세한 수학적 정의 때문에 미적분 수업을 수강하려다 포기한 학생들이 많다. 이 책에서는 독자들이 대략적으로 알고 있는 그 정의라고 생각하고 간단히 진행하겠다.)

미분값은 점 $(x, f(x))$에서 함수와 접하는 선의 기울기를 의미한다. 위에서 나타낸 두 값의 차이($f(x+h)-f(x)/h$)는 점 $(x+h, f(x+h))$를 통과하지만 함수와 완벽하게는 접하지 않는 선의 기울기를 나타낸다. h의 값이 점점 작아질수록, 완벽히 접하지 않았던 선이 점점 함수와 접하게 된다(그림 8-2).

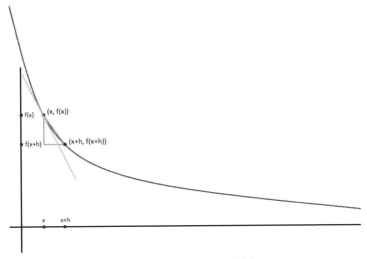

그림 8-2 변화율로 미분값 근사하기

대개 도함수(derivative)를 구하는 것은 어렵지 않다. 가령 다음의 **square** 함수는

```
def square(x: float) -> float:
    return x * x
```

이러한 도함수를 갖는다.

```
def derivative(x: float) -> float:
    return 2 * x
```

과연 이게 진짜 도함수가 맞는지 의심이 된다면 직접 함수의 변화율을 구하고 극한값을 취해볼 수도 있다. (고등학교 수학 정도면 쉽게 구할 수 있다.)

하지만 도함수를 구할 수 없다면(혹은 구하고 싶지 않다면) 어떻게 해야 할까? 파이썬으로는 극한값을 구할 수 없지만, 아주 작은 e 값을 대입해 미분값을 어림 잡을 수 있다. 그림 8-3은 그렇게 구한 근삿값을 보여 준다.

```
xs = range(-10, 11)
actuals = [derivative(x) for x in xs]
estimates = [difference_quotient(square, x, h=0.001) for x in xs]

# 두 계산식의 결괏값이 거의 비슷함을 보여 주기 위한 그래프
import matplotlib.pyplot as plt
plt.title("Actual Derivatives vs. Estimates")
plt.plot(xs, actuals, 'rx', label='Actual')         # 빨간색 x
plt.plot(xs, estimates, 'b+', label='Estimate')     # 파란색 +
plt.legend(loc=9)
plt.show()
```

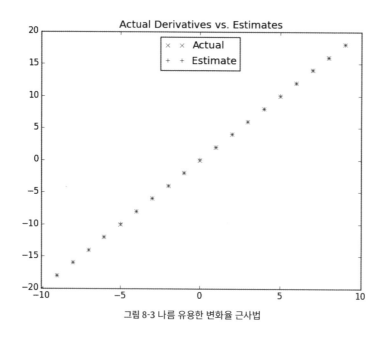

그림 8-3 나름 유용한 변화율 근사법

만약 f가 다변수 함수라면 여러 개의 입력 변수 중 하나에 작은 변화가 있을 때 f(x)의 변화량을 알려주는 **편도함수**(partial derivative) 역시 여러 개 존재한다.

i번째 편도함수는 i번째 변수를 제외한 다른 모든 입력 변수를 고정시켜서 계산할 수 있다.

```python
def partial_difference_quotient(f: Callable[[Vector], float],
                                v: Vector,
                                i: int,
                                h: float) -> float:
    """함수 f의 i번째 편도함수가 v에서 가지는 값"""
    w = [v_j + (h if j == i else 0)    # h를 v의 i번째 변수에만 더해 주자.
         for j, v_j in enumerate(v)]

    return (f(w) - f(v)) / h
```

그 다음에는, 일반적인 도함수와 같은 방법으로 그래디언트의 근사값을 구할 수 있다.

```python
def estimate_gradient(f: Callable[[Vector], float],
                      v: Vector,
                      h: float = 0.0001):
    return [partial_difference_quotient(f, v, i, h)
            for i in range(len(v))]
```

> ✔️ 함수 두 값의 차이를 사용해서 근사하는 방식의 가장 큰 단점은 계산 비용이 크다는 것이다. v의 길이가 n이면 estimate_gradient 함수는 f를 2n번 계산해야 한다. 따라서 그래디언트를 빈번하게 계산하는 경우, 불필요한 계산도 많이 하게 된다. 앞으로는 그래디언트 함수는 수학적으로 계산하여 사용할 것이다.

8.3 그래디언트 적용하기

함수 sum_of_squares는 v가 0 벡터일 때 가장 작은 값을 가진다. 만약 이 사실을 모른다고 가정하고, 경사 하강법을 이용해서 3차원 벡터의 최솟값을 구해 보자. 임의의 시작점을 잡고, 그래디언트가 아주 작아질 때까지 경사의 반대 방향으로 조금씩 이동하면 된다.

```python
import random
from scratch.linear_algebra import distance, add, scalar_multiply

def gradient_step(v: Vector, gradient: Vector, step_size: float) -> Vector:
```

```
        """v에서 step_size만큼 이동하기"""
        assert len(v) == len(gradient)
        step = scalar_multiply(step_size, gradient)
        return add(v, step)

def sum_of_squares_gradient(v: Vector) -> Vector:
        return [2 * v_i for v_i in v]


# 임의의 시작점을 선택
v = [random.uniform(-10, 10) for i in range(3)]

for epoch in range(1000):
        grad = sum_of_squares_gradient(v)      # v의 그래디언트 계산
        v = gradient_step(v, grad, -0.01)      # 그래디언트의 음수만큼 이동
        print(epoch, v)

assert distance(v, [0, 0, 0]) < 0.001     # v는 0에 수렴해야 한다.
```

이 코드를 실행하면 v 값이 매번 [0,0,0]에 아주 가깝게 수렴하는 것을 볼 수 있다. 코드를 더 오랫동안 반복하면 할수록 더 가까이 수렴한다.

8.4 적절한 이동 거리 정하기

경사를 따라 이동한다는 논리는 명백하지만 이동 거리(step size), 즉 얼마만큼 이동해야 하는지 정하는 것은 그렇지 않다. 실제로 이동 거리를 정하는 것은 과학보다는 기술(art)에 가깝다. 몇 가지 일반적인 옵션은 다음과 같다.

- 이동 거리를 고정
- 시간에 따라 이동 거리를 점차 줄임
- 이동할 때마다 목적 함수를 최소화하는 이동 거리로 정함

세 번째가 가장 좋아 보일 수 있는데, 이는 계산 비용이 너무 크다. 앞으로 우리는 간편하게 고정된 이동 거리를 쓰도록 하자. 문제에 따라 적당한 이동 거리의 기준은 다르다. 만약 이동 거리가 너무 짧다면 경사 하강법을 수행하는 데 너무 오래 걸릴 것이다. 반대로, 이동 거리가 너무 길다면 최적화하려는 함수가 너무 커지거나 더 이상 유효하지 않을 수 있다. 적절한 이동 거리를 찾기 위해서는 여러 값으로 실험을 해봐야 한다.

8.5 경사 하강법으로 모델 학습

앞으로 이 책에서는 경사 하강법으로 데이터에 적합한 모델의 파라미터를 구할 것이다. 대부분의 경우, 데이터셋과 (미분 가능한) 하나 이상의 파라미터로 구성된 모델이 주어질 것이다. 또한, 손실 함수(loss function)를 통해 모델이 얼마나 주어진 데이터에 적합한지 계산할 것이다. (손실 함수의 값이 작을수록 더 좋다.)

주어진 데이터가 더 이상 변하지 않는다고 가정하면, 손실 함수는 모델의 파라미터가 얼마나 좋고 나쁜지 알려준다. 즉, 경사 하강법으로 손실을 최소화하는 모델의 파라미터를 구할 수 있다는 것이다. 간단한 예시를 살펴보자.

```
# x는 -50~49 사이의 값이며, y는 항상 20 * x + 5
inputs = [(x, 20 * x + 5) for x in range(-50, 50)]
```

이 경우에는 x와 y가 선형 관계라는 것을 이미 알고 있지만 데이터를 통해서 이 관계를 학습시켜보자. 경사 하강법으로 평균제곱오차를 최소화해주는 경사와 절편을 구해보자.

먼저 한 개의 데이터 포인트에서 오차의 그래디언트를 계산해 주는 함수를 만들어보자.

```
def linear_gradient(x: float, y: float, theta: Vector) -> Vector:
    slope, intercept = theta
    predicted = slope * x + intercept      # 모델의 예측값
    error = (predicted - y)                # 오차는 (예측값 – 실제값)
    squared_error = error ** 2             # 오차의 제곱을 최소화하자.
    grad = [2 * error * x, 2 * error]      # 그래디언트를 사용한다.
    return grad
```

그래디언트의 의미를 한번 생각해 보자. 특정 x의 예측값이 너무 크다면 오차는 양수일 것이다. 이는 2 * error 또한 양수라는 것을 의미하며, 절편이 조금이라도 커지면 (이미 너무 큰) 예측값과 (특정 x에 대한) 오차의 제곱을 더욱 크게 만든다는 것을 의미한다.

첫 번째 그래디언트인 2 * error * x는 x와 동일한 기호를 갖는다. 만약 x가 양수라면 경사가 조금이라도 커지면 예측값과 오차 또한 증가할 것이다. x가 음수라면 경사가 조금이라도 커지면 예측값과 오차는 감소할 것이다.

지금까지는 하나의 데이터 포인트에서 제곱오차를 계산했다. 이제는 전체 데이터셋에서 **평균제곱오차**(mean squared error)를 계산해 보자. 평균제곱오차

의 그래디언트는 각 데이터 포인트에서 계산된 그래디언트의 평균이다.

다음과 같이 경사 하강법을 적용해 보자.

1. 임의의 theta로 시작
2. 모든 그래디언트의 평균을 계산
3. theta를 2번에서 계산된 값으로 변경
4. 반복

전체 데이터셋을 한 번 훑어본다는 의미의 에폭(epoch)을 여러 번 수행하면 올바른 경사와 절편이 학습되었을 것이다.

```
from scratch.linear_algebra import vector_mean

# 임의의 경사와 절편으로 시작
theta = [random.uniform(-1, 1), random.uniform(-1, 1)]

learning_rate = 0.001

for epoch in range(5000):
    # 모든 그래디언트의 평균을 계산
    grad = vector_mean([linear_gradient(x, y, theta) for x, y in inputs])
    # 그래디언트만큼 이동
    theta = gradient_step(theta, grad, -learning_rate)
    print(epoch, theta)

slope, intercept = theta
assert 19.9 < slope < 20.1,    "slope should be about 20"
assert 4.9 < intercept < 5.1, "intercept should be about 5"
```

8.6 미니배치와 SGD(Stochastic Gradient Descent)

앞서 살펴본 경사 하강법의 단점은 데이터셋 전체의 그래디언트를 모두 구해야 이동 거리만큼 파라미터를 업데이트할 수 있다는 점이다. 앞의 예시처럼 100개 데이터 포인트의 그래디언트 계산은 오래 걸리지 않는다.

하지만 큰 데이터셋으로 모델을 학습하는 경우, 그래디언트 계산은 굉장히 오래 걸릴 것이다. 이럴 때는 더 자주 그래디언트만큼 이동하는 방법을 사용하면 된다.

미니배치 경사 하강법(minibatch gradient descent)에서는 전체 데이터셋의 샘플인 미니배치에서 그래디언트를 계산한다.

```python
from typing import TypeVar, List, Iterator

T = TypeVar('T')  # 변수의 타입과 무관한 함수를 생성

def minibatches(dataset: List[T],
                batch_size: int,
                shuffle: bool = True) -> Iterator[List[T]]:
    """dataset에서 batch_size만큼 데이터 포인트를 샘플링해서 미니배치를 생성"""
    # 각 미니배치의 시작점인 0, batch_size, 2 * batch_size, ...을 나열
    batch_starts = [start for start in range(0, len(dataset), batch_size)]

    if shuffle: random.shuffle(batch_starts)  # 미니배치의 순서를 섞는다.

    for start in batch_starts:
        end = start + batch_size
        yield dataset[start:end]
```

 TypeVar(T)로 '포괄적인(generic)' 함수를 만들 수 있다. 이를 통해 dataset이 str이나 int, 혹은 list로 구성되어 있어도 타입에 무관하게 미니배치를 생성할 수 있게 해준다.

앞서 살펴본 예시를 미니배치로 다시 풀어보자.

```python
theta = [random.uniform(-1, 1), random.uniform(-1, 1)]

for epoch in range(1000):
    for batch in minibatches(inputs, batch_size=20):
        grad = vector_mean([linear_gradient(x, y, theta) for x, y in batch])
        theta = gradient_step(theta, grad, -learning_rate)
    print(epoch, theta)

slope, intercept = theta
assert 19.9 < slope < 20.1,   "slope should be about 20"
assert 4.9 < intercept < 5.1, "intercept should be about 5"
```

SGD(stochastic gradient descent)의 경우에는 각 에폭마다 단 하나의 데이터 포인트에서 그래디언트를 계산한다.

```python
theta = [random.uniform(-1, 1), random.uniform(-1, 1)]

for epoch in range(100):
    for x, y in inputs:
        grad = linear_gradient(x, y, theta)
        theta = gradient_step(theta, grad, -learning_rate)
    print(epoch, theta)

slope, intercept = theta
```

```
assert 19.9 < slope < 20.1,    "slope should be about 20"
assert 4.9 < intercept < 5.1, "intercept should be about 5"
```

이 예시에서는 SGD가 훨씬 적은 에폭 안에서 최적의 파라미터를 찾아낸다. 하지만 미니배치 경사 하강법과 SGD는 각각의 장단점이 있다. 미니배치 경사 하강법은 더 오래 걸리겠지만, SGD의 경우 특정 데이터 포인트의 그래디언트와 데이터셋 전체의 그래디언트의 방향이 서로 상반될 수도 있는 단점이 있다.

만약 그래디언트를 계산해 주는 함수를 직접 만들어서 사용하지 않을 것이라면 배치를 벡터화해서 그래디언트를 계산하는 것이 에폭별로 각 데이터 포인트의 그래디언트를 하는 것보다 빠를 것이다.

앞으로 이 책에서는 다양한 방법으로 최적의 배치 크기와 이동 거리를 찾아볼 것이다.

 다양한 경사 하강법 관련 용어들은 아직 정립되지 않았다. 데이터셋 전체에서 매번 그래디언트를 계산하는 방식을 **배치 경사 하강법**(batch gradient descent)이라고 하거나 미니배치 경사 하강법을 SGD라고 표현하는 사람들 또한 종종 있다.

8.7 더 공부해 보고 싶다면

- 계속 읽어 나가자! 이 책에서 문제를 풀면서 경사 하강법을 꾸준하게 사용할 것이다.

- 이쯤이면 책을 읽으라고 하는 말이 좀 지겹게 느껴질 수도 있겠다. 위로가 될지는 모르겠지만, *Active Calculus*[3]는 내가 접한 다른 일반적인 미적분학 책들보다 친절한 편이다.

- 다양한 경사 하강법 방법을 비교해놓은 Sebastian Ruder의 블로그[4] 또한 매우 추천한다.

---

3 *https://scholarworks.gvsu.edu/books/10/*
4 *http://ruder.io/optimizing-gradient-descent/index.html*

9장

파이썬으로 데이터 수집하기

> 원고를 작성하는 데 세 달이 걸렸고, 구상하는 데 3분이 걸렸다.
> 하지만 데이터를 수집하는 데는 평생이 걸렸다.
> - F. 스캇 피츠제럴드 (F. Scott Fitzgerald)

데이터 과학자가 되기 위해서는 데이터가 필요하다. 그러다 보니 부끄럽게도 우리는 데이터 과학자로서 보내는 시간 중 상당 부분을 데이터를 수집하고, 전처리하고, 변환하는 데 보내게 된다. 불가피한 상황에서는 데이터를 직접 타이핑할 수도 있겠지만(아랫것(minion)들이 있다면 그들을 시켜도 된다), 그건 우리의 시간을 효과적으로 사용하는 방법이 아니다. 이 장에서는 다양한 방식을 통해 데이터를 수집하고, 올바른 포맷으로 파이썬에 전달하는 방법을 배워 보자.

9.1 stdin과 stdout

만약 커맨드라인으로 파이썬 코드를 실행시킨다면 sys.stdin과 sys.stdout으로 데이터를 파이핑(piping)할 수 있다. 예를 들어 문서를 읽고 주어진 정규표현식(regex)과 매칭되는 줄을 출력해 주는 코드가 있다고 해보자.

```
# egrep.py
import sys, re

# sys.argv는 커맨드라인에서 사용할 수 있는 모든 인자에 대한 리스트다.
# sys.argv[0]는 프로그램의 이름을 나타낸다.
# sys.argv[1]는 커맨드라인에서 주어지는 정규표현식이다.
regex = sys.argv[1]

# 문서의 모든 줄에 대해
```

```
for line in sys.stdin:
    # regex에 매칭된다면 stdout으로 출력한다.
    if re.search(regex, line):
        sys.stdout.write(line)
```

그리고 줄의 개수를 세고 출력해 주는 코드를 작성해 보자.

```
# line_count.py
import sys

count = 0
for line in sys.stdin:
    count += 1

# 출력값은 sys.stdout으로 보낸다.
print(count)
```

이제 이 코드들을 사용해서 파일에 숫자가 포함된 줄이 몇 개나 있는지 확인할 수 있다. 윈도우에서는 코드를 다음과 같이 사용할 수 있고,

```
type SomeFile.txt | python egrep.py "[0-9]" | python line_count.py
```

유닉스에서는 다음과 같이 사용할 수 있다.

```
cat SomeFile.txt | python egrep.py "[0-9]" | python line_count.py
```

'|'는 파이프 기호이며 '왼쪽의 출력을 오른편의 입력으로 사용하라'는 의미다. 파이프 기호를 사용하면 데이터를 처리해 주는 정교한 파이프라인을 만들 수 있다.

 윈도우를 사용하고 있다면 커맨드에서 다음과 같이 python 부분을 제거해서 사용해야 할 수도 있다.

```
type SomeFile.txt | egrep.py "[0-9]" | line_count.py
```

만약 유닉스 계열의 커맨드에서 python 부분을 제거하려면 조금 더 처리해야 하는 부분[1]이 있다. 우선 'shebang'이라 부르는 다음의 문구인 #!/usr/bin/env python을 첫 줄에 추가한다. 그리고 커맨드라인에서 chmod x egrep.py++를 입력하여 파일이 실행 가능하도록 수정한다.

---

[1] http://stackoverflow.com/questions/15587877/run-a-python-script-in-terminal-without-the-python-command

이번에는 입력되는 문서의 단어를 모두 세어 보고 가장 자주 나오는 단어를 출력해 주는 코드를 작성해 보자.

```python
# most_common_words.py
import sys
from collections import Counter

# 출력하고 싶은 단어의 수를 첫 번째 인자로 입력
try:
    num_words = int(sys.argv[1])
except:
    print("usage: most_common_words.py num_words")
    sys.exit(1)    # exit 코드 뒤에 0 외의 숫자가 들어오면 에러를 의미

counter = Counter(word.lower()                       # 소문자로 변환
                  for line in sys.stdin
                  for word in line.strip().split()   # 띄어쓰기 기준으로 나누기
                  if word)                            # 비어 있는 word는 무시

for word, count in counter.most_common(num_words):
    sys.stdout.write(str(count))
    sys.stdout.write("\t")
    sys.stdout.write(word)
    sys.stdout.write("\n")
```

이제 다음과 같이 코드를 사용할 수 있다.

```
$ cat the_bible.txt | python most_common_words.py 10
36397 the
30031 and
20163 of
7154  to
6484  in
5856  that
5421  he
5226  his
5060  unto
4297  shall
```

(만약 윈도우를 사용하고 있다면 cat 대신 type을 사용하기 바란다.)

 유닉스 프로그래머라면 운영체제에서 기본적으로 제공하고, 직접 만드는 것보다 더 간편한 다양한 커맨드라인 도구(예를 들어 egrep)에 대해 잘 알고 있을 것이다. 하지만 필요하다면 커맨드라인 도구를 직접 만들 수도 있다는 점을 기억하자.

9.2 파일 읽기

파일은 코드에서 바로 읽고 쓸 수 있다. 파이썬을 사용하면 손쉽게 파일에 작업을 할 수 있다.

9.2.1 텍스트 파일의 기본

텍스트 파일을 작업하기 위해서는 가장 먼저 open으로 파일 객체를 불러와야 한다.

```
# 'r'는 read-only(읽기 전용)를 의미한다. 비워 둔다면 읽기 전용으로 가정한다.
file_for_reading = open('reading_file.txt', 'r')
file_for_reading2 = open('reading_file.txt')

# 'w'는 write(쓰기)를 의미한다(해당 파일이 이미 존재한다면 기존 파일을 제거한다).
file_for_writing = open('writing_file.txt', 'w')

# 'a'는 append(덧붙이기)를 의미한다(파일의 맨 끝에 덧붙인다).
file_for_appending = open('appending_file.txt', 'a')

# 작업이 끝났다면 파일을 닫는 것을 잊지 말자.
file_for_writing.close()
```

파일을 닫는 것을 잊기 쉽기 때문에, 항상 작업이 끝나면 파일을 저절로 닫아주는 with 안에서 파일 객체를 불러오자.

```
with open(filename) as f:
    data = function_that_gets_data_from(f)

# 이 시점부터는 f가 이미 종료되었기 때문에 f를 다시 사용하지 말자.
process(data)
```

만약 텍스트 파일 전체가 필요하다면 for를 사용해서 파일의 모든 줄을 반복해서 불러올 수 있다.

```
starts_with_hash = 0

with open('input.txt') as f:
    for line in f:                  # 파일의 각 줄을 살펴본다.
        if re.match("^#",line):     # regex를 사용해서 줄이 '#'로 시작하는지 확인
            starts_with_hash += 1   # '#'로 시작한다면 1을 추가
```

이렇게 해서 얻은 줄들은 항상 새로운 줄의 시작을 의미하는 개행 문자로 끝나기 때문에 가장 먼저 strip을 사용해서 개행 문자를 제거해야 한다.

예를 들어 각 줄마다 이메일 주소 하나가 적혀 있는 파일을 사용해서 메일 도메인에 대한 히스토그램을 그려야 한다고 해보자. 도메인 이름은 꽤 정교한 규칙을 따르지만(Public Suffix List[2] 참고), @ 뒤에 오는 부분을 도메인으로 보는 것은 꽤 괜찮은 결과를 준다. (하지만 *joel@mail.datasciencester.com* 같은 주소의 경우 도메인 이름을 제대로 찾을 수 없다.)

```python
def get_domain(email_address: str) -> str:
    """'@' 기준으로 주소를 자르고 마지막 부분을 반환"""
    return email_address.lower().split("@")[-1]

# 몇 가지 테스트
assert get_domain('joelgrus@gmail.com') == 'gmail.com'
assert get_domain('joel@m.datasciencester.com') == 'm.datasciencester.com'

from collections import Counter

with open('email_addresses.txt', 'r') as f:
    domain_counts = Counter(get_domain(line.strip())
                            for line in f
                            if "@" in line)
```

9.2.2 구분자가 있는 파일

이전 예시에서는 가 줄에 하나익 이메일 주소만 있었다. 하지만 대부분의 경우 한 줄에 많은 데이터가 들어 있는 파일을 사용하게 될 것이다. 그리고 이러한 파일들은 보통 쉼표나 탭으로 분리되어 있을 것이다. 각 줄에 들어 있는 여러 데이터 필드(field)는 쉼표(혹은 탭)로 각 데이터의 시작과 끝이 구분되어 있다.

하지만 쉼표, 탭, 개행 문자가 데이터 필드 자체에 포함되어 있으면 데이터 필드를 분리하는 문제는 복잡해지기 시작한다. 그렇기 때문에 직접 데이터 필드를 분리하는 것보다 파이썬에서 제공하는 csv 모듈이나 pandas 라이브러리를 사용하는 것을 추천한다.

> ❗ 쉼표로 구분된 파일을 직접 파싱하지 말라. 예외 케이스에서는 망칠 것이다!

만약 파일에 헤더가 없다면(즉, 분석가가 각 열의 이름을 기억하고 있을 것이라면) csv.reader로 각 행을 리스트로 바꿀 수 있다.

예를 들어 탭으로 분리된 주가 파일이 주어졌다면

---

2 *https://publicsuffix.org/*

```
6/20/2014    AAPL    90.91
6/20/2014    MSFT    41.68
6/20/2014    FB  64.5
6/19/2014    AAPL    91.86
6/19/2014    MSFT    41.51
6/19/2014    FB  64.34
```

다음과 같이 처리할 수 있다.

```python
import csv

with open('tab_delimited_stock_prices.txt') as f:
    tab_reader = csv.reader(f, delimiter='\t')
    for row in tab_reader:
        date = row[0]
        symbol = row[1]
        closing_price = float(row[2])
        process(date, symbol, closing_price)
```

만약 파일에 다음과 같이 헤더가 포함되어 있다면

```
date:symbol:closing_price
6/20/2014:AAPL:90.91
6/20/2014:MSFT:41.68
6/20/2014:FB:64.5
```

첫 줄에서 reader.next를 사용해서 헤더 행을 건너뛰거나 csv.DictReader를 통해 헤더를 key로 사용하는 딕셔너리로 저장할 수 있다.

```python
with open('colon_delimited_stock_prices.txt') as f:
    colon_reader = csv.DictReader(f, delimiter=':')
    for dict_row in colon_reader:
        date = dict_row["date"]
        symbol = dict_row["symbol"]
        closing_price = float(dict_row["closing_price"])
        process(date, symbol, closing_price)
```

파일에 헤더가 없더라도 fieldnames 파라미터로 key를 설정해서 DictReader를 사용할 수 있다.

또한 csv.writer를 사용해서 구분자가 있는 파일을 생성할 수도 있다.

```python
todays_prices = {'AAPL': 90.91, 'MSFT': 41.68, 'FB': 64.5 }

with open('comma_delimited_stock_prices.txt', 'w') as f:
    csv_writer = csv.writer(f, delimiter=',')
```

```
    for stock, price in todays_prices.items():
        csv_writer.writerow([stock, price])
```

데이터 필드 자체에 쉼표가 포함되어 있더라도 csv.writer는 올바른 방식으로 처리해 줄 것이다. 하지만 구분자가 있는 파일을 생성해 주는 코드를 직접 만들어 사용한다면 문제가 발생할 수도 있다. 예를 들어 다음과 같은 코드를 만들었다면

```
results = [["test1", "success", "Monday"],
           ["test2", "success, kind of", "Tuesday"],
           ["test3", "failure, kind of", "Wednesday"],
           ["test4", "failure, utter", "Thursday"]]
```

```
# 이렇게 하면 안 된다.
with open('bad_csv.txt', 'w') as f:
    for row in results:
        f.write(",".join(map(str, row)))  # 필드 안에 쉼표가 있을 수도 있다!
        f.write("\n")                     # 필드 안에 새로운 줄이 있을 수도 있다!
```

결과는 아무도 알아볼 수 없는 .csv 파일이 만들어질 것이다.

```
test1,success,Monday
test2,success, kind of,Tuesday
test3,failure, kind of,Wednesday
test4,failure, utter,Thursday
```

9.3 웹 스크래핑

웹 스크래핑(웹페이지에서 데이터를 긁어오는 것)을 통해서도 데이터를 얻을 수 있다. 웹페이지를 갖고 오는 것은 놀랍게도 상당히 쉬운 작업이다. 하지만 의미 있고 구조화된 정보를 갖고 오는 것은 그렇게 쉬운 일이 아니다.

9.3.1 HTML과 파싱

웹페이지는 HTML로 작성되었고 HTML의 내용은 (이상적인 경우) 요소(element) 와 속성(attribute)으로 구성되어 있다.

```
<html>
  <head>
    <title>A web page</title>
  </head>
  <body>
    <p id="author">Joel Grus</p>
```

```
    <p id="subject">Data Science</p>
  </body>
</html>
```

모든 웹페이지의 HTML 형태가 쉽게 긁어 올 수 있게 구성됐다면 'id가 subject 인 <p> 요소에 포함되어 있는 텍스트를 찾아줘' 같은 규칙으로 필요한 정보를 추출할 수 있을 것이다. 하지만 실제로는 제대로 된 형태를 갖추거나 주석이 달린 HTML을 찾기 힘들기 때문에 HTML을 이해하는 데 도움을 줄 수 있는 도구가 필요하다.

HTML에서 데이터를 추출하기 위해 웹페이지의 HTML 요소를 나무(tree) 구조로 저장해서 쉽게 접근하게 해주는 Beautiful Soup 라이브러리[3]를 사용할 것이며, 사용 버전은 Beautiful Soup 4.6.0이다.[4] 그리고 기본 라이브러리보다 훨씬 더 효과적으로 HTTP 요청을 할 수 있는 Requests 라이브러리[5]를 설치하자.

파이썬에 기본적으로 탑재된 HTML 파서(parser)는 완벽한 HTML 구조가 아니면 제대로 작동하지 않기 때문에 html5lib 파서를 설치해서 사용할 것이다.

올바른 가상 환경을 선택했는지 확인하고 라이브러리를 설치하자.

```
python -m pip install beautifulsoup4 requests html5lib
```

Beautiful Soup 라이브러리를 사용하기 위해서는 BeautifulSoup 함수에 HTML을 전달해 줘야 한다. 예를 들어 다음과 같이 requests.get의 결괏값을 전달해 줄 수 있다.

```
from bs4 import BeautifulSoup
import requests

# 사용할 HTML을 깃허브에 올려두었다.
# URL을 책의 폭에 맞추기 위해 두 개의 라인으로 나누었다.
# 공백으로 분리된 문자열은 하나로 연결된다는 것을 기억하라.
url = ("https://raw.githubusercontent.com/"
       "joelgrus/data/master/getting-data.html")
html = requests.get(url).text
soup = BeautifulSoup(html, 'html5lib')
```

그리고 매우 간단한 함수로 다양한 작업을 할 수 있다.

HTML의 구조를 나타내는 태그(tag)에 해당되는 Tag 객체를 주로 사용할 것이다.

---

3   *http://www.crummy.com/software/BeautifulSoup/*
4   (옮긴이) 2020년 2월 기준으로 Beautiful Soup 4.8.2까지 나온 상태다.
5   *http://docs.python-requests.org/en/latest/*

예를 들어 첫 번째 <p> 태그와 해당 태그 속에 포함된 정보를 찾고 싶다면 다음과 같은 코드를 사용할 수 있다.

```
first_paragraph = soup.find('p')          # 혹은 soup.p
```

그리고 text 속성을 이용하면 Tag의 텍스트 내용을 추출할 수 있다.

```
first_paragraph_text = soup.p.text
first_paragraph_words = soup.p.text.split()
```

또한 태그를 딕셔너리인 것처럼 사용함으로써 태그의 속성을 추출할 수 있다.

```
first_paragraph_id = soup.p['id']         # id가 존재하지 않으면 KeyError 발생
first_paragraph_id2 = soup.p.get('id')    # id가 없다면 None을 반환
```

여러 태그를 한 번에 불러올 수도 있다.

```
all_paragraphs = soup.find_all('p')  # 혹은 just soup('p')
paragraphs_with_ids = [p for p in soup('p') if p.get('id')]
```

그리고 특정 class의 태그가 필요한 경우도 자주 있을 것이다.

```
important_paragraphs = soup('p', {'class' : 'important'})
important_paragraphs2 = soup('p', 'important')
important_paragraphs3 = [p for p in soup('p')
                         if 'important' in p.get('class', [])]
```

이러한 함수를 결합하여 더욱 정교한 논리를 만들어 낼 수 있다. 예를 들어 다음과 같은 코드로 <span> 요소 안에 포함된 모든 <div> 요소를 찾을 수 있다.

```
# 주의: 만약 여러 <div> 안에 똑같은 <span>이 존재한다면
# 동일한 <span>을 중복으로 반환
# 이런 경우 더욱 정교한 논리가 필요
spans_inside_divs = [span
                    for div in soup('div')      # 모든 <div>에
                    for span in div('span')]    # 포함된 <span>을 탐색
```

이렇게 몇 안 되는 방법으로 많은 것을 할 수 있다. 만약 더욱 복잡한 작업을 한다면(혹은 궁금하다면) 라이브러리 문서[6]를 참고하자.

물론 아무리 중요한 데이터라도 우리를 위해 친절히 class="important"라고

---

6   *https://www.crummy.com/software/BeautifulSoup/bs4/doc/*

정의해 주지는 않을 것이다. 필요한 데이터를 갖고 오기 위해 주어진 HTML을 꼼꼼히 살펴보고 예외를 고려해서 논리적인 방법을 선택하도록 하자. 예시를 살펴보자.

9.3.2 예시: 의회 감시하기

데이텀의 정책 부사장은 데이터 과학 산업에 가해질 잠재적인 규제에 대해 걱정하고 있으며, 의회가 해당 주제에 대해 어떤 논의를 하고 있는지 정량화하길 원한다. 특히 '데이터'에 대한 보도자료를 공개한 모든 의원을 알고 싶어한다.

출판 시점 기준으로 *https://www.house.gov/representatives*에서 모든 의원의 웹사이트로 연결해 주는 링크를 찾을 수 있다.

'소스 보기' 기능을 사용하면 웹사이트로 연결해 주는 모든 링크는 다음과 같은 형태를 지니고 있는 것을 확인할 수 있다.

```
<td>
  <a href="https://jayapal.house.gov">Jayapal, Pramila</a>
</td>
```

해당 페이지의 모든 URL 링크를 수집해 보는 것으로 시작하자.

```
from bs4 import BeautifulSoup
import requests

url = "https://www.house.gov/representatives"
text = requests.get(url).text
soup = BeautifulSoup(text, "html5lib")

all_urls = [a['href']
            for a in soup('a')
            if a.has_attr('href')]

print(len(all_urls))  # 965개가 나왔다. 너무 많다.
```

이렇게 하니 너무 많은 URL이 나왔다. 살펴보니 우리가 원하는 URL은 http:// 혹은 https://로 시작해서 이름 같은 것이 나오고 .house.gov 혹은 .house.gov/로 끝난다는 것을 알 수 있다.

정규표현식을 활용할 좋은 기회다.

```
import re

# http:// 혹은 https://로 시작해야 한다.
```

```
# .house.gov 혹은 .house.gov/로 끝나야 한다.
regex = r"^https?://.*\.house\.gov/?$"

# 테스트를 작성해 보자!
assert re.match(regex, "http://joel.house.gov")
assert re.match(regex, "https://joel.house.gov")
assert re.match(regex, "http://joel.house.gov/")
assert re.match(regex, "https://joel.house.gov/")
assert not re.match(regex, "joel.house.gov")
assert not re.match(regex, "http://joel.house.com")
assert not re.match(regex, "https://joel.house.gov/biography")

# 적용하기
good_urls = [url for url in all_urls if re.match(regex, url)]
print(len(good_urls))  # 여전히 862개나 나온다.
```

의원은 총 435명뿐인데 여전히 너무 많은 URL이 나온다. 해당 리스트를 살펴보면 중복이 많음을 알 수 있다. 집합을 사용해서 제거해 보자.

```
good_urls = list(set(good_urls))

print(len(good_urls))  # 431개 밖에 안 나왔다.
```

하원 의원석 중 일부는 비어 있을 수도 있고 혹은 웹사이트가 없는 의원이 있을 수도 있다. 어찌 되었든, 이정도로 충분하다. 대부분의 웹사이트는 보도자료의 링크를 포함하고 있다. 예를 들면 다음과 같다.

```
html = requests.get('https://jayapal.house.gov').text
soup = BeautifulSoup(html, 'html5lib')

# 링크가 여러 차례 등장할 수 있으므로 집합을 사용한다.
links = {a['href'] for a in soup('a') if 'press releases' in a.text.lower()}

print(links) # {'/media/press-releases'}
```

링크가 상대 경로로 구성되어 있기 때문에 원래 사이트의 주소를 기억해야 한다. 웹 스크래핑을 해보자.

```
from typing import Dict, Set

press_releases: Dict[str, Set[str]] = {}

for house_url in good_urls:
    html = requests.get(house_url).text
    soup = BeautifulSoup(html, 'html5lib')
    pr_links = {a['href'] for a in soup('a') if 'press releases'
```

```
                                      in a.text.lower()}
```

```
    print(f"{house_url}: {pr_links}")
    press_releases[house_url] = pr_links
```

 보통 이런 식으로 멋대로 사이트를 스크래핑하는 것은 무례한 행동이다. 대부분의 사이트
는 얼마나 자주 스크래핑을 해도 좋은지(그리고 어떤 경로는 스크래핑 해서는 안 되는지)를
표시하는 robots.txt 파일이 있다. 하지만 의회를 상대로 하는 일이니 딱히 예의 차릴 필
요는 없겠다.

코드에서 출력되는 결과를 살펴보면 다른 여러 주소와 더불어 /media/press-
releases나 media-center/press-releases를 많이 볼 수 있을 것이다. *https://
jayapal.house.gov/media/press-releases*는 또한 이러한 형태의 URL이다.

우리의 목표는 어떤 의원이 보도자료에서 '데이터'를 언급했는지 찾아내는 것
이었다. 보도자료 페이지가 특정 단어를 포함하고 있는지 확인해 주는, 약간은
더 일반적인 함수를 작성해 보자.

사이트에 접속하여 소스를 살펴보면 각 보도자료마다 토막글이 <p> 태그 안에
있는 것으로 보인다. 첫 시도로 이를 활용해 보자.

```
def paragraph_mentions(text: str, keyword: str) -> bool:
    """
    텍스트 안의 <p> 가 특정 {keyword}를 언급하면 True를 반환한다.
    """
    soup = BeautifulSoup(text, 'html5lib')
    paragraphs = [p.get_text() for p in soup('p')]

    return any(keyword.lower() in paragraph.lower()
               for paragraph in paragraphs)
```

이를 실험하는 테스트를 간단히 작성해 보자.

```
text = """<body><h1>Facebook</h1><p>Twitter</p>"""
assert paragraph_mentions(text, "twitter")        # <p> 안에 있는 경우
assert not paragraph_mentions(text, "facebook")   # <p> 안에 있지 않은 경우
```

드디어 우리가 원하는 의원을 찾아서 그들의 이름을 부사장에게 전달할 준비가
되었다.

```
for house_url, pr_links in press_releases.items():
    for pr_link in pr_links:
        url = f"{house_url}/{pr_link}"
```

```
text = requests.get(url).text

if paragraph_mentions(text, 'data'):
    print(f"{house_url}")
    break  # done with this house_url
```

이를 실행하면 20명의 의원을 찾을 수 있었다. 여러분의 결과는 아마 다를 것이다.

 다양한 '보도자료' 페이지를 살펴보면 대부분 여러 페이지로 구성되어 한 번에 5개 내지는 10개의 보도자료밖에 보지 못할 것이다. 즉, 우리는 각 의원별로 최근 보도자료 몇 개밖에 검색할 수 없었다는 의미다. 더 확실한 방법은 페이지를 넘기며 개별 보도자료의 전문을 받아오는 방식이었을 것이다.

9.4 API 사용하기

많은 웹사이트는 API(application programming interface)를 통해 사이트의 데이터를 구조화된 형태로 제공해 주고 있다. API를 사용하면 직접 스크래핑을 할 필요가 없어진다!

9.4.1 JSON과 XML

텍스트를 교환하기 위해 사용되는 통신 규약인 HTTP에 따라 API를 통해 요청하는 데이터는 직렬화된 문자열 형태로 유지되어 있어야 한다. 대부분의 경우, 직렬화 구조로 JSON(JavaScript Object Notation)을 사용한다. JSON은 파이썬의 딕셔너리와 비슷하다 보니 데이터를 이해하기 쉽게 표현해 준다.

```
{ "title" : "Data Science Book",
  "author" : "Joel Grus",
  "publicationYear" : 2019,
  "topics" : [ "data", "science", "data science"] }
```

파이썬의 json 모듈을 통해 JSON을 파싱할 수 있다. 모듈의 loads 함수를 사용하면 직렬화된 문자열 형태의 JSON 객체를 파이썬 객체로 분리시킬 수 있다.

```
import json
serialized = """{ "title" : "Data Science Book",
                  "author" : "Joel Grus",
                  "publicationYear" : 2019,
                  "topics" : [ "data", "science", "data science"] }"""
```

```
# JSON을 파이썬 딕셔너리로 파싱
deserialized = json.loads(serialized)
assert deserialized["publicationYear"] == 2019
assert "data science" in deserialized["topics"]
```

가끔씩 API 제공자가 여러분을 싫어해서 결과를 XML 형태로 주는 경우도 있다.

```
<Book>
  <Title>Data Science Book</Title>
  <Author>Joel Grus</Author>
  <PublicationYear>2014</PublicationYear>
  <Topics>
    <Topic>data</Topic>
    <Topic>science</Topic>
    <Topic>data science</Topic>
  </Topics>
</Book>
```

Beautiful Soup을 사용하면 HTML에서 데이터를 갖고 온 것처럼 XML에서도 데이터를 갖고 올 수 있다. 자세한 내용은 라이브러리 문서를 확인해 보자.

9.4.2 인증이 필요하지 않은 API 사용하기

대부분의 API를 사용하기 위해서는 사용자 인증을 거쳐야 한다. 물론 이러한 정책을 이해는 하지만 간단한 작업을 위해 너무 복잡한 작업을 요구한다. 그렇기 때문에 사용자 인증이 없어도 간단한 작업을 할 수 있는 깃허브 API[7]를 살펴보자.

```
import requests, json

github_user = "joelgrus"
endpoint = f"https://api.github.com/users/{github_user}/repos"

repos = json.loads(requests.get(endpoint).text)
```

여기서 repos는 딕셔너리의 리스트이며, 각 딕셔너리는 본인 계정의 공개 저장소를 의미한다. (궁금하다면 본인의 아이디를 입력해 보자. 깃허브 계정은 있으리라 믿는다.)

이를 통해 사용자가 어떤 월이나 어떤 요일에 가장 자주 저장소를 만드는지 확인해 볼 수 있다. 그 전에 처리해야 할 유일한 문제는 변환된 결과에서 날짜가

---

[7] *https://developer.github.com/v3/*

(유니코드) 문자열로 되어 있다는 점이다.

```
"created_at": "2013-07-05T02:02:28Z"
```

파이썬의 내장 함수로는 날짜를 쉽게 파싱할 수 없으니, 새로운 라이브러리를 설치해 보자.

```
python -m pip install python-dateutil
```

이 라이브러리는 dateutil.parser.parse 함수를 제외하고는 아마 쓸 일이 없을 것이다.

```python
from collections import Counter
from dateutil.parser import parse

dates = [parse(repo["created_at"]) for repo in repos]
month_counts = Counter(date.month for date in dates)
weekday_counts = Counter(date.weekday() for date in dates)
```

또한 가장 최근에 만든 저장소 5개에서 사용된 프로그래밍 언어를 다음과 같이 확인해 볼 수 있다.

```python
last_5_repositories = sorted(repos,
                             key=lambda r: r["pushed_at"],
                             reverse=True)[:5]

last_5_languages = [repo["language"]
                    for repo in last_5_repositories]
```

그러나 이렇게 API로 요청한 데이터를 직접 파싱할 일이 거의 없을 것이다. 파이썬의 장점 중 하나는 이미 누군가가 세상의 거의 모든 API에 접근할 수 있는 라이브러리를 만들어 놨다는 점이다. 잘 만들어진 라이브러리라면 골치 아픈 사용자 인증 절차 없이도 API를 손쉽게 사용할 수 있다. 하지만 그렇지 않거나 오래된 API 기반으로 만들어진 라이브러리라면 골치 아픈 일이 많을 것이다.

가끔씩 직접 API 접근용 라이브러리를 만들거나 다른 사람의 라이브러리를 디버깅할 일이 생길 수도 있기 때문에 기본적인 내용은 알고 있는 게 좋다.

9.4.3 API 찾기

특정 사이트의 데이터가 필요하다면 사이트의 developers 혹은 API라는 페이지에서 관련 내용을 찾아보거나, 인터넷에서 'python 무슨 무슨 api'라고 검색하여 필요한 라이브러리를 찾아볼 수 있다.

엘프(Yelp) API, 인스타그램(Instagram) API, 스포티파이(Spotify) API 등 다양한 API에 대한 파이썬 라이브러리가 존재한다.

Real Python on GitHub[8]에서는 파이썬 래퍼(wrapper)를 제공하는 API 목록을 확인할 수 있다.

만약 원하는 API 라이브러리를 찾을 수 없다면 최후의 보루인 스크래핑이 있다는 것을 기억하자.

9.5 예시: 트위터 API 사용하기

트위터에는 다양하게 적용해 볼 수 있는 엄청난 양의 데이터가 존재한다. 실시간 뉴스나 시사 문제에 관한 반응을 살펴보거나 특정 주제와 관련된 링크 또한 찾아볼 수 있다. 데이터에 접근만 할 수 있다면 상상할 수 있는 모든 것을 다 해 볼 수 있다. 물론 트위터 API를 사용하면 데이터에 접근할 수 있다.

트위터 API를 사용하기 위해 Twython[9] 라이브러리를 이용해 보자(`python -m pip install twython`). 파이썬으로 구현된 다른 트위터 라이브러리도 있지만 개인적으로 Twython 라이브러리의 성능이 가장 좋다고 느꼈다. 다른 라이브러리를 찾아보는 것도 추천한다!

9.5.1 인증 받기

트위터 API를 사용하기 위해서는 본인의 트위터 계정을 통해 인증을 받아야 한다. 트위터 계정이 없다면 활발하고 친절한 #datascience 커뮤니티의 일원이 되기 위해서 하나 만들도록 하자.

> ⚠ 내가 관리할 수 있는 웹사이트가 아니기 때문에 여기서 다루는 방법이 더 이상 작동하지 않을 수도 있다. 하지만 적어도 한동안 문제는 없을 것이다. (이 책을 쓰는 도중에도 라이브러리가 이미 여러 번 바뀌었다. 행운을 빈다.)

이제 새로 생긴 'Keys and tokens' 탭에서 'API key'와 'API secret key'를 포함하고 있는 'Consumer API keys' 섹션을 찾을 수 있을 것이다. 앞으로 이 키를 사용해야 하니 눈여겨보자. (그리고 키는 비밀로 해야 한다! 키는 마치 비밀번호와 같다.)

8　*https://github.com/realpython/list-of-python-api-wrappers*
9　*https://github.com/ryanmcgrath/twython*

키를 공유해서는 안 된다. 책에 게재해서도 안 되고, 공개된 깃허브 저장소에 올려서도 안 된다. 단순한 해결책 하나는 저장소에 체크인하지 않는 파일인 credentials.json을 만들어서 키를 저장해 두고 json.loads를 사용하여 불러오는 것이다.

Twython 사용하기

트위터 API를 사용하는 데 가장 까다로운 부분은 본인 인증을 하는 부분이다. (실제 많은 API를 활용할 경우 이 부분이 가장 까다롭다.) API 제공자는 여러분이 데이터를 접근하기 위한 인증을 받았는지, 사용량 제한을 넘지는 않았는지 확인하고 싶어한다. 또한 누가 데이터에 접근하는지도 알고 싶어한다.

인증은 괴롭기 마련이다. 단순한 검색을 원한다면 OAuth 2를 사용하는 것이 더 간단하다. 더 복잡한 방식인 OAuth 1을 사용하면 트윗을 게시하거나 트위터 스트림에 접속하는 것이 가능하다.

우리는 어쩔 수 없이 더 복잡한 방법을 사용해야 하는데, 이를 최대한 자동화해보자.

먼저 API key와 API secret key가 필요하다(때때로 이를 consumer key와 consumer secret이라 하기도 한다). 이 책에서는 환경 변수를 통해 전달받도록 하였으나 원하는 방식대로 변경하여도 좋다.

```
import os

# 직접 key와 secret을 건내주도록 수정해도 좋다.
CONSUMER_KEY = os.environ.get("TWITTER_CONSUMER_KEY")
CONSUMER_SECRET = os.environ.get("TWITTER_CONSUMER_SECRET")
```

이제 클라이언트의 인스턴스를 만들자.

```
import webbrowser
from twython import Twython

# 임시 클라이언트를 만들어 인증 URL을 받아오자.
temp_client = Twython(CONSUMER_KEY, CONSUMER_SECRET)
temp_creds = temp_client.get_authentication_tokens()
url = temp_creds['auth_url']

# 이제 URL을 방문하여 애플리케이션 인증을 받고 PIN을 받자.
print(f"go visit {url} and get the PIN code and paste it below")
webbrowser.open(url)
PIN_CODE = input("please enter the PIN code: ")
```

```
# 이제 PIN_CODE를 사용하여 실제 토큰을 받자.
auth_client = Twython(CONSUMER_KEY,
                      CONSUMER_SECRET,
                      temp_creds['oauth_token'],
                      temp_creds['oauth_token_secret'])
final_step = auth_client.get_authorized_tokens(PIN_CODE)
ACCESS_TOKEN = final_step['oauth_token']
ACCESS_TOKEN_SECRET = final_step['oauth_token_secret']

# 이를 사용하여 새 Twython 인스턴스를 만들자.
twitter = Twython(CONSUMER_KEY,
                  CONSUMER_SECRET,
                  ACCESS_TOKEN,
                  ACCESS_TOKEN_SECRET)
```

ACCESS_TOKEN과 ACCESS_TOKEN_SECRET을 안전한 장소에 저장하여, 다음부터는 이런 복잡한 절차를 피할 수도 있다.

Twython 인스턴스를 인증하면 검색 기능을 사용할 수 있다.

```
# 'data science'라는 구절이 포함된 트윗을 검색해 보자.
for status in twitter.search(q='"data science"')["statuses"]:
    user = status["user"]["screen_name"]
    text = status["text"]
    print(f"{user}: {text}\n")
```

이를 실행하면 다음과 같이 몇몇 트윗을 받게 될 것이다.

haithemnyc: Data scientists with the technical savvy & analytical chops to derive meaning from big data are in demand. http://t.co/HsF9Q0dShP

RPubsRecent: Data Science http://t.co/6hcHUz2PHM

spleonard1: Using #dplyr in #R to work through a procrastinated assignment for @rdpeng in @coursera data science specialization. So easy and Awesome.

트위터 Search API는 임의로 몇 개의 트윗만 보여 주기 때문에 특별히 흥미로운 내용을 찾기 힘들다. 보통 데이터 과학을 하기 위해서는 이보다 훨씬 많은 트윗이 필요할 것이다. 더 많은 트윗을 탐색하기 위해서는 Streaming API[10]를 사용하는 것이 효과적이다. 이를 통해 트위터의 소방호스[11]의 일부에 연결할 수 있다. Streaming API를 사용하기 위해서는 접속 토큰을 사용하여 인증을 받아야 한다.

---

10 *https://developer.twitter.com/en/docs/tutorials/consuming-streaming-data*
11 (옮긴이) 트위터의 방대한 트윗 스트림을 '소방호스'라 부른다.

Twython으로 Streaming API를 사용하기 위해서는 TwythonStream을 상속하고 on_success 함수와 (필요할 때는 on_error 함수 또한) 치환하는 클래스를 정의해야 한다.

```python
from twython import TwythonStreamer

# 데이터를 전역변수에 추가하는 것을 추천하지는 않지만
# 예제를 간단하게 만들기 위해 넘어가자.
tweets = []

class MyStreamer(TwythonStreamer):
    def on_success(self, data):
        """
        트위터가 우리에게 데이터를 보내 주면 무엇을 해야 하는가?
        여기서 데이터는 파이썬 딕셔너리로 표현된 트윗이다.
        """
        # 오직 영어로 된 트윗만 모을 것이다.
        if data.get('lang') == 'en':
            tweets.append(data)
            print(f"received tweet #{len(tweets)}")

            # 충분히 모으면 멈추자.
            if len(tweets) >= 100:
                self.disconnect()

    def on_error(self, status_code, data):
        print(status_code, data)
        self.disconnect()
```

MyStreamer는 트위터 스트림(stream)에 접속해서 트위터가 데이터를 보낼 때까지 대기할 것이다. 데이터(파이썬 객체로 표현된 트윗)를 받을 때마다 이를 on_success 함수로 보낼 것이다. on_success 함수는 트윗의 언어가 영어라면 tweets 리스트에 추가하고 1,000개의 트윗을 받았다면 스트림과의 연결을 끊을 것이다.

이제 초깃값을 설정하고 코드를 실행해 보자.

```python
stream = MyStreamer(CONSUMER_KEY, CONSUMER_SECRET,
                    ACCESS_TOKEN, ACCESS_TOKEN_SECRET)

# 공개된 트윗 중 data라는 키워드를 포함하고 있는 트윗을 받아 오기 시작한다.
stream.statuses.filter(track='data')

# 만약 공개된 모든 트윗을 받아 오고 싶다면
# stream.statuses.sample()을 사용하자.
```

1,000개의 트윗이 모이거나 오류가 발생할 때까지 코드가 작동할 것이다. 코드가 멈추면 받아 온 트윗을 분석할 수 있다. 예를 들어 다음과 같이 가장 자주 사용된 해시 태그를 찾아볼 수 있다.

```
top_hashtags = Counter(hashtag['text'].lower()
                       for tweet in tweets
                       for hashtag in tweet["entities"]["hashtags"])
print(top_hashtags.most_common(5))
```

불러온 트윗에는 많은 데이터가 포함되어 있다. 데이터를 직접 살펴보거나 트위터 API 문서[12]를 참고하자.

 예시가 아닌 실제 프로젝트를 진행할 때는 불러온 트윗을 인메모리(in-memory)인 리스트에 저장하는 것을 추천하지 않는다. 먼저 파일이나 데이터베이스에 저장하여 보관하도록 하자.

9.6 더 공부해 보고 싶다면

- pandas[13]는 데이터를 불러오고 만지기 위해 데이터 과학자들이 사용하는 기본적인 라이브러리다.
- Scrapy[14]는 모르는 링크를 따라가는 기능 같이 좀 더 복잡한 웹 스크래퍼를 만드는 데 필요한 모든 도구를 모아둔 라이브러리다.
- 캐글[15]은 방대한 양의 데이터셋을 공개하고 있다.

---

12 *https://developer.twitter.com/en/docs/tweets/data-dictionary/overview/tweet-object*
13 *http://pandas.pydata.org/*
14 *http://scrapy.org/*
15 *https://www.kaggle.com/datasets*

10장

D a t a   S c i e n c e   *f r o m*   S c r a t c h

데이터 다루기

> 대부분의 전문가는 좋은 판단력보다 데이터를 더 많이 축적한 사람이다.
> - 콜린 파월 (Colin Powell)

데이터를 다루는 것은 기술(art)이자 과학이다. 지금까지는 그중 과학에 해당하는 내용을 주로 다뤘지만, 이 장에서는 기술에 대한 내용을 살펴볼 것이다.

10.1 데이터 탐색하기

해결하려는 문제를 파악했고 관련된 데이터를 받았다면, 바로 어떠한 모델을 만들어서 해답을 찾고자 하는 욕구가 생길 것이다. 하지만 이러한 욕구를 참고, 가장 먼저 해야 할 일은 데이터를 탐색하는 것이다.

10.1.1 1차원 데이터 탐색하기

가장 간단한 경우는 단순히 숫자로만 구성된 1차원 데이터가 주어졌을 때다. 사용자가 하루 평균 사이트에서 보내는 시간이나 데이터 과학 관련 튜토리얼 비디오가 재생된 횟수 혹은 갖고 있는 데이터 과학 책 쪽수가 1차원 데이터에 포함된다.

당연히 가장 먼저 요약 통계치(summary statistics)를 계산해야 한다. 데이터의 개수, 최솟값, 최댓값, 평균, 표준편차에 관해 알아볼 필요가 있다.

하지만 요약 통계치가 무의미한 경우도 있다. 그런 경우에는 범위를 몇 개의 구간으로 나누고 각 구간 안의 데이터 개수를 살펴보는 히스토그램(histogram)을 만들자.

```
from typing import List, Dict
from collections import Counter
import math

import matplotlib.pyplot as plt

def bucketize(point: float, bucket_size: float) -> float:
    """각 데이터를 bucket_size의 배수에 해당하는 구간에 위치시킨다."""
    return bucket_size * math.floor(point / bucket_size)

def make_histogram(points: List[float], bucket_size: float) -> Dict[float, int]:
    """구간을 생성하고 각 구간 안의 데이터 개수를 계산해 준다."""
    return Counter(bucketize(point, bucket_size) for point in points)

def plot_histogram(points: List[float], bucket_size: float, title: str = ""):
    histogram = make_histogram(points, bucket_size)
    plt.bar(histogram.keys(), histogram.values(), width=bucket_size)
    plt.title(title)
```

먼저 아래 두 가지 데이터를 살펴보자.

```
import random
from scratch.probability import inverse_normal_cdf

random.seed(0)

# -100과 100 사이의 균등분포
uniform = [200 * random.random() - 100 for _ in range(10000)]

# 평균이 0이고 표준편차가 57인 정규분포
normal = [57 * inverse_normal_cdf(random.random())
          for _ in range(10000)]
```

두 데이터 모두 평균이 대략 0, 표준편차가 대략 58이지만 굉장히 다른 모양의 분포를 띤다. 그림 10-1에서 균등분포의 모양을 확인해 보자.

```
plot_histogram(uniform, 10, "Uniform Histogram")
```

그리고 그림 10-2에서 정규분포의 모양을 확인해 보자.

```
plot_histogram(normal, 10, "Normal Histogram")
```

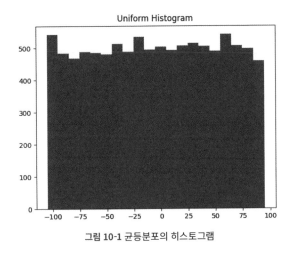

그림 10-1 균등분포의 히스토그램

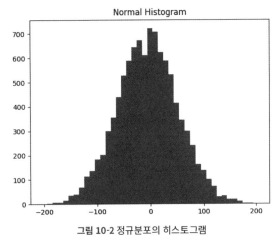

그림 10-2 정규분포의 히스토그램

두 분포의 최솟값과 최댓값이 상당히 다르긴 하지만, 이것만으로 두 분포의 차이를 이해하기는 쉽지 않다.

10.1.2 2차원 데이터

이제 2차원 데이터가 주어졌다고 해보자. 사용자가 하루 평균 사이트에서 보내는 시간뿐 아니라 사용자의 데이터 과학 경력까지 주어졌다고 해보자. 물론 각 변수를 따로 살펴볼 수도 있지만 두 변수가 2차원 공간상에서 어떻게 분포를 이루는지 살펴보는 것도 의미가 있다.

예를 들어 다음과 같은 데이터가 있다고 해보자.

```
def random_normal() -> float:
    """표준정규분포를 따르는 임의의 데이터를 반환"""
    return inverse_normal_cdf(random.random())

xs = [random_normal() for _ in range(1000)]
ys1 = [ x + random_normal() / 2 for x in xs]
ys2 = [-x + random_normal() / 2 for x in xs]
```

ys1과 ys2에 대해 plot_histogram을 실행해 보면 비슷한 모양의 분포를 볼 수 있다(둘의 평균과 표준편차가 동일하기 때문이다).

그림 10-3에서 볼 수 있듯이 xs에 대한 결합확률분포(joint distribution)의 모양은 상당히 다르다.

```
plt.scatter(xs, ys1, marker='.', color='black', label='ys1')
plt.scatter(xs, ys2, marker='.', color='gray',  label='ys2')
plt.xlabel('xs')
```

```
plt.ylabel('ys')
plt.legend(loc=9)
plt.title("Very Different Joint Distributions")
plt.show()
```

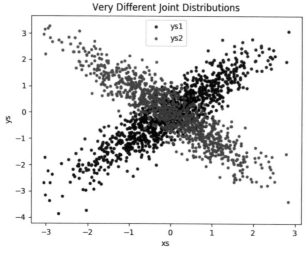

그림 10-3 달라 보이는 ys1과 ys2의 산포도

상관관계를 통해 차이를 확인할 수도 있다.

```
from scratch.statistics import correlation

print(correlation(xs, ys1))      # 대략 0.9
print(correlation(xs, ys2))      # 대략 -0.9
```

10.1.3 다차원 데이터

다차원 데이터의 경우 각 차원이 서로 어떻게 연관되어 있는지 살펴볼 수 있다.
가장 간편한 방법은 **상관관계 행렬**을 살펴보는 것이다. 상관관계 행렬의 i번째
행과 j번째 열에 해당하는 값은 i번째 차원과 j번째 차원의 상관관계를 나타낸다.

```
from scratch.linear_algebra import Matrix, Vector, make_matrix

def correlation_matrix(data: List[Vector]) -> Matrix:
    """
    (i, j)번째 항목이 data[i]와 data[j]의 상관관계를 나타내는
    len(data) x len(data) 행렬을 반환
    """
    def correlation_ij(i: int, j: int) -> float:
        return correlation(data[i], data[j])

    return make_matrix(len(data), len(data), correlation_ij)
```

만약 차원의 수가 많지 않다면 **산포도 행렬**(scatterplot matrix)을 이용해서 각 차원의 쌍별로 산포도를 시각화할 수 있다(그림 10-4). plt.subplots를 사용하면 차트 안에 하위 차트를 생성할 수 있다. plt.subplots에 행과 열을 입력하면 figure 객체(예시에는 사용되지 않는 객체)와 2차원 axes 객체(차트가 그려지는 공간)를 반환해 준다.

```python
# corr_data는 100차원 벡터 네 개를 포함하고 있는 리스트다.
num_vectors = len(corr_data)
fig, ax = plt.subplots(num_vectors, num_vectors)

for i in range(num_vectors):
    for j in range(num_vectors):

        # x축은 j번째 열을, y축은 i번째 행을 나타내는 산포도
        if i != j: ax[i][j].scatter(corr_data[j], corr_data[i])

        # 만약 i == j, series라는 제목 출력
        else: ax[i][j].annotate("series " + str(i), (0.5, 0.5),
                                xycoords='axes fraction',
                                ha="center", va="center")

        # 왼쪽과 밑에 위치한 차트에만 축 레이블 명시
        if i < num_vectors - 1: ax[i][j].xaxis.set_visible(False)
        if j > 0: ax[i][j].yaxis.set_visible(False)

# 밑에서 가장 오른쪽 그리고 왼쪽에서 가장 위에 위치한 차트 안에는 문자열만 있기 때문에
# 축 레이블을 고정
ax[-1][-1].set_xlim(ax[0][-1].get_xlim())
ax[0][0].set_ylim(ax[0][1].get_ylim())

plt.show()
```

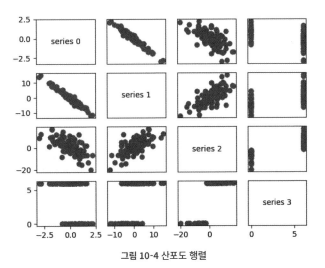

그림 10-4 산포도 행렬

산포도 행렬을 살펴보면 series 1은 series 0과 음의 상관관계를, series 2는 series 1과 양의 상관관계를 보이는 것을 확인할 수 있다. 그리고 series 3은 0과 6, 두 가지 값만 가지는 것을 확인할 수 있다. 그중 0은 series 2의 작은 값들에 대응되며 6은 series 2의 큰 값들에 대응된다.

이 방법을 사용하면 주어진 변수끼리 대략 어떠한 관계가 있는지 간편하게 살펴볼 수 있다. 물론 matplotlib를 세밀하게 조절해서 상관관계를 보다 정확하게 보고 싶다면 시간이 훨씬 더 오래 걸릴 수도 있다.

10.2 NamedTuple 사용하기

흔히 데이터를 딕셔너리로 표현한다.

```
import datetime

stock_price = {'closing_price': 102.06,
               'date': datetime.date(2014, 8, 29),
               'symbol': 'AAPL'}
```

하지만 이런 표현 방식은 여러 이유로 이상적이지 않다. 딕셔너리는 약간의 오버헤드(overhead)가 있는 비효율적인 표현 방식이기에 많은 수의 주가 정보가 있다면 필요 이상의 많은 메모리를 차지할 것이다. 대부분의 경우 이는 사소한 문제일 것이다.

더 큰 문제는 딕셔너리로 데이터에 접근할 때 오류를 일으키기 쉽다는 점이다. 다음 코드는 오류 없이 실행되지만 의도치 않은 행동을 한다.

```
# 아이고, 오타를 냈다.
stock_price['cosing_price'] = 103.06
```

마지막으로, 타입 어노테이션을 써서 딕셔너리를 표기할 수 있다.

```
prices: Dict[datetime.date, float] = {}
```

하지만 다양한 타입의 값을 들고 있는 딕셔너리를 표현할 수 있는 좋은 어노테이션 방법은 없다. 즉, 타입을 명시해 주는 타입 어노테이션의 본 기능을 제대로 활용할 수 없게 된다.

대안으로 파이썬은 튜플(tuple)과 비슷하지만 명명할 수 있는 공간을 지닌 namedtuple 모듈을 제공한다.

```
from collections import namedtuple

StockPrice = namedtuple('StockPrice', ['symbol', 'date', 'closing_price'])
price = StockPrice('MSFT', datetime.date(2018, 12, 14), 106.03)

assert price.symbol == 'MSFT'
assert price.closing_price == 106.03
```

튜플처럼 namedtuple 또한 생성된 이후 값을 수정할 수 없다. 때때로 이는 불편할 수도 있지만 대체로 좋은 속성이다.

　아직 타입 어노테이션 문제를 해결하지 않았음을 눈치 챘을 수도 있다. 이 문제는 타입을 지닌 NamedTuple을 사용하여 해결할 것이다.

```
from typing import NamedTuple

class StockPrice(NamedTuple):
    symbol: str
    date: datetime.date
    closing_price: float

    def is_high_tech(self) -> bool:
        """클래스이기 때문에 메서드를 추가할 수 있다."""
        return self.symbol in ['MSFT', 'GOOG', 'FB', 'AMZN', 'AAPL']

price = StockPrice('MSFT', datetime.date(2018, 12, 14), 106.03)

assert price.symbol == 'MSFT'
assert price.closing_price == 106.03
assert price.is_high_tech()
```

이제 에디터가 그림 10-4처럼 도움을 줄 수 있을 것이다.

```
if stock_price.clo
            closing_price
```

그림 10-5 쓸모 있는 에디터

✅ 　아주 소수의 사람만 NamedTuple을 이런 방식으로 사용하지만 더 많은 사람이 이렇게 사용해야 한다!

10.3 Dataclasses

Dataclasses는 마치 NamedTuple의 가변적인 버전처럼 동작한다. ('마치'라고 표현하는 이유는 NamedTuple은 데이터를 튜플로 간결하게 표현하지만 data classes는 몇몇 메서드를 자동으로 생성해 주는 일반적인 파이썬 클래스이기 때문이다.)

 dataclasses는 파이썬 3.7부터 도입되었다. 이전 버전을 사용한다면 이 섹션의 내용은 동작하지 않을 것이다.

문법은 NamedTuple과 매우 유사하다. 하지만 베이스 클래스(base class)에서 상속을 받는 대신 데코레이터(decorator)를 사용한다.

```
from dataclasses import dataclass

@dataclass
class StockPrice2:
    symbol: str
    date: datetime.date
    closing_price: float

    def is_high_tech(self) -> bool:
        """클래스이므로 메서드를 추가할 수 있다."""
        return self.symbol in ['MSFT', 'GOOG', 'FB', 'AMZN', 'AAPL']

price2 = StockPrice2('MSFT', datetime.date(2018, 12, 14), 106.03)

assert price2.symbol == 'MSFT'
assert price2.closing_price == 106.03
assert price2.is_high_tech()
```

이미 언급했다시피 NamedTuple과 dataclasses의 가장 큰 차이는 dataclasses의 인스턴스 값을 수정할 수 있다는 점이다.

```
# 주식 분할
price2.closing_price /= 2
assert price2.closing_price == 51.03
```

NamedTuple의 필드 값을 수정하려고 하면 AttributeError가 날 것이다.

즉, 딕셔너리를 사용하지 않음으로써 피하고자 했던 오류에 동일하게 취약할 것이다.

```
# 일반적인 클래스이니 새 필드를 원하는 대로 추가할 수 있다!
price2.cosing_price = 75   # 아이고
```

이 책에서는 dataclasses를 사용하지 않을 테지만 다른 일을 하다가 마주칠 수도 있음을 염두에 두기 바란다.

10.4 정제하고 합치기

실제 데이터는 굉장히 지저분하다. 보통 데이터를 사용하기 전에 정제하는 과정을 거쳐야 한다. 9장 '파이썬으로 데이터 수집하기'에서 살펴본 예시처럼 문자열을 float나 int로 변환해야 한다. 그리고 누락된 값, 이상치나 잘못된 데이터가 있는지 확인해야 한다.

지금까지는 데이터를 사용하기 직전에 이러한 작업을 진행했다.

```
closing_price = float(row[2])
```

하지만 파싱을 우리가 테스트할 수 있는 함수 내부에서 수행하는 것이 나을 것이다.

```
from dateutil.parser import parse

def parse_row(row: List[str]) -> StockPrice:
    symbol, date, closing_price = row
    return StockPrice(symbol=symbol,
                      date=parse(date).date(),
                      closing_price=float(closing_price))

# 함수를 테스트해 보자.
stock = parse_row(["MSFT", "2018-12-14", "106.03"])

assert stock.symbol == "MSFT"
assert stock.date == datetime.date(2018, 12, 14)
assert stock.closing_price == 106.03
```

만약 '나쁜' 데이터가 포함되어 있다면 어떤 일이 발생할까? 가령 데이터에 숫자가 아닌 float 값이 포함되어 있으면 어떻게 될까? 코드가 오류로 인해 종료되는 것보다는 None으로 파싱되는 것이 나을 수 있다.

```
from typing import Optional
import re

def try_parse_row(row: List[str]) -> Optional[StockPrice]:
```

```
        symbol, date_, closing_price_ = row

        # 주가 심벌은 모두 대문자로 구성되어 있다.
        if not re.match(r"^[A-Z]+$", symbol):
            return None

        try:
            date = parse(date_).date()
        except ValueError:
            return None

        try:
            closing_price = float(closing_price_)
        except ValueError:
            return None

        return StockPrice(symbol, date, closing_price)

# 오류가 나면 None을 반환한다.
assert try_parse_row(["MSFT0", "2018-12-14", "106.03"]) is None
assert try_parse_row(["MSFT", "2018-12--14", "106.03"]) is None
assert try_parse_row(["MSFT", "2018-12-14", "x"]) is None

# 만약 '올바른' 데이터라면 이전과 동일한 결과가 나와야 한다.
assert try_parse_row(["MSFT", "2018-12-14", "106.03"]) == stock
```

가령 쉼표로 구분된 주가 데이터에 다음과 같이 나쁜 데이터가 포함되어 있다고 해보자.

```
AAPL,6/20/2014,90.91
MSFT,6/20/2014,41.68
FB,6/20/3014,64.5
AAPL,6/19/2014,91.86
MSFT,6/19/2014,n/a
FB,6/19/2014,64.34
```

이제 데이터를 불러오고 유효한 행만 파싱할 수 있다.

```
import csv

data: List[StockPrice] = []

with open("comma_delimited_stock_prices.csv") as f:
    reader = csv.reader(f)
    for row in reader:
        maybe_stock = try_parse_row(row)
        if maybe_stock is None:
            print(f"skipping invalid row: {row}")
```

```
    else:
        data.append(maybe_stock)
```

그리고 유효하지 않은 데이터를 어떻게 처리할지 결정하면 된다. 나쁜 데이터를 처리하는 방법은 크게 세 가지다. 나쁜 데이터를 제거하거나, 직접 수정하거나, 나쁜 데이터가 없기를 기도하는 방법이다. 만약 백만 개의 행 중 나쁜 데이터가 한 개라면 아마 무시해도 괜찮을 것이다. 하지만 행 절반이 나쁜 데이터라면 반드시 해결해야 하는 문제다.

데이터 정제가 끝났다면 다음 단계로 10.1절 '데이터 탐색하기'를 통해 이상치가 있는지 확인해 봐야 한다. 예를 들어 주가 파일 안에 연도가 3014년인 데이터가 포함되어 있다는 것을 발견했는가? 아무런 오류 없이 코드는 실행되겠지만, 잘못된 데이터를 수정하지 않으면 이상한 결과가 나올 것이다. 실제 데이터에서는 소수점이 생략되거나, 0이 추가되거나, 오타가 존재하는 등 수많은 문제점이 존재할 것이며, 이를 잡아내는 것 또한 데이터 과학자들의 임무다. 물론 따져보면 우리의 책임은 아니지만, 우리가 아니라면 누가 이러한 문제점을 잡아내겠는가?

10.5 데이터 처리

데이터 과학자에게 가장 중요한 기술 중 하나는 데이터를 처리하는 기술이다. 데이터 처리는 구체적인 방법론이 있다기보다는 일종의 기술이므로, 여러 예시를 통해 대략 감을 잡아보자.

예를 들어 다음과 같이 주가 데이터가 주어졌다고 해보자.

```
data = [
    StockPrice(symbol='MSFT',
               date=datetime.date(2018, 12, 24),
               closing_price=106.03),
    # ...
]
```

데이터에 관해 이것저것 살펴보도록 하자. 데이터를 살펴보면 더 간편하게 데이터를 처리할 수 있는 패턴이 보일 것이다.

예를 들어 AAPL 종가의 최고치를 다음과 같은 단계로 찾아볼 수 있다.

1. 살펴볼 데이터를 AAPL에 관한 행으로 한정한다.

2. 각 행에서 closing_price를 갖고 온다.

3. closing_price의 max를 찾는다.

이 모든 것을 리스트 컴프리헨션으로 처리할 수 있다.

```
max_aapl_price = max(stock_price.closing_price
                     for stock_price in data
                     if stock_price.symbol == "AAPL")
```

각 주식의 역대 최고 종가를 찾아볼 수도 있다. 이를 달성하는 방법 중 하나로
다음과 같이 데이터를 처리할 수 있다.

1. 최고가를 추적하는 딕셔너리를 생성한다(빈 값에 대해 마이너스 무한대를
   반환하는 defaultdict를 사용하여 다른 어떤 가격도 이보다 크도록 할 것
   이다).

2. 데이터를 순회하며 이를 갱신한다.

코드는 다음과 같다.

```
from collections import defaultdict

max_prices: Dict[str, float] = defaultdict(lambda: float('-inf'))

for sp in data:
    symbol, closing_price = sp.symbol, sp.closing_price
    if closing_price > max_prices[symbol]:
        max_prices[symbol] = closing_price
```

이제 데이터에서 하루 최대 혹은 최소 변화율 같이 더욱 복잡한 것을 찾아보자.
변화율은 price_today / price_yesterday – 1이라는 식으로 정의할 수 있다.
즉, 변화율을 계산하기 위해서는 당일 주가와 전일 주가를 연결시켜야 한다. 심
벌(symbol) 기준으로 주가를 그룹화하고 각 그룹 안에서 다음과 같은 절차를 거
칠 수 있다.

1. 주가를 날짜 기준으로 정렬

2. zip을 사용해서 주가를 (전일, 당일) 쌍으로 변환

3. 각 쌍을 사용해서 새로운 '변화율' 행 생성

먼저 주가를 심벌 기준으로 묶어 보자.

```
from typing import List
from collections import defaultdict

# 심벌별 주가 수집
prices: Dict[str, List[StockPrice]] = defaultdict(list)

for sp in data:
    prices[sp.symbol].append(sp)
```

모든 주가는 튜플로 표현되기 때문에 각 필드의 순서대로 정렬될 것이다. 먼저
심벌, 그 다음으로 날짜 그리고 마지막으로 주가 기준으로 정렬될 것이다. 만약
같은 심벌 안에 여러 주가가 있다면 sort 함수는 이를 날짜 기준으로 정렬하여
(그리고 주가 기준으로 정렬하지만 날짜별 주가는 하나씩밖에 없으므로 아무런
변화가 없다) 우리가 원하는 형태로 반환해 준다.

```
# 가격을 날짜로 정렬
prices = {symbol: sorted(symbol_prices)
          for symbol, symbol_prices in prices.items()}
```

이를 통해 일별 변화율을 계산할 수 있다.

```
def pct_change(yesterday: StockPrice, today: StockPrice) -> float:
    return today.closing_price / yesterday.closing_price - 1

class DailyChange(NamedTuple):
    symbol: str
    date: datetime.date
    pct_change: float

def day_over_day_changes(prices: List[StockPrice]) -> List[DailyChange]:
    """
    주가는 하나의 주식에 대응되며 정렬되어 있다고 가정한다.
    """
    return [DailyChange(symbol=today.symbol,
                        date=today.date,
                        pct_change=pct_change(yesterday, today))
            for yesterday, today in zip(prices, prices[1:])]
```

그리고 이를 모두 합치면 다음과 같다.

```
all_changes = [change
               for symbol_prices in prices.values()
               for change in day_over_day_changes(symbol_prices)]
```

이제 최대 혹은 최소 변화율을 찾는 것은 쉽다.

```
max_change = max(all_changes, key=lambda change: change.pct_change)
# http://news.cnet.com/2100-1001-202143.html 등을 참고하라.
assert max_change.symbol == 'AAPL'
assert max_change.date == datetime.date(1997, 8, 6)
assert 0.33 < max_change.pct_change < 0.34

min_change = min(all_changes, key=lambda change: change.pct_change)
# http://money.cnn.com/2000/09/29/markets/techwrap/ 등을 참고하라.
assert min_change.symbol == 'AAPL'
assert min_change.date == datetime.date(2000, 9, 29)
assert -0.52 < min_change.pct_change < -0.51
```

이제 새로이 만들어진 all_changes 데이터를 사용하면 언제 기술 기반 회사에 투자하면 좋을지 알 수 있다. 월별로 평균 일일 변화율을 살펴볼 것이다.

```
changes_by_month: List[DailyChange] = {month: [] for month in range(1, 13)}

for change in all_changes:
    changes_by_month[change.date.month].append(change)

avg_daily_change = {
    month: sum(change.pct_change for change in changes) / len(changes)
    for month, changes in changes_by_month.items()
}

# 10월이 가장 좋은 달이다.
assert avg_daily_change[10] == max(avg_daily_change.values())
```

이 책에서는 이런 데이터 처리 과정을 자주 거칠 것이지만, 자세히 설명하지는 않겠다.

10.6 척도 조절

대다수의 데이터 과학 기법은 데이터의 척도(scale)에 민감하게 반응한다. 예를 들어 데이터 과학자 수백 명의 키와 몸무게가 주어졌고, 이를 통해 체형을 군집화해야 한다고 해보자.

직관적으로 생각해 보면 서로 가까운 데이터는 같은 군집에 포함되어 있어야 한다. 그러기 위해서는, 데이터 간의 거리를 정의할 필요가 있다. 이미 만들어 놓은 유클리드 거리 함수 distance를 사용하기 위해 (키, 몸무게) 데이터를 2차원 평면의 점으로 여기자. 표 10-1의 사람들을 살펴보자.

사람	키(인치)	키(cm)	몸무게(파운드)
A	63	160	150
B	67	170.2	160
C	70	177.8	171

표 10-1 키와 몸무게

만약 키(인치)를 사용하면 B와 가장 비슷한 체형을 갖고 있는 사람은 A이다.

```
from scratch.linear_algebra import distance

a_to_b = distance([63, 150], [67, 160])     # 10.77
a_to_c = distance([63, 150], [70, 171])     # 22.14
b_to_c = distance([67, 160], [70, 171])     # 11.40
```

하지만 키(cm)를 사용하면 B와 가장 비슷한 체형을 갖고 있는 사람은 C이다.

```
a_to_b = distance([160, 150], [170.2, 160])     # 14.28
a_to_c = distance([160, 150], [177.8, 171])     # 27.53
b_to_c = distance([170.2, 160], [177.8, 171])   # 13.37
```

당연하지만 이처럼 키의 척도에 따라 결과가 달라지는 것이 문제다. 이렇게 각 차원의 수치가 크게 다른 경우, 각 차원의 평균을 0, 표준편차를 1로 변환시키면서 척도를 조절해 줄 수 있다. 척도를 조절해 주면 단위는 제거되며, 각 차원은 '평균으로부터 몇 표준편차만큼 떨어져 있는지'로 변환된다.

먼저 각 열의 평균 mean과 표준편차 standard_deviation을 계산해 보자.

```
from typing import Tuple

from scratch.linear_algebra import vector_mean
from scratch.statistics import standard_deviation

def scale(data: List[Vector]) -> Tuple[Vector, Vector]:
    """각 열의 평균과 표준편차를 반환"""
    dim = len(data[0])

    means = vector_mean(data)
    stdevs = [standard_deviation([vector[i] for vector in data])
              for i in range(dim)]

    return means, stdevs

vectors = [[-3, -1, 1], [-1, 0, 1], [1, 1, 1]]
means, stdevs = scale(vectors)
```

```
assert means == [-1, 0, 1]
assert stdevs == [2, 1, 0]
```

계산된 평균과 표준편차를 사용해서 새로운 데이터 행렬을 만들어 보자.

```
def rescale(data: List[Vector]) -> List[Vector]:
    """각 열의 평균을 0, 표준편차를 1로 변환하면서
    입력되는 데이터의 척도를 조절
    편차가 없는 열은 그대로 유지"""
    dim = len(data[0])
    means, stdevs = scale(data)

    # 각 벡터의 복사본을 생성
    rescaled = [v[:] for v in data]

    for v in rescaled:
        for i in range(dim):
            if stdevs[i] > 0:
                v[i] = (v[i] - means[i]) / stdevs[i]

    return rescaled
```

척도 조절 함수 rescale이 우리가 예상한 대로 동작하는지 확인해 보자.

```
means, stdevs = scale(rescale(vectors))
assert means == [0, 0, 1]
assert stdevs == [1, 1, 0]
```

언제나 그렇듯, 척도를 조절할 때도 판단력이 필요하다. 모든 데이터 중에서 키가 69.5인치에서 70.5인치 사이에 속하는 사람들의 키와 몸무게를 사용한다면 (물론 해결하려는 문제에 따라 다르겠지만) 남아 있는 편차는 잡음(noise)일 뿐이므로, 굳이 다른 차원들의 편차들과 동일한 제약을 걸어줄 필요는 없을 것이다.

10.7 한편으로: tqdm

종종 시간이 오래 걸리는 연산을 할 때가 있다. 이런 경우, 작업이 진행되고 있는지 혹은 얼마나 더 기다려야 하는지 알고 싶을 것이다.

진행표시줄을 생성해주는 tqdm 라이브러리를 사용해 이를 확인할 수 있다. 이 책에서는 해당 라이브러리를 계속 사용할 것이니 어떻게 동작하는지 한번 살펴보자.

먼저 설치를 해야 할 것이다.

```
python -m pip install tqdm
```

알아야 할 기능은 몇 가지 없다. 첫 번째로 알아야 할 것은 이터러블(iterable, 하나씩 차례로 반환 가능한 객체)을 tqdm.tqdm으로 감싸면 진행표시줄이 생성된다는 점이다.

```
import tqdm

for i in tqdm.tqdm(range(100)):
    # 오래 걸리는 연산을 수행
    _ = [random.random() for _ in range(1000000)]
```

위 코드는 아래와 같은 결과를 생성한다.

```
56%|███████████████████        | 56/100 [00:08<00:06,  6.49it/s]
```

실행하고 있는 코드 안의 반복문이 얼마나 진행되었는지(제너레이터의 경우에는 알 수 없다), 실행한 지 얼마나 지났는지 그리고 얼마나 더 실행되어야 하는지 예상치를 보여준다.

앞의 예시처럼 range를 감싸거나 tqdm.trange를 사용할 수도 있다.

그리고 tqdm 이터레이터를 with문으로 감싸 주면 진행표시줄의 설명도 설정할 수 있다.

```
from typing import List

def primes_up_to(n: int) -> List[int]:
    primes = [2]

    with tqdm.trange(3, n) as t:
        for i in t:
            # i가 더 작은 소수로 나뉘지 않는다면 소수다.
            i_is_prime = not any(i % p == 0 for p in primes)
            if i_is_prime:
                primes.append(i)

            t.set_description(f"{len(primes)} primes")

    return primes

my_primes = primes_up_to(100_000)
```

앞의 코드는 다음과 같이 새 소수를 발견할 때마다 해당 숫자를 설명으로 추가해 준다.

```
5116 primes:  50%|█████████     | 49529/99997 [00:03<00:03, 15905.90it/s]
```

간혹 **tqdm**이 코드에 문제를 일으키는 경우가 있다. 화면이 제대로 그려지지 않거나 반복문이 멈춰버리는 경우가 있다. 그리고 실수로 **tqdm** 반복문으로 또 다른 **tqdm** 반복문을 감싸버리면 이상한 일이 일어나기도 한다. 하지만 대체로 단점보다 장점이 월등히 많기 때문에 느린 계산을 수행할 때는 가능하면 사용하겠다.

10.8 차원 축소

가끔씩 데이터의 '실제(혹은, 유용한)' 차원은 주어진 데이터의 차원과 다를 수 있다. 예를 들어 그림 10-6의 데이터를 살펴보자.

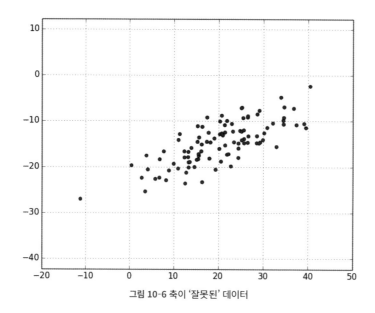

그림 10-6 축이 '잘못된' 데이터

축이 '잘못된' 데이터를 보면 데이터의 편차가 x축이나 y축이 아닌 다른 차원을 따라 발생하는 것을 확인할 수 있다.

이런 경우 주성분 분석(principal component analysis)이라는 기술을 통해 데이터의 편차를 최대한 포착하는 차원을 찾아낼 수 있다.

> ✔️ 사실 저차원 데이터에서는 차원 축소를 사용하지 않는다. 차원 축소는 고차원 데이터에서 편차를 가장 잘 잡아낼 수 있는 부분 집합을 찾아낼 때 유용하다. 하지만 2차원인 이 책에서 고차원의 데이터를 설명하기 어려우니, 여기서는 2차원 데이터를 다뤄 보자.

가장 먼저 각 차원의 평균이 0이 되도록 데이터를 바꿔 보자.

```
from scratch.linear_algebra import subtract

def de_mean(data: List[Vector]) -> List[Vector]:
    """모든 차원의 평균이 각각 0이 되도록 재정렬"""
    mean = vector_mean(data)
    return [subtract(vector, mean) for vector in data]
```

(만약 데이터를 이렇게 변환하지 않는다면 주성분 분석은 데이터의 편차보다는 데이터의 평균을 잡아낼 것이다.)

그림 10-7에서 평균을 제거한 데이터를 살펴보자.

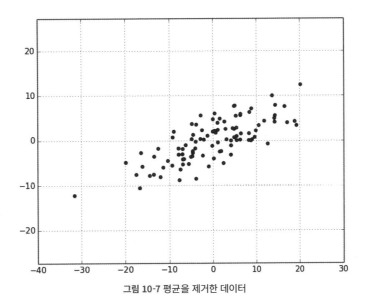

그림 10-7 평균을 제거한 데이터

평균이 제거된 행렬 X가 주어진 상태라면 이제 어떤 방향이 데이터의 편차를 가장 많이 잡아내는지 알아볼 수 있다.

만약 방향 d(크기가 1인 벡터)가 주어졌다면 행렬의 각 행 x는 d 방향으로 dot(x, d)만큼 늘어날 것이다. 그리고 영이 아닌 모든 벡터 w의 크기를 1로 변환하면 w는 방향을 나타낼 것이다.

```
from scratch.linear_algebra import magnitude

def direction(w: Vector) -> Vector:
    mag = magnitude(w)
    return [w_i / mag for w_i in w]
```

즉, 영이 아닌 벡터 w가 주어진다면 w가 나타내는 방향으로 데이터의 편차를 계산할 수 있다.

```
from scratch.linear_algebra import dot

def directional_variance(data: List[Vector], w: Vector) -> float:
    """
    w가 가리키는 방향에서 x의 편차를 반환
    """
    w_dir = direction(w)
    return sum(dot(v, w_dir) ** 2 for v in data)
```

이제 이러한 편차를 최대화시키는 방향을 찾기 위해 경사 하강법을 사용할 수 있다.

```
def directional_variance_gradient(data: List[Vector], w: Vector) -> Vector:
    """
    w에 관한 특정 방향의 편차의 그래디언트
    """
    w_dir = direction(w)
    return [sum(2 * dot(v, w_dir) * v[i] for v in data)
            for i in range(len(w))]
```

이때 제1 주성분은 directional_variance 함수를 최대화시키는 방향이다.

```
from scratch.gradient_descent import gradient_step

def first_principal_component(data: List[Vector],
                              n: int = 100,
                              step_size: float = 0.1) -> Vector:

    # 임의로 추측한 위치에서 시작
    guess = [1.0 for _ in data[0]]

    with tqdm.trange(n) as t:
        for _ in t:
            dv = directional_variance(data, guess)
            gradient = directional_variance_gradient(data, guess)
            guess = gradient_step(guess, gradient, step_size)
            t.set_description(f"dv: {dv:.3f}")

    return direction(guess)
```

평균을 제거한 데이터에 경사 하강법을 사용하면 데이터의 제1 주성분을 적절히 잡아내는 [0.924, 0.383]이라는 방향이 반환된다(그림 10-8).

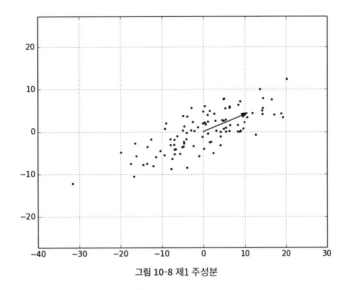

그림 10-8 제1 주성분

제1 주성분에 해당하는 방향을 찾았다면 데이터를 주성분에 투영시켜서 해당 성분의 값을 찾을 수 있다.

```
from scratch.linear_algebra import scalar_multiply

def project(v: Vector, w: Vector) -> Vector:
    """v를 w방향으로 투영"""
    projection_length = dot(v, w)
    return scalar_multiply(projection_length, w)
```

다른 성분들을 찾고 싶다면 먼저 투영된 데이터를 제거해야 한다.

```
from scratch.linear_algebra import subtract

def remove_projection_from_vector(v: Vector, w: Vector) -> Vector:
    """v에서 v를 w로 투영시킨 결과를 빼준다."""
    return subtract(v, project(v, w))

def remove_projection(data: List[Vector], w: Vector) -> List[Vector]:
    return [remove_projection_from_vector(v, w) for v in data]
```

2차원 데이터를 예제로 사용했기 때문에, 데이터에서 제1 주성분을 제거하면 남아 있는 데이터는 1차원일 것이다(그림 10-9).

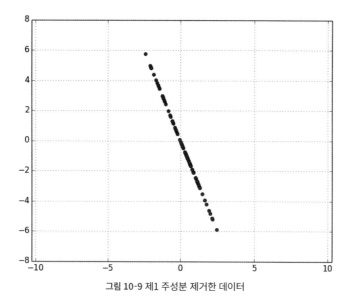

그림 10-9 제1 주성분 제거한 데이터

이제 remove_projection의 결괏값으로 동일한 과정을 통해 다음 주성분을 찾을
수 있다(그림 10-10).

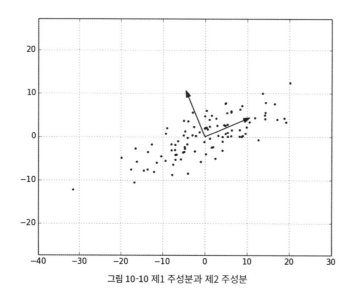

그림 10-10 제1 주성분과 제2 주성분

고차원의 데이터에서는 이러한 반복적인 과정에서 원하는 만큼 많은 주성분을
찾을 수 있다.

```
def pca(data: List[Vector], num_components: int) -> List[Vector]:
    components: List[Vector] = []
    for _ in range(num_components):
```

```
        component = first_principal_component(data)
        components.append(component)
        data = remove_projection(data, component)

    return components
```

계산된 성분을 사용하면 주어진 데이터를 저차원 공간에서 생성시킬 수 있다.

```
def transform_vector(v: Vector, components: List[Vector]) -> Vector:
    return [dot(v, w) for w in components]

def transform(data: List[Vector], components: List[Vector]) -> List[Vector]:
    return [transform_vector(v, components) for v in data]
```

차원 축소는 다음과 같은 이유 때문에 중요하다. 첫째, 잡음에 해당되는 차원을 제거해 주고 밀접하게 연관된 차원을 합쳐 주면서 데이터를 정제해 준다.

둘째, 저차원으로 축소시킨 데이터에서는 고차원 데이터에서 사용할 수 없었던 다양한 기법을 사용할 수 있게 된다. 앞으로 이러한 방법의 예시를 더 자세히 살펴볼 것이다.

한편, 차원 축소를 통해 더 좋은 성능의 모형을 만들 수 있다고는 해도, 만들어진 모형을 해석하는 게 어려워진다. '경력이 1년 증가할수록 연봉은 평균적으로 $10,000 증가한다'라는 결론은 쉽게 이해할 수 있다. 하지만 '제3 주성분이 0.1 만큼 증가할수록 연봉은 평균적으로 $10,000 증가한다'라는 결론을 해석하기는 훨씬 힘들다.

10.9 더 공부해 보고 싶다면

- 9장 '파이썬으로 데이터 수집하기'의 마지막에서 언급한 pandas[1]는 아마 파이썬으로 데이터를 정제하고, 합치고, 처리하는 데 가장 효과적인 도구일 것이다. pandas를 사용하면 이번 장의 모든 수작업을 훨씬 간편하게 처리할 수 있다. 《파이썬 라이브러리를 활용한 데이터 분석(Python for Data Analysis)》(한빛미디어, 2019)은 pandas 활용법을 배우기 위한 가장 좋은 지침서라고 생각한다.
- scikit-learn은 PCA 등 다양한 방식의 행렬 분해[2] 함수를 제공해 준다.

---

1 *http://pandas.pydata.org/*
2 *https://scikit-learn.org/stable/modules/classes.html#module-sklearn.decomposition*

11장

기계학습

> 가르침 받는 것을 항상 좋아하지는 않지만 학습할 준비는 항상 되어 있다.
> - 윈스턴 처칠(Winston Churchill)

대부분의 사람들이 데이터 과학은 결국 기계학습이며, 데이터 과학자는 하루 종일 기계학습 모델을 학습시키고 수정한다고 생각한다(물론 기계학습을 완벽하게 이해하지 못한 사람들이 주장하는 내용이다). 사실 데이터 과학의 핵심은 비즈니스 문제를 데이터 문제로 변환시킨 뒤 관련 데이터를 수집하고, 이해하고, 전처리하고, 형식을 바꾸는 것이다. 기계학습은 이러한 과정 이후에 생각해야 한다. 하지만 기계학습은 매우 흥미로운 분야이며, 데이터 과학을 하기 위해서는 꼭 알고 있어야 한다.

11.1 모델링

기계학습에 대해 얘기하기 전에 **모델**(model)이 무엇인지 살펴보자.

모델이란 무엇인가? 모델은 다양한 변수 간의 수학적(혹은 확률적) 관계를 표현한 것이다.

예를 들어 소셜 네트워킹 사이트를 통해 수익을 창출하고자 할 때, (스프레드시트를 이용해서) '사용자의 수'나 '사용자당 광고 수익', 혹은 '직원 수' 같은 입력 변수로 차후 몇 년 동안의 연간 수익을 예측하는 비즈니스 모델을 만들곤 한다. 요리책의 경우, '먹는 사람의 수'나 '배고픈 정도' 같은 입력 변수로 재료의 양을 결정하는 모델을 사용한다. 만약 TV에서 포커를 본 적이 있다면 주어진 카드와 덱에 남아 있는 카드를 고려한 모델을 통해 각 선수가 이길 확률을 실시간으로 계산해 주는 것을 봤을 것이다.

비즈니스 모델은 간단한 수학적인 관계에 기반을 둔다. 예를 들어 이익은 매출에서 비용을 뺀 값이며, 매출은 평균 가격에 판매량을 곱한 값이다. 요리 책 모델은 시행착오를 기반으로, 누군가는 직접 다양한 재료의 조합으로 가장 마음에 드는 조합을 찾을 때까지 요리를 시도해 봤을 것이다. 그리고 포커 모델은 확률 이론, 포커 규칙, 카드가 분배되는 불규칙한 과정에 대한 적절한 가정으로 만들어 졌을 것이다.

11.2 기계학습이란?

사람마다 기계학습에 대한 정의는 다르겠지만 이 책에서는 기계학습(machine learning)을 데이터를 통해 모델을 만들고 사용하는 것이라고 정의하겠다. 다른 맥락에서 이는 **예측 모델링**(predictive modeling) 혹은 **데이터마이닝**(data mining)이라 불릴 수도 있지만 일단 이 책에서는 그러한 과정을 기계학습이라 부르기로 한다. 보통 주어진 데이터로 모델을 구축하고, 새로운 데이터에 만들어진 모델을 적용하면 다음과 같이 다양한 것을 예측해 볼 수 있다.

- 이메일이 스팸 메일인지 아닌지 예측
- 신용카드 사기 예측
- 쇼핑 고객이 클릭할 확률이 높은 광고 예측
- 슈퍼볼에서 우승할 미식 축구팀 예측

우리는 학습에 사용될 데이터에 정답이 포함되어 있는 **지도 학습**(supervised learning)과 정답이 포함되어 있지 않는 **비지도 학습**(unsupervised learning)을 살펴볼 것이다. 데이터의 일부에만 정답이 포함되어 있는 **준 지도 학습**(semi-supervised learning)이나 새로 들어오는 데이터를 통해 모델을 끊임없이 조정하는 **온라인 학습**(online learning), 연속된 예측 뒤 모델이 얼마나 잘 예측했는지 파악하는 **강화 학습**(reinforcement learning)은 다루지 않겠다.

아주 단순한 상황에서도 우리가 사용할 수 있는 모델은 무수히 많다. 일반적으로는 파라미터가 있는 **파라메트릭**(parametric) 모델을 고른 후, 데이터를 통해 파라미터의 최적값을 찾으려고 한다.

예를 들어 사람의 키를 (대략적으로) 몸무게에 대한 선형 함수로 구할 수 있다고 가정하면 주어진 데이터로 정확한 선형 함수를 학습시킬 수 있다. 혹은 환자의 병을 진단하는 데 의사결정나무가 좋은 모델이라고 가정한다면 데이터를 통해 최적의 의사결정나무를 찾을 수 있을 것이다. 앞으로 이 책에서는 학습시킬 수 있는 다양한 모델을 살펴볼 것이다.

하지만 그전에 기계학습의 기본을 살펴보도록 하자. 이 장에서는 다양한 모델을 살펴보기 전에 필요한 가장 기본적인 내용을 다뤄볼 것이다.

11.3 오버피팅과 언더피팅

기계학습의 일반적인 문제점은 **오버피팅**(overfitting)이다. 오버피팅이란 만들어진 모델의 성능이 학습 데이터에서는 좋지만, 기존에 관측한 적이 없는 새로운 데이터에서는 좋지 않은 경우를 의미한다. 이러한 현상은 데이터의 **잡음**(noise)까지 모델에 학습되거나, 원하는 결과를 예측해 주는 요소가 아닌 다른 요소들이 학습되기 때문에 발생한다.

반대로 **언더피팅**(underfitting)이란 모델의 성능이 학습 데이터에서도 좋지 않은 경우를 의미한다. 보통 언더피팅이 발생하면 해당 모델은 문제에 적합하지 않다는 것을 의미하며, 새로운 모델을 찾아봐야 한다.

그림 11-1에서는 표본 데이터에 적합한 세 종류의 다항식 함수를 찾아보았다 (어떻게 찾았는지는 걱정하시 말사. 나른 장에서 곧 다룰 것이다).

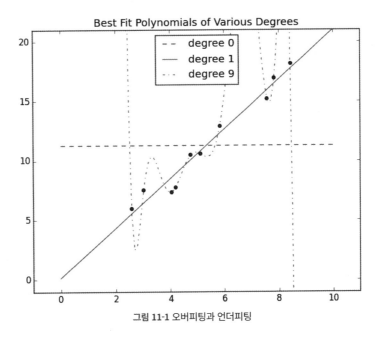

그림 11-1 오버피팅과 언더피팅

중간의 가로줄은 차수(degree)가 0인 다항 함수(상수 함수) 중 표본 데이터에 가장 적합한 함수를 나타낸다. 학습 데이터에 상수 함수를 적용하면 심각한 언더피팅(underfitting)이 발생하는 것을 확인할 수 있다. 표본 데이터에 가장 적합한 9차 함수(파라미터가 10개)는 정확하게 모든 학습 데이터를 통과하지만 심각한 오버피팅(overfitting)이 발생하는 것을 확인할 수 있다. 만약 새로운 데이터가 추가된다면 9차 함수는 이 데이터를 제대로 잡아내지 못할 것이다. 반면 사선인 1차 함수는 오버피팅과 언더피팅 사이에서 적절한 균형을 이룬다. 1차 함수는 적당히 모든 학습 데이터에 가까우며, (만약 학습 데이터가 모든 데이터를 대표한다면) 새로운 데이터에도 가까울 것이다.

확실히 모델이 너무 복잡하면 오버피팅이 발생하고, 학습 데이터 이외의 데이터에서는 일반적으로 적용할 수 없다는 것을 알 수 있다. 그렇다면 복잡하지 않은 모델을 어떻게 만들 수 있을까? 기본적으로 각각 다른 데이터로 모델을 학습시키고 평가하는 방법이 있다.

가장 간단한 방법은 주어진 데이터를 나누는 것이다. 예를 들어 전체 데이터의 2/3로 모델을 학습시키고, 나머지 1/3로 모델의 성능을 평가한다.

```
import random
from typing import TypeVar, List, Tuple
X = TypeVar('X')  # 데이터를 표현하기 위한 일반적인 타입

def split_data(data: List[X], prob: float) -> Tuple[List[X], List[X]]:
    """데이터를 [prob, 1 - prob] 비율로 나눈다."""
    data = data[:]              # 얕은 복사본을 만든다.
    random.shuffle(data)        # shuffle이 리스트 내용을 바꾸기 때문
    cut = int(len(data) * prob) # prob을 사용하여 자를 위치를 선택하고
    return data[:cut], data[cut:] # 섞인 리스트를 자른다.

data = [n for n in range(1000)]
train, test = split_data(data, 0.75)

# 비율이 맞는지 확인하자.
assert len(train) == 750
assert len(test) == 250

# 기존 데이터는 유지가 되어야 한다.
assert sorted(train + test) == data
```

대부분의 경우 입력 변수로 행렬 x, 출력 변수로 벡터 y가 주어질 것이다. 이때 학습 데이터(training data)나 평가 데이터(test set)에 x와 y가 제대로 쌍을 이뤄서 들어갈 수 있도록 해야 한다.

```
Y = TypeVar('Y')   # 출력 변수를 표현하기 위한 일반적인 타입

def train_test_split(xs: List[X],
                     ys: List[Y],
                     test_pct: float) -> Tuple[List[X], List[X], List[Y],
                                                                    List[Y]]:
    # 인덱스를 생성하여 분할
    idxs = [i for i in range(len(xs))]
    train_idxs, test_idxs = split_data(idxs, 1 - test_pct)

    return ([xs[i] for i in train_idxs],  # x_train
            [xs[i] for i in test_idxs],   # x_test
            [ys[i] for i in train_idxs],  # y_train
            [ys[i] for i in test_idxs])   # y_test
```

늘 그러하듯, 코드가 정상 동작하는지 확인하도록 하자.

```
xs = [x for x in range(1000)]  # xs는 1 ... 1000
ys = [2 * x for x in xs]        # 각각 y_i는 x_i의 두 배
x_train, x_test, y_train, y_test = train_test_split(xs, ys, 0.25)

# 비율이 맞는지 확인
assert len(x_train) == len(y_train) == 750
assert len(x_test) == len(y_test) == 250

# 대응되는 데이터들이 잘 짝지어졌는지 확인
assert all(y == 2 * x for x, y in zip(x_train, y_train))
assert all(y == 2 * x for x, y in zip(x_test, y_test))
```

이제 다음과 같이 모델을 학습하고 성능을 평가할 수 있다.

```
model = SomeKindOfModel()
x_train, x_test, y_train, y_test = train_test_split(xs, ys, 0.33)
model.train(x_train, y_train)
performance = model.test(x_test, y_test)
```

만약 모델이 학습 데이터에 오버피팅됐다면 (완벽히 별개인) 평가 데이터에서 모델의 성능은 좋지 않을 것이다. 바꿔 말하면 평가 데이터에 대한 성능이 좋은 모델은 오버피팅되지 않았다고 볼 수 있다.

하지만 이러한 방식에도 몇 가지 문제점이 나타날 수 있다.

그중 한 가지 가능성은, 더 큰 데이터에는 존재하지 않을 패턴이 학습 데이터와 평가 데이터에 공통적으로 존재하는 것이다.

예를 들어 각 사용자의 주간 활동 내역을 행으로 나타내는 데이터가 주어졌다고 해보자. 이 경우 대부분의 사용자는 학습 데이터와 평가 데이터에 모두 나타

날 것이며, 모델은 속성 간의 관계보다는 사용자를 분류하도록 학습될 수도 있다. 큰 문제는 아닐 수 있지만 필자 역시 이런 상황을 겪은 적이 있으니 염두에 두도록 하자.

더욱 큰 문제는 학습 데이터와 평가 데이터로 하나의 모델을 평가할 때가 아니라 여러 모델 중에서 하나의 모델을 선택할 때 발생한다. 이 경우 각각의 모델은 오버피팅되지 않겠지만, 평가 데이터에서 성능이 제일 좋은 모델을 선택한다면 이는 평가 데이터를 일종의 두 번째 학습 데이터로 사용하는 메타 학습의 문제가 발생한다. 당연히 평가 데이터에서 성능이 제일 좋았던 모델을 동일한 평가 데이터로 평가한다면 좋은 성능이 나올 수밖에 없다.

이러한 경우, 데이터를 세 종류로 나눠서 사용할 수 있다. 학습 데이터로 모델을 만들고, **검증 데이터**(validation set)를 통해 학습된 여러 모델 중 하나를 선택하고, 평가 데이터로 최종 모델의 성능을 평가할 수 있다.

11.4 정확도

내가 데이터 과학 관련 일을 하지 않을 때는 취미로 의학 쪽을 분석하고 있다. 그리고 저렴하면서도 아무런 시술이 필요 없는 방법으로, 신생아가 살면서 백혈병(leukemia)에 걸릴지 여부를 98% 이상의 정확도로 판독할 수 있는 방법을 고안해 냈다. 변호사에게 문의한 결과, 이 판독 방법에 관한 특허를 받을 수 없다고 하니 여기에 공유하도록 하겠다. 신생아의 이름이 루크(Luke)라면 백혈병에 걸린다.[1]

뒤에서 다시 보겠지만 이 판독 방법의 정확도는 98% 이상인 것을 확인할 수 있다. 하지만 이 판독 방법은 굉장히 멍청한 판독 방법이며, (이진 분류) 모델을 평가하기 위해 보통 정확도를 쓰지 않는 이유를 잘 보여 주는 예시다.

가령 두 가지 결론 중 하나를 선택하는 **이진 분류** 문제에 대한 모델을 만든다고 해보자. 예를 들어 '이 이메일은 과연 스팸 메일인가?', '과연 이 지원자를 채용해야 하는가?' 혹은 '이 여행객은 테러리스트인가?' 같은 문제에 대한 모델을 만드는 것이다.

답안이 정해진 데이터와 예측 모델이 주어졌다면 모든 데이터는 다음 네 가지 분류 중 하나에 속할 것이다.

---

[1] 백혈병(leukemia)은 영어 이름(Luke)과 발음이 비슷하다.

True positive(TP, 진양성)

'이 이메일은 실제로 스팸 메일이며 정확하게 스팸으로 분류'

False positive(FP, 가양성, 제1종 오류)

'이 이메일은 사실 스팸 메일이 아니지만 스팸으로 분류'

False negative(FN, 가음성, 제2종 오류)

'이 이메일은 실제로 스팸 메일이지만 스팸이 아닌 것으로 분류'

True negative(TN, 진음성)

'이 이메일은 실제로 스팸 메일이 아니며 정확하게 스팸이 아닌 것으로 분류'

이러한 정보는 보통 **혼동행렬**(confusion matrix)을 사용해서 표현한다.

	실제로 스팸 메일인 경우	실제로 스팸 메일이 아닌 경우
스팸 메일로 분류	True positive	False positive
스팸 메일이 아닌 것으로 분류	False negative	True negative

이런 경우, 백혈병 판독 방법은 어떻게 변하는지 살펴보자. 최근 동향을 보면 1,000명의 신생아 중 5명에게 루크라는 이름을 지어 준다.[2] 그리고 사람이 살면 시 백혈병에 걸릴 확률온 대략 1.4%로 1,000명 중 14명[3]이 백혈병에 걸린다.

만약 이 두 가지 요소가 독립적이라고 가정하고 '루크라는 이름을 가진 사람은 백혈병에 걸린다'라는 판독 방법을 100만 명에게 검증했다면, 다음과 같은 혼동 행렬로 결과를 확인할 수 있다.

	실제로 백혈병에 걸린 경우(명)	실제로 백혈병에 걸리지 않은 경우(명)	합계(명)
이름이 루크인 경우	70	4,930	5,000
이름이 루크가 아닌 경우	13,930	981,070	995,000
합계	14,000	986,000	1,000,000

이제 이 혼동행렬을 사용해서 모델의 성능에 대한 다양한 지표를 계산할 수 있다. 예를 들어 정확한 예측의 비율을 의미하는 **정확도**(accuracy)를 다음과 같이 계산할 수 있다.

---

2 *https://www.babycenter.com/baby-names-luke-2918.htm*
3 *https://seer.cancer.gov/statfacts/html/leuks.html*

```
def accuracy(tp: int, fp: int, fn: int, tn: int) -> float:
    correct = tp + tn
    total = tp + fp + fn + tn
    return correct / total
```

```
assert accuracy(70, 4930, 13930, 981070) == 0.98114
```

상당히 높은 정확도로 계산되었다. 하지만 이 판독 방법은 확실히 좋은 방법이 아니기 때문에 계산된 결과에 크게 신경 쓰지 말자.

보통 모델의 성능을 평가하기 위해 **정밀도**(precision)와 **재현율**(recall)을 사용한다. 정밀도는 양성(positive)으로 예측된 결과의 정확도를 의미한다.

```
def precision(tp: int, fp: int, fn: int, tn: int) -> float:
    return tp / (tp + fp)
```

```
assert precision(70, 4930, 13930, 981070) == 0.014
```

그리고 재현율은 실제 양성 중 모델이 정확하게 양성으로 예측한 비율을 의미한다.

```
def recall(tp: int, fp: int, fn: int, tn: int) -> float:
    return tp / (tp + fn)
```

```
assert recall(70, 4930, 13930, 981070) == 0.005
```

정밀도와 재현율이 굉장히 낮은 것을 확인할 수 있으며, 이 결과로 판독 방법이 형편없다는 것을 알 수 있다.

때로는 정밀도와 재현율을 결합해서 다음과 같이 정의된 **F1 점수**(F1 score)를 사용하기도 한다.

```
def f1_score(tp: int, fp: int, fn: int, tn: int) -> float:
    p = precision(tp, fp, fn, tn)
    r = recall(tp, fp, fn, tn)

    return 2 * p * r / (p + r)
```

F1 점수는 정밀도와 재현율의 **조화평균**(harmonic mean)[4]이며, 항상 정밀도와 재현율 사이의 값을 갖는다.

---

4   *http://en.wikipedia.org/wiki/Harmonic_mean*
    (옮긴이) 주어진 수들의 역수의 산술평균의 역수. *https://ko.wikipedia.org/wiki/%EC%A1%B0%ED%99%9*
    4_%ED%8F%89%EA%B7%A0

보통 모델을 선택하기 위해서는 정밀도와 재현율의 트레이드오프(trade-off)를 고려해야 한다. 특정 데이터 포인트가 조금이라도 양성일 것 같을 때 모델이 데이터 포인트를 양성이라고 판단한다면, 재현율은 높겠지만 정밀도는 낮을 것이다. 반면 모델이 데이터가 확실히 양성일 때만 해당 데이터를 양성이라고 판단한다면 재현율은 낮겠지만 정밀도는 높을 것이다.

다르게 생각해 보면 false positive와 false negative의 트레이드오프로 볼 수도 있다. 너무 자주 양성이라고 판단하면 false positive가 증가할 것이다. 반면에 자주 음성이라고 판단하면 false negative가 증가할 것이다.

예를 들어 백혈병을 유발하는 10가지 위험 요소가 존재하고, 더 많은 위험 요소를 보유할수록 발병 확률이 높아진다고 해보자. 이런 경우 적어도 1개의 위험 요소를 보유할 때 발병 여부를 예측해 보고, 적어도 2개의 위험 요소를 보유할 때 발병 여부를 예측하는 등 순차적으로 발병 여부를 판단할 수 있다. 위험 요소의 개수를 증가시키면 발병 확률이 높아지기 때문에 판독 방법의 정밀도는 증가한다. 하지만 위험 요소의 개수가 증가하면 점점 더 적은 수의 환자가 양성으로 판정되기 때문에 판독 방법의 재현율은 감소한다. 이런 예시처럼 위험 요소의 적당한 개수를 정하는 것은 결국 적절한 트레이드오프 수준을 결정하는 문제이다.

11.5 Bias-variance 트레이드오프

오버피팅 문제는 bias(편향)와 variance(분산)의 트레이드오프로 볼 수도 있다.

두 수치는 모두 모델을 더 큰 모집단에서 추출한, 다양한 학습 데이터로 다시 학습시키면 어떠한 변화가 발생하는지 설명해 준다.

예를 들어 오버피팅과 언더피팅에서 다루었던 상수 함수는 (더 큰 모집단에서 추출한) 거의 모든 학습 데이터에서 큰 오류를 범할 것이다. 즉, 상수 함수가 큰 편향을 가졌다고 볼 수 있다. 하지만 임의의 두 학습 데이터에서는 (두 학습 데이터 각각의 평균은 비슷하기 때문에) 비슷한 모델이 만들어질 것이다. 즉, 분산이 작다는 것을 의미한다. 편향이 크고 분산이 작다면 언더피팅을 의미한다.

반대로 9차 함수는 완벽하게 학습 데이터를 통과한다. 즉, 편향은 작지만 (임의의 두 학습 데이터에서 만들어진 모델은 매우 달라지기 때문에) 분산은 커진다. 이는 오버피팅을 의미한다.

모델의 성능이 좋지 않을 때 이러한 접근법으로 모델을 분석해 보면 해결책이 보일 것이다.

만약 모델의 편향이 매우 크다면(즉, 학습 데이터에서도 모델의 성능이 좋지 않다면) 새로운 변수를 추가하는 것도 하나의 해결책일 것이다. 11.3절 '오버피팅과 언더피팅'에서 봤듯이 상수 함수를 1차 함수로 바꾸면 모델의 성능이 상당히 개선되는 것을 확인할 수 있었다.

반대로 모델의 분산이 너무 크다면, 모델의 변수를 줄이거나 (가능하다면) 더 많은 데이터를 구해서 모델을 다시 학습시키면 된다.

그림 11-2는 9차 함수를 데이터 개수가 다른 다양한 학습 데이터로 학습시킨 결과를 보여 주고 있다. 이전에 살펴봤던 것처럼 10개의 데이터로 학습된 함수는 굴곡이 심한 것을 확인할 수 있다. 하지만 100개의 데이터로 학습된 함수의 경우 오버피팅이 감소한 것을 확인할 수 있으며 1,000개의 데이터로 학습된 함수는 거의 1차 함수의 모양과 동일하다는 것을 알 수 있다. 모델의 복잡성이 동일한 상태에서 데이터가 더욱 많아진다면, 모델을 데이터에 오버피팅시키는 것은 더욱 더 어려워진다. 반대로 데이터의 수가 늘어나도 편향은 줄어들지 않는다. 만약 데이터의 패턴을 잡아내기에 모델의 특징이 부족하다면, 아무리 많은 데이터를 추가해도 전혀 도움이 되지 않는다.

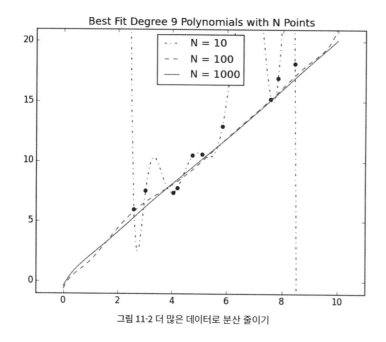

그림 11-2 더 많은 데이터로 분산 줄이기

11.6 특성 추출 및 선택

앞에서 언급했듯이 데이터를 설명할 때 데이터의 특성을 나타내는 모델의 변수가 부족하다면 언더피팅이 발생할 것이다. 하지만 변수가 너무 많다면 오버피팅이 발생할 것이다. 그렇다면 데이터의 특성이라는 것은 무엇이며 어디서 오는 것일까?

데이터의 특성(feature)이란 모델의 모든 입력 변수를 의미한다.

가장 간단한 경우에는 이러한 특성이 주어진다. 예를 들어 사람의 경력으로 연봉을 예측하고 싶다면 경력은 특성이 된다. 물론 11.3절 '오버피팅과 언더피팅'에서 봤듯이, 성능이 더 좋은 모델이 만들어진다면 경력을 제곱한 값이나 세제곱한 값을 변수로 사용할 수도 있다.

데이터가 더욱 복잡해질수록 신기한 일이 일어난다. 예를 들어 이메일이 스팸 메일인지 아닌지를 예측해 주는 필터를 만들고 있다고 해보자.

대부분의 모델은 수많은 글자로 구성된 이메일 원본을 어떻게 처리해야 할지 모를 것이다. 필터를 만들기 위해서는 예컨대 다음과 같이 특징을 추출해야 할 것이다.

- 이메일에 '비아그라'라는 단어가 포함되어 있는가?
- 문자 'd'가 몇 번 나왔는가?
- 보낸 사람의 이메일 도메인은 무엇인가?

첫 번째 특징은 '예' 혹은 '아니요'로 답할 수 있으며, 주로 1과 0을 사용해서 답을 표현한다. 두 번째 특징은 숫자로 표현된다. 그리고 세 번째 특징은 별개의 범주에서 선택할 수 있다.

대부분의 특징은 위의 세 가지 종류로 구분할 수 있다. 그리고 특징의 종류에 따라 사용할 수 있는 모델이 제한된다.

- 13장에서 다룰 나이브 베이즈 분류기는 첫 번째 특징처럼 '예' 혹은 '아니요'로 표현되는 특징에 적합하다.
- 14장과 16장에서 다룰 회귀 분석 모델은 숫자로 표현되는 특징(0과 1로 표현되는 가변수 포함)에 적합하다.
- 그리고 17장에서 다룰 의사결정나무는 숫자나 범주로 표현되는 데이터에 적용할 수 있다.

비록 스팸 필터 예시에서는 데이터의 특성을 생성했지만, 가끔씩 특성을 제거하는 경우도 있을 것이다.

예를 들어 입력 변수로 수백 차원의 벡터가 주어졌다고 해보자. 상황에 따라 (10.8절에서 그랬듯) 차원 축소를 통해 입력 변수를 몇몇 중요한 변수로 축소시키고 더 적은 수의 변수로 데이터의 특성을 나타낼 수도 있다. 아니면 15.8절에서 보게 될 regularization같이 변수의 개수가 늘어날수록 해당 모델을 불리하게 만드는 기법을 사용할 수도 있다.

특성은 어떻게 추출할까? 데이터의 특성을 추출하기 위해서는 경험과 현장 지식이 중요하다. 만약 수없이 많은 이메일을 받아 봤다면 대부분의 스팸 메일은 특정 단어를 포함하고 있다는 것을 알고 있을 것이다. 그리고 'd'가 나온 횟수는 별로 중요하지 않다는 것을 알고 있을 것이다. 하지만 다양한 특성을 나타내는 모델을 직접 만들어 봐야 한다. 이 또한 재미있는 일이지 않을까?

11.7 더 공부해 보고 싶다면

- 계속 읽어 보자! 앞으로 몇 장에 걸쳐 다양한 기계학습 방법론에 대해 배우게 될 것이다.
- 코세라의 "Machine Learning"[5] 강좌는 원조 MOOC이기 때문에 기계학습의 기본을 좀 더 깊게 익히기 위한 좋은 출발이다.
- *The Elements of Statistical Learning*은 일종의 정석과도 같은 책인데, 무료로 내려받아서 볼 수 있다.[6] 단, 매우 수학적이다.

---

[5] *https://www.coursera.org/course/ml*
[6] *http://stanford.io/1ycOXbo*

12장

k-NN

이웃의 심기를 건드리고 싶다면, 그들에 관한 숨겨진 진실을 알려라.
- 피에트로 아레티노(Pietro Aretino)

여러분은 내가 다음 대선 때 어떤 후보를 뽑을지 예측해 볼 수 있는가? 여러분이 나에 대해 아무것도 모른다고 할 때, 내 주변 이웃들이 누구를 뽑을지를 살펴보는 것이 좋은 접근일 수 있다. 민주당을 선호하는 시애틀 시내에 살고 있는 사람들은 대부분 민주당 후보를 뽑을 것이기 때문에 나 역시 '민주당'을 뽑을 것이라고 한다면 그럴듯한 주장이 될 것이다.

자, 그럼 나에 대해 아는 것이 살고 있는 지역뿐 아니라 나이, 소득 수준, 자녀 수 등이라고 가정해 보자. 나의 행동은 이러한 특성들에 의해 어느 정도는 영향을 받거나 결정되기 때문에, 이 모든 특성을 고려해서 가장 가까운 이웃들만 선별한다면 모든 이웃을 고려했을 때보다 더 나은 추정을 할 수 있을 것이다. 이것이 근접 이웃 분류(nearest neighbors classification) 기법의 뒤에 있는 논리이다.

12.1 모델

k-NN(k-Nearest Neighbors, k-근접 이웃)은 가장 단순한 예측 모델 중 하나이다. 수학적인 가정도 하나 없고 엄청난 컴퓨터가 필요한 것도 아니다. 갖춰줘야 하는 요소는 다음과 같다.

• 거리를 재는 방법

• 서로 가까운 점들은 유사하다는 가정

이 책에 나오는 대부분의 기술은 데이터에 내재된 패턴을 찾기 위해 데이터셋 전체를 봐야 한다. 하지만 k-NN은 궁금한 점 주변에 있는 것만 보면 되기 때문에 그렇게 많은 데이터를 뒤지지 않아도 된다.

하지만 k-NN은 특정 현상의 원인을 파악하는 데는 큰 도움이 되지 않는다. 즉, 어떤 모델들은 나의 투표 결과가 소득 수준이나 혼인 상태에 따라 판가름된다고 얘기해 주지만, 이웃의 투표 결과에 의해 나의 투표 결과를 판단하는 k-NN은 왜 그렇게 투표를 했는지 설명해 주지 않는다.

보통은 데이터 포인트 몇 개와 그에 대한 레이블(label) 정보가 주어진다. 레이블은 '스팸인가?', '독성이 있는가?', '재밌는가?'와 같이 특정 조건을 만족했는지에 따라 참 또는 거짓이 되거나, 영화 등급과 같이 전체 관람가, 12세 관람가, 15세 관람가, 19세 관람가 등 다양한 카테고리가 될 수 있다. 또는 대선 후보의 이름이거나 가장 좋아하는 프로그래밍 언어일 수도 있다.

우리의 경우, 데이터 포인트는 벡터다. 따라서 4장 '선형대수'에서 살펴본 distance 함수를 사용할 수 있다.

먼저 k를 3 또는 5로 정했다고 해보자. 새로운 데이터 포인트를 분류하고 싶다면 먼저 k개의 가장 가까운 포인트를 찾고, 찾아낸 포인트들의 레이블을 보고 투표를 통해 새로운 데이터 포인트의 레이블을 정할 수 있다.

이렇게 하기 위해서 먼저 투표를 집계하는 함수를 다음과 같이 만들어 보자.

```python
from typing import List
from collections import Counter

def raw_majority_vote(labels: List[str]) -> str:
    votes = Counter(labels)
    winner, _ = votes.most_common(1)[0]
    return winner

assert raw_majority_vote(['a', 'b', 'c', 'b']) == 'b'
```

하지만 이렇게 하면 동점인 항목들이 똑똑하게 처리되지 않는다. 예를 들어 우리가 영화에 등급을 매기고 있으며, 가장 인접한 다섯 개의 영화가 각각 전체 관람가, 전체 관람가, 13세 관람가, 13세 관람가, 19세 관람가로 구분된다고 해보자. 전체 관람가도 2개, 13세 관람가도 2개이기 때문에 공동 1등이 되는데, 이 경우에 다음과 같이 조치할 수 있다.

- 여러 1등 중 임의로 하나를 정한다.
- 거리를 가중치로 사용해서 이를 고려한 투표를 한다.
- 단독 1등이 생길 때까지 *k*를 하나씩 줄인다.

여기서는 세 번째 경우를 구현해 볼 것이다.

```python
def majority_vote(labels: List[str]) -> str:
    """labels는 가장 가까운 데이터부터 가장 먼 데이터 순서로 정렬되어 있다고 가정"""
    vote_counts = Counter(labels)
    winner, winner_count = vote_counts.most_common(1)[0]
    num_winners = len([count
                       for count in vote_counts.values()
                       if count == winner_count])

    if num_winners == 1:
        return winner                          # 1등이 하나이기 때문에 반환
    else:
        return majority_vote(labels[:-1]) # 가장 먼 데이터를 제외하고 다시 찾아 본다.

# 동점으로 첫 네 개를 살펴보게 되므로 'b'
assert majority_vote(['a', 'b', 'c', 'b', 'a']) == 'b'
```

이 방법을 쓰면 어떻게든 결괏값은 계산된다. 가장 극단적인 경우에는 *k*가 1이
돼서 가장 가까운 레이블 하나만 보고 새로운 레이블을 정하면 된다.

이제 이 함수를 사용하면 분류기도 간단하게 만들 수 있다.

```python
from typing import NamedTuple
from scratch.linear_algebra import Vector, distance

class LabeledPoint(NamedTuple):
    point: Vector
    label: str

def knn_classify(k: int,
                 labeled_points: List[LabeledPoint],
                 new_point: Vector) -> str:

    # 레이블된 포인트를 가장 가까운 데이터부터 가장 먼 데이터 순서로 정렬
    by_distance = sorted(labeled_points,
                         key=lambda lp: distance(lp.point, new_point))

    # 가장 가까운 k 데이터 포인트의 레이블을 살펴보고
    k_nearest_labels = [lp.label for lp in by_distance[:k]]

    # 투표한다.
    return majority_vote(k_nearest_labels)
```

이 코드가 어떻게 작동하는지 한번 자세히 들여다 보자.

12.2 예시: Iris 데이터

Iris 데이터는 기계학습에서 자주 쓰이는 데이터셋 중 하나이다. Iris 데이터는 붓꽃(iris) 세 종에 속하는 150개의 꽃의 다양한 측정치를 담고 있다. 각각 꽃의 꽃잎 길이(petal length), 꽃잎 너비(petal width), 꽃받침 길이(sepal length), 꽃받침 너비(sepal width)와 종(species)이 기록되어 있다. 해당 데이터는 *https://archive.ics.uci.edu/ml/datasets/iris*에서 받을 수 있다.

```
import requests

data = requests.get(
  "https://archive.ics.uci.edu/ml/machine-learning-databases/iris/iris.data"
)

with open('iris.dat', 'w') as f:
    f.write(data.text)
```

데이터는 쉼표로 분리되어 있으며 아래의 필드를 지니고 있다.

꽃받침 길이, 꽃받침 너비, 꽃잎 길이, 꽃잎 너비, 분류

가령 첫 행은 다음과 같이 생겼다.

```
5.1,3.5,1.4,0.2,Iris-setosa
```

이번 장에서는 첫 네 가지 측정치를 사용하여 종을 분류해낼 수 있는 모델을 만들도록 하겠다.

데이터를 불러와 살펴보는 것으로 시작하기로 하자. 우리가 만든 근접 이웃 함수는 LabeledPoint를 입력으로 받으므로 데이터를 해당 방식으로 표현하도록 하자.

```
from typing import Dict
import csv
from collections import defaultdict

def parse_iris_row(row: List[str]) -> LabeledPoint:
    """
    꽃받침 길이, 꽃받침 너비, 꽃잎 길이, 꽃잎 너비, 분류
    """
```

```
        measurements = [float(value) for value in row[:-1]]
        # 분류는 "Irisi-virginica"와 같이 나오는데 그중 "virginica"만 뽑아오자.
        label = row[-1].split("-")[-1]
        return LabeledPoint(measurements, label)

with open('iris.data') as f:
    reader = csv.reader(f)
    iris_data = [parse_iris_row(row) for row in reader]

# 데이터를 살펴보기 위해 종/레이블로 무리 지어보자.
points_by_species: Dict[str, List[Vector]] = defaultdict(list)
for iris in iris_data:
    points_by_species[iris.label].append(iris.point)
```

측정치로 차트를 그려서 종별로 어떻게 다른지 확인해 보고자 한다. 불행히도 해당 데이터는 4차원이기 때문에 그려 보기 쉽지 않다. 우리가 해볼 수 있는 한 가지 접근은, 총 6개의 짝지어진 측정치의 산점도(scatterplot)를 살펴보는 것이다(그림 12-1). 모든 세부적인 내용을 설명하지는 않겠지만, matplotlib를 복잡하게 사용해 볼 수 있는 좋은 예시이며 주의 깊게 살펴보자.

```
from matplotlib import pyplot as plt
metrics = ['sepal length', 'sepal width', 'petal length', 'petal width']
pairs = [(i, j) for i in range(4) for j in range(4) if i < j]
marks - ['+', '.', 'x']  # 3개의 분류가 있으므로 3개의 마커(marker)가 필요

fig, ax = plt.subplots(2, 3)

for row in range(2):
    for col in range(3):
        i, j = pairs[3 * row + col]
        ax[row][col].set_title(f"{metrics[i]} vs {metrics[j]}", fontsize=8)
        ax[row][col].set_xticks([])
        ax[row][col].set_yticks([])

        for mark, (species, points) in zip(marks, points_by_species.items()):
            xs = [point[i] for point in points]
            ys = [point[j] for point in points]
            ax[row][col].scatter(xs, ys, marker=mark, label=species)

ax[-1][-1].legend(loc='lower right', prop={'size': 6})
plt.show()
```

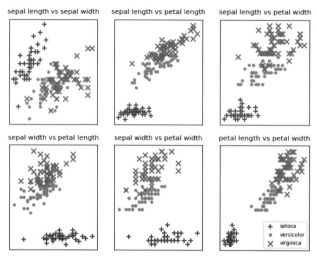

그림 12-1 아이리스 산점도

차트들을 보면 실제로 종별로 측정치가 군집되는 것으로 보인다. 가령 꽃받침 길이와 꽃받침 너비만 보았을 때 versicolor와 virginica를 구분하기 쉽지 않다. 하지만 꽃잎 길이와 너비도 함께 고려한다면 근접 이웃 기반으로 종을 예측할 수 있을 것으로 보인다.

시작하기에 앞서 데이터를 학습 데이터와 평가 데이터로 나누도록 하자.

```
import random
from scratch.machine_learning import split_data

random.seed(12)
iris_train, iris_test = split_data(iris_data, 0.70)
assert len(iris_train) == 0.7 * 150
assert len(iris_test) == 0.3 * 150
```

학습 데이터가 '이웃' 역할을 하여 평가 데이터를 분류하게 될 것이다. 투표를 위해 이웃의 숫자인 k 값을 결정해야 한다. 만약 k가 1처럼 너무 작으면 이상치가 결과에 너무 큰 영향을 주게 될 것이다. 반면 k가 너무 크다면(가령 $k = 105$) 데이터 안에서 가장 빈번하게 발생한 클래스가 선택될 것이다.

현실 세계에서 k-NN을 활용할 때는 (그리고 더 많은 양의 데이터가 주어진다면) 별도의 검증 데이터를 통해 k를 찾을 수도 있을 것이다. 여기서는 $k = 5$로 사용하기로 하자.

```
from typing import Tuple
```

```
# 우리가 (predicted, actual)을 몇 번 살펴보는지 추적하자.
confusion_matrix: Dict[Tuple[str, str], int] = defaultdict(int)
num_correct = 0

for iris in iris_test:
    predicted = knn_classify(5, iris_train, iris.point)
    actual = iris.label

    if predicted == actual:
        num_correct += 1

    confusion_matrix[(predicted, actual)] += 1

pct_correct = num_correct / len(iris_test)
print(pct_correct, confusion_matrix)
```

이 단순한 데이터에서는 모델이 거의 완벽하게 예측을 한다. versicolor를 한 번 virginica로 예측하는 경우가 있었지만 나머지는 모두 맞추었다.

12.3 차원의 저주

k-NN은 '차원의 저주(curse of dimensionality)'라는 것 때문에 고차원에서 문제가 생긴다. 고차원 공간은 엄청나게 넓기 때문에 고차원에서 데이터들은 서로 '근접'하지 않게 된다. 이 현상을 관찰하기 위해서는 *d*-차원 단위 정육면체 안에서 임의의 점 두 개를 생성해 보며 차원을 늘려 보자.

지금쯤이면 임의의 점을 생성하는 것은 누워서 떡 먹기일 것이다.

```
def random_point(dim: int) -> Vector:
    return [random.random() for _ in range(dim)]
```

두 점 사이의 거리를 재는 것도 이제는 자신 있게 할 수 있을 것이다.

```
def random_distances(dim: int, num_pairs: int) -> List[float]:
    return [distance(random_point(dim), random_point(dim))
            for _ in range(num_pairs)]
```

1차원부터 100차원까지 각각의 차원에 대해 총 10,000개의 거리를 계산한 뒤, 각 점들 간의 평균 거리와 최소 거리를 구해 보자(그림 12-2).

```
import tqdm
dimensions = range(1, 101)

avg_distances = []
```

```
min_distances = []

random.seed(0)
for dim in tqdm.tqdm(dimensions, desc="Curse of Dimensionality"):
    distances = random_distances(dim, 10000)        # 10,000개 임의의 쌍
    avg_distances.append(sum(distances) / 10000)    # 평균 거리와
    min_distances.append(min(distances))            # 최소 거리를 저장
```

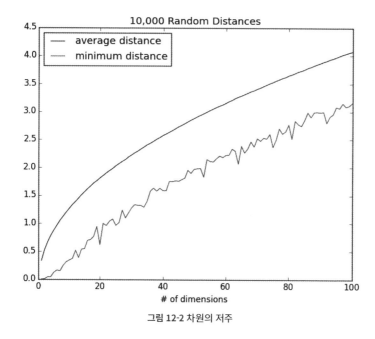

그림 12-2 차원의 저주

차원이 증가할수록 점들 간 평균 거리도 증가하지만, 더 큰 문제는 최근접 거리
와 평균 거리의 비율이다(그림 12-3).

```
min_avg_ratio = [min_dist / avg_dist
                 for min_dist, avg_dist in zip(min_distances, avg_distances)]
```

저차원에서는 근접 이웃들이 평균 거리에 비해 월등히 가깝다. 하지만 두 점이
'가깝다'고 하려면 모든 차원에 관해 가까워야 하기 때문에, 차원이 추가된다는
것은 (그것이 단지 잡음이라고 해도) 두 점이 가까울 수 있는 가능성이 현저히
줄어든다는 것을 의미하기도 한다. 즉, 고차원일 때는 근접 이웃들이 평균 거리
와 큰 차이가 나지 않게 되고, 그렇기 때문에 가깝다는 것이 별 의미를 가지지 않
게 된다(데이터에 뚜렷한 구조가 있어서 고차원임에도 저차원의 특성을 가지지
않는 한).

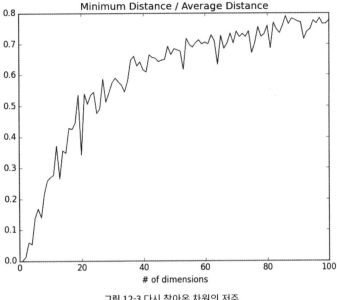

그림 12-3 다시 찾아온 차원의 저주

고차원 문제를 바라볼 수 있는 또 다른 관점은 공간의 성김(sparsity)과 관련이 있다.

0과 1 사이에서 50개의 점을 임의로 고르면 단위 구간을 제법 채울 수 있다(그림 12-4).

그림 12-4 1차원상에서 고른 임의의 점 50개

2차원상에서 똑같이 50개를 고르면 단위 정사각형을 덜 채우게 된다(그림 12-5).

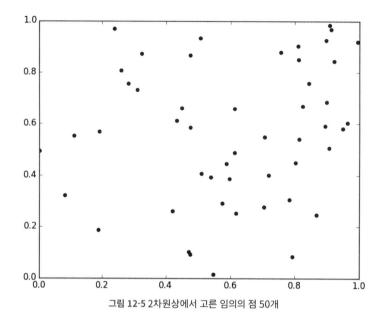

그림 12-5 2차원상에서 고른 임의의 점 50개

3차원에서는 그보다 더 적은 공간을 채우게 된다(그림 12-6).

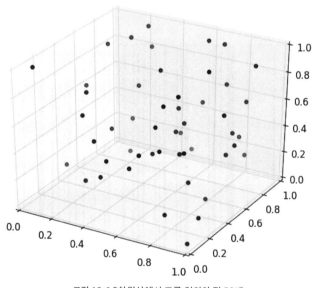

그림 12-6 3차원상에서 고른 임의의 점 50개

matplotlib로는 4차원을 그릴 수 없기 때문에 이쯤에서 그치겠다. 여기까지만 해봐도 차원이 높아질수록 점들 사이의 거리가 멀어지고 빈 공간이 많아진다는 것을 충분히 느낄 수 있었을 것이다. 데이터가 기하급수적으로 많아지지 않으면, 고차원에서의 빈 공간은 우리가 예측하고 싶은 값을 포함한 모든 점에게 공통적으로 먼 공간이 된다.

따라서 고차원에서 k-NN을 이용하려면 먼저 차원 축소를 하는 것이 좋을 것이다.

12.4 더 공부해 보고 싶다면

- scikit-learn에서 다양한 근접 이웃[1] 모델을 확인할 수 있다.

---

1 *https://scikit-learn.org/stable/modules/neighbors.html*

13장

D a t a   S c i e n c e   *f r o m   S c r a t c h*

나이브 베이즈

가슴은 단순하고(나이브하고) 정신은 그렇지 않은 것이 좋다.
- 아나톨 프랑스(Anatole France)

사용자끼리 서로 소통할 수 없는 소셜 네트워크는 무의미하다. 그렇기 때문에 데이텀에는 사용자끼리 서로 메시지를 보낼 수 있는 기능이 있다. 대부분의 사용자는 책임감 있는 사용자이기 때문에 "잘 지내세요?" 같이 문제가 되지 않는 메시지를 보낸다. 하지만 몇몇 야성 사용자는 다른 사용자에게 일확천금의 기회, 처방전 없이 약을 구매하는 방법, 유료 데이터 과학 프로그램 같은 스팸 메시지를 지속적으로 보내고 있다. 점점 많은 사용자가 항의하기 시작했고, 메시지 담당 부서의 부사장은 데이터 과학으로 이런 스팸 메시지를 걸러내 달라고 부탁했다.

13.1 바보 스팸 필터

가능한 모든 메시지에서 임의로 메시지를 선택하는 '공간'을 상상해 보자. 메시지가 스팸인 경우를 S라고 정의하고, 메시지에 '비트코인'이라는 단어가 포함되어 있는 경우를 B라고 정의해 보자. 베이즈 정리를 사용하면 메시지에 "비트코인"이라는 단어가 포함되었을 때 해당 메시지가 스팸일 확률은 다음과 같다.

$$P(S|B) = [P(B|S)P(S)] / [P(B|S)P(S) + P(B|\neg S)P(\neg S)]$$

분자는 메시지가 스팸이면서 비트코인이라는 단어를 포함하고 있을 확률을 나타낸다. 반면에 분모는 메시지에 비트코인이라는 단어가 포함되었을 확률을 나타낸다. 즉, 이 식은 비트코인이라는 단어가 포함된 모든 메시지 중에서 스팸 메시지의 비율을 나타낸다고 이해할 수 있다.

만약 수많은 스팸 메시지와 스팸이 아닌 메시지를 갖고 있다면 $P(B|S)$와 $P(B|\neg S)$를 쉽게 추정할 수 있다. 만약 메시지가 스팸일 확률과 스팸이 아닐 확률이 동일하다면(즉, $P(S) = P(\neg S) = 0.5$) 앞의 식을 다음과 같이 정리할 수 있다.

$$P(S|B) = P(B|S) / [P(B|S) + P(B|\neg S)]$$

예를 들어 스팸 메시지 중 50%, 스팸이 아닌 메시지 중 1%만이 비트코인이라는 단어를 포함하고 있다면 비트코인이라는 단어를 포함하고 있는 메시지가 스팸일 확률은 다음과 같다.

$$0.5 / (0.5 + 0.01) = 98\%$$

13.2 조금 더 똑똑한 스팸 필터

이제 더 많은 단어 $w_1 ..., w_n$이 주어졌다고 해보자. 확률 이론을 적용하기 위해 단어 w_i가 메시지에 포함되는 경우를 X_i로 나타내자. 또한 (아직 설명되지 않은 어떤 방법에 의해) 스팸 메시지에 i번째 단어가 포함되어 있는 확률인 $P(X_i|S)$와 스팸이 아닌 메시지에 i번째 단어가 포함되어 있는 확률인 $P(X_i|\neg S)$가 주어졌다고 해보자.

나이브 베이즈(Naive Bayes)의 핵심은 '메시지가 스팸이냐 아니냐가 주어졌다는 조건하에 각 단어의 존재(혹은 부재)는 서로 조건부 독립적이다'라는 (커다란) 가정에 기반을 둔다. 이 가정을 직관적으로 이해해 보면, 어떤 스팸 메시지가 비트코인이라는 단어를 포함하고 있다는 점이 같은 메시지가 롤렉스라는 단어를 포함하고 있는지를 판단하는 데 도움을 주지 않는다는 것을 의미한다.

$$P(X_1 = x_1, ..., X_n = x_n|S) = P(X_1 = x_1|S) \times \cdots \times P(X_n = x_n|S)$$

나이브(단순한) 베이즈라는 이름에서 알 수 있듯이, 나이브 베이즈는 너무 극단적인 가정을 한다. 예를 들어 사전에 수록된 단어가 비트코인과 롤렉스뿐이며, 모든 스팸 메시지의 반은 '비트코인을 얻으세요'에 관한 메시지이고, 나머지 스팸 메시지는 '정품 롤렉스'에 대한 메시지라고 해보자. 이런 경우 나이브 베이즈는 스팸 메시지에 비트코인과 롤렉스라는 단어가 포함될 확률을 다음과 같이 추정한다.

$$P(X_1 = 1, X_2 = 1|S) = P(X_1 = 1|S) \, P(X_2 = 1|S) = .5 \times .5 = .25$$

이 경우에서는 비트코인과 롤렉스가 동시에 등장하지 않는다는 점을 무시하였다. 비록 말도 안 되는 가정으로 모델을 만들었지만 성능은 상당히 뛰어나며, 이는 실제 스팸 필터로 사용되어 왔다.

'비트코인'이라는 단어만으로 스팸을 걸러내는 필터에서도 사용된 베이즈 정리를 통해 메시지가 스팸일 확률을 다음과 같이 계산할 수 있다.

$$P(S|X = x) = P(X = x|S) \, / \, [P(X = x|S) + P(X = x|\neg S)]$$

나이브 베이즈의 가정을 따르면, 간단하게 각 단어가 메시지에 포함될 확률값을 모두 곱해서 위 식의 우변에 위치한 확률값을 모두 구할 수 있다.

실제로 구현할 때는 끊임없이 확률값을 곱하는 것은 피하자. 컴퓨터가 0에 가까운 부동소수점(floating point number)을 제대로 처리하지 못해서 언더플로(underflow) 문제가 발생하기 때문이다. 기본적인 수학 내용을 더듬어 보면 $\log(ab) = \log a + \log b$이고 $\exp(\log x) = x$라는 것이 기억날 것이다. 그럼 부동소수점 문제를 피하기 위해서 $p_1 * \ldots * p_n$는 보통 다음과 같이 계산한다.

$$\exp(\log(p_1) + \cdots + \log(p_n))$$

이제 스팸이나 스팸이 아닌 메시지에 단어 w_i가 포함될 확률인 $P(X_i|S)$와 $P(X_i|\neg S)$의 값을 추정하는 문제가 남았다. 만약 이미 스팸과 스팸이 아닌 메시지로 분류된 '학습' 메시지가 충분히 주어졌다면 $P(X_i|S)$를 추정할 수 있는 가장 간단한 방법은 스팸 메시지 중 w_i가 포함되어 있는 메시지의 비율을 사용하는 것이다.

하지만 이런 방법에는 큰 단점이 있다. 주어진 학습 데이터에서 '데이터'라는 단어는 스팸이 아닌 메시지에만 포함되어 있다고 상상해 보자. 즉, $P($'데이터'$| S) = 0$일 것이다. 그렇다면 나이브 베이즈 분류기는 데이터라는 단어가 들어간 메시지를 항상 스팸 메시지가 아니라고 예측할 것이다. 심지어 '무료 비트

코인과 정품 롤렉스에 대한 데이터'라는 메시지도 스팸이 아니라고 예측할 것이다. 이런 문제를 처리하기 위해서는 일종의 스무딩(smoothing, 평활화)이 필요하다.

스무딩을 위해 **가짜 빈도수**(pseudocount) k를 결정하고 스팸 메시지에서 i번째 단어가 나올 확률을 다음과 같이 추정할 수 있다.

$$P(X_i|S) = (k + w_i를\ 포함하고\ 있는\ 스팸\ 수)\,/\,(2k + 스팸\ 수)$$

$P(X_i|\neg S)$도 비슷하게 계산할 수 있다. 즉, 스팸 메시지에서 i번째 단어가 나올 확률을 계산할 때 해당 단어가 포함된 스팸과 포함되지 않은 스팸이 이미 각각 k번씩 나왔다고 가정을 한다.

예를 들어 데이터라는 단어는 98개의 스팸 문서에서 단 한 번도 나타나지 않았지만, k가 1이라면 $P(데이터|S)$를 1/100=0.01로 계산할 수 있다. 즉, 데이터라는 단어가 포함된 메시지가 스팸 메시지일 확률을 0이 아닌 다른 확률값으로 설정할 수 있게 해준다.

13.3 구현하기

이제 분류기에 필요한 모든 것을 살펴봤다. 그럼 일단 메시지를 단어 단위로 잘라 주는 함수를 만들어 보자. 먼저 메시지를 모두 소문자로 바꾼뒤 re.findall을 사용해서 문자, 숫자, 혹은 아포스트로피(apostrophe)가 포함된 모든 '단어'를 추출해 보자. 마지막으로 집합을 사용해서 중복되는 단어를 제거하자.

```python
from typing import Set
import re

def tokenize(text: str) -> Set[str]:
    text = text.lower()                         # 소문자로 변환
    all_words = re.findall("[a-z0-9']+", text)  # 단어 추출
    return set(all_words)                        # 중복되는 단어 제거

assert tokenize("Data Science is science") == {"data", "science", "is"}
```

학습 데이터를 위해 타입도 정의할 것이다.

```python
from typing import NamedTuple

class Message(NamedTuple):
```

```
        text: str
        is_spam: bool
```

분류기가 학습 데이터의 단어, 빈도, 레이블을 관리해야 하기 때문에 이를 클래스로 만들 것이다. 관례를 따라 스팸이 아닌 이메일을 '햄(ham)'으로 표기하겠다.

생성자는 가짜 빈도수를 유일한 인자로 받아 확률 계산에 활용한다. 또한 생성자에서는 각 단어가 스팸과 햄 메시지에서 얼마나 자주 등장했는지 기록하기 위한 빈 집합을 생성한다.

```python
from typing import List, Tuple, Dict, Iterable
import math
from collections import defaultdict

class NaiveBayesClassifier:
    def __init__(self, k: float = 0.5) -> None:

        self.k = k  # 스무딩 인수
        self.tokens: Set[str] = set()
        self.token_spam_counts: Dict[str, int] = defaultdict(int)
        self.token_ham_counts: Dict[str, int] = defaultdict(int)
        self.spam_messages = self.ham_messages = 0
```

그리고 메시지를 사용해서 학습할 수 있도록 메서드를 만들 것이다. 일단 두 메시지의 빈도를 기록하는 spam_messages와 ham_messages를 증가시킨다. 그리고 각 메시지를 단어 기준으로 나누며, 각 단어별로 메시지의 종류에 따라 token_spam_counts 혹은 token_ham_counts를 증가시킨다.

```python
    def train(self, messages: Iterable[Message]) -> None:
        for message in messages:
            # 메시지의 수를 증가시킨다.
            if message.is_spam:
                self.spam_messages += 1
            else:
                self.ham_messages += 1

            # 단어의 빈도를 증가시킨다.
            for token in tokenize(message.text):
                self.tokens.add(token)
                if message.is_spam:
                    self.token_spam_counts[token] += 1
                else:
                    self.token_ham_counts[token] += 1
```

최종적으로 $P($스팸|단어$)$를 계산하고 싶을 것이다. 앞서 살펴보았듯, 베이즈 정

리를 적용하기 위해서는 메시지 안의 모든 단어마다 $P(단어|스팸)$과 $P(단어|햄)$ 값이 필요하다. 이를 위해 '프라이빗' 도우미 함수를 만들 것이다.

```python
def _probabilities(self, token: str) -> Tuple[float, float]:
    """P(단어 | 스팸)과 P(단어 | 햄)을 반환"""
    spam = self.token_spam_counts[token]
    ham = self.token_ham_counts[token]

    p_token_spam = (spam + self.k) / (self.spam_messages + 2 * self.k)
    p_token_ham = (ham + self.k) / (self.ham_messages + 2 * self.k)

    return p_token_spam, p_token_ham
```

마지막으로, 예측을 수행하는 predict 메서드를 만들 준비가 되었다. 앞서 언급했듯이 작은 확률값을 모두 곱하기보다는 로그 확률값을 더하도록 하겠다.

```python
def predict(self, text: str) -> float:
    text_tokens = tokenize(text)
    log_prob_if_spam = log_prob_if_ham = 0.0

    # 모든 메시지 안의 각 단어를 순회한다.
    for token in self.tokens:
        prob_if_spam, prob_if_ham = self._probabilities(token)

        # 만약 *token*이 메시지에 나온다면
        # 단어가 등장할 로그 확률값을 더한다.
        if token in text_tokens:
            log_prob_if_spam += math.log(prob_if_spam)
            log_prob_if_ham += math.log(prob_if_ham)

        # 그게 아니라면 단어가 등장하지 않을 로그 확률을 더한다.
        # 이는 log(1 - 등장할 확률)이다.
        else:
            log_prob_if_spam += math.log(1.0 - prob_if_spam)
            log_prob_if_ham += math.log(1.0 - prob_if_ham)

    prob_if_spam = math.exp(log_prob_if_spam)
    prob_if_ham = math.exp(log_prob_if_ham)
    return prob_if_spam / (prob_if_spam + prob_if_ham)
```

이제 분류기가 만들어졌다.

13.4 모델 검증하기

이제 생성된 모델이 정상 동작하는지 유닛 테스트를 작성하여 확인해 보도록 하자.

```
messages = [Message("spam rules", is_spam=True),
            Message("ham rules", is_spam=False),
            Message("hello ham", is_spam=False)]

model = NaiveBayesClassifier(k=0.5)
model.train(messages)
```

일단 개수를 제대로 맞추는지 확인해 보자.

```
assert model.tokens == {"spam", "ham", "rules", "hello"}
assert model.spam_messages == 1
assert model.ham_messages == 2
assert model.token_spam_counts == {"spam": 1, "rules": 1}
assert model.token_ham_counts == {"ham": 2, "rules": 1, "hello": 1}
```

이제 예측을 해보자. 그리고 구현한 나이브 베이즈를 따라 손으로 값을 직접 계산해 보고 결과가 동일한지 비교해 볼 것이다.

```
text = "hello spam"

probs_if_spam = [
    (1 + 0.5) / (1 + 2 * 0.5),      # "spam"  (존재)
    1 - (0 + 0.5) / (1 + 2 * 0.5),  # "ham"   (존재하지 않음)
    1 - (1 + 0.5) / (1 + 2 * 0.5),  # "rules" (존재하지 않음)
    (0 + 0.5) / (1 + 2 * 0.5)       # "hello" (존재)
]

probs_if_ham = [
    (0 + 0.5) / (2 + 2 * 0.5),      # "spam"  (존재)
    1 - (2 + 0.5) / (2 + 2 * 0.5),  # "ham"   (존재하지 않음)
    1 - (1 + 0.5) / (2 + 2 * 0.5),  # "rules" (존재하지 않음)
    (1 + 0.5) / (2 + 2 * 0.5),      # "hello" (존재)
]

p_if_spam = math.exp(sum(math.log(p) for p in probs_if_spam))
p_if_ham = math.exp(sum(math.log(p) for p in probs_if_ham))

# 약 0.83 정도가 나와야 한다.
assert model.predict(text) == p_if_spam / (p_if_spam + p_if_ham)
```

테스트를 통과했기 때문에 모델은 정상적으로 동작하는 것으로 보인다. 실제 확률값을 살펴보면 스팸이라는 단어를 포함하며 햄이라는 단어를 포함하지 않는다면 메시지를 스팸으로 판단하는 것을 알 수 있다.

이제 실제 데이터에 적용해 보자.

13.5 모델 사용하기

SpamAssassin public corpus[1]는 조금 오래되었지만 괜찮은 데이터다. 여기서는 파일 이름이 20021010으로 시작하는 데이터를 사용하겠다.

아래의 스크립트를 사용하면 데이터를 다운로드하고 압축도 원하는 위치에 풀 수 있다(혹은 스스로 직접 해도 좋다).

```
from io import BytesIO  # 바이트를 파일로 다루기 위해 필요
import requests          # 파일을 내려받기 위해 필요
import tarfile           # 파일이 .tar.bz 형식이기 때문에 필요

BASE_URL = "https://spamassassin.apache.org/old/publiccorpus"
FILES = ["20021010_easy_ham.tar.bz2",
         "20021010_hard_ham.tar.bz2",
         "20021010_spam.tar.bz2"]

# 데이터는 최종적으로
# /spam, /easy_ham, /hard_ham 하위 디렉터리에 놓이게 된다.
# 데이터가 놓였으면 하는 위치로 변경하라.
OUTPUT_DIR = 'spam_data'

for filename in FILES:
    # requests를 사용하여 각각의 URL에서 파일의 내용을 가져오자.
    content = requests.get(f"{BASE_URL}/{filename}").content

    # 메모리의 바이트를 감싸서 '파일'로 다룰 수 있도록 하자.
    fin = BytesIO(content)

    # 그리고 모든 파일을 지정된 출력 디렉터리로 풀도록 하자.
    with tarfile.open(fileobj=fin, mode='r:bz2') as tf:
        tf.extractall(OUTPUT_DIR)
```

파일의 위치가 변경될 수도 있으니 (이 책의 초판과 2판 사이에 그런 일이 실제 일어났다) 스크립트를 이에 맞게 수정하여 사용하도록 하자.

데이터를 내려받은 뒤에 spam, easy_ham, hard_ham이라는 세 개의 폴더가 생성됐을 것이다. 각 폴더에는 수많은 메일이 각각 하나의 파일로 구성되어 있는 것을 확인할 수 있다. 간단하게 각 메일의 제목만 살펴보자.

각 파일에서 제목은 어떻게 구분할 수 있을까? 파일을 살펴보면 모든 제목은 'Subject:'라고 시작하는 것을 확인할 수 있다. 그럼 해당 부분만 찾아보자.

```
import glob, re
```

---

1 *https://spamassassin.apache.org/old/publiccorpus/*

```
# 실제 파일을 저장한 경로로 path를 바꿔 주자.
path = 'spam_data/*/*'

data: List[Message] = []

# glob.glob는 주어진 경로에 해당하는 모든 파일 이름을 반환
for filename in glob.glob(path):
    is_spam = "ham" not in filename

    # 메일에 잘못된 문자가 들어 있는 경우가 있다.
    # errors='ignore'는 exception을 반환하는 대신 건너뛰도록 해준다.
    with open(filename, errors='ignore') as email_file:
        for line in email_file:
            if line.startswith("Subject:"):
                subject = line.lstrip("Subject: ")
                data.append(Message(subject, is_spam))
                break  # done with this file
```

데이터를 학습 데이터와 평가 데이터로 나누면 분류기를 만들 준비가 끝난다.

```
import random
from scratch.machine_learning import split_data

random.seed(0)        # 예시와 동일한 결과를 얻기 위해서 설정
train_messages, test_messages = split_data(data, 0.75)

model = NaiveBayesClassifier()
model.train(train_messages)
```

이제 모델의 성능을 살펴보자.

```
from collections import Counter
predictions = [(message, model.predict(message.text))
               for message in test_messages]
# 메시지가 스팸일 확률이 0.5보다 크면 스팸이라고 하자.
# 그리고 예측된 스팸 메시지가 실제 스팸인 경우를 세어 보자.
confusion_matrix = Counter((message.is_spam, spam_probability > 0.5)
                           for message, spam_probability in predictions)
print(confusion_matrix)
```

84개 메시지에서 실제 스팸을 스팸으로(true positive), 25개 메시지에서 햄을 스팸으로(false positive), 703개 메시지에서 햄을 햄으로(true negative), 그리고 44개 메시지에서 스팸을 햄으로(false negative) 예측했다. 즉, 정밀도(precision)는 84 / (84 + 25) = 77%이며 재현율(recall)은 84 / (84 + 44) = 65%로 계산되었다. 간단한 모델치고 나쁘지 않은 성능이다. (아마 제목 외의 내용까지 같이 살펴본다면 더 나아질 것이다.)

어떤 단어가 가장 스팸을 잘 대표하고 그렇지 않은지 살펴보는 것도 흥미로울 것이다.

```python
def p_spam_given_token(token: str, model: NaiveBayesClassifier) -> float:
    # 프라이빗 메서드를 호출하는 것은 피해야 하지만 이번에만 이렇게 사용하자.
    prob_if_spam, prob_if_ham = model._probabilities(token)

    return prob_if_spam / (prob_if_spam + prob_if_ham)

words = sorted(model.tokens, key=lambda t: p_spam_given_token(t, model))

print("spammiest_words", words[-10:])
print("hammiest_words", words[:10])
```

스팸 메시지를 대표하는 단어로 sale, mortgage, money, rates 등이 있으며 햄을 대표하는 단어로는 spambayes, users, apt, perl 등이 있다. 모델이 대략 정상적으로 동작한다는 느낌을 받을 수 있다.

어떻게 하면 더 좋은 성능을 얻을 수 있을까? 한 가지 뻔한 방법은 더 많은 학습용 데이터를 구하는 것이다. 그밖에도 모델을 개선할 수 있는 다양한 방법이 다음과 같이 존재한다.

- 메시지의 제목뿐 아니라 내용을 활용할 수 있다. 하지만 메시지의 헤더를 어떻게 처리할지 잘 고민해 봐야 한다.
- 지금 만들어진 분류기는 단어가 학습 데이터에서 단 한 번이라도 나왔다면 모두 사용한다. 단어의 최소 빈도수 min_count를 설정해서 기준보다 적게 나온 단어를 무시할 수 있도록 분류기를 수정할 수 있다.
- 현재는 동의어(가령 'cheap'과 'cheapest')를 고려하지 않고 메시지를 단어 단위로 자르고 있다. 간단한 어간 추출기(stemmer)를 분류기에 추가하면 비슷한 의미의 단어를 동일한 그룹으로 묶어 줄 수 있다. 예를 들어 다음과 같이 굉장히 단순한 어간 추출기를 만들 수 있다.

```python
def drop_final_s(word):
    return re.sub("s$", "", word)
```

하지만 좋은 어간 추출기를 만드는 것은 굉장히 어렵고, 보통은 이미 구현된 Porter stemmer[2]를 사용한다.

---

2 http://tartarus.org/martin/PorterStemmer/

- 우리는 모델의 변수로 '메시지가 단어 w_i를 포함한다'의 꼴만 사용했지만 다른 변수를 사용해도 무관하다. 예를 들어 $tokenizer$ 함수를 수정해서 메시지에 숫자가 포함되어 있는 경우 contains:number 같은 문자열을 반환하도록 하는 것이다.

13.6 더 공부해 보고 싶다면

- 스팸 필터에 대해 더 자세히 알아보고 싶다면 폴 그레이엄(Paul Graham)의 "A Plan for Spam"[3]과 "Better Bayesian Filtering"[4]을 참고하자.
- scikit-learn[5]은 이번 장에서 구현한 나이브 베이즈와 똑같이 동작하는 BernoulliNB (베르누이 나이브 베이즈) 모델을 비롯해 다양한 종류의 모델을 제공하고 있다.

---

3 *http://www.paulgraham.com/spam.html*
(옮긴이) 영어가 어간 추출기만으로 정규화된다면, 한국어와 같이 어근과 접사가 만나 어절을 만드는 교착어에서는 형태소 분석(morphological analysis) 등의 조금 더 복잡한 과정이 필요하다. 파이썬 한국어 분석 라이브러리로는 KoNLPy가 있으니 확인해 보자. *http://konlpy.org*

4 *http://www.paulgraham.com/better.html*

5 *https://scikit-learn.org/stable/modules/naive_bayes.html*

14장

단순 회귀 분석

예술은 도덕성과 마찬가지로 어딘가 선을 그어야 한다.
- G. K. 체스터톤(G. K. Chesterton)

5장 '통계'에서는 correlation 함수를 사용해서 두 변수의 선형 관계를 계산해 보았다. 대부분의 경우, 선형 관계의 존재 여부를 확인하는 것만으로는 충분치 않으며, 이런 관계를 더욱 자세히 이해할 필요가 있다. 단순 회귀 분석을 통해 이러한 관계를 더욱 자세히 실펴볼 것이다.

14.1 모델

우리는 앞서 데이팀 사용자의 친구 수와 사용자가 사이트에서 보내는 시간의 관계를 살펴보았다. 그리고 이제, 친구 수가 많은 것이 사용자의 사이트 체류 시간을 더 길게 만든다는 가설에 어느 정도 확신하게 되었다고 해보자.

사용자 참여부 부사장은 이러한 관계를 설명해 주는 모델을 만들어 달라고 요청했다. 이러한 관계는 상당히 강한 선형 관계를 지니고 있음을 확인했기 때문에, 우리의 시작점은 당연히 선형 모델이 되어야 할 것이다.

조금 더 자세히 설명하자면, 이러한 관계는 다음과 같이 α(알파)와 β(베타)라는 상수를 포함하는 수식으로 설명할 수 있다고 가정을 해보자.

$$y_i = \beta x_i + \alpha + \varepsilon_i$$

여기서 y_i는 사용자 i가 매일 사이트에서 보내는 시간(분)을 의미하며 x_i는 사용자 i의 친구 수를 나타낸다. 그리고 ε(엡실론)은 모델이 고려하지 못하는 다른 요소 때문에 발생하는 (아마도 작은) 오류를 의미한다.

만약 alpha(알파)와 beta(베타)가 이미 구해졌다고 가정하면, 다음과 같은 함수를 통해 간단하게 예측을 할 수 있다.

```python
def predict(alpha: float, beta: float, x_i: float) -> float:
    return beta * x_i + alpha
```

그렇다면 알파와 베타는 어떻게 선택할 수 있을까? 물론 알파와 베타가 무엇이든 간에 입력 변수 x_i에 대한 결과를 예측할 수 있다. 실제 출력값인 y_i가 주어졌으니, 다양한 알파와 베타에 대한 오류를 계산할 수 있다.

```python
def error(alpha: float, beta: float, x_i: float, y_i: float) -> float:
    """
    실제 결과가 y_i일 때,
    beta * x_i + alpha로 계산된 예측값의 오류
    """
    return predict(alpha, beta, x_i) - y_i
```

우리가 정말로 알고 싶은 것은 데이터 전체에서 발생하는 총 오룻값(error)이다. 하지만 무작정 모든 오룻값을 더해서는 안 된다. 만약 x_1의 예측값이 너무 높고 x_2의 예측값이 너무 낮다면, 오룻값이 서로 상쇄되기 때문이다.

대신 오류의 제곱 값을 더해줘야 한다.

```python
from scratch.linear_algebra import Vector

def sum_of_sqerrors(alpha: float, beta: float, x: Vector, y: Vector) -> float:
    return sum(error(alpha, beta, x_i, y_i) ** 2
               for x_i, y_i in zip(x, y))
```

최소자승법(least squares)이란 sum_of_sqerrors를 최소화해 주는 알파와 베타 값을 찾는 것을 의미한다.

미분을(혹은 지루한 대수학을) 사용하면 오류를 최소화하는 알파와 베타를 찾을 수 있다.

```python
from typing import Tuple
from scratch.linear_algebra import Vector
from scratch.statistics import correlation, standard_deviation, mean

def least_squares_fit(x: Vector, y: Vector) -> Tuple[float, float]:
    """
```

```
x와 y가 학습 데이터로 주어졌을 때
오류의 제곱 값을 최소화해 주는 알파와 베타를 계산
"""
beta = correlation(x, y) * standard_deviation(y) / standard_deviation(x)
alpha = mean(y) - beta * mean(x)
return alpha, beta
```

자세한 수학적인 설명 대신 이 방법이 왜 말이 되는지 생각해 보자. 독립 변수 x 의 평균이 주어지면, 알파는 종속 변수 y의 평균을 예측해 준다.

베타는 입력 변수가 standard_deviation(x)만큼 증가한다면 예측값 또한 correlation(x, y) * standard_deviation(y)만큼 증가한다는 것을 의미한다. x 와 y가 완벽한 양의 상관관계를 지닌다면, x가 1 표준편차만큼 증가할 때마다 y 또한 y의 1 표준편차만큼 증가한다. 둘이 완벽한 음의 상관관계를 지닌다면, x가 증가할 때마다 y는 감소한다. 상관관계가 0이라면 베타는 0이 될 것이며, 이는 x 가 예측에 아무런 영향이 없다는 것을 의미한다.

계속 그래왔듯, 간단한 테스트를 작성해 보자.

```
x = [i for i in range(-100, 110, 10)]
y = [3 * i - 5 for i in x]

# y = 3x - 5를 찾아내야 한다
assert least_squares_fit(x, y) == (-5, 3)
```

이제 5장 '통계'에서 보았던 이상치가 없는 데이터에 이 방법을 쉽게 적용해 볼 수 있다.

```
from scratch.statistics import num_friends_good, daily_minutes_good

alpha, beta = least_squares_fit(num_friends_good, daily_minutes_good)
assert 22.9 < alpha < 23.0
assert 0.9 < beta < 0.905
```

결과로 alpha = 22.95, beta = 0.903으로 계산되었다. 즉, n명의 친구가 있는 사 용자는 하루 평균 22.95 + n * 0.903분을 사이트에서 보낸다. 또한, 친구가 한 명 도 없는 사용자도 하루 평균 23분을 사이트에서 보낸다. 그리고 친구의 수가 한 명씩 늘어날수록 사용자가 사이트에서 보내는 시간은 거의 1분씩 증가한다.

그림 14-1의 모델이 주어진 데이터에 얼마나 적합한지 살펴보자.

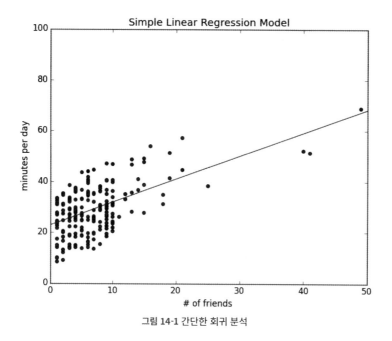

그림 14-1 간단한 회귀 분석

모델이 주어진 데이터에 얼마나 적합한지 알아보기 위해 그래프를 살펴보는 것 보다 더 좋은 방법이 필요하다. 보통 결정계수(R 제곱 값)라는 수치를 사용한다. 결정계수란 종속 변수의 총 변화량 중 모델이 잡아낼 수 있는 변화량의 비율을 의미한다.

```python
from scratch.statistics import de_mean

def total_sum_of_squares(y: Vector) -> float:
    """평균을 기준으로 y_i의 변화량을 제곱한 값의 총합"""
    return sum(v ** 2 for v in de_mean(y))

def r_squared(alpha: float, beta: float, x: Vector, y: Vector) -> float:
    """
    모델이 잡아낼 수 있는 y의 변화량의 비율은
    1 - 모델이 잡아내지 못하는 y의 변화량의 비율로 계산할 수 있다.
    """
    return 1.0 - (sum_of_sqerrors(alpha, beta, x, y) /
                    total_sum_of_squares(y))

rsq = r_squared(alpha, beta, num_friends_good, daily_minutes_good)
assert 0.328 < rsq < 0.330
```

우리는 이제 오류의 제곱 값을 최소화하는 알파와 베타를 구했다. 이 밖에도 모든 예측값을 항상 mean(y)로 계산해 주는 또 다른 모델(알파 = mean(y), 베타 =

0)을 만들 수도 있다. 이런 경우, 오류를 제곱한 값의 총합은 항상 변화량을 제곱한 값의 총합과 같을 것이며 R 제곱 값은 0이 될 것이다. 즉, 오류의 제곱 값을 최소화하는 모델은 항상 mean(y)로 예측하는 것과 별다른 차이가 없다는 것을 의미 한다.

최소자승법 모델의 성능은 적어도 평균을 예측하는 모델의 성능만큼은 좋아야한다. 즉, 오류를 제곱한 값의 총합은 아무리 커봐야 변화량을 제곱한 값의 총합과 동일할 것이다. 이 경우 R 제곱 값은 적어도 0은 될 것이다. 그리고 오류를 제곱한 값의 총합은 최소한 0이기 때문에 R 제곱 값의 최댓값은 1이다.

R 제곱 값이 클수록 모델이 데이터에 더 적합하다는 것을 의미한다. 계산된 R 제곱 값은 0.329이기 때문에 만들어진 모델은 어느 정도 데이터에 적합하지만 다른 중요한 요소가 존재한다는 것을 의미한다.

14.2 경사 하강법 사용하기

만약 theta = [alpha, beta]로 설정하면 경사 하강법을 통해 모델을 만들 수 있다.

```python
import random
import tqdm
from scratch.gradient_descent import gradient_step

num_epochs = 10000
random.seed(0)

guess = [random.random(), random.random()]  # 임의의 위치에서 출발

learning_rate = 0.00001

with tqdm.trange(num_epochs) as t:
    for _ in t:
        alpha, beta = guess
        # 알파에 대한 손실 함수의 편미분
        grad_a = sum(2 * error(alpha, beta, x_i, y_i)
                     for x_i, y_i in zip(num_friends_good,
                                         daily_minutes_good))

        # 베타에 대한 손실 함수의 편미분
        grad_b = sum(2 * error(alpha, beta, x_i, y_i) * x_i
                     for x_i, y_i in zip(num_friends_good,
                                         daily_minutes_good))

        # tqdm 설명에 넣기 위해 손실 계산
```

```
            loss = sum_of_sqerrors(alpha, beta,
                                   num_friends_good, daily_minutes_good)
            t.set_description(f"loss: {loss:.3f}")

            # 최종적으로, 추측을 갱신한다.
            guess = gradient_step(guess, [grad_a, grad_b], -learning_rate)

# 비슷한 결과를 얻어야 한다.
alpha, beta = guess
assert 22.9 < alpha < 23.0
assert 0.9 < beta < 0.905
```

앞의 코드를 실행하면 정확한 공식을 사용한 것과 같은 알파와 베타 값을 얻을 것이다.

14.3 최대가능도추정법

최소자승법을 사용한 이유는 무엇일까? 한 가지 이유는 **최대가능도추정법**(max-imum likelihood estimation, MLE) 때문이다. 가령 임의의 파라미터 θ에 의존하는 분포에서 $v_1, ... , v_n$라는 표본 데이터가 주어졌다고 해보자.

$$p(v_1, ..., v_n|\theta)$$

θ를 모른다면, 위의 확률을 표본이 주어졌을 때 θ가 발생할 가능도(likelihood)로 바꿔서 생각해 볼 수 있다.

$$L(\theta|v_1, ..., v_n)$$

이 경우 가장 적절한 θ는 가능도를 최대화해 주는 값이다. 즉, 관측된 데이터가 발생할 경우를 가장 높게 만들어 주는 값이라는 의미다. 확률 질량 함수 대신 확률 밀도 함수를 사용하는 연속형 분포에도 이를 동일하게 적용할 수 있다.

회귀 분석으로 다시 돌아가보자. 대부분의 회귀 분석에서는 오류를 평균이 0이고 표준편차가 σ인 정규분포를 따른다고 가정한다. 이 경우 (x_i, y_i)가 관측될 가능도는 다음과 같다.

$$L(\alpha, \beta \mid x_i, y_i, \sigma) = \frac{1}{\sqrt{2\pi}\sigma} \exp(-(y_i - \alpha - \beta x_i)^2 / 2\sigma^2)$$

전체 데이터에 대한 가능도는 각 데이터의 가능도를 모두 곱한 값이다. 그리고 오류의 제곱 값을 최소화하는 알파와 베타가 계산되는 지점이 가능도가 최대화되는 지점이다. 즉, 이런 가정을 따르면 오류의 제곱 값을 최소화하는 것은 관측된 데이터가 발생할 가능도를 최대화하는 것과 동일하다.

14.4 더 공부해 보고 싶다면

계속해서 15장 '다중 회귀 분석'을 읽자!

D a t a   S c i e n c e   f r o m   S c r a t c h

다중 회귀 분석

나는 문제를 보고 아무 생각 없이 영향 없는 변수들을 사용하지는 않는다.
- 빌 파셀즈(Bill Parcells)

부사장은 만들어진 예측 모델을 보고 꽤 감탄하기는 했지만, 더 좋은 결과를 낼 수 있을 거라고 생각하고 있다. 그래서 데이터를 추가적으로 수집해서 각 사용자의 하루 평균 근무 시간 그리고 박사 학위 취득 여부에 대한 추가 데이터를 확보했다. 이 추가적인 데이터를 사용해서 모델의 성능을 높여 보자.

먼저 더 많은 독립 변수를 사용하는 선형 모델을 시험해 보기로 했다.

시간(분) $= \alpha + \beta_1$ 친구 수 $+ \beta_2$ 근무 시간 $+ \beta_3$ 박사 학위 취득 여부 $+ \varepsilon$

당연히 박사 학위 취득 여부는 숫자 데이터가 아니다. 하지만 앞서 11장 '기계학습'에서 다룬 바와 같이 **가변수**(dummy variable)를 만들어서 박사 학위를 가진 사람을 1, 그렇지 않은 사람을 0으로 표기하면 숫자로 표기할 수 있다.

15.1 모델

14장 '단순 회귀 분석'에서는 아래와 같은 형태의 모델을 다뤘다.

$y_i = \alpha + \beta x_i + \varepsilon_i$

각 입력값 x_i는 숫자 하나가 아니라 k개의 숫자인 $x_{i1}, \ldots , x_{ik}$라고 한다면 다중 회귀(multiple regression) 모델은 다음과 같은 형태를 띤다.

$$y_i = \alpha + \beta_1 x_{i1} + \ldots + \beta_k x_{ik} + \varepsilon_i$$

다중 회귀 분석에서는 보통 파라미터 벡터를 β라고 부른다. 여기에 상수항까지 포함시키기 위해 데이터의 앞부분에 1로 구성된 열을 덧붙이면 된다.

```
beta = [alpha, beta_1, ..., beta_k]
```

그리고 각 데이터는 다음과 같이 된다.

```
x_i = [1, x_i1, ..., x_ik]
```

이렇게 하면 모델을 다음과 같이 나타낼 수 있다.

```
from scratch.linear_algebra import dot, Vector

def predict(x: Vector, beta: Vector) -> float:
    """각 x_i의 첫 번째 항목은 1이라고 가정"""
    return dot(x, beta)
```

이 경우 독립 변수 x는 각각 다음과 같은 벡터들의 열로 표현할 수 있다.

```
[1,      # 상수항
 49,     # 친구의 수
 4,      # 하루 근무 시간
 0]      # 박사 학위 없음
```

15.2 최소자승법에 대한 몇 가지 추가 가정

이 모델(그리고 답)이 의미가 있으려면 몇 가지 추가적인 가정이 필요하다.

첫 번째로 x의 열은 서로 선형독립(linear independence)해야 한다. 선형독립이란 어떤 벡터도 다른 벡터의 선형결합으로 만들어질 수 없다는 것을 의미한다. 만약 이 가정이 성립하지 않는다면 베타를 추정할 수 없다. 극단적인 예로 num_friends와 동일한 num_acquaintances가 데이터에 추가되었다고 해보자.

그렇다면 어떠한 beta를 사용해도 num_friends 계수에 임의의 값을 더하고 num_acquaintances 계수에서 똑같은 값을 빼주면 모델의 예측값은 변하지 않을 것이다. 즉, num_friends의 정확한 계수를 계산할 수 없다는 것을 의미한다(보통 이 가정이 위배되었는지 확인하는 것은 쉽지 않다).

두 번째로 중요한 가정은 x의 모든 열은 오류 ε과 아무런 상관 관계가 없다는 것이다. 만약 이 가정이 위배되는 경우 아예 잘못된 beta가 추정될 것이다.

예를 들어 14장 '단순 회귀 분석'에서 만든 모델을 살펴보면 친구 수가 한 명씩 증가할 때 사용자가 하루 평균 사이트에서 보내는 시간이 0.90분씩 증가한다고 예측되었다.

또한 다음과 같은 경우가 있다고 생각해 보자.

- 근무 시간이 더 긴 사람은 더 적은 시간을 사이트에서 보낼 것이다.
- 친구 수가 많은 사람일수록 근무 시간이 더 길다

이 경우 '실제' 모델은 다음과 같다.

사이트에서 보내는 시간(분) = α + β_1 친구 수 + β_2 근무 시간 + ε

여기서 β_2는 음수이고 근무 시간과 친구 수는 양의 상관관계를 지닌다고 해보자. 이 경우, 단일 변수 모델의 오류를 최소화한다면 β_1은 과소평가될 것이다.

사이트에서 보내는 시간(분) = α + β_1 친구 수 + ε

만약 실제 모델의 β_1(즉, '실제' 모델의 오류를 최소화하는 β_1)을 사용하는 단일 변수 모델로 예측 성능을 평가해 보자. $\beta_2 < 0$이지만 모델에 포함시키지 않았기 때문에 근무 시간이 긴 사용자의 예측값은 너무 크게 계산될 것이고, 근무 시간이 짧은 사용자의 예측값은 조금 더 크게 계산될 것이다. 또한 근무 시간과 친구의 수는 양의 상관관계를 지니기 때문에 친구 수가 많은 사용자의 예측값은 너무 크게 계산될 것이고, 친구 수가 적은 사용자의 예측값은 조금만 크게 계산될 것이다.

결국 단일 변수 모델의 오류를 줄이기 위해서는 추정된 β_1을 줄여야 한다. 즉, 오류를 최소화하는 β_1은 실제 값보다 작아진다는 것을 의미한다. 결국 단일 변수 모델 안의 최소자승법의 결과는 β_1을 과소평가하도록 편향된다. 일반적으로 이렇게 독립 변수와 오류 사이에 상관관계가 존재한다면, 최소자승법으로 만들어지는 모델은 편향된 β_1를 추정해 준다.

15.3 모델 학습하기

단순 회귀 분석 모델처럼 오류를 제곱한 값의 합을 최소화해 주는 beta를 찾을 것이다. 손으로 직접 정확한 값을 계산하는 것은 쉽지 않기 때문에 경사 하강법을 사용하자. 오류의 제곱 합을 최소화할 것이며 이 경우 오류 함수는 14장 '단순 회귀 분석'에서 사용한 것과 같지만 [alpha, beta]를 받는 대신 임의의 벡터를 받도록 수정할 것이다.

```
from typing import List

def error(x: Vector, y: float, beta: Vector) -> float:
    return predict(x, beta) - y

def squared_error(x: Vector, y: float, beta: Vector) -> float:
    return error(x, y, beta) ** 2

x = [1, 2, 3]
y = 30
beta = [4, 4, 4]   # 그러므로 예측 결과 = 4 + 8 + 12 = 24

assert error(x, y, beta) == -6
assert squared_error(x, y, beta) == 36
```

만약 미적분을 알고 있다면 그래디언트를 직접 계산할 수도 있다.

```
def sqerror_gradient(x: Vector, y: float, beta: Vector) -> Vector:
    err = error(x, y, beta)
    return [2 * err * x_i for x_i in x]

assert sqerror_gradient(x, y, beta) == [-12, -24, -36]
```

모른다면 일단 믿고 해보자.

이제 경사 하강법을 사용하여 최적의 beta를 찾을 준비가 되었다. 우선 임의의 데이터를 다룰 수 있는 least_squares_fit 함수를 작성하자.

```
import random
import tqdm
from scratch.linear_algebra import vector_mean
from scratch.gradient_descent import gradient_step

def least_squares_fit(xs: List[Vector],
                      ys: List[float],
                      learning_rate: float = 0.001,
                      num_steps: int = 1000,
                      batch_size: int = 1) -> Vector:
    """
    오류의 제곱 합을 최소화하는 beta를 찾자.
    모델은 y = dot(x, beta)라 가정하자.
    """
    # 임의의 위치에서 출발
```

```
        guess = [random.random() for _ in xs[0]]
        for _ in tqdm.trange(num_steps, desc="least squares fit"):
            for start in range(0, len(xs), batch_size):
                batch_xs = xs[start:start+batch_size]
                batch_ys = ys[start:start+batch_size]

                gradient = vector_mean([sqerror_gradient(x, y, guess)
                                        for x, y in zip(batch_xs, batch_ys)])
                guess = gradient_step(guess, gradient, -learning_rate)

        return guess
```

이제 우리의 데이터에 적용해 보자.

```
from scratch.statistics import daily_minutes_good
from scratch.gradient_descent import gradient_step

random.seed(0)
# 시행착오를 통해 num_iters와 step_size를 선택하였다.
# 실행하는 데 시간이 좀 걸릴 것이다.
learning_rate = 0.001

beta = least_squares_fit(inputs, daily_minutes_good, learning_rate, 5000, 25)
assert 30.50 < beta[0] < 30.70  # 상수
assert  0.96 < beta[1] <  1.00  # 친구 수
assert -1.89 < beta[2] < -1.85  # 일 업무 시간
assert  0.91 < beta[3] <  0.94  # 박사 학위 여부
```

실제로는 경사 하강법으로 선형 회귀 모델을 추정하지 않는다. 선형대수 기법을 사용하면 정확한 계수를 구할 수 있지만 이 책에서 다룰 내용은 아니다. 만약 선형대수 방식을 사용했다면 다음과 같은 수식을 찾아냈을 것이다.

사이트에서 보내는 시간(분) = 30.58 + 0.972 친구 수 - 1.87 근무 시간
+ 0.923 박사 학위 취득 여부

이는 우리가 발견한 수식과 꽤 비슷하다.

15.4 모델 해석하기

모델의 계수는 다른 모든 것이 동일할 때 해당 항목의 영향력을 나타낸다. 다른 모든 것이 동일할 때 친구 수가 한 명 증가하면 사용자가 하루 평균 사이트에서 보내는 시간은 1분 증가한다. 다른 모든 것이 동일할 때 근무 시간이 한 시간 증

가하면 사용자가 하루 평균 사이트에서 보내는 시간은 대략 2분 감소한다. 다른 모든 것이 동일할 때 박사 학위를 취득했다면 사용자는 하루 평균 사이트를 1분 더 사용한다.

이러한 해석은 변수 간의 관계를 직접적으로 설명해 주지 못한다. 예를 들어 친구의 수가 많은 사용자의 근무 시간과, 적은 사용자들의 근무 시간은 서로 다른 방식으로 동작할 수도 있다. 이 모델은 이러한 관계를 잡아내지 못한다. 이러한 문제를 다루는 방법 중 하나는 친구 수와 근무 시간을 곱한 새로운 변수를 도입하는 것이다. 이를 통해 친구의 수가 증가할 수록 근무 시간의 계수를 증가(혹은 감소)시킬 수 있다.

혹은 친구 수가 증가할수록 사이트에서 보내는 시간은 어느 일정한 수준까지 증가하고, 그 후로는 사이트에서 보내는 시간이 감소할 수도 있다(어쩌면 친구 수가 너무 많아지면 부담스럽다고 느껴져서 그런 것일까?). 이러한 현상은 친구 수를 제곱한 값을 모델의 변수로 사용해서 잡아낼 수 있다.

변수가 점점 추가되기 시작하면 각 계수가 유의미한지 살펴봐야 한다. 변수끼리 곱한 값, 변수의 log 값, 변수의 제곱 값 등 수많은 새로운 변수를 추가할 수 있기 때문이다.

15.5 적합성(Goodness of fit)

다시 한번 R 제곱 값을 살펴보자.

```
from scratch.simple_linear_regression import total_sum_of_squares

def multiple_r_squared(xs: List[Vector], ys: Vector, beta: Vector) -> float:
    sum_of_squared_errors = sum(error(x, y, beta) ** 2
                                for x, y in zip(xs, ys))
    return 1.0 - sum_of_squared_errors / total_sum_of_squares(ys)
```

R 제곱 값이 0.68까지 증가한 것을 확인할 수 있다.

```
assert 0.67 < multiple_r_squared(inputs, daily_minutes_good, beta) < 0.68
```

하지만 회귀 분석 모델에 새로운 변수를 추가하면 R 제곱 값이 어쩔 수 없이 증가할 수밖에 없다는 것을 기억하자. 생각해 보면 단순 회귀 분석 모델은 근무 시간과 박사 학위 취득 여부의 계수가 0인 다중 회귀 분석 모델과 동일하다. 즉, 최적의 다중 회귀 분석 모델은 언제나 단순 회귀 분석 모델보다 같거나 작은 오류

값을 가질 것이다.

이러한 이유 때문에 다중 회귀 분석 모델에서는 각 계수의 **표준 오차**(standard errors)를 살펴봐야 한다. 계수의 표준 오차는 추정된 β_i의 계수가 얼마나 확실한지 알려준다. 모델 자체는 주어진 데이터에 적합(fit)할 수도 있지만, 몇몇 독립 변수 간에 어떠한 상관관계가 있다면 이 변수들의 계수는 무의미할 수 있다.

오차를 측정하는 일반적인 방법은 각 오류 ε_i는 독립이며, 평균은 0이고 표준 편차는 σ인 정규분포의 확률변수라는 추가적인 가정에서 시작한다. 이러한 가정을 기반으로 우리는 (정확하게는 우리의 통계 소프트웨어는) 선형대수를 이용해서 각 계수의 표준 오차를 계산해 준다. 표준 오차가 클수록 모델이 해당 계수에 대해 확신을 갖지 못한다는 것을 의미한다. 아쉽지만 여기에 필요한 선형대수는 다루지 않겠다.

15.6 여담: 부트스트랩

알 수 없는 분포에서 생성된 표본 데이터 n개가 주어졌다고 상상해 보자.

```
data = get_sample(num_points=n)
```

앞서 통계에서 표본 데이터의 중잉값을 계신해 주는 함수를 만들어 봤다. 이 중앙값을 분포 자체의 중앙값에 대한 추정치로 사용할 수 있다.

하지만 과연 이 추정치를 어느 정도로 믿을 수 있을까? 만약 표본 데이터가 모두 100 근처에 위치하고 있다면 중앙값 또한 아마 100 근처에 위치하고 있을 것이다. 표본 데이터의 반은 0 근처에 위치하고 나머지 반은 200 근처에 위치한다면 추정된 중앙값을 앞선 경우처럼 신뢰하기는 힘들다.

만약 새로운 표본을 계속 얻을 수 있다면 각 표본의 중앙값을 계산해 보고 이 값들의 분포를 살펴볼 수 있다. 하지만 보통 새로운 표본을 계속 얻을 수는 없다. 대신 **부트스트랩**(bootstrap)이라는 새로운 표본 데이터를 만드는 기법을 사용해 보자. 부트스트랩은 기존의 데이터에서 중복이 허용된 재추출을 통해 새로운 n개의 데이터를 생성한다. 그리고 만들어진 인공 데이터로 중앙값을 계산해 볼 수 있다.

```
from typing import TypeVar, Callable

X = TypeVar('X')          # 데이터를 위한 일반 타입
```

```
Stat = TypeVar('Stat')   # 통계치를 위한 일반 타입

def bootstrap_sample(data: List[X]) -> List[X]:
    """len(data)개의 항목을 중복을 허용한 무작위 재추출"""
    return [random.choice(data) for _ in data]

def bootstrap_statistic(data: List[X],
                        stats_fn: Callable[[List[X]], Stat],
                        num_samples: int) -> List[Stat]:
    """num_samples개의 부트스트랩된 표본에 대해 stats_fn을 적용"""
    return [stats_fn(bootstrap_sample(data)) for _ in range(num_samples)]
```

예를 들어 다음과 같은 두 가지 데이터를 살펴보자.

```
# 101개의 데이터가 모두 100에 인접
close_to_100 = [99.5 + random.random() for _ in range(101)]

# 101개의 데이터 중 50개는 0에 인접, 50개는 200에 인접
far_from_100 = ([99.5 + random.random()] +
                [random.random() for _ in range(50)] +
                [200 + random.random() for _ in range(50)])
```

두 데이터의 중앙값을 계산해 보면 둘 다 대략 100에 가까운 것을 확인할 수 있다. 하지만 다음과 같이 부트스트랩을 적용해 보면

```
from scratch.statistics import median, standard_deviation
medians_close = bootstrap_statistic(close_to_100, median, 100)
```

첫 데이터는 대부분의 중앙값이 대략 100인 것을 확인할 수 있다. 하지만 다음과 같은 경우에는 대부분의 중앙값이 0에 가깝거나 200에 가까운 것을 확인할 수 있다.

```
medians_far = bootstrap_statistic(far_from_100, median, 100)
```

첫 번째 데이터의 중앙값들의 표준편차는 0에 가까운 것을 확인할 수 있지만 두 번째 데이터의 경우, 중앙값의 표준편차가 100에 가까운 것을 확인할 수 있다.

```
assert standard_deviation(medians_close) < 1
assert standard_deviation(medians_far) > 90
```

(데이터가 이렇게 극단적인 경우에는 데이터를 직접 살펴보면 문제를 쉽게 파악할 수 있지만, 대부분의 경우 데이터만 살펴보는 것으로는 부족하다.)

15.7 계수의 표준 오차

계수의 표준 오차를 추정할 때도 부트스트랩을 적용할 수 있다. 주어진 데이터를 bootstrap_sample 함수에 반복적으로 넣어서 표본을 생성하고, 각각의 표본으로부터 beta를 추정해 볼 수 있다. 예를 들어 모든 표본 데이터에서 친구 수에 해당되는 독립 변수의 계수가 크게 변하지 않는다면 추정된 계수가 꽤 정확하다고 볼 수 있다. 하지만 만약 계수가 표본에 따라 크게 변한다면 추정된 계수를 그다지 신뢰할 수 없다.

이 과정에서 한 가지 유의해야 할 점은 하나의 데이터에 속하는 x와 y를 zip으로 묶어서 짝이 되는 독립 변수와 종속 변수가 함께 추출될 수 있게 해줘야 한다는 점이다. 즉, bootstrap_sample은 (x_i, y_i) 형태의 리스트를 반환해 줄 것이다. 그리고 반환된 데이터를 x_sample과 y_sample로 다시 나눠 줘야 한다.

```python
from typing import Tuple

import datetime

def estimate_sample_beta(pairs: List[Tuple[Vector, float]]):
    x_sample = [x for x, _ in pairs]
    y_sample = [y for _, y in pairs]
    beta - least_squares_fit(x_sample, y_sample, learning_rate, 5000, 25)
    print("bootstrap sample", beta)
    return beta

random.seed(0) # so that you get the same results as me

# 이것은 몇 분 걸릴 것이다!
bootstrap_betas = bootstrap_statistic(list(zip(inputs, daily_minutes_good)),
                                      estimate_sample_beta,
                                      100)
```

그리고 각 계수의 표준 오차를 추정할 수 있다.

```python
bootstrap_standard_errors = [
    standard_deviation([beta[i] for beta in bootstrap_betas])
    for i in range(4)]

print(bootstrap_standard_errors)

# [1.272,      # 상수,              실제 오류 = 1.19
#  0.103,      # 친구의 수,          실제 오류 = 0.080
#  0.155,      # 근무 시간,          실제 오류 = 0.127
#  1.249]      # 박사 학위 취득 여부,  실제 오류 = 0.998
```

(100개의 표본보다 더 많은 표본을 사용하고 5,000회보다 더 많이 반복해서 더 나은 beta를 추정할 수도 있겠지만 시간이 너무 오래 걸린다.)

이제 '과연 β_i는 0일까?' 같은 가설을 검증해 볼 수 있다. $\beta_i = 0$이라는 귀무가설을 확인해 보기 위해 (ε_i의 분포에 관한 기본적인 가정과 함께) 다음과 같은 통계치를 계산해 볼 수 있다.

$$t_j = \widehat{\beta_j} / \widehat{\sigma_j}$$

β_j의 추정치를 표준 오차의 추정치로 나눈 값은 $n-k$ 자유도를 지닌 스튜던트 t 분포[1]를 따른다.

만약 t 분포의 누적 분포 함수를 계산해 주는 students_t_cdf 함수가 있었다면, 각 계수의 p-value를 계산해서 우리가 추정한 계수가 실제로는 0인 경우가 얼마나 흔한지 확인해 볼 수 있었을 것이다. 하지만 안타깝게도 앞서 그런 함수를 만든 적이 없다(물론 모든 것을 처음부터 만들지 않았다면 다르겠지만).

하지만 자유도가 높아질수록 t 분포는 표준정규분포와 비슷해진다. 지금처럼 n이 k보다 훨씬 큰 경우에는 normal_cdf를 사용해도 큰 문제가 없다.

```python
from scratch.probability import import normal_cdf

def p_value(beta_hat_j: float, sigma_hat_j: float) -> float:
    if beta_hat_j > 0:
        # 만약 계수가 양수라면
        # 더 큰 값이 발생할 확률에 2를 곱해줘야 한다.
        return 2 * (1 - normal_cdf(beta_hat_j / sigma_hat_j))
    else:
        # 아니라면 더 작은 값이 발생할 확률에 2를 곱해줘야 한다.
        return 2 * normal_cdf(beta_hat_j / sigma_hat_j)

assert p_value(30.58, 1.27)   < 0.001  # 상수
assert p_value(0.972, 0.103)  < 0.001  # 친구의 수
assert p_value(-1.865, 0.155) < 0.001  # 근무 시간
assert p_value(0.923, 1.249)  > 0.4    # 박사 학위 취득 여부
```

(만약 지금 같은 상황이 아니라면 정확한 t 분포의 값과 표준 오차를 계산하기 위해 통계 소프트웨어를 사용해야 한다.)

대부분의 계수에서 p-value가 굉장히 작게 계산된 점은, 이 계수들이 우리의

---

[1] (옮긴이) 정규분포의 평균을 측정할 때 주로 사용되는 분포. *https://ko.wikipedia.org/wiki/%EC%8A%A4% ED%8A%9C%EB%8D%98%ED%8A%B8_t_%EB%B6%84%ED%8F%AC*

추정대로 0이 아니라는 것을 시사한다. 하지만 박사 학위 취득 여부에 대응되는 계수는 '유의하게' 0과 다르지 않으며 우리가 계산한 값이 무의미할 가능성이 높다.

만약 '적어도 β_j중 하나는 0이 아니다' 혹은 'β_1은 β_2이고 β_3은 β_4이다' 같이 보다 구체적인 가설검정이 필요하다면 F 검정(F-test)을 사용할 수 있다. 하지만 F 검정은 이 책의 범위를 벗어나기 때문에 다루지 않도록 하겠다.

15.8 Regularization

실제로 데이터를 분석할 때는 변수가 굉장히 많은 데이터에 회귀 분석 모델을 적용해야 하는 경우가 자주 발생한다. 하지만 변수가 너무 많다면 다양한 문제가 발생할 수 있다. 첫 번째로 변수가 많아질수록 모델이 학습 데이터에 오버피팅하기 쉬워진다. 두 번째로 0이 아닌 계수가 많아질수록 모델을 해석하기 어려워진다. 만약 어떠한 현상을 설명하는 것이 목표라면 수백 개의 변수로 모델을 만드는 것보다는 세 개 정도의 변수로 작은 모델을 만드는 것이 더 나을 수 있다.

Regularization[2]은 beta가 커지면 커질수록 해당 모델에게 페널티를 주는 방법이다. 그리고 오류와 페널티를 동시에 최소화하는 최적의 모델을 만들 수 있다. 페널티를 더욱 강조할수록 값이 큰 계수에 대한 제한이 더욱 커진다.

예를 들어 리지 회귀(ridge regression)의 경우 상수인 beta_0를 제외한 beta_i의 각각을 제곱한 값의 합에 비례하는 페널티를 추가한다.

```python
# alpha는 페널티의 강도를 조절하는 *하이퍼 파라미터*
# 보통 'lambda'라고 표현하지만 파이썬에서는 이미 사용 중인 키워드다.
def ridge_penalty(beta: Vector, alpha: float) -> float:
    return alpha * dot(beta[1:], beta[1:])

def squared_error_ridge(x: Vector,
                        y: float,
                        beta: Vector,
                        alpha: float) -> float:
    """beta를 사용할 때 오류와 페널티의 합을 추정"""
```

2 (옮긴이) 통상적으로 데이터 과학에서 'regularization'은 '정규화'로 번역한다. 하지만 척도 조절에서 데이터 범위를 유사하게 맞춰 주는 'normalization'도 '정규화'로 번역하기 때문에 혼동의 여지가 있다. 따라서 이 책에서는 혼동을 방지하기 위해 커뮤니티의 합의를 달성하지 못한 regularization은 원어 그대로 표기하고 normalization만 정규화로 번역한다. 번역을 하지 않았기 때문에 독자의 이해를 돕기 위해 부연설명을 하자면 regularization은 학습데이터에 대한 과적합을 막고 모델의 일반화 성능을 높이기 위한 모든 행위를 통칭한다. 혹자는 '규칙화' 혹은 '규제화'로 번역하기도 한다.

```
        return error(x, y, beta) ** 2 + ridge_penalty(beta, alpha)
```

그리고 이전과 동일하게 경사 하강법을 적용할 수 있다.

```
from scratch.linear_algebra import add

def ridge_penalty_gradient(beta: Vector, alpha: float) -> Vector:
    """리지 페널티의 기울기"""
    return [0.] + [2 * alpha * beta_j for beta_j in beta[1:]]

def sqerror_ridge_gradient(x: Vector,
                           y: float,
                           beta: Vector,
                           alpha: float) -> Vector:
    """
    i번째 오류 제곱 값과 리지 페널티 합의 기울기
    """
    return add(sqerror_gradient(x, y, beta),
               ridge_penalty_gradient(beta, alpha))
```

이제 sqerror_gradient 대신 sqerror_ridge_gradient를 사용하도록 least_squares_fit 함수를 고치기만 하면 된다. (이를 위한 코드를 다시 적지는 않겠다.)

만약 alpha가 0이라면 페널티는 전혀 없으며 이전과 동일한 모델이 학습될 것이다.

```
random.seed(0)
beta_0 = least_squares_fit_ridge(inputs, daily_minutes_good, 0.0,  # alpha
                                 learning_rate, 5000, 25)
# [30.51, 0.97, -1.85, 0.91]
assert 5 < dot(beta_0[1:], beta_0[1:]) < 6
assert 0.67 < multiple_r_squared(inputs, daily_minutes_good, beta_0) < 0.69
```

그리고 alpha를 증가시킬수록 적합성은 감소하고 beta의 크기도 감소한다.

```
beta_0_1 = least_squares_fit_ridge(inputs, daily_minutes_good, 0.1,  # alpha
                                   learning_rate, 5000, 25)
# [30.8, 0.95, -1.83, 0.54]
assert 4 < dot(beta_0_1[1:], beta_0_1[1:]) < 5
assert 0.67 < multiple_r_squared(inputs, daily_minutes_good, beta_0_1) < 0.69

beta_1 = least_squares_fit_ridge(inputs, daily_minutes_good, 1,  # alpha
                                 learning_rate, 5000, 25)
# [30.6, 0.90, -1.68, 0.10]
assert 3 < dot(beta_1[1:], beta_1[1:]) < 4
assert 0.67 < multiple_r_squared(inputs, daily_minutes_good, beta_1) < 0.69
```

```
beta_10 = least_squares_fit_ridge(inputs, daily_minutes_good,10,  # alpha
                                   learning_rate, 5000, 25)
# [28.3, 0.67, -0.90, -0.01]
assert 1 < dot(beta_10[1:], beta_10[1:]) < 2
assert 0.5 < multiple_r_squared(inputs, daily_minutes_good, beta_10) < 0.6
```

자세히 살펴보면 페널티가 증가하면 박사 학위 취득 여부의 계수는 줄어들어 사라지는 것을 확인할 수 있다. 즉, 박사 학위 취득 여부의 계수가 0과 유의하게 다르지 않다는 결과를 재차 확인했다.

 Regularization을 적용하기 전에 rescale을 통해 데이터의 척도를 조절하자. 만약 경력의 척도를 100년 단위로 바꾸면 경력에 해당하는 변수의 계수는 100배 증가할 것이고, 똑같은 모델이라도 페널티는 증가할 것이다.

또한 다음과 같이 다른 형태의 페널티를 사용하는 **라쏘 회귀**(lasso regression)라는 방법도 있다.

```
def lasso_penalty(beta, alpha):
    return alpha * sum(abs(beta_i) for beta_i in beta[1:])
```

리지 회귀의 페널티는 계수의 값을 전체적으로 줄여 주지만 라쏘 회귀의 페널티는 계수의 값을 0으로 강제하는 효과가 있기 때문에, 보다 희소한(sparse) 모델을 학습하는 데 사용하기 좋다. 하지만 라쏘 회귀는 경사 하강법으로는 학습할 수 없기 때문에 이 책에서는 다루지 않을 것이다.

15.9 더 공부해 보고 싶다면

- 회귀 분석에는 아주 풍부하고 탄탄한 이론적 배경이 존재한다. 별도로 교과서를 찾아보거나, 적어도 여러 개의 위키피디아 글을 보는 것을 추천한다.
- scikit-learn은 우리가 만든 것과 유사한 LinearRegression 모델과 리지 회귀 분석, 라쏘 회귀 분석 등 다양한 regularization 방식을 지원하는 linear_model 모듈[3]을 제공해 주고 있다.
- Statsmodels[4] 또한 선형 회귀 분석 모델 및 여러 다양한 모델을 제공해 주고 있다.

---

3 *https://scikit-learn.org/stable/modules/linear_model.html*
4 *https://www.statsmodels.org*

16장

로지스틱 회귀 분석

> 많은 사람이 천재와 미치광이는 종이 한 장 차이라고 한다.
> 나는 종이 한 장이 아니라, 그 사이에 거대한 만(灣)이 있다고 생각한다.
> - 빌 베일리(Bill Bailey)

1장 '들어가기'에서 우리는 어떤 사용자들이 유료 계정으로 전환할지 예측하는 문제를 살펴보았다. 여기서 그 문제를 다시 한번 다뤄 보자.

16.1 문제

데이터 과학자로서의 경력(experience), 소득(salary) 그리고 유료 계정으로 등록했는지의 여부(paid_account) 등을 익명화해서 저장한 200명의 사용자 데이터가 있다(그림 16-1). 이때 종속 변수(dependent variable)는 유료 계정 등록 여부다. 범주형(categorical)이므로 0(유료 계정이 아니다)과 1(유료 계정이다)의 값을 가진다.

데이터는 각 [experience, salary, paid_account] 정보가 담긴 리스트다. 이를 다시 우리가 필요한 형태로 바꿔보면 다음과 같다.

```
xs = [[1.0] + row[:2] for row in data]    # 여기서 각 원소는
                                          # [1, experience, salary]
ys = [row[2] for row in data]             # 여기서 각 원소는 paid_account
```

먼저 선형 회귀 분석으로 가장 좋은 모델을 찾아볼 수 있다.

$$유료\ 계정\ 등록\ 여부 = \beta_0 + \beta_1경력 + \beta_2소득 + \varepsilon$$

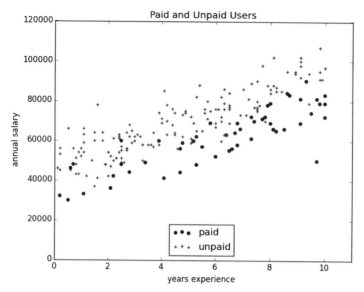

그림 16-1 계정을 등록한 사용자(paid)와 등록하지 않은 사용자(unpaid)

이렇게 모델링하지 못할 이유는 없다. 그 결과는 그림 16-2에서 확인할 수 있다.

```
from matplotlib import pyplot as plt
from scratch.working_with_data import rescale
from scratch.multiple_regression import least_squares_fit, predict
from scratch.gradient_descent import gradient_step

learning_rate = 0.001
rescaled_xs = rescale(xs)
beta = least_squares_fit(rescaled_xs, ys, learning_rate, 1000, 1)
# [0.26, 0.43, -0.43]
predictions = [predict(x_i, beta) for x_i in rescaled_xs]

plt.scatter(predictions, ys)
plt.xlabel("predicted")
plt.ylabel("actual")
plt.show()
```

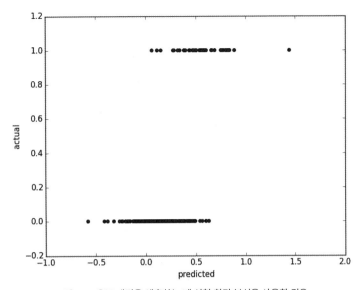

그림 16-2 유료 계정을 예측하는 데 선형 회귀 분석을 사용한 경우

그런데 이 접근법은 몇 가지 문제를 야기시킨다.

- 예측값이 0 또는 1로 나와서 어떤 클래스에 속하는지 나타났으면 한다. 숫자가 0과 1 사이로 나와도 확률로 해석할 수 있으니 괜찮다. 가령 예측값이 0.25이면 유료 계정 사용자일 확률이 25%라고 해석힐 수 있다. 하지만 선형 회귀 모델의 결괏값은 아주 큰 양수값 또는 음수값일 수 있기 때문에 해석이 어렵다. 실제로 여기서도 상당히 많은 예측값이 음수이다.

- 선형 회귀 분석은 오룻값이 x의 열과 아무런 상관 관계가 없다고 가정한다. 하지만 여기서는 경력(experience)에 대한 계수가 0.43이기 때문에 경력이 많은 사람이 유료 계정을 등록할 가능성이 더 많음을 암시한다. 이는 사용자의 경력이 많은 경우 모델이 아주 큰 예측값을 생성한다는 것을 의미한다. 하지만 실제 y의 최댓값은 1이므로, 아주 큰 예측값은(아주 큰 경험의 계수와 함께) 큰 음의 오류를 발생시킨다. 즉, 이 경우 beta에 관한 추정이 상당히 편향되어 있다.

이렇게 하는 대신 우리는 dot(x_i, beta)의 값이 큰 양수이면 예측값이 1에 가깝고, 큰 음수이면 예측값이 0에 가깝도록 설정해볼 수 있다. 이는 현재의 예측값에 어떤 함수를 적용하면 얻을 수 있다.

16.2 로지스틱 함수

로지스틱 회귀 분석은 그림 16-3의 로지스틱 함수(logistic function)를 사용한다.

```
def logistic(x: float) -> float:
    return 1.0 / (1 + math.exp(-x))
```

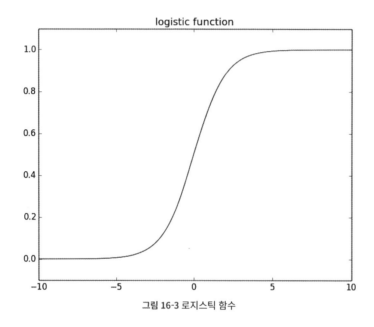

그림 16-3 로지스틱 함수

로지스틱 함수는 입력값이 양의 방향으로 커질수록 출력값이 1에 가까워진다. 반대로 입력값이 음의 방향으로 커질수록 출력값이 0에 가까워진다. 그와 더불어 로지스틱 함수는 다음과 같이 간단하게 미분할 수 있다.

```
def logistic_prime(x: float) -> float:
    y = logistic(x)
    return y * (1 - y)
```

이 미분식은 쓸모가 많다. 그리고 이 식으로 모델을 학습시킬 것이다.

$$y_i = f(x_i \beta) + \varepsilon_i$$

여기서 f는 logistic 함수이다.

선형 회귀 분석을 할 때 오차의 제곱 합(sum of squared error)을 최소화해서 모델 파라미터 β를 학습했는데, 그 모델 파라미터 β가 결국 데이터의 가능도 (likelihood)를 최대화하는 값이었다는 것을 기억하는가?

그런데 로지스틱 회귀 분석에서 이 두 가지 경우는 동치가 아니다. 그러므로 여기서는 경사 하강법(gradient descent)을 사용해서 가능도를 직접 최대화시켜 보자. 이를 위해 가능도 함수와 그 그래디언트를 직접 계산해 보겠다.

앞서 언급한 모델에서, β가 주어졌을 때 각 y_i는 $f(x_i\beta)$의 확률로 1, $1 - f(x_i\beta)$의 확률로 0이 되어야 한다.

그리고 y_i의 확률 밀도 함수(probability density function)는 다음과 같다.

$$p(y_i|x_i, \beta) = f(x_i\beta)^{y_i}(1-f(x_i\beta))^{1-y_i}$$

만약 y_i가 0이라면 이 식은 다음과 같다.

$$1 - f(x_i\beta)$$

또한 y_i가 1이라면 다음과 같다.

$$f(x_i\beta)$$

따라서 로그 가능도(log likelihood)를 최대화하는 것은 생각보다 간단하다.

$$logL(\beta|x_i, y_i) = y_i \log f(x_i\beta) + (1 - y_i) \log(1 - f(x_i\beta))$$

로그(log) 함수는 단조 증가 함수이므로 로그 가능도를 최대화하는 beta는 동시에 가능도 또한 최대화하며, 그 역도 성립한다. 경사 하강법은 함수를 최소화하는데 사용하므로, 실제로는 로그 가능도의 부호를 바꾼 네거티브(negative) 로그 가능도를 사용할 것이다.

```
import math
from scratch.linear_algebra import Vector, dot

def _negative_log_likelihood(x: Vector, y: float, beta: Vector) -> float:
    """데이터 포인트의 네거티브 로그 가능도"""
    if y == 1:
        return -math.log(logistic(dot(x, beta)))
    else:
        return -math.log(1 - logistic(dot(x, beta)))
```

만일 데이터 포인트끼리 서로 독립이라면 데이터 전체의 가능도는 개별 데이터 포인트의 가능도의 단순 곱이 된다. 바꿔 말하면 데이터 전체에 대한 로그 가능도는 개별 데이터 포인트의 로그 가능도의 단순 합이다.

```python
from typing import List

def negative_log_likelihood(xs: List[Vector],
                            ys: List[float],
                            beta: Vector) -> float:
    return sum(_negative_log_likelihood(x, y, beta)
              for x, y in zip(xs, ys))
```

여기에 약간의 미적분을 이용하면 그래디언트를 구할 수 있다.

```python
from scratch.linear_algebra import vector_sum

def _negative_log_partial_j(x: Vector, y: float, beta: Vector, j: int) -> float:
    """
    데이터 포인트의 j번째 편미분
    여기서 i는 데이터 포인트의 인덱스를 의미
    """
    return -(y - logistic(dot(x, beta))) * x[j]

def _negative_log_gradient(x: Vector, y: float, beta: Vector) -> Vector:
    """
    데이터 포인트의 그래디언트
    """
    return [_negative_log_partial_j(x, y, beta, j)
            for j in range(len(beta))]

def negative_log_gradient(xs: List[Vector],
                          ys: List[float],
                          beta: Vector) -> Vector:
    return vector_sum([_negative_log_gradient(x, y, beta)
                      for x, y in zip(xs, ys)])
```

이제 필요한 재료가 모두 준비되었다.

16.3 모델 적용하기

데이터를 학습 데이터와 테스트 데이터로 분할하고 경사 하강법(batch gradient descent)을 적용해 보자.

```python
from scratch.machine_learning import train_test_split
import random
```

```
import tqdm

random.seed(0)
x_train, x_test, y_train, y_test = train_test_split(rescaled_xs, ys, 0.33)

learning_rate = 0.01

# 임의의 시작점을 정하자.
beta = [random.random() for _ in range(3)]

with tqdm.trange(5000) as t:
    for epoch in t:
        gradient = negative_log_gradient(x_train, y_train, beta)
        beta = gradient_step(beta, gradient, -learning_rate)
        loss = negative_log_likelihood(x_train, y_train, beta)
        t.set_description(f"loss: {loss:.3f} beta: {beta}")
```

이를 통해 얻은 beta는 대략 다음과 같다.

```
[-2.0, 4.7, -4.5]
```

이는 rescale을 통해 척도가 조절된 데이터의 계수이므로 이를 원래 데이터의 단위로 다시 변환해 보자.

```
from scratch.working with data import scale

means, stdevs = scale(xs)
beta_unscaled = [(beta[0]
                  - beta[1] * means[1] / stdevs[1]
                  - beta[2] * means[2] / stdevs[2]),
                 beta[1] / stdevs[1],
                 beta[2] / stdevs[2]]
# [8.9, 1.6, -0.000288]
```

아쉽게도 선형 회귀의 계수와는 달리 이들의 의미를 해석하기란 쉽지 않다. 다른 모든 것이 동일하다면 경력이 1년 더 추가될 때 logistic의 입력값에 1.6이 더해진다. 다른 모든 것이 동일하다면 연봉이 $10,000 추가될 때마다 logistic의 입력값에서 2.88이 빠진다.

하지만 최종 예측값을 결정하는 데는 다른 변수들의 영향도 크다. dot(beta, x_i)가 이미 충분히 크다면(즉 예측값이 이미 충분히 1에 가깝다면) 특정 변수의 입력값이 아주 많이 증가해도 예측값에는 거의 영향을 주지 못한다. 반면 dot(beta, x_i)가 0에 가깝다면 특정 변수의 값을 조금만 키워도 예측값에는 꽤 큰 영향을 미칠 수 있다.

한 가지 확실한 것은, 다른 모든 것이 동일하다면 경력이 많을수록 유료 계정으로 등록할 가능성이 높고, 다른 모든 것이 동일하다면 월급이 높을수록 유료 계정으로 등록할 가능성이 낮다는 것이다. (데이터를 시각화했을 때도 이와 유사한 결론을 얻을 수 있었다.)

16.4 적합성(Goodness of fit)

지금까지는 평가용으로 따로 빼 놓았던 데이터를 써볼 기회가 없었다. 예측값이 0.5를 초과할 때마다 사용자가 유료 계정으로 등록한다고 예측해 보자.

```
true_positives = false_positives = true_negatives = false_negatives = 0

for x_i, y_i in zip(x_test, y_test):
    prediction = logistic(dot(beta, x_i))

    if y_i == 1 and prediction >= 0.5:  # TP: 실제로 유료 계정. 예측도 유료 계정.
        true_positives += 1
    elif y_i == 1:                       # FN: 실제로 유료 계정. 예측은 무료 계정.
        false_negatives += 1
    elif prediction >= 0.5:              # FP: 실제로 무료 계정. 예측은 유료 계정.
        false_positives += 1
    else:                                # TN: 실제로 무료 계정. 예측도 무료 계정.
        true_negatives += 1

precision = true_positives / (true_positives + false_positives)
recall = true_positives / (true_positives + false_negatives)
```

이렇게 하면 정밀도가 75%이고(즉 '유료 계정'이라고 예측했는데 유료 계정 이용자일 확률이 75%이다), 재현율은 80%이다(즉 유료 계정 이용자인데 우리가 '유료 계정' 이용자라고 예측할 확률이 80%이다). 이 정도면 적은 데이터에 비해 나쁘지 않은 결과이다.

예측값과 실제값을 시각화할 수도 있다(그림 16-4). 이 결과를 봐도 모델링이 비교적 잘 되었음을 확인할 수 있다.

```
predictions = [logistic(dot(beta, x_i)) for x_i in x_test]
plt.scatter(predictions, y_test, marker='+')
plt.xlabel("predicted probability")
plt.ylabel("actual outcome")
plt.title("Logistic Regression Predicted vs. Actual")
plt.show()
```

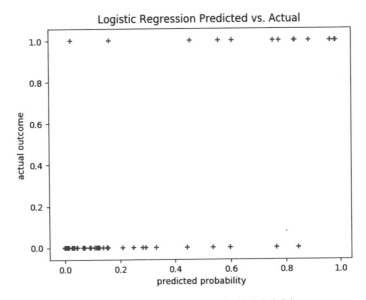

그림 16-4 로지스틱 회귀 분석으로 예측한 값과 실제값

16.5 서포트 벡터 머신

dot(beta_hat, x_i)의 값이 0이 되는 부분이 두 클래스의 경계면이다. 모델이 어떻게 동작하는지 확인하기 위해 이 경세면을 시각화해 볼 수 있다(그림 16-5).

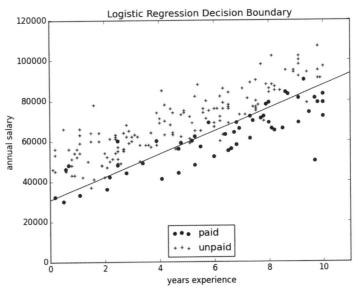

그림 16-5 유료 계정을 등록한 사용자(paid)와 등록하지 않은 사용자(unpaid), 그리고 결정 경계면(decision boundary)

이렇게 전체 파라미터 공간을 '유료 계정'과 '유료 계정이 아닌' 두 개의 부분 공간으로 나누는 경계면을 초평면(hyperplane)이라고 부른다.

이 초평면은 가능도를 최대화한 결과의 부산물로 얻을 수 있다.

분류 문제를 푸는 다른 방법 중에는 애초에 각 클래스를 가장 잘 분류하는 초평면을 찾는 것을 목적으로 하는 것도 있다. 서포트 벡터 머신(support vector machine, SVM)이 그중 하나인데, 이는 각 클래스 안의 초평면과 가장 가까운 점의 거리를 최대화하는 방식으로 초평면을 찾는다(그림 16-6).

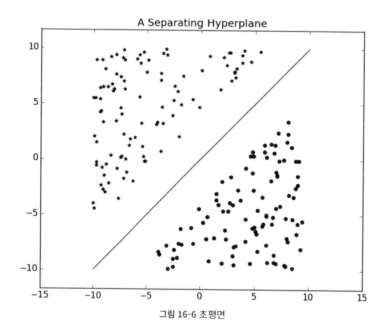

그림 16-6 초평면

초평면을 찾는 것은 생각보다 꽤 복잡한 최적화 방법론을 필요로 한다. 그뿐 아니라, 데이터를 분류할 수 있는 초평면이 아예 존재하지 않을 수도 있다. 우리가 앞서 다룬 유료 회원 문제에서조차 유료 회원과 무료 회원 사이를 완벽하게 가를 수 있는 직선은 존재하지 않는다.

이 문제를 우회하는 방법 중 하나는 데이터가 선형적으로 구분될 수 있는, 조금 더 차원이 높은 공간으로 데이터를 변환하여 보내는 것이다. 그림 16-7의 단순한 1차원 데이터를 예로 들어 보자.

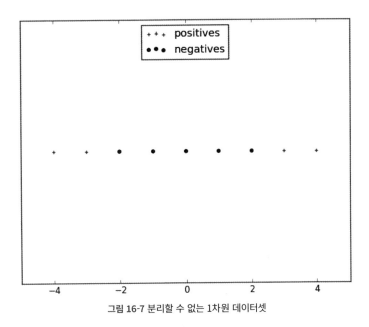

그림 16-7 분리할 수 없는 1차원 데이터셋

이 그림에서 positives와 negatives를 구분할 수 있는 초평면이 존재하지 않는 다는 것을 명백하게 알 수 있다. 하지만 데이터 포인트 x를 (x, x**2)로 매핑 (mapping)하여 2차원 공간으로 보낸다면 어떤 일이 생기게 될까? 갑자기 데이 터를 분리할 수 있는 초평면을 찾을 수 있게 된다(그림 16-8)!

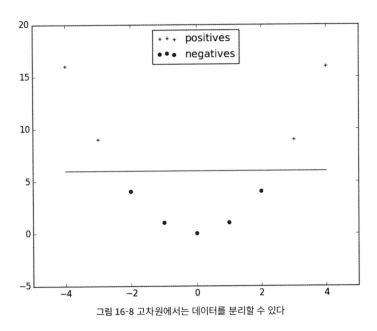

그림 16-8 고차원에서는 데이터를 분리할 수 있다

이를 보통 커널 트릭(kernel trick)이라고 표현한다. 데이터 포인트를 더 높은 차원의 공간으로 직접 매핑하기보다는(데이터가 많거나 매핑이 복잡하면 계산량이 무척 많을 수 있기 때문에) '커널(kernel) 함수'로 더 높은 차원에서의 내적을 계산하고 그것으로 초평면을 찾는다.

최적화 코드를 제대로 작성할 줄 아는 전문가에게 의지하지 않고 직접 서포트 벡터 머신을 작성하는 것은 광장히 힘든 일일뿐더러 별로 좋은 생각이 아닐 수 있으니, 서포트 벡터 머신에 대한 논의는 이쯤에서 마무리하도록 하자.

16.6 더 공부해 보고 싶다면

- scikit-learn에는 로지스틱 회귀 분석[1]과 서포트 벡터 머신[2]을 위한 모델이 모두 구현되어 있다.
- LIBSVM[3]은 scikit-learn의 서포트 벡터 머신 모듈이 쓰고 있는 구현체다. 이 웹페이지에는 서포트 벡터 머신에 대한 유용한 문서가 많다.

---

1 *https://scikit-learn.org/stable/modules/linear_model.html#logistic-regression*
2 *https://scikit-learn.org/stable/modules/svm.html*
3 *https://www.csie.ntu.edu.tw/~cjlin/libsvm/*

17장

의사결정나무

나무는 이해할 수 없는 불가사의다.
- 짐 우드링(Jim Woodring)

인재경영실의 부사장은 수많은 입사 후보자를 만나봤는데, 좋은 결과를 얻은 적도 있고 그러지 못한 적도 있다. 그는 후보자들에 대한 몇 가지 (정성적인) 특징과 더불어, 각 후보자가 인터뷰를 잘했는지 못했는지를 기록한 데이터를 수집하고 있있다. 그는 데이더를 건네주머 "이 데이터를 이용해 어떤 후보자들이 좋은 인터뷰를 할지 예측해서, 제가 더 이상 인터뷰하는 데 시간을 낭비하지 않을 수 있게 해줄 수 있습니까?"라고 물어 보았다.

이런 문제에는 또 다른 예측 모델인 의사결정나무(decision tree)가 적합해 보인다.

17.1 의사결정나무란?

의사결정나무는 다양한 의사결정 경로(decision path)와 결과(outcome)를 나타내는 데 나무 구조를 사용한다.

스무고개[1] 놀이를 해본 사람이라면 누구나 의사결정나무에 익숙할 것이다. 예를 들자면

• "제가 지금 생각하고 있는 것은 동물입니다."

• "다리가 다섯 개 이상인가요?"

---

1   (옮긴이) *https://ko.wikipedia.org/wiki/%EC%8A%A4%EB%AC%B4%EA%B3%A0%EA%B0%9C*

- "아닙니다."
- "맛있습니까?"
- "아닙니다."
- "호주의 5센트 동전의 뒷면에 등장하나요?"
- "그렇습니다."
- "바늘두더지군요?"
- "정답입니다!"

이 대화는 '동물 맞추기' 의사결정나무에서 다음의 의사결정 경로와 동치다(그림 17-1).

"다리가 다섯 개 이상이 아니다" → "맛있지 않다" → "5센트 동전에 등장한다" → "바늘두더지다!"

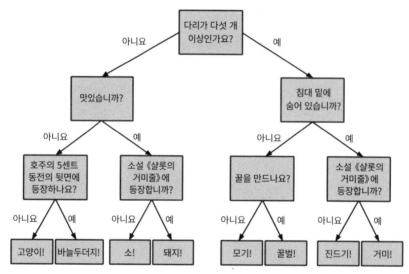

그림 17-1 '동물 맞추기' 의사결정나무

의사결정나무는 장점이 아주 많다. 이해하고 해석하기가 무척 쉽고, 예측할 때 사용하는 프로세스가 꽤 명백하다. 지금까지 살펴본 다른 많은 모델과 다르게 숫자형 데이터(다리의 수)와 범주형 데이터(맛있다/맛없다)를 동시에 다룰 수 있고, 특정 변수의 값이 누락되어도 사용할 수 있다.

한편 학습 데이터에 관해 '최적의' 의사결정나무를 찾는 것은 계산적으로 무척 어려운 문제다. (여기서는 최적의 의사결정나무를 찾는 대신 '어느 정도 좋은' 의사결정나무를 찾는 것으로 이 문제를 우회할 것이지만, 방대한 데이터를 다룰 경우에는 이마저도 어려울 수 있다.) 더 중요한 문제 중 하나는, 의사결정나무는 새로운 데이터에 대한 일반화 성능이 좋지 않게 오버피팅되기 쉽다. 이 문제들을 해결하는 방법들에 대해서도 이 장에서 살펴볼 것이다.

많은 사람들은 의사결정나무를 범주형 결과를 반환하는 **분류나무**(classification tree)와 숫자형 결과를 반환하는 **회귀나무**(regression tree)로 나눈다. 이 장에서 우리는 분류나무를 중점적으로 살펴보면서, 클래스 레이블이 있는 데이터로 ID3 알고리즘[2]이 어떻게 의사결정나무를 구축하는지 살펴볼 것이다. 문제를 간단하게 하기 위해 여기서는 '내가 이 후보자를 뽑아야 할까?', '웹사이트에 광고 A와 광고 B 중 어떤 것을 내보내야 할까?', 또는 '사무실 냉장고에 있던 이 음식을 먹으면 배탈이 날까?' 등과 같이 결괏값이 이진(binary)인 경우만 고려하자.

17.2 엔트로피

의사결정나무를 만들기 위해서는 어떤 질문을 물을 것이고 어떤 순서로 질문을 던질 것인지 정해야 한다. 나무의 각 단계에서는 데이터에 대한 가능성이 완전히 배제되는 경우가 있고 그렇지 않은 경우도 있다. 예를 들어 동물의 다리가 다섯 개 이하라면, 그 동물이 베뚜기일 가능성은 없지만 오리일 기능성은 있다. 각 질문에 대한 답이 무엇이냐에 따라 가능성은 세분화된다.

이상적으로는, 예측하려는 대상에 대해 가장 많은 정보를 담고 있는 질문을 고르는 것이 좋다. 질문에 대한 답이 '참'인 경우 결괏값이 항상 True이고 '거짓'인 경우 결괏값이 항상 False인 질문이 딱 하나 있다면 그 질문을 가장 먼저 물어야 한다. 반대로, 질문을 던져도 결괏값에 대한 새로운 정보를 전혀 주지 못하면 좋은 질문이 아니다.

이렇게 '얼마만큼의 정보를 담고 있는가'를 **엔트로피**(entropy)라고 한다. 엔트로피가 '무질서도(disorder)'를 의미한다는 말을 들어본 적이 있을 텐데 데이터의 불확실성(uncertainty)을 나타낼 때도 같은 표현을 사용한다.

예를 들어 데이터셋 S가 있고 각 데이터 포인트는 $C_1, ..., C_n$ 등 유한 개의 클래스 중 하나에 속한다고 해보자. 모든 데이터 포인트가 하나의 클래스에 속한다면 불학실성은 전혀 없고, 엔트로피는 낮다고 할 수 있다. 반면 모든 데이터 포인트가 모든 클래스에 고르게 분포되어 있다면 불확실성도 엔트로피도 높다.

---

2 (옮긴이) ID3은 Iterative Dichotomiser 3의 약자이고 C4.5 알고리즘의 전신이다.

이 개념을 수학적으로 다시 나타내 보자. 한 데이터 포인트가 클래스 c_i에 속할 확률을 p_i라 하고 0log0 = 0이면 엔트로피는 다음과 같이 표기할 수 있다.

$$H(S) = -\,p_1\log_2 p_1 - \ldots - p_n\log_2 p_n$$

주요한 특성만 본다면 각 항 $-\,p_i\log_2 p_i$의 값은 항상 0보다 크거나 같으며, p_i의 값이 0 또는 1에 가까울 때 0에 가까워진다(그림 17-2).

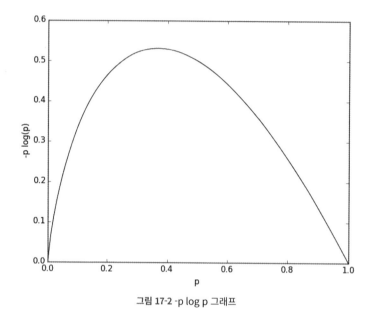

그림 17-2 -p log p 그래프

모든 p_i가 0 또는 1에 가까우면(즉 대부분의 데이터 포인트가 하나의 클래스에 속하면) 엔트로피는 아주 작을 것이고, 대부분의 p_i가 0에 가깝지 않으면(즉 데이터 포인트가 여러 클래스에 고르게 분포되어 있으면) 엔트로피는 큰 값을 가진다.

이것이 딱 우리가 원하던 특성이고, 코드로 옮기는 것도 그리 어렵지 않다.

```
from typing import List
import math

def entropy(class_probabilities: List[float]) -> float:
    """클래스에 속할 확률을 입력하면 엔트로피를 계산하라."""
    return sum(-p * math.log(p, 2)
               for p in class_probabilities
               if p > 0)                        # 확률이 0인 경우는 제외한다.
```

```
assert entropy([1.0]) == 0
assert entropy([0.5, 0.5]) == 1
assert 0.81 < entropy([0.25, 0.75]) < 0.82
```

입력 데이터는 (input, label) 쌍으로 구성되어 있기 때문에 각 클래스 레이블의 확률은 별도로 계산해 주어야 한다. 엔트로피를 구할 때는 어떤 레이블에 어떤 확률값이 주어졌는지까지는 알 필요가 없고, 레이블과 무관하게 확률값만 알면 된다.

```
from typing import Any
from collections import Counter

def class_probabilities(labels: List[Any]) -> List[float]:
    total_count = len(labels)
    return [count / total_count
            for count in Counter(labels).values()]

def data_entropy(labels: List[Any]) -> float:
    return entropy(class_probabilities(labels))

assert data_entropy(['a']) == 0
assert data_entropy([True, False]) == 1
assert data_entropy([3, 4, 4, 4]) == entropy([0.25, 0.75])
```

17.3 파티션의 엔트로피

지금까지 우리는 데이터셋 전체에 대한 엔트로피('불확실성'으로 기억하라)를 계산했다. 하지만 의사결정나무의 각 단계는 데이터를 여러 개의 파티션(partition)으로 분할한다. 예를 들어 '다리가 다섯 개 이상인가?'라는 질문은 다리가 다섯 개 이상인 동물(예: 거미)에 대한 파티션과 그렇지 않은 동물(예: 바늘두더지)에 대한 파티션으로 데이터를 나눈다.

이에 따라 하나의 데이터셋을 여러 개의 파티션으로 나누더라도 데이터셋 전체에 관한 엔트로피를 계산할 수 있는 방법이 필요해졌다. 이때 파티션 하나하나가 낮은 엔트로피를 가지는 경우에는 전반적인 엔트로피도 낮고, 파티션 하나하나가 높은 엔트로피를 가지는 경우에는 전반적인 엔트로피도 높아야 한다.

사실, 앞의 스무고개 예시에서 '호주 5센트 동전' 질문은 (운 좋게도 정답을 맞추는데는 도움이 되었지만) 상당히 바보스러운 질문이었다. 왜냐하면 남아 있는 동물의 집합을 S_1 = {바늘두더지}와 S_2 = {다른 모든 동물}로 나눠버리기 때문이다. (S_1은 엔트로피가 0이지만 남아 있는 클래스 중 극히 적은 일부를 차지하고,

S_2는 집합 자체가 크기도 하고 엔트로피가 높다.)

수학적으로 말하자면 데이터 S를 $q_1, ..., q_m$의 비율을 가지는 파티션 $S_1, ..., S_m$로 나누는 경우에 엔트로피는 다음과 같이 가중합으로 계산할 수 있다.

$$H = q_1 H(S_1) + ... + q_m H(S_m)$$

이것을 코드로 작성하면 다음과 같다.

```python
def partition_entropy(subsets: List[List[Any]]) -> float:
    """주어진 데이터의 파티션 안의 엔트로피를 반환"""
    total_count = sum(len(subset) for subset in subsets)

    return sum(data_entropy(subset) * len(subset) / total_count
               for subset in subsets)
```

 이 접근법의 한 가지 문제는, 다양한 값을 가지는 변수를 사용해서 파티션을 나누는 경우 오버피팅이 되어 엔트로피가 낮아진다는 것이다. 예를 들어 보자. 기존 데이터를 이용해서 은행 고객 중 주택담보대출을 갚지 못할 고객을 예측하는 의사결정나무를 만들려고 한다. 데이터에 고객들의 주민등록번호가 담겨 있는 변수가 있는데, 이 변수로 파티션을 나누면 파티션당 고객이 한 명씩만 속하게 되어 엔트로피가 모두 0이 되지만, 그렇게 파티션을 나누면 학습 데이터 외의 데이터를 잘 처리할 수 없음이 자명하다. 따라서 의사결정나무를 사용할 때는 다양한 값을 가지는 변수를 최대한 피하거나, 변수의 여러 값을 적은 수의 버킷(bucket)으로 나눠서 선택 가능한 값의 종류를 줄이는 것이 좋다.

17.4 의사결정나무 만들기

부사장이 인터뷰 후보자의 데이터를 NamedTuple 형태로 보내주었다. 후보자의 직급(level)을 비롯해서 그녀가 선호하는 프로그래밍 언어(lang), 트위터를 사용하는지의 여부(tweets), 박사 학위의 유무(phd) 그리고 인터뷰를 잘했는지 못했는지의 여부(did_well) 등 후보자의 다양한 속성이 담겨 있다.

```python
from typing import NamedTuple, Optional

class Candidate(NamedTuple):
    level: str
    lang: str
    tweets: bool
    phd: bool
    did_well: Optional[bool] = None  # 레이블이 없는 데이터도 허용한다.
```

```
         #  level     lang     tweets  phd    did_well
inputs = [Candidate('Senior', 'Java',   False, False, False),
          Candidate('Senior', 'Java',   False, True,  False),
          Candidate('Mid',    'Python', False, False, True),
          Candidate('Junior', 'Python', False, False, True),
          Candidate('Junior', 'R',      True,  False, True),
          Candidate('Junior', 'R',      True,  True,  False),
          Candidate('Mid',    'R',      True,  True,  True),
          Candidate('Senior', 'Python', False, False, False),
          Candidate('Senior', 'R',      True,  False, True),
          Candidate('Junior', 'Python', True,  False, True),
          Candidate('Senior', 'Python', True,  True,  True),
          Candidate('Mid',    'Python', False, True,  True),
          Candidate('Mid',    'Java',   True,  False, True),
          Candidate('Junior', 'Python', False, True,  False)
         ]
```

의사결정나무는 결정 노드(decision node)와 잎 노드(leaf node)로 구성된다. 결정 노드는 질문을 주고 답변에 따라 다른 경로로 안내해 주고, 잎 노드는 예측 값이 무엇인지 알려준다. 나무는 지금부터 기술할 ID3이라는 비교적 단순한 알고리즘에 기반해서 구축할 수 있다. 레이블이 있는 데이터와 파티션을 나눌 수 있는 변수의 목록이 주어졌다고 해보자.

- 모든 데이터 포인트의 클래스 레이블이 동일하다면 해당 레이블로 잎 노드를 만들고 종료하라.
- 변수 목록이 비어 있다면(즉 더 이상 물을 수 있는 질문이 없다면) 가장 빈도 수가 높은 클래스 레이블로 예측하는 잎 노드를 만들고 종료하라.
- 그게 아니면 각 변수로 데이터의 파티션을 나눠 보라.
- 파티션을 나눴을 때 엔트로피가 가장 낮은 변수를 택하라.
- 선택된 변수로 결정 노드를 생성하라.
- 남아 있는 변수들로 각 파티션에 관해 위 과정을 반복하라.

위와 같은 방법을 'greedy(탐욕적)' 알고리즘이라 부르는데, 매 순간순간 가장 최적이라고 생각되는 선택을 하기 때문이다. 그러나 순간 중에는 최적의 선택이 아니더라도 나무 전체를 봤을 때는 더 좋은 선택인 경우가 있다. ID3 알고리즘은 그런 선택을 하지는 못한다. 하지만 상대적으로 이해하기도, 구현하기도 쉬워서 의사결정나무에 입문하기 위한 좋은 길잡이가 된다.

자, 이제 인터뷰 후보자 데이터셋을 이용해 위의 단계를 거쳐 보자. 데이터셋에는 True 또는 False 값을 가지는 레이블이 달려 있고, 총 네 가지 변수로 나무의 가지를 나눌 수 있다. 1단계는 가장 낮은 엔트로피를 반환하는 파티션을 찾는 것이다. 먼저 파티션을 나누는 함수를 작성해 보자.

```python
from typing import Dict, TypeVar from collections import defaultdict

T = TypeVar('T')  # 입력 데이터 inputs를 위한 일반 타입

def partition_by(inputs: List[T], attribute: str) -> Dict[Any, List[T]]:
    """"attribute에 따라 inputs의 파티션을 나누자."""
    partitions: Dict[Any, List[T]] = defaultdict(list)
    for input in inputs:
        key = getattr(input, attribute)  # 특정 attribute의 값을 불러오고
        partitions[key].append(input)     # 이 input에 맞는 파티션에 추가
    return partitions
```

엔트로피를 계산하는 코드도 작성하자.

```python
def partition_entropy_by(inputs: List[Any],
                         attribute: str,
                         label_attribute: str) -> float:
    """"주어진 파티션에 대응되는 엔트로피를 계산"""
    # partitions는 inputs로 구성되어 있다.
    partitions = partition_by(inputs, attribute)

    # 하지만 partition_entropy에는 클래스 레이블만 있으면 된다.
    labels = [[getattr(input, label_attribute) for input in partition]
              for partition in partitions.values()]

    return partition_entropy(labels)
```

이제 전체 데이터셋에 관해 엔트로피를 최소화하는 파티션을 찾으면 된다.

```python
for key in ['level','lang','tweets','phd']:
    print(key, partition_entropy_by(inputs, key, 'did_well'))

assert 0.69 < partition_entropy_by(inputs, 'level', 'did_well')  < 0.70
assert 0.86 < partition_entropy_by(inputs, 'lang', 'did_well')   < 0.87
assert 0.78 < partition_entropy_by(inputs, 'tweets', 'did_well') < 0.79
assert 0.89 < partition_entropy_by(inputs, 'phd', 'did_well')    < 0.90
```

직급에 관해 파티션을 나눌 때 엔트로피가 최솟값을 가지므로, 직급의 가능한 값마다 가지를 나눠서 하위나무(subtree)를 만들자. 직급이 Mid일 때 모든 후보가 True 클래스에 속하므로, Mid 하위나무는 예측값으로 True를 반환하면 된다. 한편 직급이 Senior일 때는 True와 False 클래스가 섞여 있기 때문에 다음과 같이 파티션을 나누는 과정을 반복해야 한다.

```
senior_inputs = [input for input in inputs if input.level == 'Senior']

assert 0.4 == partition_entropy_by(senior_inputs, 'lang', 'did_well')
assert 0.0 == partition_entropy_by(senior_inputs, 'tweets', 'did_well')
assert 0.95 < partition_entropy_by(senior_inputs, 'phd', 'did_well') < 0.96
```

앞의 결과에 따르면 tweets의 엔트로피 값은 0이므로 이에 따라 파티션을 나누자. 이 경우에는 Senior 직급인 후보들이 트위터를 하면 항상 True이고, 트위터를 하지 않으면 항상 False가 된다.

마지막으로 Junior 직급 후보자들에 대해서도 같은 작업을 반복해 보면 phd를 기준으로 파티션을 나누게 되는데, phd의 경우 항상 False를 반환한다는 사실을 발견할 수 있다.

그림 17-3에서 최종 의사결정나무를 확인할 수 있다.

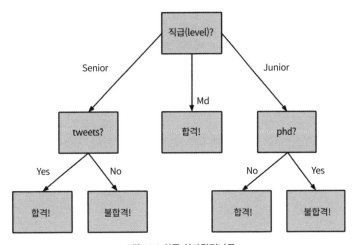

그림 17-3 최종 의사결정나무

17.5 종합하기

알고리즘이 어떻게 동작하는지를 알았으니 과정을 조금 더 일반화해 보자. 가장 먼저 해야 할 일은 나무를 어떻게 표현할지 결정하는 것이다. 여기서는 최대한 가벼운 표현법을 택해서 나무를 다음과 같이 정의하자.

- 한 개의 값을 예측하는 잎
- 특정 변수의 값에 따라 나뉜 하위나무와 처음 보는 변수의 값을 위해 사용할 기본값을 포함하는 분기

```
from typing import NamedTuple, Union, Any

class Leaf(NamedTuple):
    value: Any

class Split(NamedTuple):
    attribute: str
    subtrees: dict
    default_value: Any = None

DecisionTree = Union[Leaf, Split]
```

이러한 표현법을 사용하면 채용 트리는 다음과 같은 모습이 된다.

```
hiring_tree = Split('level', {     # 일단 직급('level')을 고려한다.
    'Junior': Split('phd', {       # 직급이 'Junior'이면 'phd'를 보자
        False: Leaf(True),         #   'phd'가 False이면 True라고 예측
        True: Leaf(False)          #   'phd'가 True이면 False라고 예측
    }),
    'Mid': Leaf(True),             # 직급이 'Mid'이면 True를 예측
    'Senior': Split('tweets', {    # 직급이 'Senior'이면 'tweets'를 보자
        False: Leaf(False),        #   'tweets'가 False이면 False라고 예측
        True: Leaf(True)           #   'tweets'가 True이면 True라고 예측
    })
})
```

한편, 새로운 후보자가 왔을 때 변수값 중 하나가 기존에 관찰되지 않은 것이면 어떻게 해야 할까? 예를 들어 새로 입력 받은 후보자의 직급이 인턴(Intern)인 경우에는 어떻게 해야 할까? 그런 경우에는 최대 빈도 레이블이 달린 default_value의 변수값을 이용할 것이다.

이제 새 표현법으로 새로운 입력값을 분류해 보자.

```
def classify(tree: DecisionTree, input: Any) -> Any:
    """의사결정나무로 새로운 입력값을 분류"""

    # 잎 노드이면 값을 반환하라.
    if isinstance(tree, Leaf):
        return tree.value

    # 그게 아니라면 변수로 나무의 파티션을 나누자.
    # 키로 변수값, 값으로 하위나무를 나타내는 dict를 사용하면 된다.
    subtree_key = getattr(input, tree.attribute)

    if subtree_key not in tree.subtrees:     # 키에 해당하는 하위나무가 없다면
        return tree.default_value            # 기본값을 반환하라.

    subtree = tree.subtrees[subtree_key]     # 적합한 하위나무를 고르고
```

```
    return classify(subtree, input)        # 입력된 데이터를 분류한다.
```

이제 남은 것은 학습용 데이터로부터 실제 나무를 구축하는 것이다.

```
def build_tree_id3(inputs: List[Any],
                   split_attributes: List[str],
                   target_attribute: str) -> DecisionTree:
    # 레이블의 수를 센다.
    label_counts = Counter(getattr(input, target_attribute)
                           for input in inputs)
    most_common_label = label_counts.most_common(1)[0][0]

    # 레이블의 종류가 하나 뿐이라면 그것으로 예측하라.
    if len(label_counts) == 1:
        return Leaf(most_common_label)

    # 분기할 수 있는 변수가 더 이상 없다면 최대 빈도 레이블을 반환하라.
    if not split_attributes:
        return Leaf(most_common_label)

    # 그게 아니면 특정 변수로 분기하라.

    def split_entropy(attribute: str) -> float:
        """기준이 될 변수를 선택하는 함수"""
        return partition_entropy_by(inputs, attribute, target_attribute)

    best_attribute = min(split_attributes, key=split_entropy)

    partitions = partition_by(inputs, best_attribute)
    new_attributes = [a for a in split_attributes if a != best_attribute]

    # 재귀적으로 하위나무를 구축
    subtrees = {attribute_value : build_tree_id3(subset,
                                                 new_attributes,
                                                 target_attribute)
                for attribute_value, subset in partitions.items()}

    return Split(best_attribute, subtrees, default_value=most_common_label)
```

구축한 나무의 모든 잎 노드는 True 또는 False로만 구성되어 있다. 즉, 학습 데이터에 관해서만큼은 나무의 예측 오류가 0이라는 것인데, 한번도 관찰한 적 없는 새로운 테스트 데이터를 분류시킬 수 있고

```
tree = build_tree_id3(inputs,
                      ['level', 'lang', 'tweets', 'phd'],
                      'did_well')

# True로 예측해야 한다.
```

```
assert classify(tree, Candidate("Junior", "Java", True, False))
```

```
# False로 예측해야 한다.
assert not classify(tree, Candidate("Junior", "Java", True, True))
```

심지어 관찰된 적 없는 값이 변수에 등장하거나 변수 값 자체가 누락되었더라도
분류가 가능하다.

```
# True로 예측해야 한다.
assert classify(tree, Candidate("Intern", "Java", True, True))
```

 여기서는 나무를 구축하는 방법을 보여 주는 것이 목적이었기 때문에 나무를 구축하는 데
데이터 전체를 사용했다. 하지만 우리가 실제로 어떤 작업을 하기 위해 모델을 구축하는 것
이 목표였다면, 더 많은 데이터를 수집한 후 데이터를 학습, 검증, 평가 데이터로 나눴을 것
이다.

17.6 랜덤포레스트

의사결정나무를 쉽게 학습 데이터에 맞출 수 있는 것을 보면, 오버피팅되는 경
향이 있는 게 그리 놀라운 일이 아니다. 오버피팅을 방지할 수 있는 대표적인 방
법 중 하나로, 여러 개의 의사결정나무를 만들어 다수결로 결과물을 종합하는
랜덤포레스트(random forests)라는 것이 있다. 분류나무라면 나무의 결과로 과
반 투표를 하면 되고, 회귀나무라면 예측값의 평균을 내면 된다.

그런데 지금까지 구축한 나무에는 랜덤성이 전혀 없었다. 어떻게 하면 랜덤하
게 나무를 얻을 수 있을까?

한 가지 방법은 15.6절 '여담: 부트스트랩'에서 배운 대로 데이터를 부트스
트랩하는 것이다. 즉, inputs 전체를 이용해서 나무를 학습하는 것이 아니라
bootstrap_sample(inputs)의 결과물을 각 나무의 입력값으로 넣어 학습하는 것
이다. 그러면 각 나무가 서로 다른 데이터로 구축되기 때문에 랜덤성이 생기게
된다. (이때 부가적인 이점은 샘플링되지 않은 데이터를 테스트 데이터로 이용
할 수 있다는 점이다. 즉, 성능을 측정하는 방법만 잘 설계한다면 데이터 전체를
학습에 사용해도 된다는 것을 의미한다.) 이 방법을 **통합 부트스트랩**(bootstrap
aggregating) 또는 **배깅**(bagging)이라고 부른다.

두 번째 방법은 파티션을 나누는 변수 best_attribute에 랜덤성을 부여하는
것이다. 즉, 남아 있는 모든 변수 중에서 최적의 변수를 선택하는 것이 아니라

변수 중 일부만 선택하고 그 일부 중에서 최적의 변수를 선택하는 것이다.

```
# 만약 파티션 기준으로 사용할 변수가 얼마 남지 않았다면 전부 사용하자.
if len(split_candidates) <= self.num_split_candidates:
    sampled_split_candidates = split_candidates
# 아니라면 랜덤하게 변수를 선택
else:
    sampled_split_candidates = random.sample(split_candidates,
                                             self.num_split_candidates)

# 선택된 변수 중에서 가장 적절한 변수를 선택
best_attribute = min(sampled_split_candidates, key=split_entropy)

partitions = partition_by(inputs, best_attribute)
```

이런 방법은 조금 더 광범위하게는 '앙상블 학습(ensemble learning)'의 일종인데, 성능이 떨어지는 (그리고 대부분, 편향은 높고 분산은 낮은) 여러 모델을 동시에 활용해서 전체적으로는 성능이 좋은 모델을 구축한다.

17.7 더 공부해 보고 싶다면

- scikit-learn에는 많은 의사결정나무[3] 모델이 구현되어 있다. 게다가 Random ForestClassifier 등 다양한 앙상블[4] 모듈이 있다.
- XGBoost[5]는 캐글과 같은 기계학습 대회에서 종종 우승하는 그래디언트 부스팅(gradient boosting) 나무를 학습한다.
- 우리는 이제 겨우 의사결정나무를 겉핥기했을 뿐이다. 위키피디아[6]를 시작으로 더 공부해 보자.

---

3 *https://scikit-learn.org/stable/modules/tree.html*
4 *https://scikit-learn.org/stable/modules/classes.html#module-sklearn.ensemble*
5 *https://xgboost.ai/*
6 *https://en.wikipedia.org/wiki/Decision_tree_learning*

18장

신경망

나는 넌센스(nonsense)를 좋아한다. 뇌세포를 깨워주니까.
- 닥터 수스(Dr. Seuss)

인공신경망(artificial neural network, 신경망)은 뇌의 동작에서 영감을 받은 예측 모델이다. 뇌가 뉴런의 집합이라는 사실을 기억하는가? 각 뉴런은 다른 뉴런이 출력한 결과를 입력 받아 특정 연산을 수행하고, 계산 결과가 특정 임계치를 넘으면 활성화뇌고 넘시 않으면 활성화되지 않는다.

　마찬가지로 인공신경망은 인공적인 뉴런으로 구성되어 있고, 입력값을 받아 계산을 수행한다 신경망은 필기인식이나 얼굴인식 등 다양한 문제를 풀 수 있으며, 데이터 과학의 소분야 중에서 가장 뜨겁게 관심을 받는 영역 중 하나인 딥러닝에서 활발하게 활용되고 있다. 그러나 대부분의 신경망은 블랙박스(black box)이기 때문에 그 속을 들여다본들 어떻게 문제를 풀고 있는지 제대로 이해할 수 없고 큰 신경망은 학습시키기도 어렵기 때문에 초보 데이터 과학자가 문제를 해결하려 할 때 활용하기 좋은 방법은 아니다. 하지만 언젠가 인공지능(artificial intelligence)을 만들어 기술적 특이점(Singularity)을 앞당기고자 할 때는 신경망도 좋은 선택일 수 있다.

18.1 퍼셉트론

퍼셉트론(perceptron)은 n개의 이진수(binary)가 하나의 뉴런을 통과해서 가중합이 0보다 크면 활성화되는 가장 간단한 신경망 구조이다.

```
from scratch.linear_algebra import Vector, dot

def step_function(x: float) -> float:
    return 1.0 if x >= 0 else 0.0

def perceptron_output(weights: Vector, bias: float, x: Vector) -> float:
    """퍼셉트론이 활성화되면 1, 아니면 0을 반환"""
    calculation = dot(weights, x) + bias
    return step_function(calculation)
```

간단히 말해, 퍼셉트론은 x를 초평면(hyperplane)으로 구분된 두 개의 공간으로 분리한다.

```
dot(weights, x) + bias == 0
```

여기에서 가중치인 weights만 잘 선택하면 퍼셉트론으로도 여러 가지 간단한 문제를 풀 수 있다(그림 18-1). 예를 들어 두 개의 입력값이 모두 1이면 1을 반환 하지만, 하나라도 1이 아니면 0을 반환하는 'AND 게이트'를 만들 수 있다.

```
and_weights = [2., 2]
and_bias = -3.

assert perceptron_output(and_weights, and_bias, [1, 1]) == 1
assert perceptron_output(and_weights, and_bias, [0, 1]) == 0
assert perceptron_output(and_weights, and_bias, [1, 0]) == 0
assert perceptron_output(and_weights, and_bias, [0, 0]) == 0
```

여기서 두 입력값이 모두 1이면 calculation이 2 + 2 - 3 = 1이 되어 출력값은 1 이다. 입력값 중 하나만 1이면 calculation은 2 + 0 - 3 = - 1이 되어 출력값이 0 이다. 입력값이 모두 0이면 calculation은 -3이 되어 출력값이 0이 된다

비슷한 방식으로 'OR 게이트'도 만들 수 있다.

```
or_weights = [2., 2]
or_bias = -1.

assert perceptron_output(or_weights, or_bias, [1, 1]) == 1
assert perceptron_output(or_weights, or_bias, [0, 1]) == 1
assert perceptron_output(or_weights, or_bias, [1, 0]) == 1
assert perceptron_output(or_weights, or_bias, [0, 0]) == 0
```

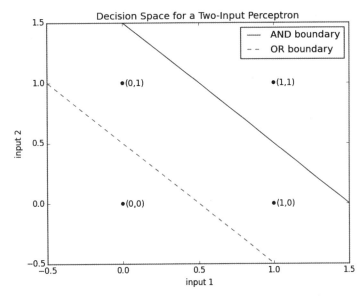

그림 18-1 2개의 입력값을 받는 퍼셉트론의 결정 공간(decision space)

그리고 하나의 입력값을 받아 1을 0으로, 0을 1로 변환하는 'NOT 게이트'도 만들 수 있다.

```
not_weights = [-2.]
not_bias = 1.

assert perceptron_output(not_weights, not_bias, [0]) == 1
assert perceptron_output(not_weights, not_bias, [1]) == 0
```

그러나 단일 퍼셉트론만으로 풀 수 없는 문제도 많다. 예를 들어 아무리 고심해도 단일 퍼셉트론으로는 둘 중 하나의 입력값이 1일 때 1을 반환하고 다른 모든 경우에는 0을 반환하는 'XOR 게이트'를 만들 수 없다. 이런 문제를 풀려면 좀 더 복잡한 신경망이 필요하다.

한편, 논리 게이트를 만들기 위해 반드시 뉴런을 사용해야 하는 것은 아니다.

```
and_gate = min
or_gate = max
xor_gate = lambda x, y: 0 if x == y else 1
```

우리 뇌의 실제 뉴런들이 그렇듯, 인공 뉴런 역시 서로 연결되었을 때 더욱 흥미로워진다.

18.2 순방향 신경망

뇌의 구조는 어마어마하게 복잡하다. 따라서 인공신경망으로 뇌를 묘사할 때는 한 방향으로 연결된 개별 층(layer)으로 추상화하는 것이 일반적이다. 보통은 입력값을 받아 그대로 다음 층으로 값을 전송하는 입력층(input layer), 하나 이상의 은닉층(hidden layer) 그리고 최종값을 반환하는 출력층(output layer) 등으로 구성한다.

퍼셉트론과 마찬가지로 (입력층에 속하지 않은) 각 뉴런에는 가중치와 편향이 있다. 여기서는 표현을 단순하게 하기 위해 편향을 가중치 벡터의 끝에 덧붙인 후, 항상 1의 값을 가지는 편향의 입력값을 각 뉴런에 전달하자.

또, 각 뉴런은 퍼셉트론과 마찬가지로 입력값과 가중치의 곱을 합한다. 하지만 여기서는 그 값에 step_function을 적용하는 것이 아니라, 조금 더 부드러운 모양을 가진 시그모이드(sigmoid) 함수를 적용해 볼 것이다(그림 18-2).

```python
import math

def sigmoid(t: float) -> float:
    return 1 / (1 + math.exp(-t))
```

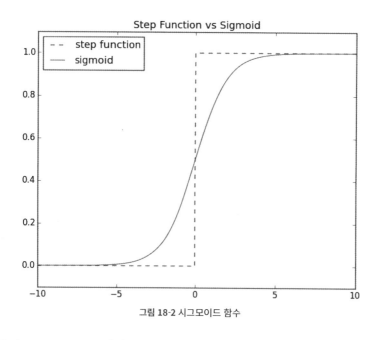

그림 18-2 시그모이드 함수

단순한 step_function 대신 sigmoid를 사용하는 이유는 뭘까? 신경망을 학습하기 위해서는 미적분을 써야 하고, 미적분을 사용하기 위해서는 매끄러운 함수

(smooth function)를 사용해야 하기 때문이다. step_function은 연속적인 값을 가지지도 않지만, sigmoid는 그것을 잘 근사한(approximate) 매끄러운 곡선이다.

 16장 '로지스틱 회귀 분석'에서 배운 sigmoid를 기억하는가? 그때는 우리가 같은 함수를 logistic이라고 불렀다. 두 말은 종종 혼용해서 쓰이지만, 기술적으로 '시그모이드'는 함수의 모양을 지칭하는 말이고, '로지스틱'은 함수 자체를 가리키는 말이다.

출력값은 다음과 같이 계산할 수 있다.

```
def neuron_output(weights: Vector, inputs: Vector) -> float:
    # weights에는 편향이 포함되어 있고, inputs는 1을 포함한다.
    return sigmoid(dot(weights, inputs))
```

이 함수가 주어지면 각 뉴런은 입력값의 수에 1이 추가된 길이의 (가중치 벡터에 편향을 추가했기 때문에) 벡터로 표현할 수 있다. 그러면 여러 뉴런으로 각 층을 구성하고, 여러 층으로 최종 신경망을 표현하면 된다.

즉, 신경망은 (층의) 리스트의 (뉴런의) 리스트의 (가중치의) 벡터로 표현할 수 있다.

이제 신경망도 다음과 같이 제법 간단하게 구현할 수 있다.

```
from typing import List

def feed_forward(neural_network: List[List[Vector]],
                 input_vector: Vector) -> List[Vector]:
    """
    신경망에 입력 벡터를 전달한다.
    (가장 마지막뿐 아니라) 모든 층의 결괏값을 반환한다.
    """
    outputs: List[Vector] = []

    for layer in neural_network:
        input_with_bias = input_vector + [1]           # 상수를 더한다.
        output = [neuron_output(neuron, input_with_bias)  # 결괏값을
                  for neuron in layer]                  # 각 뉴런에 대해 계산한다.
        outputs.append(output)                          # 결괏값에 추가한다.

        # 이번 층의 결괏값은 다음 층의 입력값이 된다.
        input_vector = output
    return outputs
```

그럼 이제 단일 퍼셉트론으로는 만들 수 없었던 *XOR* 게이트를 만들어 보자. neuron_output이 0 또는 1에 아주 가까운 값을 가질 수 있도록 가중치의 크기를

조금 키워 주면 된다.

```
xor_network = [# 은닉층
                [[20., 20, -30],        # 'and' 뉴런
                 [20., 20, -10]],       # 'or' 뉴런
               # 출력층
                [[-60., 60, -30]]]      # 1번째 입력값이 아닌 2번째 입력값을 받는 뉴런

# 순방향 신경망은 모든 층에 대한 결과를 계산하기 때문에
# [-1]은 최종 결과를, [0]은 해당 벡터에서 값을 반환한다.
assert 0.000 < feed_forward(xor_network, [0, 0])[-1][0] < 0.001
assert 0.999 < feed_forward(xor_network, [1, 0])[-1][0] < 1.000
assert 0.999 < feed_forward(xor_network, [0, 1])[-1][0] < 1.000
assert 0.000 < feed_forward(xor_network, [1, 1])[-1][0] < 0.001
```

2차원 입력벡터를 받으면 은닉층은 두 입력값의 'and'와 'or'에 해당되는 값으로 구성된 2차원 벡터를 생성한다.

그리고 출력층은 은닉층에서 받은 2차원 벡터에서 '첫 번째 입력값이 아닌 두 번째 입력값'을 계산해 준다. 그 결과는 'or이지만 and는 아닌' 네트워크, 즉 XOR이 된다(그림 18-3).

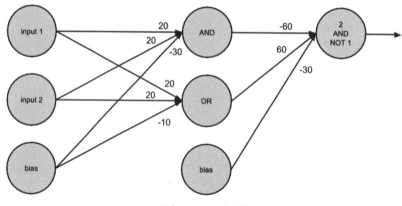

그림 18-3 XOR 신경망

은닉층은 입력의 특성(feature)을 계산하고 (이 경우에는 'and'와 'or'), 출력층은 그 특성을 알맞게 조합하는 것으로 해석할 수 있다.

18.3 역전파

보통은 앞에서와 같이 신경망을 수동으로 만들지 않는다. 신경망은 훨씬 복잡한 문제를 풀 때 이용되기 때문이기도 하고(예를 들어 이미지 인식은 수백에서 수

천 개의 뉴런을 사용한다), 각 뉴런이 어떤 역할을 하는지 알 수 없기 때문이기도 하다.

대신 앞에서 했듯 데이터를 이용해서 신경망을 학습시킬 것이다. 이때 흔히 사용되는 방법으로는 역전파(backpropagation)가 있다. 역전파에는 경사 하강법 또는 그 변이가 사용된다.

입력 벡터와 출력 벡터로 구성된 학습 데이터가 주어졌다고 해보자. 예를 들어 앞의 xor_network 예시에서는 입력 벡터가 [1, 0]일 때 출력 벡터가 [1]이었다. 이제 가중치만 적절히 조정해 주면 되는데, 이는 다음의 알고리즘으로 할 수 있다.

1. 입력 벡터에 대해 feed_forward를 수행하고 모든 뉴런의 출력값을 계산한다.
2. 결괏값을 알기 때문에, 오류의 제곱의 합인 손실(loss)을 계산할 수 있다.
3. 출력층 뉴런의 가중치에 따라 손실의 그래디언트를 계산한다.
4. 은닉층 뉴런의 그래디언트를 계산하기 위해 출력층의 그래디언트와 오류를 뒤로 '전파'한다.
5. 경사 하강법을 한 번 진행한다.

보통 이 알고리즘이 수렴할 때까지 학습 데이터에 반복적으로 적용한다.

이제 그래디언트를 계산할 함수를 작성해 보자.

```python
def sqerror_gradients(network: List[List[Vector]],
                      input_vector: Vector,
                      target_vector: Vector) -> List[List[Vector]]:
    """
    신경망, 입력 벡터, 출력 벡터가 주어졌다고 가정하고,
    예측값을 출력하고, 가중치에 대한 손실의 제곱으로
    그래디언트를 계산한다.
    """
    # 순방향 전파
    hidden_outputs, outputs = feed_forward(network, input_vector)

    # 함수를 적용하기 전 출력층 뉴런의 가중치에 따른 그래디언트
    output_deltas = [output * (1 - output) * (output - target)
                     for output, target in zip(outputs, target_vector)]

    # 출력층 뉴런의 가중치에 따른 그래디언트
    output_grads = [[output_deltas[i] * hidden_output
                     for hidden_output in hidden_outputs + [1]]
                    for i, output_neuron in enumerate(network[-1])]

    # 함수를 적용하기 전 은닉층 뉴런의 가중치에 따른 그래디언트
```

```
            hidden_deltas = [hidden_output * (1 - hidden_output) *
                                dot(output_deltas, [n[i] for n in network[-1]])
                            for i, hidden_output in enumerate(hidden_outputs)]

            # 은닉층 뉴런의 가중치에 따른 그래디언트
            hidden_grads = [[hidden_deltas[i] * input for input in input_vector + [1]]
                            for i, hidden_neuron in enumerate(network[0])]

            return [hidden_grads, output_grads]
```

앞에서 사용한 수학은 굉장히 어려운 것은 아니지만, 꽤 번잡한 미적분이 필요하고 디테일에 신경 써야 하므로, 연습문제로 남겨두겠다.

이제 그래디언트를 계산할 수 있으므로 신경망을 학습시킬 수 있다. 앞서 손으로 한땀한땀 설계한 XOR 네트워크로 시작해 보자.

먼저 학습 데이터를 생성하고, 신경망을 임의의 가중치로 초기화해보자.

```
import random
random.seed(0)

# 학습 데이터
xs = [[0., 0], [0., 1], [1., 0], [1., 1]]
ys = [[0.], [1.], [1.], [0.]]

# 임의의 가중치로 네트워크를 초기화
network = [ # 은닉층: 2개 입력 -> 2개 출력
            [[random.random() for _ in range(2 + 1)],   # 첫 번째 은닉 뉴런
             [random.random() for _ in range(2 + 1)]],  # 두 번째 은닉 뉴런
            # 출력층: 2개 입력 -> 1개 출력
            [[random.random() for _ in range(2 + 1)]]   # 첫 번째 출력 뉴런
          ]
```

이전과 같이 경사 하강법으로 신경망을 학습시킬 수 있다. 하지만 이전 예시와 다르게 이번에는 여러 파라미터 벡터가 존재한다. 파라미터 벡터별로 그래디언트가 존재하기 때문에 각각에 대해 gradient_step을 호출해야 한다.

```
from scratch.gradient_descent import gradient_step
import tqdm

learning_rate = 1.0

for epoch in tqdm.trange(20000, desc="neural net for xor"):
    for x, y in zip(xs, ys):
        gradients = sqerror_gradients(network, x, y)

        # 각 층의 각 뉴런에 대해 gradient step을 취한다.
```

```
        network = [[gradient_step(neuron, grad, -learning_rate)
                   for neuron, grad in zip(layer, layer_grad)]
                   for layer, layer_grad in zip(network, gradients)]
```

```
# XOR을 학습했는지 확인한다.
assert feed_forward(network, [0, 0])[-1][0] < 0.01
assert feed_forward(network, [0, 1])[-1][0] > 0.99
assert feed_forward(network, [1, 0])[-1][0] > 0.99
assert feed_forward(network, [1, 1])[-1][0] < 0.01
```

최종 학습된 신경망은 다음과 같은데

```
[    # 은닉층
    [[7, 7, -3],       # OR를 계산
     [5, 5, -8]],      # AND를 계산
    # 출력층
    [[11, -12, -5]]  # '첫 번째 입력값이 아닌 두 번째 입력값'을 계산
]
```

이는 앞서 다룬 신경망과 일맥상통한다.

18.4 예시: Fizz Buzz

엔지니어링 부사장은 유명한 프로그래밍 챌린지인 Fizz Buzz 문제를 기술직 면접 후보자들에게 제출하고 싶어한다.

1부터 100까지의 숫자 중에서, 3으로 나눠진다면 "fizz"를 출력하고,
5로 나눠진다면 "buzz"를 출력하고, 15로 나눠진다면 "fizzbuzz"를 출력해라.

그는 이 문제가 엄청난 프로그래밍 실력을 요하는 것으로 생각한다. 반면 여러분은 이 문제가 너무 간단해서 신경망도 풀 수 있다고 생각한다.

신경망은 벡터를 입력 받아 벡터를 출력한다. 하지만 이 문제에서는 정수를 입력 받아 문자열을 출력해야 한다. 즉, 먼저 이 문제를 벡터 형태의 문제로 변환해야 한다.

출력값을 변환하는 것은 어렵지 않다. 결괏값의 종류가 네 가지이기 때문에 0 또는 1의 값을 가질 수 있는 4차원 벡터를 만들면 된다.

```
def fizz_buzz_encode(x: int) -> Vector:
    if x % 15 == 0:
        return [0, 0, 0, 1]
    elif x % 5 == 0:
        return [0, 0, 1, 0]
```

```
        elif x % 3 == 0:
            return [0, 1, 0, 0]
        else:
            return [1, 0, 0, 0]

assert fizz_buzz_encode(2) == [1, 0, 0, 0]
assert fizz_buzz_encode(6) == [0, 1, 0, 0]
assert fizz_buzz_encode(10) == [0, 0, 1, 0]
assert fizz_buzz_encode(30) == [0, 0, 0, 1]
```

이 함수로 출력 벡터를 생성할 것이다. 반면 입력 벡터를 표현하는 방법은 조금 더 고민해 봐야 한다. 여러 이유로 입력 벡터를 단순히 입력값만 담은 1차원 벡터로 표현해서는 안 된다. 한 개의 입력값은 '강도(intensity)'를 나타낸다. 하지만 이 문제에서 2는 1의 두 배이고, 4는 2의 두 배라는 점은 무의미하다. 게다가 입력이 하나밖에 없다면 은닉층은 좋은 특성을 뽑지 못하게 되어 아마 문제를 풀지 못할 수도 있다.

이런 경우 사용할 수 있는 기법으로 각 숫자를 1과 0으로 구성된 이진수로 표현하는 방법이 있다. (걱정하지 말자. 쉽게 이해가 되는 기법은 아니다. 나 또한 처음에는 이해가 되지 않았다.)

```
def binary_encode(x: int) -> Vector:
    binary: List[float] = []

    for i in range(10):
        binary.append(x % 2)
        x = x // 2

    return binary
```

```
#                        1  2  4  8 16 32 64 128 256 512
assert binary_encode(0)   == [0, 0, 0, 0, 0, 0, 0, 0,  0,  0]
assert binary_encode(1)   == [1, 0, 0, 0, 0, 0, 0, 0,  0,  0]
assert binary_encode(10)  == [0, 1, 0, 1, 0, 0, 0, 0,  0,  0]
assert binary_encode(101) == [1, 0, 1, 0, 0, 1, 1, 0,  0,  0]
assert binary_encode(999) == [1, 1, 1, 0, 0, 1, 1, 1,  1,  1]
```

1부터 100까지의 숫자에 대해 결과를 산출하는 것이 목표이기 때문에 그 숫자들을 이용해서 신경망을 학습하는 것은 편법일 것이다. 따라서 101부터 1023(10개의 이진수로 표현할 수 있는 가장 큰 수)까지의 숫자를 이용해서 학습을 해 보자.

```
xs = [binary_encode(n) for n in range(101, 1024)]
ys = [fizz_buzz_encode(n) for n in range(101, 1024)]
```

다음으로 임의의 가중치로 초기화된 신경망을 생성해 보자. 10개의 입력 뉴런과 (10차원 벡터로 입력할 것이기 때문) 4개의 출력 뉴런으로(4차원 벡터로 출력할 것이기 때문) 구성될 것이다. 은닉층은 25개 뉴런으로 구성하되, 차원을 쉽게 바꿀 수 있도록 변수로 만들자.

```python
NUM_HIDDEN = 25

network = [
    # 은닉층: 10개 입력 -> NUM_HIDDEN 출력
    [[random.random() for _ in range(10 + 1)] for _ in range(NUM_HIDDEN)],

    # output_layer: NUM_HIDDEN 입력 -> 4개 출력
    [[random.random() for _ in range(NUM_HIDDEN + 1)] for _ in range(4)]
```

이게 전부다. 이제 학습을 시작해 보자. 이것은 약간 더 복잡한 문제이고 망칠 수 있는 여지가 많으므로, 학습 과정을 면밀하게 살펴보자. 특히 각 에폭(epoch)에서 오차 제곱의 합이 줄어드는지 확인하자.

```python
from scratch.linear_algebra import squared_distance

learning_rate = 1.0

with tqdm.tranqe(500) as t:
    for epoch in t:
        epoch_loss = 0.0

        for x, y in zip(xs, ys):
            predicted = feed_forward(network, x)[-1]
            epoch_loss += squared_distance(predicted, y)
            gradients = sqerror_gradients(network, x, y)

            # 각 층의 각 뉴런에 대해 매 그래디언트만큼 이동
            network = [[gradient_step(neuron, grad, -learning_rate)
                        for neuron, grad in zip(layer, layer_grad)]
                      for layer, layer_grad in zip(network, gradients)]

        t.set_description(f"fizz buzz (loss: {epoch_loss:.2f})")
```

학습하는 데 시간이 좀 걸리겠지만, 결국 손실은 낮아질 것이다.

딱 한 가지만 빼고 원래 문제를 풀 준비가 됐다. 이 신경망은 4차원 벡터를 출력하지만 우리는 하나의 예측값을 원한다. 리스트 안의 가장 큰 값의 인덱스를 반환하는 argmax로 예측값을 반환하자.

```
def argmax(xs: list) -> int:
    """최댓값의 인덱스를 반환한다."""
    return max(range(len(xs)), key=lambda i: xs[i])

assert argmax([0, -1]) == 0          # 0번째 항목이 최댓값
assert argmax([-1, 0]) == 1          # 1번째 항목이 최댓값
assert argmax([-1, 10, 5, 20, -3]) == 3   # 3번째 항목이 최댓값
```

이제 드디어 'Fizz Buzz'를 풀 수 있다.

```
num_correct = 0

for n in range(1, 101):
    x = binary_encode(n)
    predicted = argmax(feed_forward(network, x)[-1])
    actual = argmax(fizz_buzz_encode(n))
    labels = [str(n), "fizz", "buzz", "fizzbuzz"]
    print(n, labels[predicted], labels[actual])

    if predicted == actual:
        num_correct += 1

print(num_correct, "/", 100)
```

내가 학습한 신경망은 부사장의 기대를 훌쩍 뛰어넘는 96/100개를 맞췄다. 이 결과를 본 부사장은 여러분의 의견에 수긍하고 면접 문제를 '바이너리 트리 뒤집기(invert a binary tree)'로 바꾼다.

18.5 더 공부해 보고 싶다면

- 계속 읽어보자. 19장 '딥러닝'은 이번 장에서 다룬 주제들을 더욱 심층적으로 다룬다.
- "텐서플로로 Fizz Buzz 풀기"[1]라는 블로그 포스트를 추천한다.

---

1   *http://joelgrus.com/2016/05/23/fizz-buzz-in-tensorflow/*

19장

D a t a   S c i e n c e   *f r o m*   S c r a t c h

딥러닝

> 얕은 지식은 위험하다. 시의 샘물을 깊이 마셔라.
> 그러지 않을 것이라면 차라리 맛보지 마라.
> - 알렉산더 포프(Alexander Pope)

원래 **딥러닝**(deep learning)은 (한 개 이상의 은닉층을 지닌) '깊은' 신경망을 의미한다. 요즘에는 (18장에서 다룬 '간단한' 신경망을 포함한) 다양한 신경망 구조를 모두 아우르는 용어가 되었다.

18장의 내용을 기반으로 다양한 종류의 신경망 구조를 살펴볼 것이며, 신경망을 더 개념적으로 이해할 수 있을 것이다.

19.1 텐서

이미 1차원 배열인 벡터와 2차원 배열인 행렬의 차이를 살펴보았다. 복잡한 신경망 구조를 다루다 보면 더 고차원의 배열이 필요해진다.

대부분의 신경망 라이브러리의 명칭을 따라서 n차원의 배열을 텐서(tensor)라고 하겠다. (정말 수학적으로 따지면 n차원의 배열을 텐서로 부르면 안되는 것을 충분히 인지하고 있으니, 이해를 부탁한다.)

만약 딥러닝에 대한 책을 새로 집필한다면, 파이썬의 기본적인 연산자를 오버로딩(overloading)하여 다양한 계산이 가능한 **Tensor** 클래스를 직접 구현했을 것이다. 이런 클래스를 직접 만드는 것 자체가 책의 한 단원 정도의 분량이 될 테니 이 책에서는 간단하게 텐서를 리스트로 구현할 것이다. 참고로 벡터, 행렬,

고차원의 텐서는 리스트의 일종으로 볼 수 있지만, 리스트는 n차원의 배열이 아니라는 것을 기억하자.

 이상적으로 아래와 같은 연산이 가능하다면 참 좋았을 것이다.

```
# 텐서는 float이나 Tensor 객체로 구성된 리스트
Tensor = Union[float, List[Tensor]]
```

하지만 파이썬에서는 재귀적으로 타입을 정의할 수 없다. 심지어 이렇게 재귀적으로 타입을 정의할 수 있어도 아래와 같이 각 행의 크기가 다른 '이상한' n차원 텐서가 생성될 수 있는 문제가 있다.

```
[[1.0, 2.0],
  [3.0]]
```

텐서를 리스트로 정의해 보자.

```
Tensor = list
```

아래와 같이 텐서의 크기를 반환해 주는 도우미 함수(helper function)를 만들어 보자.

```
from typing import List

def shape(tensor: Tensor) -> List[int]:
    sizes: List[int] = []
    while isinstance(tensor, list):
        sizes.append(len(tensor))
        tensor = tensor[0]
    return sizes

assert shape([1, 2, 3]) == [3]
assert shape([[1, 2], [3, 4], [5, 6]]) == [3, 2]
```

텐서마다 차원의 수가 다양하기 때문에 재귀적으로 텐서를 살펴봐야 한다. 밑의 함수를 통해서 1차원 벡터부터 재귀적으로 고차원의 텐서까지 살펴볼 것이다.

```
def is_1d(tensor: Tensor) -> bool:
    """
    만약 tensor[0]이 리스트라면 고차원 텐서를 의미
    그러지 않으면 1차원 벡터를 의미
    """
    return not isinstance(tensor[0], list)

assert is_1d([1, 2, 3])
```

```
assert not is_1d([[1, 2], [3, 4]])
```

이런 함수를 사용해서 텐서 안의 모든 값의 합을 반환해주는 tensor_sum 함수를
생성할 수 있다.

```
def tensor_sum(tensor: Tensor) -> float:
    """텐서 안의 모든 값의 합을 반환"""
    if is_1d(tensor):
        return sum(tensor)  # 벡터의 경우, 파이썬의 기본 함수인 sum을 사용
    else:
        return sum(tensor_sum(tensor_i)  # 벡터가 아닌 경우, 각 행별 tensor_sum을 호출하고
                   for tensor_i in tensor)   # 결괏값을 더한다.

assert tensor_sum([1, 2, 3]) == 6
assert tensor_sum([[1, 2], [3, 4]]) == 10
```

재귀적으로 생각하는 것이 익숙하지 않다면 위의 함수가 이해될 때까지 고민해
보자. 특히 이번 장에서는 재귀적 접근법을 자주 사용할 것이다. 매번 함수를 재
귀적으로 구현하는 것은 번거로우니 이러한 기능을 대신해 주는 도우미 함수를
만들어 보자. 먼저 텐서 안의 모든 값에 일괄적으로 함수를 적용할 수 있게 해주
는 함수를 만들어 보자.

```
from typing import Callable
def tensor_apply(f: Callable[[float], float], tensor: Tensor) -> Tensor:
    """텐서 안의 모든 값에 f를 적용"""
    if is_1d(tensor):
        return [f(x) for x in tensor]
    else:
        return [tensor_apply(f, tensor_i) for tensor_i in tensor]

assert tensor_apply(lambda x: x + 1, [1, 2, 3]) == [2, 3, 4]
assert tensor_apply(lambda x: 2 * x, [[1, 2], [3, 4]]) == [[2, 4], [6, 8]]
```

위 도우미 함수를 사용하면 주어진 크기와 동일한 0 텐서를 만들 수 있다.

```
def zeros_like(tensor: Tensor) -> Tensor:
    return tensor_apply(lambda _: 0.0, tensor)

assert zeros_like([1, 2, 3]) == [0, 0, 0]
assert zeros_like([[1, 2], [3, 4]]) == [[0, 0], [0, 0]]
```

그리고 두 텐서의 대칭되는 값에 일괄적으로 함수를 적용할 수 있게 해주는 함
수를 만들어 보자. (두 텐서의 크기는 동일해야 하지만 코드에서 확인하지는 않
겠다.)

```
def tensor_combine(f: Callable[[float, float], float],
                   t1: Tensor,
                   t2: Tensor) -> Tensor:
    """두 텐서의 대칭되는 t1과 t2에 일괄적으로 함수를 적용"""
    if is_1d(t1):
        return [f(x, y) for x, y in zip(t1, t2)]
    else:
        return [tensor_combine(f, t1_i, t2_i)
                for t1_i, t2_i in zip(t1, t2)]

import operator
assert tensor_combine(operator.add, [1, 2, 3], [4, 5, 6]) == [5, 7, 9]
assert tensor_combine(operator.mul, [1, 2, 3], [4, 5, 6]) == [4, 10, 18]
```

19.2 층 추상화

18장에서는 각각 sigmoid(dot(weights, inputs))를 계산해 주는 두 층으로 구성
된 단순한 신경망을 만들어 보았다.

이러한 구조는 실제 뉴런이 작동하는 방식과 비슷하지만, 딥러닝에서는 다양
한 신경망 구조를 사용할 것이다. 가령 각 뉴런이 이전 입력값을 기억하도록 만
들거나 시그모이드 대신 다른 활성화 함수(activation function)를 사용할 것이
다. 또한 두 층보다 더 깊은 신경망을 만들 것이다. (feed_forward 함수로 두 층
이상의 신경망을 만드는 것은 구현했지만 그래디언트를 계산하는 것은 아직 구
현하지 않았다.)

이번 장에서는 이러한 다양한 신경망을 구현해 볼 것이다. 가장 핵심적인 추
상화는 신경망의 각 층을 나타내는 Layer이다. Layer에서는 입력값에 특정 함수
를 적용하거나 역전파를 할 수 있어야 한다.

18장에서 구현한 신경망은 '선형' 층 위에 '시그모이드' 층으로 구성된 신경망
이라고 볼 수 있다. 새로운 용어라 어색할 수도 있지만 이렇게 받아들이는 것이
다양한 신경망 구조를 이해하는 데 도움이 될 것이다.

```
from typing import Iterable, Tuple

class Layer:
    """
    딥러닝 신경망은 Layer들로 구성되어 있다.
    각 Layer별로 순방향으로 입력값에 어떤 계산을 하고
    역방향으로 그래디언트를 전파해야 한다.
    """
    def forward(self, input):
        """
```

```
            타입이 명시되어 있지 않은 것을 유의하자.
            입력층과 출력값의 타입을 제한하지 않을 것이다.
            """
            raise NotImplementedError

    def backward(self, gradient):
            """
            역방향에서도 그래디언트의 타입을 제한하지 않을 것이다.
            메서드를 호출할 때 유의하자.
            """
            raise NotImplementedError

    def params(self) -> Iterable[Tensor]:
            """
            해당 층의 파라미터를 반환
            기본적으로 아무것도 반환하지 않을 것이다.
            만약 특정 층에서 반환할 파라미터가 없다면 구현할 필요가 없다.
            """
            return ()

    def grads(self) -> Iterable[Tensor]:
            """
            params()처럼 그래디언트를 반환
            """
            return ()
```

forward, backward 메서드는 곧 구현할 것이다. 그리고 경사 하강법으로 신경망의 파라미터를 학습하기 위해 각 층의 파라미터와 그래디언트를 반환해 줄 수 있어야 한다.

　시그모이드 층과 비슷한 층에서는 파라미터를 업데이트할 필요가 없기 때문에 이러한 경우를 위해 기본값 설정 또한 해주었다.

　먼저 시그모이드 층을 구현해 보자.

```
from scratch.neural_networks import sigmoid

class Sigmoid(Layer):
    def forward(self, input: Tensor) -> Tensor:
            """
            입력된 Tensor의 모든 값에 sigmoid를 계산
            backpropagation을 위해 결괏값을 저장
            """
            self.sigmoids = tensor_apply(sigmoid, input)
            return self.sigmoids

    def backward(self, gradient: Tensor) -> Tensor:
            return tensor_combine(lambda sig, grad: sig * (1 - sig) * grad,
```

```
        self.sigmoids,
        gradient)
```

몇 가지 유의할 점이 있다. 역전파를 위해 순방향에서 계산되는 시그모이드 값을 모두 저장할 것이다. 앞으로 층의 순방향에서 계산되는 값은 대부분 저장할 것이다.

두 번째로 `sig * (1 - sig) * grad`가 어디서 나왔는지 궁금할 것이다. 이 값은 18장에서 다룬 미적분과 연쇄법칙으로 계산된 `output * (1 - output) * (output - target)`이다.

마지막으로 `tensor_apply`와 `tensor_combine` 함수를 사용했다. 앞으로 구현할 모든 층에서는 기본적으로 두 함수를 사용할 것이다.

19.3 선형 층

18장에서 구현한 신경망을 기반으로 뉴런의 `dot(weights, inputs)`를 나타내는 선형 층(linear layer)을 구현할 수 있다.

선형 층의 초깃값은 임의로 생성할 것이다.

사실 임의로 파라미터의 초깃값을 설정하는 것은 매우 중요하다. 파라미터의 초깃값에 따라 신경망의 학습 속도가 (혹은 학습 여부 자체가) 결정된다. 만약 초깃값이 너무 크면 활성화 함수의 그래디언트는 0에 가깝게 된다. 그래디언트가 0에 가까운 파라미터는 경사 하강법으로 학습을 할 수 없게 된다.

따라서 파라미터를 임의로 생생해 주는 세 가지 방법을 구현할 것이다. 먼저 `random.random()`으로 균등 분포를 구현하여, 파라미터의 초깃값을 0과 1 사이 임의의 값으로 설정할 것이다. 두 번째 방법으로 표준정규분포에서 임의의 초깃값을 생성할 것이다. 마지막으로 딥러닝에서 자주 쓰이는 Xavier 초기화에서는 평균이 0이고 편차가 2 / (입력 값의 개수 + 출력 값의 개수)인 정규분포에서 임의의 초깃값을 생성할 것이다. 세 가지 방법 모두 `random_uniform`과 `random_normal` 함수로 구현할 것이다.

```python
import random

from scratch.probability import inverse_normal_cdf

def random_uniform(*dims: int) -> Tensor:
    if len(dims) == 1:
        return [random.random() for _ in range(dims[0])]
```

```
    else:
        return [random_uniform(*dims[1:]) for _ in range(dims[0])]

def random_normal(*dims: int,
                  mean: float = 0.0,
                  variance: float = 1.0) -> Tensor:
    if len(dims) == 1:
        return [mean + variance * inverse_normal_cdf(random.random())
                for _ in range(dims[0])]
    else:
        return [random_normal(*dims[1:], mean=mean, variance=variance)
                for _ in range(dims[0])]

assert shape(random_uniform(2, 3, 4)) == [2, 3, 4]
assert shape(random_normal(5, 6, mean=10)) == [5, 6]
```

그리고 random_tensor 함수로 감싸주자.

```
def random_tensor(*dims: int, init: str = 'normal') -> Tensor:
    if init == 'normal':
        return random_normal(*dims)
    elif init == 'uniform':
        return random_uniform(*dims)
    elif init == 'xavier':
        variance = len(dims) / sum(dims)
        return random_normal(*dims, variance=variance)
    else:
        raise ValueError(f"unknown init: {init}")
```

이제 선형 층을 구현할 준비가 끝났다. 먼저 입력값의 차원 수(각 뉴런별 파라미터 개수), 출력값의 차원 수(뉴런의 개수), 초기화 방법을 명시해 줘야 한다.

```
from scratch.linear_algebra import dot

class Linear(Layer):
    def __init__(self,
                 input_dim: int,
                 output_dim: int,
                 init: str = 'xavier') -> None:
        """
        output_dim개의 뉴런과 각 뉴런별 input_dim개의 파라미터로(편향 제외)
        구성된 층
        """
        self.input_dim = input_dim
        self.output_dim = output_dim

        # self.w[o]는 o번째 뉴런의 파라미터
        self.w = random_tensor(output_dim, input_dim, init=init)
```

```
# self.b[o]는 o번째 뉴런의 편향
self.b = random_tensor(output_dim, init=init)
```

 아직 파라미터 초기화가 얼마나 중요한지 모를 수도 있다. 참고로 여기서 소개한 초기화 방법을 사용하지 않으면 이번 장에서 다루는 몇몇 신경망은 아예 학습조차 할 수 없었다.

선형 층의 forward 메서드는 쉽게 구현할 수 있다. 뉴런별 한 개의 값을 벡터로 저장할 것이다. 각 뉴런의 입력값과 파라미터를 곱하고 편향을 더해주면 출력값이 계산된다.

```
def forward(self, input: Tensor) -> Tensor:
    # 역방향을 위해 input을 저장
    self.input = input

    # 뉴런의 결괏값을 벡터로 반환
    return [dot(input, self.w[o]) + self.b[o]
            for o in range(self.output_dim)]
```

backward 메서드는 조금 더 복잡하지만, 미적분을 알고 있다면 금방 이해할 수 있다.

```
def backward(self, gradient: Tensor) -> Tensor:
    # 각 b[o]는 output[o]에 더해진다.
    # 즉, b의 그래디언트는 ouput의 그래디언트과 동일하다는 것을 의미
    self.b_grad = gradient

    # 각 w[o][i]를 input[i]에 곱하고 output[o]에다 더해 준다.
    # 즉, 그래디언트는 input[i] * gradient[o]
    self.w_grad = [[self.input[i] * gradient[o]
                   for i in range(self.input_dim)]
                   for o in range(self.output_dim)]

    # input[i]에 각 w[o][i]를 곱하고
    # output[o]에 더해 주기 때문에 그래디언트는 w[o][i] * gradient[o]를
    # 모두 더해 준 값
    return [sum(self.w[o][i] * gradient[o] for o in range(self.output_dim))
            for i in range(self.input_dim)]
```

 '진짜' 텐서 라이브러리에서는 행렬이나 텐서 곱으로 위에서 구현한 계산(그리고 여러 다른 계산)을 구현하기 때문에 훨씬 빠르다. 우리가 직접 구현한 메서드는 매우 느리다는 것을 유의하자.

마지막으로 params와 grads 메서드를 만들어 보자. 선형 층에는 두 개의 파라미터와 그래디언트가 있다는 것을 기억하자.

```
def params(self) -> Iterable[Tensor]:
    return [self.w, self.b]
def grads(self) -> Iterable[Tensor]:
    return [self.w_grad, self.b_grad]
```

19.4 순차적인 층으로 구성된 신경망

신경망을 순차적인 층으로 구성되어 있다고 생각해 볼 수 있다. 그렇다면 여러 층을 하나의 층으로 표현할 수도 있을 것이다. 즉, 하나의 신경망 자체를 Layer의 메서드를 활용해서 하나의 층으로 표현해 보자.

```python
from typing import List

class Sequential(Layer):
    """
    하나의 Layer에는 실제 여러 층이 포함되어 있다.
    각 층의 출력값이
    다음 층의 입력값이 된다는 것을 꼭 이해하고 넘어가자.
    """

    def __init__(self, layers: List[Layer]) -> None:
        self.layers = layers

    def forward(self, input):
        """순차적으로 각 층의 입력값을 전파"""
        for layer in self.layers:
            input = layer.forward(input)
        return input

    def backward(self, gradient):
        """역방향으로 각 층의 그래디언트를 전파"""
        for layer in reversed(self.layers):
            gradient = layer.backward(gradient)
        return gradient

    def params(self) -> Iterable[Tensor]:
        """각 층별 파라미터를 반환"""
        return (param for layer in self.layers for param in layer.params())

    def grads(self) -> Iterable[Tensor]:
        """각 층별 그래디언트를 반환"""
        return (grad for layer in self.layers for grad in layer.grads())
```

18장에서 XOR 게이트를 위해 만들었던 신경망을 다음과 같이 만들 수 있다.

```
xor_net = Sequential([
    Linear(input_dim=2, output_dim=2),
    Sigmoid(),
    Linear(input_dim=2, output_dim=1),
    Sigmoid()
])
```

딥러닝 모델을 학습시키기 위해서는 아직 더 구현해야 하는 것들이 있다.

19.5 손실 함수와 최적화

지금까지는 손실 함수(loss function)와 그래디언트 함수를 직접 명시하였다. 이번에는 다양한 손실 함수를 살펴볼 것이며, 손실 함수와 그래디언트 계산을 Loss 라는 클래스로 추상화할 것이다.

```
class Loss:
    def loss(self, predicted: Tensor, actual: Tensor) -> float:
        """"예측값이 얼마나 정확한가? (손실값이 크면 클수록 좋지 않은 예측이다.)"""
        raise NotImplementedError

    def gradient(self, predicted: Tensor, actual: Tensor) -> Tensor:
        """"예측값이 변하면 손실은 얼마나 변하는가?"""
        raise NotImplementedError
```

이미 평균제곱오차를 손실 함수로 여러 번 사용했기에 금방 만들 수 있을 것이다. tensor_combine을 사용해야 하는 것만 기억하면 된다.

```
class SSE(Loss):
    """"평균제곱오차를 계산해 주는 손실 함수"""
    def loss(self, predicted: Tensor, actual: Tensor) -> float:
        # 각 예측값의 제곱오차를 계산한 후 텐서로 표현
        squared_errors = tensor_combine(
            lambda predicted, actual: (predicted - actual) ** 2,
            predicted,
            actual)

        # 모든 제곱오차를 더한다.
        return tensor_sum(squared_errors)

    def gradient(self, predicted: Tensor, actual: Tensor) -> Tensor:
        return tensor_combine(
            lambda predicted, actual: 2 * (predicted - actual),
            predicted,
            actual)
```

(곧 다른 손실 함수 또한 살펴볼 것이다.)

마지막으로 경사 하강법을 구현해 보자. 지금까지는 다음의 코드처럼 에폭마다 파라미터별로 경사 하강법을 수행하였다.

```
theta = gradient_step(theta, grad, -learning_rate)
```

하지만 이제는 다른 방식으로 경사 하강법을 구현해야 한다. 이번 장에서 다루는 신경망들은 수많은 파라미터로 구성되어 있으며, 이를 모두 동시에 학습시켜야 하기 때문이다. 또한 더욱 효과적으로 변형시킨, 다양한 종류의 경사 하강법을 매번 구현해서 사용하기에는 너무 번거롭다.

이러한 문제들을 해결하기 위해 Optimizer 클래스를 만들 것이다. 기존의 경사 하강법은 Optimizer 클래스의 인스턴스가 될 것이다.

```
class Optimizer:
    """
    주어진 입력값이나 층에 대한 정보(혹은 둘 다)를 사용하여
    해당 층의 파라미터를 업데이트
    """
    def step(self, layer: Layer) -> None:
        raise NotImplementedError
```

이제 tensor_combine을 사용하면 손쉽게 경사 하강법을 구현할 수 있다.

```
class GradientDescent(Optimizer):
    def __init__(self, learning_rate: float = 0.1) -> None:
        self.lr = learning_rate
    def step(self, layer: Layer) -> None:
        for param, grad in zip(layer.params(), layer.grads()):
            # 그래디언트만큼 param을 업데이트
            param[:] = tensor_combine(
                lambda param, grad: param - grad * self.lr,
                param,
                grad)
```

위 코드에서 리스트를 나눈 후 선언하는 부분이 신기할 수도 있다. 리스트를 재선언하면 리스트의 기존 값은 수정할 수 없게 된다. 만약 param = tensor_combine(. . .)으로 리스트를 재선언하면 param을 지역 변수(local variable)로 선언할 수는 있지만 해당 층의 파라미터 텐서 안의 값은 수정할 수 없게 된다. 하지만 [:]을 사용하면 기존 리스트의 값을 수정할 수 있게 된다.

간단한 예시를 살펴보자.

```
tensor = [[1, 2], [3, 4]]

for row in tensor:
    row = [0, 0]
assert tensor == [[1, 2], [3, 4]], "assignment doesn't update a list"

for row in tensor:
    row[:] = [0, 0]
assert tensor == [[0, 0], [0, 0]], "but slice assignment does"
```

파이썬에 익숙하지 않다면 조금 희한해 보일 수도 있다. 하지만 이해가 될 때까지 곰곰히 고민해 보고 직접 예시들을 만들어 살펴보자.

이러한 추상화의 장점을 살려 모멘텀(momentum) 기반의 경사 하강법을 구현해 보자. 새롭게 계산된 그래디언트에 너무 예민하게 반응하는 것을 방지하기 위해 지금까지 계산된 그래디언트의 평균값을 유지한다. 그리고 새 그래디언트 값이 계산될 때마다 평균값을 다시 계산하고 파라미터를 새 평균값만큼 이동시키면 된다.

```
class Momentum(Optimizer):
    def __init__(self,
                 learning_rate: float,
                 momentum: float = 0.9) -> None:
        self.lr = learning_rate
        self.mo = momentum
        self.updates: List[Tensor] = []  # 이전 모든 그래디언트의 평균

    def step(self, layer: Layer) -> None:
        # 파라미터 업데이트가 처음이라면 0부터 시작
        if not self.updates:
            self.updates = [zeros_like(grad) for grad in layer.grads()]

        for update, param, grad in zip(self.updates,
                                       layer.params(),
                                       layer.grads()):
            # 모멘텀 적용
            update[:] = tensor_combine(
                lambda u, g: self.mo * u + (1 - self.mo) * g,
                update,
                grad)

            # 모멘텀을 적용한 그래디언트만큼 파라미터 업데이트
            param[:] = tensor_combine(
                lambda p, u: p - self.lr * u,
                param,
                update)
```

Optimizer를 추상화했기 때문에 이제 다양한 최적화 기법을 바꿔가며 사용할 수 있다.

19.6 예시: XOR 문제 다시 풀어 보기

지금까지 만든 코드를 사용하면 XOR 문제를 풀어 주는 신경망을 얼마나 간편하게 학습시킬 수 있는지 살펴보자. 먼저 학습 데이터를 다시 만들어 보자.

```
# 학습 데이터
xs = [[0., 0], [0., 1], [1., 0], [1., 1]]
ys = [[0.], [1.], [1.], [0.]]
```

그리고 신경망 구조를 정의해 보자. 이제 마지막 시그모이드 층을 명시해 주지 않아도 된다.

```
random.seed(0)

net = Sequential([
    Linear(input_dim=2, output_dim=2),
    Sigmoid(),
    Linear(input_dim=2, output_dim=1)
])
```

추상화한 Optimizer와 Loss를 사용하면 간편하게 학습을 위한 반복문을 만들 수 있다. 또한 다양한 종류의 최적화 방법과 손실 함수를 쉽게 적용해 볼 수 있게 해준다.

```
import tqdm

optimizer = GradientDescent(learning_rate=0.1)
loss = SSE()

with tqdm.trange(3000) as t:
    for epoch in t:
        epoch_loss = 0.0

        for x, y in zip(xs, ys):
            predicted = net.forward(x)
            epoch_loss += loss.loss(predicted, y)
            gradient = loss.gradient(predicted, y)
            net.backward(gradient)

            optimizer.step(net)

        t.set_description(f"xor loss {epoch_loss:.3f}")
```

금방 학습이 끝날 것이다. 그리고 손실 함수의 값도 작아진 것을 확인할 수 있다. 이제 파라미터를 살펴보자.

```
for param in net.params():
    print(param)
```

대략 다음과 같은 신경망이 학습되었다.

```
hidden1 = -2.6 * x1 + -2.7 * x2 + 0.2  # NOR
hidden2 =  2.1 * x1 +  2.1 * x2 - 3.4  # AND
output  =  -3.1 * h1 + -2.6 * h2 + 1.8  # NOR
```

두 개의 입력값이 모두 1이 아니라면 hidden1이 활성화될 것이다. 반대로 두 입력값이 1이라면 hidden2가 활성화될 것이다. 그리고 두 은닉층의 결괏값이 1이 아니라면 output이 활성화된다. 즉, XOR 논리를 따라 두 입력값이 모두 1이 아닌 경우가 아니거나, 두 입력값이 모두 1인 경우가 아니라면 output이 활성화된다는 것을 의미한다.

이 네트워크는 18장에서 학습시킨 신경망과 다른 파라미터를 학습했지만, 둘 다 XOR 논리를 구현했다는 것에 주목하자.

19.7 다른 활성화 함수

여러 가지 이유로 이제는 시그모이드 함수를 활성화 함수로 자주 사용하지 않는다. 첫 번째 이유는 sigmoid(0)의 결괏값이 1/2이기 때문이다. 즉, 뉴런에 입력되는 값의 합이 0이어도 양수의 결괏값이 계산된다. 또한 매우 크거나 작은 입력값의 경우, 시그모이드의 그래디언트는 0에 수렴한다. 이런 경우, 그래디언트가 포화되었다고(saturated) 하며 더는 파라미터를 업데이트할 수 없게 된다.

시그모이드의 대안으로 tanh(쌍곡선 탄젠트, hyperbolic tangent)를 자주 사용한다. tanh는 -1부터 1사이의 시그모이드 형태의 함수이다. 만약 입력값이 0이라면 0을 반환해 준다. 또한 tanh의 도함수는 1 - tanh(x) ** 2이기 때문에 간편하게 tanh 층을 구현할 수 있다.

```
import math

def tanh(x: float) -> float:
    # x가 매우 크거나 작으면 tanh는 (결국) 1이나 -1을 반환.
    # math.exp(1000)는 에러를 반환하기 때문에 x가 매우 크거나 작은 경우를 따로 확인해 줘야 한다.
    if x < -100:  return -1
```

```
    elif x > 100: return 1

    em2x = math.exp(-2 * x)
    return (1 - em2x) / (1 + em2x)

class Tanh(Layer):
    def forward(self, input: Tensor) -> Tensor:
        # 역방향에서 필요한 tanh의 결괏값을 저장
        self.tanh = tensor_apply(tanh, input)
        return self.tanh

    def backward(self, gradient: Tensor) -> Tensor:
        return tensor_combine(
            lambda tanh, grad: (1 - tanh ** 2) * grad,
            self.tanh,
            gradient)
```

큰 모델의 경우, Relu 또한 자주 사용한다. Relu는 음수인 입력값에 대해서는 0을 반환하지만 양수인 입력값에 대해서는 입력값을 그대로 반환한다.

```
class Relu(Layer):
    def forward(self, input: Tensor) -> Tensor:
        self.input = input
        return tensor_apply(lambda x: max(x, 0), input)

    def backward(self, gradient: Tensor) -> Tensor:
        return tensor_combine(lambda x, grad: grad if x > 0 else 0,
                              self.input,
                              gradient)
```

이 외에도 다양한 활성화 함수가 있다. 딥러닝 모델을 만들 때 이러한 대안들을 직접 사용해 보는 것 또한 추천한다.

19.8 예시: Fizz Buzz 다시 풀어 보기

지금까지 만든 딥러닝 프레임워크로 18장에서 다룬 Fizz buzz 문제를 다시 풀어 보자. 다음과 같이 데이터를 준비해 보자.

```
from scratch.neural_networks import binary_encode, fizz_buzz_encode, argmax

xs = [binary_encode(n) for n in range(101, 1024)]
ys = [fizz_buzz_encode(n) for n in range(101, 1024)]
```

그리고 모델을 만들어 보자.

```
NUM_HIDDEN = 25

random.seed(0)

net = Sequential([
    Linear(input_dim=10, output_dim=NUM_HIDDEN, init='uniform'),
    Tanh(),
    Linear(input_dim=NUM_HIDDEN, output_dim=4, init='uniform'),
    Sigmoid()
])
```

학습을 진행하면서 학습데이터 안의 정확도를 기록해 보자.

```
def fizzbuzz_accuracy(low: int, hi: int, net: Layer) -> float:
    num_correct = 0
    for n in range(low, hi):
        x = binary_encode(n)
        predicted = argmax(net.forward(x))
        actual = argmax(fizz_buzz_encode(n))
        if predicted == actual:
            num_correct += 1


    return num_correct / (hi - low)


optimizer = Momentum(learning_rate=0.1, momentum=0.9)
loss = SSE()

with tqdm.trange(1000) as t:
    for epoch in t:
        epoch_loss = 0.0

        for x, y in zip(xs, ys):
            predicted = net.forward(x)
            epoch_loss += loss.loss(predicted, y)
            gradient = loss.gradient(predicted, y)
            net.backward(gradient)

            optimizer.step(net)

        accuracy = fizzbuzz_accuracy(101, 1024, net)
        t.set_description(f"fb loss: {epoch_loss:.2f} acc: {accuracy:.2f}")

# 테스트셋 안의 성능 검증
print("test results", fizzbuzz_accuracy(1, 101, net))
```

학습을 1,000번 반복 후, 테스트셋에서 모델의 정확도는 90%가 되었다. 만약 학
습을 더욱 오랫동안 수행한다면 정확도 또한 증가할 것이다. (25개 은닉 뉴런으

로는 100%의 정확도를 달성하기 어렵다. 하지만 은닉 뉴런의 수가 50개 정도 되면 충분히 가능하다.)

19.9 Softmax와 Cross-Entropy

앞서 다룬 모델의 마지막 층은 시그모이드 층으로 구성되었다. 즉, 이 모델의 결괏값은 0과 1사이의 값으로 구성된 벡터이다. 모든 값이 0 혹은 1로 구성된 벡터가 산출될 수도 있다. 이 모델은 분류를 위한 모델이기 때문에, 올바르게 분류된 경우에는 1을, 틀리게 분류된 경우에는 0을 반환하는 것이 이상적일 것이다. 하지만 대부분의 경우 완벽한 결과 예측은 불가능할 것이다. 이런 경우 적어도 클래스 간 확률분포를 계산해 보는 것도 나쁘지 않다.

예를 들어 두 개의 클래스를 분류하는 경우에 모델의 결괏값이 [0, 0]이라면, 이것이 무엇을 나타내는지 이해하기 매우 힘들 것이다. 과연 결괏값이 어떠한 클래스에도 속하지 않다는 것을 의미하는 걸까?

만약 동일한 모델의 결괏값이 [0.4, 0.6]이라면 첫 번째 클래스에 속할 확률이 0.4, 두 번째 클래스에 속할 확률이 0.6이라는 것으로 이해할 수 있다.

이렇게 결괏값을 확률적으로 표현하려면 모델의 마지막 층을 시그모이드 층 대신 소프트맥스(softmax) 층으로 구성해야 한다. 소프트맥스 함수는 실수로 구성된 벡터를 확률로 구성된 벡터로 변환해 준다. 먼저, 벡터 안의 모든 값의 exp(x)를 계산하여 양수로만 구성된 벡터로 변환한다. 그리고 각각의 값을 모든 값의 합으로 나눠준다. 그러면 모든 값의 총합이 1이 되는 확률값으로 구성된 벡터가 생성된다.

파이썬에서 exp(1000)처럼 큰 값을 계산하게 되면 에러가 발생하기 때문에 모든 값에서 주어진 값 중 최대값을 뺀 후 exp()를 계산하자. 최종적으로 계산되는 확률값은 동일하며 파이썬에서도 문제없이 작동한다.

```python
def softmax(tensor: Tensor) -> Tensor:
    """마지막 차원 안의 softmax"""
    if is_1d(tensor):
        # 에러를 피하기 위해 최대값을 빼 준다.
        largest = max(tensor)
        exps = [math.exp(x - largest) for x in tensor]

        sum_of_exps = sum(exps)              # 모든 값의 총합
        return [exp_i / sum_of_exps          # 확률값은 개별의 값을
                for exp_i in exps]           # 총합으로 나눈 값
```

```
else:
    return [softmax(tensor_i) for tensor_i in tensor]
```

모델의 결괏값이 확률값인 경우, 대부분 **크로스 엔트로피**(cross entropy)라는 손실 함수를 사용한다. (가끔 네거티브 로그 가능도라고도 부른다.)

앞서 14.3절 '최대 가능도 추정법'에서 (특정 가정하에) 최소자승법은 관측된 데이터가 발생할 가능도를 최대화하기 때문에 단순 회귀 분석에서 사용된다는 것을 기억해 보자.

크로스 엔트로피 또한 비슷하게 이해할 수 있다. 만약 모델의 결괏값이 확률값이라면 크로스 엔트로피 손실 함수는 관측된 데이터의 네거티브 로그 가능도를 나타낸다. 즉, 손실 함수를 최소화하는 것은 학습 데이터의 로그 가능도(그리고 가능도를) 최대화하는 것을 의미한다.

소프트맥스 함수를 신경망의 일부가 아닌 손실 함수로 따로 구현하면 결괏값의 그래디언트를 쉽게 계산할 수 있게 된다. 신경망의 일부가 아닌 자체적인 손실 함수로 구현해 보자.

```
class SoftmaxCrossEntropy(Loss):
    """
    주어진 딥러닝 모델에서
    관측된 데이터의 네거티브 로그 가능도를 계산.
    즉, 네거티브 로그 가능도를 최소화시키면 관측된 데이터의 가능도를 최대화하는 것과 동일.
    """
    def loss(self, predicted: Tensor, actual: Tensor) -> float:
        # 소프트맥스로 확률값 생성
        probabilities = softmax(predicted)

        # 올바른 클래스로 분류되는 경우 log p_i를, 아닌 경우 0을 반환
        # log(0)을 피하기 위해서 p에 작은 값을 더해 준다.
        likelihoods = tensor_combine(lambda p, act: math.log(p + 1e-30) * act,
                                     probabilities,
                                     actual)

        # 모든 네거티브 가능도를 더한다.
        return -tensor_sum(likelihoods)

    def gradient(self, predicted: Tensor, actual: Tensor) -> Tensor:
        probabilities = softmax(predicted)

        # 굉장히 간편하게 표현되지 않는가?
        return tensor_combine(lambda p, actual: p - actual,
                              probabilities,
                              actual)
```

Fizz Buzz 예시에서 만든 모델을 SoftmaxCrossEntropy에서 구현한 손실 함수로 학습하면 훨씬 빠르게(더 적은 에폭 내) 학습이 된다. 주어진 분포에서 소프트맥스로 파라미터를 찾는 게 시그모이드로 찾는 것보다 훨씬 쉽기 때문일 것이다.

만약, 선형 층 + 시그모이드 층 모델로 0번째 클래스(벡터 내 첫 번째 값이 1이고 나머지는 0인 경우)를 예측하려면 벡터 내 첫 번째 값은 매우 큰 양수이고 나머지 값은 매우 작은 음수여야 가능하다. 하지만 소프트맥스로 예측하는 경우, 첫 번째 값이 나머지 값보다 크기만 하면 된다. 후자의 경우가 훨씬 더 빈번하게 발생하기 때문에 소프트맥스로 파라미터를 학습하는 것이 훨씬 쉽다.

```
random.seed(0)

net = Sequential([
    Linear(input_dim=10, output_dim=NUM_HIDDEN, init='uniform'),
    Tanh(),
    Linear(input_dim=NUM_HIDDEN, output_dim=4, init='uniform')
    # 마지막에 시그모이드 층을 추가하지 않는다.
])

optimizer = Momentum(learning_rate=0.1, momentum=0.9)
loss = SoftmaxCrossEntropy()

with tqdm.trange(100) as t:
    for epoch in t:
        epoch_loss = 0.0

        for x, y in zip(xs, ys):
            predicted = net.forward(x)
            epoch_loss += loss.loss(predicted, y)
            gradient = loss.gradient(predicted, y)
            net.backward(gradient)

            optimizer.step(net)

        accuracy = fizzbuzz_accuracy(101, 1024, net)
        t.set_description(f"fb loss: {epoch_loss:.3f} acc: {accuracy:.2f}")

# 다시 테스트셋 안의 성능 검증
print("test results", fizzbuzz_accuracy(1, 101, net))
```

19.10 드롭아웃

대부분의 기계학습 모델처럼 딥러닝 또한 오버피팅에 취약하다. 이미 15.8절 'Regularization'에서 값이 큰 파라미터에 대해 페널티를 주는 regularization으로 오버피팅을 해결하는 것을 살펴보았다.

딥러닝에서는 주로 **드롭아웃**(dropout)으로 regularization을 수행한다. 학습 중 특정 확률로 임의의 뉴런을 '끄는 것'을 의미한다. (즉, 특정 뉴런의 결괏값을 0으로 변환하는 것을 의미한다.) 드롭아웃으로 모델이 특정 뉴런에 의존하는 것을 방지할 수 있으며 오버피팅 또한 해결할 수 있다.

모델을 검증할 때는 드롭아웃이 필요 없다. 즉, 드롭아웃 층을 구현할 때는 현재 모델이 학습 중인지 아닌지 알고 있어야 한다. 만약 모델을 학습 중이라면 특정 확률값으로 선택된 임의의 입력값만 반환해 주면 된다. 그리고 모델 검증 시, 드롭아웃의 영향을 반영해 주기 위해 (모든) 출력값을 드롭아웃에 사용한 확률값만큼 줄여줘야 한다.

```python
class Dropout(Layer):
    def __init__(self, p: float) -> None:
        self.p = p
        self.train = True

    def forward(self, input: Tensor) -> Tensor:
        if self.train:
            # 주어진 확률값을 사용하여
            # 입력값과 동일한 크기이며 0 혹은 1로 구성된 mask를 생성
            self.mask = tensor_apply(
                lambda _: 0 if random.random() < self.p else 1,
                input)
            # 입력값과 mask를 곱한다.
            return tensor_combine(operator.mul, input, self.mask)
        else:
            # 검증 시, 확률값만큼 출력값을 축소
            return tensor_apply(lambda x: x * (1 - self.p), input)

    def backward(self, gradient: Tensor) -> Tensor:
        if self.train:
            # mask의 값이 1인 경우에만 그래디언트를 전파
            return tensor_combine(operator.mul, gradient, self.mask)
        else:
            raise RuntimeError("don't call backward when not in train mode")
```

앞으로 드롭아웃을 사용하여 딥러닝 모델의 오버피팅 문제를 해결할 것이다.

19.11 예시: MNIST

MNIST[1]는 손으로 쓴 숫자들로 구성된 데이터셋이며 딥러닝을 처음 배우는 모든 이가 사용하는 예시이기도 하다.

처리하기 까다로운 바이너리(binary) 형태로 데이터셋이 제공되기 때문에, mnist 라이브러리를 사용할 것이다. (이 부분만큼은 밑바닥부터 시작하지 않을 것이다.)

```
python -m pip install mnist
```

이제 아래와 같이 MNIST 데이터를 불러올 수 있다.

```
import mnist

# 데이터를 지정한 경로에 내려받아 준다.
# (인자가 없도록 정의된 라이브러리의 함수이다.)
# (절대 이렇게 하지 않을 것이라고 했지만 람다 함수에 변수를 정의할 것이다.)
mnist.temporary_dir = lambda: '/tmp'

# 각 함수에서 데이터를 내려받고 numpy 행렬로 반환
# .tolist()를 사용해서 리스트로 변환
train_images = mnist.train_images().tolist()
train_labels = mnist.train_labels().tolist()

assert shape(train_images) == [60000, 28, 28]
assert shape(train_labels) == [60000]
```

첫 100개의 학습 데이터가 어떻게 생겼는지 한번 살펴보자(그림 19-1).

```
mport matplotlib.pyplot as plt
fig, ax = plt.subplots(10, 10)
for i in range(10):
    for j in range(10):
        # 각 이미지를 흑백으로 그려보고 각 축은 숨겨 주자.
        ax[i][j].imshow(train_images[10 * i + j], cmap='Greys')
        ax[i][j].xaxis.set_visible(False)
        ax[i][j].yaxis.set_visible(False)
plt.show()
```

---

1 *http://yann.lecun.com/exdb/mnist/*

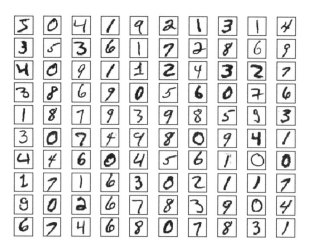

그림 19-1 MNIST 이미지

그림을 살펴보면 확실히 손으로 쓰여진 숫자인 것을 알 수 있다.

 처음에 데이터를 그렸을 때 검은 배경에 숫자가 노란색으로 시각화되었다. 흑백 이미지를
생성하기 위해 cmap=Greys가 필요한지 몰랐기 때문이다. 그래서 구글 검색으로 스택 오
버플로(Stack Overflow)에서 해결책을 찾았다. 데이터 과학자로서 이러한 과정을 자주 겪
을 것이다.

평가 데이터도 살펴보자.

```
test_images = mnist.test_images().tolist()
test_labels = mnist.test_labels().tolist()

assert shape(test_images) == [10000, 28, 28]
assert shape(test_labels) == [10000]
```

각 이미지는 28×28 픽셀로 구성되어 있다. 하지만 우리가 구현한 선형 층에서
는 1차원 입력값만 처리할 수 있기 때문에 이미지를 1차원으로 납작하게(flatten)
만들어 줄 것이다. (그리고 각 픽셀을 256으로 나눠 픽셀값을 0과 1 사이로 변환
해 주자.) 추가적으로 입력값의 평균이 0인 경우 학습이 더 수월하기 때문에 각
픽셀값에서 평균 픽셀값을 빼 주자.

```
# 평균 픽셀값 계산
avg = tensor_sum(train_images) / 60000 / 28 / 28

# 평균 픽셀값을 빼 주고, 정규화하고, 납작하게 만들어 주자.
train_images = [[(pixel - avg) / 256 for row in image for pixel in row]
```

```
                    for image in train_images]
test_images = [[(pixel - avg) / 256 for row in image for pixel in row]
                    for image in test_images]

assert shape(train_images) == [60000, 784], "images should be flattened"
assert shape(test_images) == [10000, 784], "images should be flattened"

# 평균 픽셀값을 빼 주면 평균 픽셀값은 0에 가까울 것이다.
assert -0.0001 < tensor_sum(train_images) < 0.0001
```

10개의 출력값을 one-hot-encoding 방식으로 표현하자. 먼저 one_hot_encode 함수를 만들어 보자.

```
def one_hot_encode(i: int, num_labels: int = 10) -> List[float]:
    return [1.0 if j == i else 0.0 for j in range(num_labels)]

assert one_hot_encode(3) == [0, 0, 0, 1, 0, 0, 0, 0, 0, 0]
assert one_hot_encode(2, num_labels=5) == [0, 0, 1, 0, 0]
```

그리고 데이터에 적용해 보자.

```
train_labels = [one_hot_encode(label) for label in train_labels]
test_labels = [one_hot_encode(label) for label in test_labels]

assert shape(train_labels) == [60000, 10]
assert shape(test_labels) == [10000, 10]
```

추상화의 큰 장점 중 하나는 동일한 학습 및 검증 반복문으로 여러 모델을 학습할 수 있다는 점이다. 이런 반목문을 먼저 만들어 보고 모델, 데이터, 손실 함수 그리고 최적화 방식을 전달해 주자.

반복하면서 모델의 성능을 추적하며 (최적화 방식이 주어졌다면) 파라미터를 업데이트할 것이다.

```
import tqdm

def loop(model: Layer,
         images: List[Tensor],
         labels: List[Tensor],
         loss: Loss,
         optimizer: Optimizer = None) -> None:
    correct = 0          # 올바르게 예측된 결괏값의 개수를 추적
    total_loss = 0.0     # 총 손실값을 추적

    with tqdm.trange(len(images)) as t:
        for i in t:
```

```
        predicted = model.forward(images[i])              # 예측
        if argmax(predicted) == argmax(labels[i]):        # 그리고
            correct += 1                                  # 결괏값 확인
        total_loss += loss.loss(predicted, labels[i])     # 손실값 계산
        # 모델 학습 중이라면 그래디언트를 역전파하고 파라미터를 업데이트

        if optimizer is not None:
            gradient = loss.gradient(predicted, labels[i])
            model.backward(gradient)
            optimizer.step(model)

        # 그리고 출력되는 프로그래스바(progress bar)를 업데이트
        avg_loss = total_loss / (i + 1)
        acc = correct / (i + 1)
        t.set_description(f"mnist loss: {avg_loss:.3f} acc: {acc:.3f}")
```

비교를 위해 우리가 구현한 딥러닝 모듈로 (다계층) 로지스틱 회귀 모델을 학습해 보자. 로지스틱 회귀 모델은 하나의 선형 층 이후 소프트맥스를 추가해 주면 된다. 즉, 이 모델은 10개의 선형 함수로 구성되어 있다고 생각하면 된다. 만약 5를 나타내는 손글씨가 입력값으로 들어온다면 5번째 선형 모델의 출력값이 가장 클 것이다.

60,000개의 이미지로 구성된 학습 데이터를 한 번만 반복하면 모델을 충분히 학습시킬 수 있다.

```
random.seed(0)

# 로지스틱 회귀 모델은 선형 층 이후 소프트맥스를 추가한 것과 동일
model = Linear(784, 10)
loss = SoftmaxCrossEntropy()

# 이 최적화 방식을 사용해도 결과가 잘 나오는 것 같다.
optimizer = Momentum(learning_rate=0.01, momentum=0.99)

# 학습 데이터로 학습
loop(model, train_images, train_labels, loss, optimizer)

# 평가 데이터로 검증(최적화 방식을 명시하지 않으면 검증을 의미)
loop(model, test_images, test_labels, loss)
```

대략 89% 정도의 정확도가 계산된다. 딥러닝 모델로 정확도를 높일 수 있는지 살펴보자. 두 개의 은닉층으로 구성된 딥러닝 모델을 만들어 보자. 첫 번째 은닉층은 30개, 두 번째 은닉층은 10개의 뉴런으로 구성해 보자. 그리고 Tanh 활성화 함수를 사용할 것이다.

```
random.seed(0)

# 켜고 끌 수 있도록 이름을 주자.
dropout1 = Dropout(0.1)
dropout2 = Dropout(0.1)

model = Sequential([
    Linear(784, 30),    # 첫 번째 은닉층의 크기: 30
    dropout1,
    Tanh(),
    Linear(30, 10),     # 두 번째 은닉층의 크기: 10
    dropout2,
    Tanh(),
    Linear(10, 10)      # 출력층의 크기: 10
])
```

지금까지 사용한 학습용 반복문을 그대로 사용하면 된다!

```
optimizer = Momentum(learning_rate=0.01, momentum=0.99)
loss = SoftmaxCrossEntropy()

# 드롭아웃을 적용하고 학습(노트북에서 20분 이상 걸릴 것이다!)
dropout1.train = dropout2.train = True
loop(model, train_images, train_labels, loss, optimizer)

# 드롭아웃을 제외하고 검증
dropout1.train = dropout2.train = False
loop(model, test_images, test_labels, loss)
```

딥러닝 모델로 평가 데이터에서 92%의 정확도를 달성할 수 있다. 간단한 로지스틱 회귀 모델보다 확실히 향상되었다.

MNIST 공식 웹사이트에서 92%보다 더 좋은 성능을 보이는 모델에 대한 설명을 확인할 수 있다. 대부분의 모델은 지금까지 우리가 구현한 코드로 만들 수 있지만 굉장히 오래 걸릴 것이다. 최고의 성능을 보이는 모델은 주로 **콘볼루션**(convolutional) 층을 사용한다. 매우 중요한 개념이지만 우리의 기초 데이터 과학 책에서는 다루지 않을 것이다.

19.12 모델 저장 및 불러오기

딥러닝 모델을 학습하기 위해 굉장히 긴 시간이 필요하기 때문에 매번 모델을 학습하지 않고 학습된 모델을 저장할 수 있는 방법이 필요하다. 다행히 json 모듈로 모델의 파라미터를 파일로 저장할 수 있다.

Layer.params로 모델의 모든 파라미터를 불러오고, 리스트로 변환한 뒤 json. dump로 리스트를 파일에 저장하면 된다.

```
import json

def save_weights(model: Layer, filename: str) -> None:
    weights = list(model.params())
    with open(filename, 'w') as f:
        json.dump(weights, f)
```

파라미터를 불러오는 것도 복잡하지 않다. 리스트 슬라이싱으로 모델의 파라미터를 설정할 수 있다.

(즉, 모델 자체의 인스턴스를 생성하고 파라미터를 불러와야 한다. 대안으로 모델의 구조를 저장하고 이를 불러오면서 모델의 인스턴스를 생성할 수도 있다. 나쁘지 않은 방법이지만 지금까지 구현한 코드를 많이 수정해야 하니 여기서는 다루지 않겠다.)

먼저 불러오는 파라미터의 크기가 모델 안의 파라미터의 크기와 동일한지 확인해야 한다. (가령 저장된 딥러닝 모델 파라미터를 얕은 신경망 모델에 불러오는 상황을 방지할 수 있다.)

```
def load_weights(model: Layer, filename: str) -> None:
    with open(filename) as f:
        weights = json.load(f)

    # 크기 비교
    assert all(shape(param) == shape(weight)
               for param, weight in zip(model.params(), weights))

    # 리스트를 나누는 방식으로 파라미터를 불러온다.
    for param, weight in zip(model.params(), weights):
        param[:] = weight
```

 JSON은 문자열로 데이터를 저장하기 때문에 매우 비효율적이다. 실제로는 pickle 라이브러리를 사용하여 데이터를 저장할 것이다. pickle은 바이너리 형태로 데이터를 저장하기 때문에 훨씬 효율적이다. 이 책에서는 사람이 읽을 수 있는 간단한 형태로 데이터를 저장하기 위해 JSON을 사용하였다.

이 책의 깃허브[2]에서 다양한 딥러닝 모델의 파라미터를 직접 내려받을 수 있다.

---

2 *https://github.com/joelgrus/data-science-from-scratch*

19.13 더 공부해 보고 싶다면

요즘 딥러닝은 굉장히 핫하다. 하지만 이제 겨우 딥러닝을 겉핥기했을 뿐이다. 딥러닝의 거의 모든 부분에 대해 굉장히 좋은 책과 블로그 글이 많이 있다.

- Ian Goodfellow, Yoshua Bengio, Aaron Courville의 *Deep Learning*[3]은 온라인상에서 무료로 제공되고 있다. 굉장히 좋은 책이지만 수학을 조금 알아야 한다.
- Francois Chollet의 《케라스 창시자에게 배우는 딥러닝(Deep Learning with Python)》(길벗, 2018)[4]은 Keras 라이브러리를 소개하는 훌륭한 책이다.
- 개인적으로 딥러닝을 위해 PyTorch를 사용한다. 공식 웹사이트[5]에서 많은 가이드 문서와 예시를 참고할 수 있다.

---

3 *https://www.deeplearningbook.org/*
한국어판은 《심층 학습(Deep Learning)》(제이펍, 2018)이란 제목으로 발간되었다.
4 *https://www.manning.com/books/deep-learning-with-python*
5 *https://pytorch.org/*

20장

D a t a   S c i e n c e   f r o m   S c r a t c h

군집화

우리는 무리를 이루면서
당당하게 거칠어졌지만 미쳐버리지는 않았다.
- 로버트 헤릭(Robert Herrick)

이 책의 다른 많은 알고리즘은 레이블이 있는 데이터로 모델을 학습해서 레이블이 없는 데이터의 레이블을 예측한다는 점에서 지도 학습(supervised learning) 알고리즘이라고 한다. 하지만 군집화(clustering)는 레이블이 없는 데이터를 사용하는, 또는 레이블이 있더라도 그것을 사용하지 않는 비지도 학습(unsupervised learning)의 일종이다.

20.1 군집화 감 잡기

대부분의 데이터는 어떤 방식으로든 군집(cluster)을 이루게 마련이다. 백만장자들의 거주지 데이터를 보면 보통 베버리힐스나 맨해튼 쪽에서 군집을 이룬다. 근로 시간 데이터를 보면 보통 주당 40시간 전후에서 군집을 이룬다. (주당 20시간 이상 일하면 법적으로 특별한 혜택을 제공해야 하는 주에서는 19시간 근방에 또 다른 군집이 있을 것이다.) 유권자 데이터 또한 사커맘, 심심한 은퇴자, 젊은 백수 등 유권자 설문가 또는 정치 자문가가 관심 가질 법한 다양한 군집으로 구성되어 있다.

그런데 우리가 그동안 살펴본 문제와는 달리, 군집화를 할 때는 '정답'이라는 것이 없다. 어떤 군집화 모델은 '젊은 백수'를 '대학원생'과 같은 군집으로 묶는 반면, 다른 군집화 모델은 그들을 '부모님 집에 서식하는 기생충'과 같은 군집으로 묶을 수 있다. 이 중에서 더 옳은 모델은 없다. 군집 평가에 사용되는 지수가 무엇이냐에 따라 더 최적인 군집이 있을 수는 있지만. 게다가 군집에는 자동적으로 레이블이 달리지도 않는다.

데이터를 하나하나 개별적으로 들여다 보며 직접 레이블을 달아야 한다.

20.2 모델

각 입력값은 항상 그렇듯 숫자로 구성된 d-차원 공간의 벡터이다. 우리의 목표는 유사한 입력값끼리 묶어서 군집을 찾고, (때로는) 각 군집에 맞는 대푯값을 찾는 것이다.

예를 들어 사용자들의 블로깅 패턴을 이해하기 위해, 수치형 벡터로 표현된 블로그 포스트의 제목을 군집화해 볼 수도 있다. 또는 RGB로 된 컬러 이미지 한 장을 10개의 색만으로 구성된 이미지로 변환해야 한다고 해보자. 군집화를 하면 전체 '색 오차'를 최소화할 수 있는 10가지 색을 고를 수 있게 해줄 것이다.

가장 간단한 군집화 방법 중 하나는 군집의 개수 k를 미리 정해 두는 k-means 이다. 이 알고리즘은 각 데이터 포인트가 속한 군집의 중심점(mean)과의 거리의 제곱 합을 최소화시키며 데이터를 $S_1, \ldots, S_k$과 같은 군집으로 나눈다.

n개의 데이터 포인트를 k개의 군집으로 할당하는 방법은 아주 다양하다. 바꿔 말하면, 최적의 군집을 찾는 것은 무척 어렵다. 다음은 반복 연산으로 꽤 괜찮은 군집을 찾는 방법이다.

1. d-차원의 공간에서 임의의 점 k개를 찍고, 이들을 각 군집의 중심점으로 간주한다.
2. 각 데이터 포인트에서 가장 가까운 중심점을 기준으로 군집을 정한다.
3. 소속된 군집이 바뀐 데이터 포인트가 하나도 없다면 군집을 기록하고 종료한다.
4. 소속된 군집이 바뀐 데이터 포인트가 하나라도 있다면 중심점을 다시 계산하고 2단계로 돌아간다.

선형대수에서 만든 함수 vector_mean을 이용하면 이렇게 동작하는 클래스를 간단하게 만들 수 있다.

먼저 두 벡터의 좌표상 차이를 측정하는 함수를 만들어 보자. 이 함수는 학습에 사용될 것이다.

```
from scratch.linear_algebra import Vector

def num_differences(v1: Vector, v2: Vector) -> int:
    assert len(v1) == len(v2)
    return len([x1 for x1, x2 in zip(v1, v2) if x1 != x2])

assert num_differences([1, 2, 3], [2, 1, 3]) == 2
assert num_differences([1, 2], [1, 2]) == 0
```

여러 벡터와 그들이 소속된 군집이 주어졌을 때, 해당 군집의 중심점을 계산해 주는 함수도 필요하다. 소속된 데이터 포인트가 아예 없는 군집도 있을 수 있다. 이런 경우 평균을 구할 수 없으니, 임의의 데이터 포인트를 중심점으로 사용하자.

```
from typing import List
from scratch.linear_algebra import vector_mean

def cluster_means(k: int,
                  inputs: List[Vector],
                  assignments: List[int]) -> List[Vector]:
    # clusters[i]는 군집 i에 해당하는 데이터 포인트를 담는다.
    clusters = [[] for i in range(k)]
    for input, assignment in zip(inputs, assignments):
        clusters[assignment].append(input)

    # 군집이 비어 있으면 임의의 포인트를 사용하자.
    return [vector_mean(cluster) if cluster else random.choice(inputs)
            for cluster in clusters]
```

이제 군집화 알고리즘을 작성할 준비가 되었다. 이번에도 tqdm을 써서 진척 상황을 확인할 것이다. 단, 여기서는 코드가 몇 번 수행될지 사전에 알 수 없기 때문에 itertools.count로 무한의 이터러블을 생성한 후 프로세스가 종료되면 return하자.

```
import itertools
import random
import tqdm
from scratch.linear_algebra import squared_distance

class KMeans:
    def __init__(self, k: int) -> None:
        self.k = k                      # number of clusters
        self.means = None

    def classify(self, input: Vector) -> int:
        """입력 데이터에 가장 인접한 군집의 인덱스를 반환"""
```

```
        return min(range(self.k),
                   key=lambda i: squared_distance(input, self.means[i]))

    def train(self, inputs: List[Vector]) -> None:
        # 일단 임의로 군집을 할당한다.
        assignments = [random.randrange(self.k) for _ in inputs]

        with tqdm.tqdm(itertools.count()) as t:
            for _ in t:
                # 중심점을 구한 후 군집을 새로 할당한다.
                self.means = cluster_means(self.k, inputs, assignments)
                new_assignments = [self.classify(input) for input in inputs]

                # 군집이 바뀐 수를 세고 종료할 것인지를 판단
                num_changed = num_differences(assignments, new_assignments)
                if num_changed == 0:
                    return

                # 그렇지 않으면 새로 할당된 군집을 저장하고, 새 중심점을 구한다.
                assignments = new_assignments
                self.means = cluster_means(self.k, inputs, assignments)
                t.set_description(f"changed: {num_changed} / {len(inputs)}")
```

이 코드를 한번 써먹어 보자.

20.3 예시: 오프라인 모임

데이텀의 급성장을 축하하기 위해 고객 보상 팀의 부사장은 피맥과 데이텀 티셔츠가 완비된 오프라인 미팅을 준비하고 싶어한다. 다만 그녀는 사용자들의 거주지 데이터를 기반으로 모두가 만족할 수 있는 모임 장소를 선정하고 싶어한다 (그림 20-1).

데이터를 그려 놓고 보니 어떻게 보면 두 개의 군집 같기도 하고 세 개의 군집 같기도 하다. (다행히 데이터가 2차원이어서 시각화하기는 편하다. 차원이 더 높았다면, 눈으로 군집을 찾는 게 쉽지 않았을 것이다.)

부사장은 모임을 세 번 열 수 있는 만큼의 예산이 준비되어 있다고 한다. 그래서 일단 컴퓨터 앞에 앉아서 다음과 같은 코드를 작성했다.

```
random.seed(12)                       # 매번 동일한 결과를 얻기 위해서다.
clusterer = KMeans(k=3)
clusterer.train(inputs)
means = sorted(clusterer.means)       # 유닛테스트를 위해 정렬한다.

assert len(means) == 3

# 중심점이 예상대로 계산되었는지 확인
```

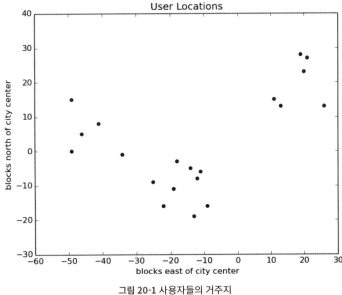

그림 20-1 사용자들의 거주지

```
assert squared_distance(means[0], [-44, 5]) < 1
assert squared_distance(means[1], [-16, -10]) < 1
assert squared_distance(means[2], [18, 20]) < 1
```

[-44, 5], [-16, -10], [18, 20]에 중심점이 있는 군집 세 개를 찾아서 그 위치를 기반
으로 모임 장소를 물색해 보았다(그림 20-2).

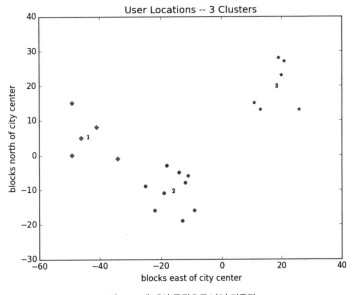

그림 20-2 세 개의 군집으로 나뉜 거주지

막상 결과를 부사장한테 보여줬더니, 부사장은 모임을 두 번 열 수 있는 예산밖에 없다고 한다.

여러분은 "문제 없습니다"라고 말하며 다음의 코드를 작성했다.

```
random.seed(0)
clusterer = KMeans(k=2)
clusterer.train(inputs)
means = sorted(clusterer.means)

assert len(means) == 2
assert squared_distance(means[0], [-26, -5]) < 1
assert squared_distance(means[1], [18, 20]) < 1
```

그림 20-3에서 보건대 한 모임 장소는 [18, 20], 다른 모임 장소는 [-26, -5] 근방에서 잡으면 된다.

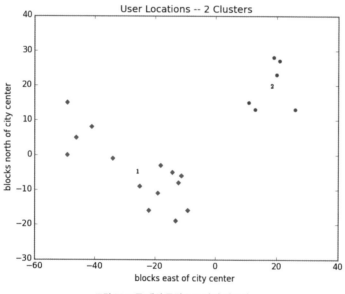

그림 20-3 두 개의 군집으로 나뉜 거주지

20.4 k 값 선택하기

앞의 예시에서는 외부 요인이 k 값을 결정했지만, 그런 경우는 보통 드물다. k 값을 정할 수 있는 방법은 매우 다양하다. 쉬운 방법 중 하나는 k 값에 대해 오차 (중심점과 각 데이터 포인트 사이의 거리)의 제곱 합을 그래프로 그리고, 그 그래프가 어디서 꺾이는지 관찰하는 것이다.

```
from matplotlib import pyplot as plt

def squared_clustering_errors(inputs: List[Vector], k: int) -> float:
    """모든 입력값에 대해 k-means 군집화를 실행하고 오차의 제곱 합을 계산"""
    clusterer = KMeans(k)
    clusterer.train(inputs)
    means = clusterer.means
    assignments = [clusterer.classify(input) for input in inputs]

    return sum(squared_distance(input, means[cluster])
               for input, cluster in zip(inputs, assignments))
```

이를 기존 예시에 적용해 보자.

```
# 첫 번째부터 len(inputs)번째 군집까지 시각화
ks = range(1, len(inputs) + 1)
errors = [squared_clustering_errors(inputs, k) for k in ks]
plt.plot(ks, errors)
plt.xticks(ks)
plt.xlabel("k")
plt.ylabel("total squared error")
plt.title("Total Error vs. # of Clusters")
plt.show()
```

그림 20-4를 보건대 앞서 우리가 눈으로 어림잡은 군집 수인 세 개가 '알맞은' 군
집 수였다는 것을 확인할 수 있다.

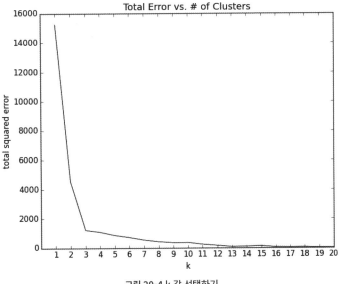

그림 20-4 k 값 선택하기

20.5 예시: 색 군집화하기

굿즈 팀 부사장은 오프라인 모임에서 제공할 수 있는 데이텀 스티커를 여러 장 제작했다. 그런데 아쉽게도 스티커 프린터는 총 다섯 가지 색밖에 출력할 수가 없다. 설상가상으로 디자인 팀 부사장이 휴가를 가버리는 바람에, 굿즈 팀 부사장은 어떻게든 디자인을 다섯 가지 색만 사용하도록 바꿔줄 수 없냐고 묻는다.

이미지 파일은 보통 픽셀의 2차원 배열이고, 픽셀은 색을 나타나는 (red, green, blue)로 구성된 3차원 벡터이다.

이것을 다섯 가지 색의 이미지로 바꾼다는 것은 다음의 과정을 의미한다.

1. 다섯 가지 색을 고른다.
2. 각 픽셀을 다섯 가지 색 중 하나로 매핑한다.

결국 이 작업도 k-means로 풀기에 적당한 형태이다. k-means를 사용하면 RGB 공간상에서 모든 픽셀을 다섯 개의 군집으로 나눌 수 있다. 그 다음에 각 픽셀을 각 군집의 중점색으로 칠하면 된다.

먼저, 파이썬으로 이미지를 읽어 보자. pillow 라이브러리를 설치하고 나면 matplotlib로 쉽게 할 수 있다.

```
python -m pip install pillow
```

다음으로 `matplotlib.image.imread`를 사용하면 된다.

```
image_path = r"girl_with_book.jpg"     # 이미지가 있는 경로
import matplotlib.image as mpimg
img = mpimg.imread(image_path) / 256  # 0과 1 사이로 매핑한다.
```

사실 `img`는 NumPy 배열이지만, 여기서는 이를 리스트의 리스트의 리스트로 생각하자.

`img[i][j]` i행의 j번째 열의 픽셀이고, 각 픽셀은 색을 나타내도록[1] 0부터 1사이의 [red, green, blue] 값을 가진다.

```
top_row = img[0]
top_left_pixel = top_row[0]
red, green, blue = top_left_pixel
```

---

[1] http://en.wikipedia.org/wiki/RGB_color_model

행과 열에 무관하게 전체 픽셀에 대한 리스트는 다음과 같이 나타낼 수 있다.

```
# .tolist()는 NumPy 배열을 파이썬 리스트로 변환한다.
pixels = [pixel.tolist() for row in img for pixel in row]
```

이를 군집화 알고리즘에 넣어 보자.

```
clusterer = KMeans(5)
clusterer.train(pixels)    # 시간이 오래 걸릴 수도 있다.
```

알고리즘을 돌리고 나면 새로운 이미지가 생성된다.

```
def recolor(pixel: Vector) -> Vector:
    cluster = clusterer.classify(pixel)        # 가장 가까운 군집의 인덱스
    return clusterer.means[cluster]            # 가장 가까운 군집의 중심점

new_img = [[recolor(pixel) for pixel in row]   # 주어진 행의 픽셀을 다시 칠하자.
           for row in img]                     # 이미지의 모든 행에 대해
```

plt.imshow로 이미지를 출력할 수 있다.

```
plt.imshow(new_img)
plt.axis('off')
plt.show()
```

흑백으로 된 책에서 색깔의 변화를 보여 주는게 쉽지는 않지만, 그림 20-5는 군집화를 통해 회색조로 변환된 이미지의 전후를 보여 준다.

그림 20-5 원본 이미지와 5가지 색으로 변환된 이미지

20.6 상향식 계층 군집화

군집화를 할 수 있는 다른 방법으로는 상향식으로 군집들을 묶는 방법이 있다. 이것은 다음과 같은 방법으로 할 수 있다.

1. 각 데이터 포인트를 하나의 군집으로 간주한다.
2. 군집이 두 개 이상이라면 가장 가까운 두 개의 군집을 찾아 하나의 군집으로 묶는다.

위의 반복 연산이 완전히 종료되면 최종적으로 단 하나의 거대한 군집만이 남는다. 다만, 군집들을 묶어 나가는 중간 과정을 모두 기록해 두기 때문에, 언제든 묶인 군집을 다시 풀 수 있다. 예를 들어 세 개의 군집을 원한다면 마지막 두 번의 병합만 되돌리면 된다.

군집을 표현할 때는 간단한 표기법을 쓰자. 데이터 값은 NamedTuple로 표현된 잎(leaf) 군집에 넣도록 하자.

```
from typing import NamedTuple, Union

class Leaf(NamedTuple):
    value: Vector

leaf1 = Leaf([10, 20])
leaf2 = Leaf([30, -15])
```

이를 이용해 역시 NamedTuple로 표현되는 병합된 군집을 만들 것이다.

```
class Merged(NamedTuple):
    children: tuple
    order: int

merged = Merged((leaf1, leaf2), order=1)

Cluster = Union[Leaf, Merged]
```

 파이썬의 타입 어노테이션이 우리를 다시금 실망시키는 대목이다. Merged.children을 Tuple[Cluster, Cluster]로 타입 힌팅(type hinting)을 하고 싶지만, mypy는 그렇게 재귀적인 타입을 허용하지 않는다.

일단 병합 순서에 대해서는 잠시 후에 얘기하도록 하고, 먼저 군집에 포함된 값들을 모두 반환하는 함수를 만들어 보자.

```
def get_values(cluster: Cluster) -> List[Vector]:
    if isinstance(cluster, Leaf):
        return [cluster.value]
    else:
        return [value
                for child in cluster.children
                for value in get_values(child)]

assert get_values(merged) == [[10, 20], [30, -15]]
```

가장 가까운 두 개의 군집을 묶기 위해서는 군집 간 거리를 먼저 정의할 수 있어야 한다. 여기서는 두 군집 간의 최소 거리를 사용해서 군집화를 할 것인데, 이는 서로 경계면이 가장 가깝게 맞닿아 있는 군집끼리 묶겠다는 것을 의미한다. (이렇게 하면 막상 가깝지는 않으면서 체인처럼 이어진 형태의 군집이 생성되기도 한다.) 구형의 군집을 만들고 싶은 경우, 두 군집 간의 최대 거리를 사용하면 된다. 이 두 가지의 접근법 외에 평균 거리도 자주 사용된다.

```
from typing import Callable
from scratch.linear_algebra import distance

def cluster_distance(cluster1: Cluster,
                     cluster2: Cluster,
                     distance_agg: Callable = min) -> float:
    """
    cluster1에 속하는 점과 cluster2에 속하는 점 사이의 모든 거리를 계산하고
    결과로 나오는 리스트에 distance_agg를 적용
    """

    return distance_agg([distance(v1, v2)
                         for v1 in get_values(cluster1)
                         for v2 in get_values(cluster2)])
```

병합 순서는 우리가 어떤 순서로 병합을 했는지 파악하고, 이를 다시 분해하기 위해 필요하다. 숫자가 작을수록 나중에 병합했다는 것을 의미한다. 즉, 병합한 것을 다시 분해하고 싶을 때, 병합 순서가 낮은 것부터 높은 것까지 순차적으로 살펴보면 된다. 잎 군집은 한 번도 병합된 적이 없으니, 그들의 병합 순서는 무한대로 정한다. 그리고 잎 군집에는 .order 속성이 없으므로 함수도 하나 만들어 주자.

```
def get_merge_order(cluster: Cluster) -> float:
    if isinstance(cluster, Leaf):
        return float('inf')  # 한 번도 병합된 적이 없다.
```

```
    else:
        return cluster.order
```

잎 군집에는 자식도 없으므로, 그에 대응하는 함수도 만들자.

```
from typing import Tuple
def get_children(cluster: Cluster):
    if isinstance(cluster, Leaf):
        raise TypeError("Leaf has no children")
    else:
        return cluster.children
```

이제 군집화 알고리즘을 작성할 준비가 다 되었다.

```
def bottom_up_cluster(inputs: List[Vector],
                      distance_agg: Callable = min) -> Cluster:
    # 모든 잎으로 시작한다.
    clusters: List[Cluster] = [Leaf(input) for input in inputs]

    def pair_distance(pair: Tuple[Cluster, Cluster]) -> float:
        return cluster_distance(pair[0], pair[1], distance_agg)

    # 한 개 이상의 군집이 존재한다면...
    while len(clusters) > 1:
        # 가장 가까운 두 개의 군집을 찾아
        c1, c2 = min((((cluster1, cluster2)
                      for i, cluster1 in enumerate(clusters)
                      for cluster2 in clusters[:i]),
                     key=pair_distance)

        # 군집의 리스트에서 제거한다.
        clusters = [c for c in clusters if c != c1 and c != c2]

        # (order=남은 군집의 수)로 두 군집을 병합하고
        merged_cluster = Merged((c1, c2), order=len(clusters))

        # 병합된 군집을 추가
        clusters.append(merged_cluster)

    # 군집이 하나 밖에 남지 않은 경우 반환
    return clusters[0]
```

사용하는 방법은 아주 간단하다.

```
base_cluster = bottom_up_cluster(inputs)
```

다음과 같은 군집들을 생성한다.

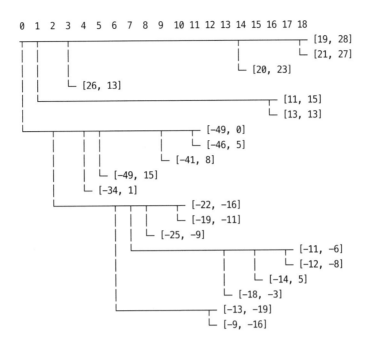

최상단에 있는 숫자들은 병합된 순서를 일컫는다. 20개의 입력값을 받았으므로, 거대한 군집 하나를 얻는 데 19번의 병합을 했다. 첫 번째 병합에서는 잎 [19, 28]과 잎 [21, 27]을 합쳐서 군집 18을 만들었다. 마지막 병합에서는 군집 0을 만들었다.

두 개의 군집만 원한다면 첫번째 분기('0')에서 6개 데이터 포인트가 있는 군집 하나와 나머지로 구성된 군집으로 나눌 것이다. 세 개의 군집을 원한다면 두 번째 분기('1')에서 한 번 더 나눠서, 첫 번째 군집이 ([19, 28], [21, 27], [20, 23], [26, 13])과 ([11, 15], [13, 13])으로 나뉘도록 할 것이다. 더 많은 군집을 원한다면 이 방식을 반복하면 된다.

하지만 보통 이렇게 텍스트로 지저분하게 나열된 것을 눈을 찡그리며 보고 싶지는 않을 것이다. 대신, 특정 개수의 군집을 원할 때 필요한 만큼 분해를 해서 군집을 반환해 주는 함수를 만들어 보자.

```python
def generate_clusters(base_cluster: Cluster,
                      num_clusters: int) -> List[Cluster]:
    # 주어진 군집이 들어 있는 리스트로 시작
    clusters = [base_cluster]

    # 군집의 개수가 충분하지 않은 동안
    while len(clusters) < num_clusters:
        # 가장 마지막으로 병합된 군집을 선택
```

```
            next_cluster = min(clusters, key=get_merge_order)
            # 목록에서 제거하고
            clusters = [c for c in clusters if c != next_cluster]

            # 자식 군집을 목록에 추가(즉, 병합을 풀어 줌)
            clusters.extend(get_children(next_cluster))

        # 군집의 개수가 충분하면 반환
        return clusters
```

예를 들어 세 개의 군집을 만들고 싶다면 다음과 같이 처리해서

```
three_clusters = [get_values(cluster)
                  for cluster in generate_clusters(base_cluster, 3)]
```

다음과 같이 쉽게 시각화할 수 있다.

```
for i, cluster, marker, color in zip([1, 2, 3],
                                     three_clusters,
                                     ['D','o','*'],
                                     ['r','g','b']):
    xs, ys = zip(*cluster)  # 마법 같은 unzip 기능
    plt.scatter(xs, ys, color=color, marker=marker)

    # 군집의 중심점에 숫자를 표기
    x, y = vector_mean(cluster)
    plt.plot(x, y, marker='$' + str(i) + '$', color='black')

plt.title("User Locations -- 3 Bottom-Up Clusters, Min")
plt.xlabel("blocks east of city center")
plt.ylabel("blocks north of city center")
plt.show()
```

이렇게 하면 k-means와는 꽤 다른 결과를 얻게 된다(그림 20-6).

앞서 언급했듯이 최소 거리를 이용한 계층 군집화는 일반적으로 체인 형태의 결과물을 반환하기 때문이다. 만일 최대 거리를 이용했다면 3-means와 비슷한 결과를 얻었을 것이다(그림 20-7).

 bottom_up_clustering은 아주 간단하지만, 어마어마하게 비효율적이다. 특히, 입력값으로 들어오는 모든 데이터 쌍의 거리를 매 단계마다 계산한다는 점이 굉장히 비효율적이다. 더 효과적인 구현체는 각 데이터 간의 거리를 미리 계산한 후, cluster_distance 안에서는 계산된 거리를 검색만 하는 방법이다. 훨씬 더 효과적인 구현체에서는 직전 단계에서 사용한 cluster_distance까지 기억할 것이다.

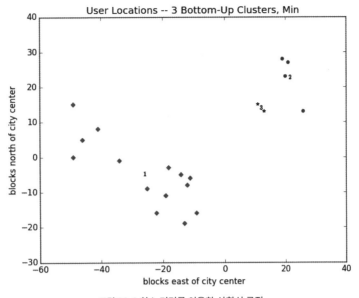

그림 20-6 최소 거리를 이용한 상향식 군집

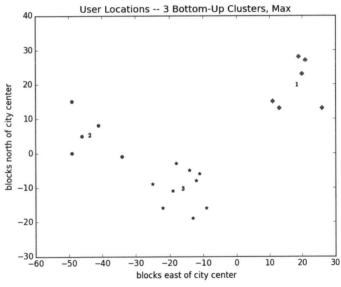

그림 20-7 최대 거리 상향식 군집화를 통해 구한 세 군집

20.7 더 공부해 보고 싶다면

- scikit-learn에는 KMeans, (우리와는 약간 다른 군집 결합 방식을 사용한) Ward 계층 군집화 알고리즘 등을 포함한 sklearn.cluster[2]라는 큰 군집화 관련 모듈이 있다.
- SciPy[3]에는 k-means를 하는 scipy.cluster.vq, 계층 군집화 알고리즘이 있는 scipy.cluster.hierarchy 등 두 개의 군집화 모델이 있다.

---

2 *http://scikit-learn.org/stable/modules/clustering.html*
3 *http://www.scipy.org/*

21장

D a t a   S c i e n c e   f r o m   S c r a t c h

자연어 처리

> 그들은 언어의 축제에서 찌꺼기를 훔쳐왔다.
> - 윌리엄 셰익스피어(William Shakespeare)

자연어 처리(natural language processing, NLP)는 언어에 대한 계산적 기술을 의미한다. 광범위한 영역이지만, 여기서는 그중 간단한 것과 복잡한 것 몇 가지만 살펴보자.

21.1 워드 클라우드

1장 '들어가기'에서 사용자들의 관심사와 관련된 단어의 수를 집계해 봤다. 단어와 그 개수를 시각화하는 한 가지 방법은 단어의 크기를 단어의 개수에 비례하도록 보여주는 워드 클라우드이다.

하지만 일반적으로 데이터 과학자들은 워드 클라우드를 선호하지 않는데, "이곳에 단어를 끼워 넣을 공간이 있네" 정도 말고는 단어의 위치가 어떠한 의미도 가지지 않기 때문이다.

어쩌다가 워드 클라우드를 만들어야만 하는 상황이 온다면 각 축에 어떻게 의미를 부여할 수 있을지 고민해 보자. 예를 들어 데이터 과학과 연관된 각 유행어에 0-100 사이의 숫자 두 개가 주어졌다고 해보자. 첫 번째 숫자는 채용공고에 등장한 유행어의 빈도를, 두 번째는 이력서에 등장한 빈도를 의미한다.

```
data = [ ("big data", 100, 15), ("Hadoop", 95, 25), ("Python", 75, 50),
         ("R", 50, 40), ("machine learning", 80, 20), ("statistics", 20, 60),
         ("data science", 60, 70), ("analytics", 90, 3),
```

```
("team player", 85, 85), ("dynamic", 2, 90), ("synergies", 70, 0),
("actionable insights", 40, 30), ("think out of the box", 45, 10),
("self-starter", 30, 50), ("customer focus", 65, 15),
("thought leadership", 35, 35)]
```

다음의 워드 클라우드는 단지 단어들을 멋있는 폰트로 한눈에 보기 쉽게 배치한 것이다(그림 21-1).

그림 21-1 유행어 워드 클라우드

이렇게 하면 멋있어 보이긴 하지만, 딱히 어떤 정보를 제공하지는 않는다. 만약 채용공고에 등장하는 빈도를 가로축으로, 이력서에 등장하는 빈도를 세로축으로 설정한다면, 조금 더 많은 정보를 제공할 수 있다(그림 21-2).

```python
from matplotlib import pyplot as plt

def text_size(total: int) -> float:
    """total이 0이면 8, total이 200이면 28을 반환."""
    return 8 + total / 200 * 20

for word, job_popularity, resume_popularity in data:
    plt.text(job_popularity, resume_popularity, word,
             ha='center', va='center',
             size=text_size(job_popularity + resume_popularity))
plt.xlabel("Popularity on Job Postings")
plt.ylabel("Popularity on Resumes")
plt.axis([0, 100, 0, 100])
plt.xticks([])
plt.yticks([])
plt.show()
```

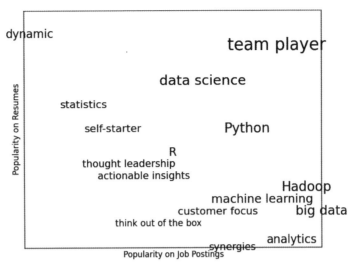

그림 21-2 (조금 덜 이쁘지만) 더 의미 있는 워드 클라우드

21.2 n-그램 언어모델

검색 엔진 마케팅 부사장은 데이터 과학에 관한 수천 개의 웹페이지를 만들어서 데이텀의 검색 엔진의 순위를 높이고 싶어 한다. (요즘 검색 엔진들이 너무 똑똑하기 때문에 이런 전략이 먹히지 않을 거라는 사실을 그녀에게 얘기해 주려고 했지만, 그녀가 좀처럼 들으려고 하지 않는다.)

그렇다고 그녀가 직접 웹페이지 수천 개를 만들거나 수많은 콘텐츠 전략가를 고용할 것은 아니다. 그녀는 프로그래밍으로 웹사이트를 대량으로 만들어 낼 방법이 없는지 궁금해하고 있다. 따라서 우리는 어떻게든 언어 모델을 만들 방법을 찾아야 한다.

한 가지 방법은 문서가 여러 개 있는 말뭉치(corpus, 코퍼스)를 구해서 언어에 대한 통계적 모델을 만드는 것이다. 여기서는 마이크 루키디스(Mike Loukides)의 에세이 *What Is Data Science?*[1]를 사용해 보자.

9장 '파이썬으로 데이터 수집하기'와 마찬가지로 requests와 BeautifulSoup 라이브러리를 사용해서 데이터를 수집하자. 이때 신경 쓰면 좋을 몇 가지 이슈가 있다.

첫째, 텍스트 안의 따옴표가 유니코드 문자 u"\u2019"이다. 이를 일반 아스키 따옴표로 바꾸는 함수를 만들자.

---

1 *http://oreil.ly/1Cd6ykN*

```
def fix_unicode(text: str) -> str:
    return text.replace(u"\u2019", "'")
```

마침표를 기준으로 웹페이지 안의 텍스트에서 문장들을 뽑아보자(마침표는 문장이 어디서 끝나는지를 알게 해주는 신호다). 이것은 re.findall을 이용하면 간단하게 구현할 수 있다.

```
import re
from bs4 import BeautifulSoup
import requests

url = "https://www.oreilly.com/ideas/what-is-data-science"
html = requests.get(url).text
soup = BeautifulSoup(html, 'html5lib')

content = soup.find("div", "article-body")    # article-body div를 찾아라.
regex = r"[\w']+|[\.]"                         # 단어 또는 마침표를 찾아라.

document = []

for paragraph in content("p"):
    words = re.findall(regex, fix_unicode(paragraph.text))
    document.extend(words)
```

물론 이보다 데이터를 더 깔끔하게 정제할 수도 있다. 장과 절의 제목을 제거하거나 'Web 2.0' 같은 문자열의 중간은 끊지 않는다든지, 이미지에 딸린 캡션이나 주석을 제거하는 방법 등이 있다. 하지만 이런 식의 전처리는 한도 끝도 없으니 이쯤에서 멈추도록 하자.

텍스트를 단어의 열로 만들었으니, 이제 다음과 같은 방법으로 언어를 모델링할 수 있다. 먼저, 시작 단어를 하나 준다. 여기서는 이 단어를 'book'이라고 해보자. 그리고 문서들을 주욱 훑으면서 'book'이라는 단어 다음에 등장하는 단어들이 무엇인지 확인한다. 이 중 하나를 임의로 선택해서 다음 단어가 되게 하고, 문장의 끝을 나타내는 마침표가 등장할 때까지 이 과정을 계속 반복한다. 주어진 문서의 바이그램(bigram, 2-gram) 빈도를 사용하기 때문에, 우리는 이러한 방식을 바이그램 모델(bigram model)이라고 부른다.

시작 단어는 어떻게 고를까? 마침표 다음에 등장하는 단어들 중에서 임의로 하나를 선택하는 방법이 있다. 자, 그렇다면 각 단어 뒤에 어떤 단어가 따라오는지 계산해보자. zip은 입력된 리스트 중 하나라도 처리가 끝나면 종료되기 때문에, zip(document, document[1:])을 사용하면 document에서 연속해서 나온 단어들을 딱 맞게 보여줄 것이다.

```
from collections import defaultdict

transitions = defaultdict(list)
for prev, current in zip(document, document[1:]):
    transitions[prev].append(current)
```

이제 문장을 생성할 준비가 되었다.

```
def generate_using_bigrams() -> str:
    current = "."    # 마침표의 다음 단어가 문장을 새로 시작할 것이다.
    result = []
    while True:
        next_word_candidates = transitions[current]    # (current, _) 바이그램
        current = random.choice(next_word_candidates)  # 하나를 랜덤으로 골라라.
        result.append(current)                         # results에 추가하라.
        if current == ".": return " ".join(result)     # "."가 나오면 종료하라.
```

이렇게 생성된 문장은 전혀 말이 되지 않지만, 웹사이트에서 데이터 과학의 느낌이 풍기기는 할 것이다. 예를 들어

If you may know which are you want to data sort the data feeds web friend someone on trending topics as the data in Hadoop is the data science requires a book demonstrates why visualizations are but we do massive correlations across many commercial disk drives in Python language and creates more tractable form making connections then use and uses it to solve a data.

— 바이그램 모델

세 개의 연속된 단어를 보는 **트라이그램**(trigram)을 사용하면 문장을 조금 더 그럴듯하게 만들 수 있다. (일반적으로는, n개의 연속된 단어를 고려하는 n-그램을 보겠지만, 여기서는 3개까지만 봐도 충분할 것이다.) 이제 다음 단어는 직전 두 개의 단어에 따라 바뀐다.

```
trigram_transitions = defaultdict(list)
starts = []

for prev, current, next in zip(document, document[1:], document[2:]):

    if prev == ".":                    # 직전 단어가 마침표라면
        starts.append(current)         # current는 시작 단어가 될 수 있다.

    trigram_transitions[(prev, current)].append(next)
```

이미 알아차렸겠지만, 이번에는 시작 단어를 따로 관리해야 한다. 문장 생성 자체는 비슷한 방식으로 할 수 있다.

```python
def generate_using_trigrams() -> str:
    current = random.choice(starts)    # 임의의 시작 단어를 정한 후
    prev = "."                         # 마침표를 앞에 덧붙인다.
    result = [current]
    while True:
        next_word_candidates = trigram_transitions[(prev, current)]
        next_word = random.choice(next_word_candidates)

        prev, current = current, next_word
        result.append(current)

        if current == ".":
            return " ".join(result)
```

이제 조금 더 그럴듯한 문장들이 생성된다.

> In hindsight MapReduce seems like an epidemic and if so does that give us new insights into how economies work That's not a question we could even have asked a few years there has been instrumented.
>
> — 트라이그램 모델

트라이그램에서 더 그럴듯한 문장들이 생성되는 이유는 다음 단어를 생성하는 각 단계에서 선택할 수 있는 단어의 수가 바이그램을 사용할 때보다 훨씬 적어지고, 많은 경우 딱 하나의 단어만 선택할 수밖에 없기 때문이다. 바꿔 말하면, 원문에 있었던 문장(또는 긴 문구)을 그대로 생성할 가능성도 높다. 데이터 과학 관련 에세이를 여러 개 모아서 더 많은 데이터로 n-그램을 계산하면 성능이 더욱 좋아질 것이다.

21.3 문법 규칙

문법에 맞는 문장을 생성할 수 있도록 문법 규칙을 사용해서 언어를 모델링할 수도 있다. 초등학교 때 각종 품사와 그들을 어떻게 조합하면 문장이 되는지 배운 기억이 있을 것이다. 만일 괜찮은 영어 선생님을 만나지 못했다면, 명사 (noun) 뒤에는 반드시 동사(verb)가 나온다고 배웠을 것이다. 그 규칙에 따라 문장을 생성할 수도 있지만, 여기서는 약간 더 복잡한 규칙을 만들어 보자.

```python
from typing import List, Dict

# 문법 규칙을 나타내는 타입 별칭
Grammar = Dict[str, List[str]]

grammar = {
    "_S"  : ["_NP _VP"],
    "_NP" : ["_N",
             "_A _NP _P _A _N"],
    "_VP" : ["_V",
             "_V _NP"],
    "_N"  : ["data science", "Python", "regression"],
    "_A"  : ["big", "linear", "logistic"],
    "_P"  : ["about", "near"],
    "_V"  : ["learns", "trains", "tests", "is"]
}
```

여기서 항목 앞에 밑줄이 있으면 더 확장할 수 있는 규칙(rule), 나머지를 종결어(terminal)라고 하자.

예를 들어 "_S"는 문장 규칙을 의미하며 "_NP"라는 명사구 규칙과 "_VP"라는 동사구 규칙을 생성한다.

동사구 규칙은 "_V"라는 동사 규칙을 생성하거나, 동사와 명사구로 이어지는 규칙을 생성할 수 있다.

"_NP" 규칙의 경우 자기 자신을 다시 생성할 수 있다는 것에 주목해 보자.

문법 규칙은 재귀적(recursive)일 수 있기 때문에, 이와 같은 유한 문법(finite grammars)이라도 무한히 많은 문장을 생성할 수 있다. 이 문법 규칙으로부터 문장을 어떻게 생성할까? 일단 문장 규칙 ["_S"]로부터 시작한다고 했을 때, 이를 대체할 수 있는 항목 중에서 임의로 한 가지를 선택하고, 모든 항목이 종결어일 때까지 이 과정을 반복한다.

예를 들어 다음과 같은 과정으로 문장이 생성될 수 있다.

```
['_S']
['_NP','_VP']
['_N','_VP']
['Python','_VP']
['Python','_V','_NP']
['Python','trains','_NP']
['Python','trains','_A','_NP','_P','_A','_N']
['Python','trains','logistic','_NP','_P','_A','_N']
['Python','trains','logistic','_N','_P','_A','_N']
['Python','trains','logistic','data science','_P','_A','_N']
['Python','trains','logistic','data science','about','_A', '_N']
```

```
['Python','trains','logistic','data science','about','logistic','_N']
['Python','trains','logistic','data science','about','logistic','Python']
```

이것을 실제 코드로 구현하려면 어떻게 해야 할까? 먼저, 종결어를 인식할 수 있는 함수를 만들어 보자.

```
def is_terminal(token: str) -> bool:
    return token[0] != "_"
```

다음으로 토큰 목록이 주어졌을 때 이를 문장으로 변환하는 함수를 만들자. 이 함수에서는 가장 먼저 등장하는 규칙 항목이 무엇인지를 찾는다. 규칙 항목을 찾을 수 없다면 모든 항목이 종결어로 구성되어 있다는 것을 의미하므로 함수를 종료하면 되고, 규칙 항목을 찾는다면 그것을 대체할 수 있는 여러 항목 중 하나를 임의로 선택한다. 이때 선택된 항목이 종결어, 즉 단어라면 기존 항목을 단순히 대체하기만 하면 된다. 한편 선택된 항목이 종결어가 아니라면, 공백으로 구분된 비종료 토큰들을 split한 후 현재 토큰의 목록에 삽입해야 한다. 어떤 경우든, 새로 얻게 된 토큰의 목록에 대해 동일한 과정을 반복한다.

이 과정을 종합하면 다음과 같다.

```
def expand(grammar: Grammar, tokens: List[str]) -> List[str]:
    for i, token in enumerate(tokens):
        # 종결어인 경우, 넘어가라.
        if is_terminal(token): continue

        # 종결어가 아닌 경우
        # 대체할 토큰을 임의로 정하라.
        replacement = random.choice(grammar[token])

        if is_terminal(replacement):
            tokens[i] = replacement
        else:
            # 대체된 구가 예를 들어 "_NP _VP"라면
            # 공백을 기준으로 나누고 splice해서 넣어라.
            tokens = tokens[:i] + replacement.split() + tokens[(i+1):]

        # 새로운 토큰 목록에 expand를 적용하라.
        return expand(grammar, tokens)

    # 여기까지 왔다면 리스트는 종결어만으로 구성되어 있고 프로세스는 종료된다.
    return tokens
```

이제 문장을 생성해 보자.

```
def generate_sentence(grammar: Grammar) -> List[str]:
    return expand(grammar, ["_S"])
```

회사에 필요한 웹페이지를 많이 만들 수 있도록 단어나 규칙, 또는 품사를 더 추가해서 문법 규칙을 바꿔 보자.

사실 문법 규칙은 역으로 이용하는 게 더 흥미롭다. 즉, 주어진 문장을 문법 기준으로 파싱(parsing)해서 명사와 동사 등을 인식한다면 문장을 더 잘 이해할 수 있다.

데이터 과학으로 문서를 생성하는 것도 꽤 멋지지만, 문서를 이해할 수 있는 것은 더욱 근사한 일이다. (21.9절 '더 공부해 보고 싶다면'에서 이를 위한 라이브러리의 목록을 확인할 수 있다.)

21.4 여담: 깁스 샘플링

몇몇 확률분포는 쉽게 표본(sample)을 생성할 수 있다. 예를 들어 균등분포의 확률변수(uniform random variable)는 다음과 같이 얻을 수 있고

```
random.random()
```

정규분포의 확률변수(normal random variables)는 다음과 같이 얻을 수 있다.

```
inverse_normal_cdf(random.random())
```

하지만 다른 일반적인 확률분포로부터 데이터를 샘플링하는 것은 간단하지 않다. 이런 경우 **깁스 샘플링**(Gibbs sampling)은 다차원 분포 안, 몇 개의 조건부 분포(conditional distribution)를 알고 있다는 가정하에 표본을 생성할 수 있게 해준다.

두 개의 주사위를 상상해 보자. x가 첫 번째 주사위의 눈의 값이고 y는 주사위 두 개의 눈의 합일 때, (x, y) 쌍을 여러 개 생성하려고 한다면 표본을 다음과 같이 직접 생성할 수 있다.

```
from typing import Tuple
import random

def roll_a_die() -> int:
    return random.choice([1, 2, 3, 4, 5, 6])

def direct_sample() -> Tuple[int, int]:
```

```
        d1 = roll_a_die()
        d2 = roll_a_die()
        return d1, d1 + d2
```

그렇다면 이제 조건부 확률만 안다고 가정해 보자. x가 주어졌을 때 y의 조건부 확률을 구하는 것도 쉽다. x 값을 안다면 y가 $x + 1, x + 2, x + 3, x + 4, x + 5$, 또는 $x + 6$일 확률은 전부 같다.

```
def random_y_given_x(x: int) -> int:
    """x + 1, x + 2, ... , x + 6일 확률은 전부 동일하다."""
    return x + roll_a_die()
```

하지만 반대의 경우는 조금 더 복잡하다. 예를 들어 y가 2라는 것을 안다면 x는 반드시 1이다(두 주사위 눈의 합이 2가 되는 방법은 두 주사위의 눈이 모두 1일 때 뿐이다). y가 3이라면 x는 동일한 확률로 1 또는 2이다. 같은 방법으로 y가 11이라면 x는 5 또는 6이어야 한다.

```
def random_x_given_y(y: int) -> int:
    if y <= 7:
        # 총합이 7 이하라면 첫 번째 주사위의 눈은 같은 확률로
        # 1, 2, ..., (총합 −1)이다.
        return random.randrange(1, y)
    else:
        # 총합이 7 이상이라면 첫 번째 주사위의 눈은 같은 확률로
        # (총합 − 6), (총합 − 5), ..., 6이다.
        return random.randrange(y - 6, 7)
```

깁스 샘플링은 일단 (유효한) x, y 값으로 시작해서, y에 대한 조건부 확률로 x를 생성하고, x에 대한 조건부 확률로 y를 생성하는 방식으로 동작한다. 이렇게 여러 번 반복하면 x, y는 결합확률분포를 따르는 표본이 된다.

```
def gibbs_sample(num_iters: int = 100) -> Tuple[int, int]:
    x, y = 1, 2 # 초깃값은 별로 상관없다.
    for _ in range(num_iters):
        x = random_x_given_y(y)
        y = random_y_given_x(x)
    return x, y
```

이 값들을 원래 분포에서 직접 샘플링한 것과 비교해 보면 유사한 결과가 나오는 것을 확인할 수 있다.

```
def compare_distributions(num_samples: int = 1000) -> Dict[int, List[int]]:
    counts = defaultdict(lambda: [0, 0])
```

```
for _ in range(num_samples):
    counts[gibbs_sample()][0] += 1
    counts[direct_sample()][1] += 1
return counts
```

다음 절에서 이 기술을 바로 사용해 보자.

21.5 토픽 모델링

1장 '들어가기'에서 사람들의 관심사 일치에 따라 친구를 추천해 주는 시스템을 만들었다.

사용자들의 관심사를 이해할 수 있는 더 정교한 방법은 관심사의 기반이 되는 주제, 또는 토픽(topic)을 파악하는 것이다. LDA(latent Dirichlet allocation)라 불리는 방법은 문서들의 꾸러미인 말뭉치에서 공통된 토픽을 뽑아내는 데 사용된다. 여기서는 '사용자들의 관심사' 말뭉치에 LDA를 적용해 보자.

LDA는 말뭉치에 대한 확률모델을 만든다는 점에서 13장 '나이브 베이즈'에서 살펴본 나이브 베이즈 분류기와 공통점이 있다. 수식은 건너뛰더라도 모델이 다음의 가정들을 가진다는 것은 염두에 두자.

- 토픽의 수는 K개로 고정되어 있다.
- 각 토픽과 단어의 확률분포를 연관 짓는 확률변수가 있다. 특정 토픽 k가 주어졌을 때 단어 w를 볼 확률이라고 생각하면 된다.
- 각 문서와 토픽의 확률분포를 연관 짓는 확률변수도 있다. 특정 문서 d가 주어졌을 때 토픽 k를 볼 확률이라고 생각하면 된다.
- 문서 안의 각 단어는 문서의 토픽 분포로부터 먼저 임의의 토픽이 선택된 뒤, 토픽의 단어 분포로부터 생성되었다고 가정한다.

먼저, 문서의 집합 documents가 있고, 각 문서는 단어의 목록으로 구성되어 있다고 하자. 그리고 document_topics는 각 문서의 각 단어에 0부터 K-1 사이의 숫자로 된 토픽들을 할당한다.

이에 따르면 4번째 문서의 5번째 단어는 다음과 같으며

```
documents[3][4]
```

그 단어를 생성한 토픽은 다음과 같다.

```
document_topics[3][4]
```

이는 각 문서의 토픽 분포를 명시적으로 나타냄과 동시에, 각 토픽의 단어 분포를 암시적으로 나타내 준다.

토픽 1이 특정 단어를 생성하는 횟수와 임의의 단어를 생성하는 횟수를 비교하면, 토픽 1이 특정 단어를 생성할 가능도를 계산할 수 있다. (13장 '나이브 베이즈'에서 스팸 필터를 만들 때도 각 단어가 스팸 메일에 등장하는 횟수와 스팸 메일에 등장하는 전체 단어의 수를 비교했다.)

여기서 토픽을 단순히 숫자로 표기했지만, 각 토픽에서 큰 영향을 끼치는 단어들을 보고 각 토픽에 의미 있는 이름을 부여할 수도 있다. 이제 어떻게든 document_topics를 생성하기만 하면 되는데, 이런 경우 깁스 샘플링이 유용하게 쓰인다.

먼저 모든 문서의 모든 단어에 임의의 토픽을 부여하는 것으로 시작한다. 그리고 각 문서의 단어를 하나씩 살펴보며, 현재의 문서-토픽 분포와 토픽-단어 분포에 따라 각 토픽에 가중치를 할당한다. 그 다음에는 그 가중치를 사용해서 해당 단어에 알맞은 새로운 토픽을 할당한다. 이 과정을 여러 번 반복하면 문서-토픽 분포와 토픽-단어 분포의 결합확률분포로부터 나오는 표본을 얻게 된다.

이를 구현하기 위해 일단 주어진 가중치의 집합에서 임의의 인덱스를 뽑는 함수가 필요하다.

```python
def sample_from(weights: List[float]) -> int:
    """i를 weights[i] / sum(weights)의 확률로 반환"""
    total = sum(weights)
    rnd = total * random.random()      # 0과 total 사이에서 균일하게 선택
    for i, w in enumerate(weights):
        rnd -= w                        # 아래의 식을 만족하는 가장 작은 i를 반환
        if rnd <= 0: return i           # weights[0] + ... + weights[i] >= rnd
```

예를 들어 가중치가 [1, 1, 3]이라면 1/5의 확률로 0, 1/5의 확률로 1, 3/5의 확률로 2를 반환하게 된다. 테스트 케이스를 작성해 보자.

```python
from collections import Counter

# 1000번 뽑아서 수를 세라.
draws = Counter(sample_from([0.1, 0.1, 0.8]) for _ in range(1000))
assert 10 < draws[0] < 190     # 대충 만든 테스트이기 때문에 대략 ~10% 일 것이다.
assert 10 < draws[1] < 190     # 대충 만든 테스트이기 때문에 대략 ~10% 일 것이다.
assert 650 < draws[2] < 950    # 대충 만든 테스트이기 때문에 대략 ~80% 일 것이다.
assert draws[0] + draws[1] + draws[2] == 1000
```

문서가 다음과 같이 사용자의 관심사를 나타낼 때

```
documents = [
    ["Hadoop", "Big Data", "HBase", "Java", "Spark", "Storm", "Cassandra"],
    ["NoSQL", "MongoDB", "Cassandra", "HBase", "Postgres"],
    ["Python", "scikit-learn", "scipy", "numpy", "statsmodels", "pandas"],
    ["R", "Python", "statistics", "regression", "probability"],
    ["machine learning", "regression", "decision trees", "libsvm"],
    ["Python", "R", "Java", "C++", "Haskell", "programming languages"],
    ["statistics", "probability", "mathematics", "theory"],
    ["machine learning", "scikit-learn", "Mahout", "neural networks"],
    ["neural networks", "deep learning", "Big Data", "artificial intelligence"],
    ["Hadoop", "Java", "MapReduce", "Big Data"],
    ["statistics", "R", "statsmodels"],
    ["C++", "deep learning", "artificial intelligence", "probability"],
    ["pandas", "R", "Python"],
    ["databases", "HBase", "Postgres", "MySQL", "MongoDB"],
    ["libsvm", "regression", "support vector machines"]
]
```

다음과 같이

```
K = 4
```

개의 토픽을 찾으려고 해보자. 샘플링 가중치를 계산하기 위해서는 몇 가지 숫자를 계산해야 한다. 숫자를 실제로 세기 이전에 숫자를 담을 자료 구조를 만들어 보자.

- 각 토픽이 각 문서에 할당되는 횟수

  ```
  # 각 문서에 대한 Counter를 리스트로 나타낸다.
  document_topic_counts = [Counter() for _ in documents]
  ```

- 각 단어가 각 토픽에 할당되는 횟수

  ```
  # 각 토픽에 해당되는 Counter를 리스트로 나타낸다.
  topic_word_counts = [Counter() for _ in range(K)]
  ```

- 각 토픽에 할당된 총 단어 수

  ```
  # 각 토픽에 대한 숫자를 리스트로 나타낸다.
  topic_counts = [0 for _ in range(K)]
  ```

- 각 문서에 포함된 총 단어 수

  ```
  # 각 문서에 대한 숫자를 리스트로 나타낸다.
  document_lengths = [len(document) for document in documents]
  ```

- 총 단어의 종류

```
distinct_words = set(word for document in documents for word in document)
W = len(distinct_words)
```

- 총 문서의 수

```
D = len(documents)
```

이들을 계산하고 나면, 예를 들어 documents[3] 문서 중에서 토픽 1과 관련 있는 단어의 수를 구할 수 있게 된다.

```
document_topic_counts[3][1]
```

'nlp'라는 단어가 토픽 2와 연관 지어서 나오는 횟수는 다음과 같다.

```
topic_word_counts[2]["nlp"]
```

이제 조건부 확률분포들을 정의할 준비가 다 되었다. 13장 '나이브 베이즈'와 마찬가지로, 각 토픽이 모든 문서에 대해 0 이상의 확률을 가질 수 있도록 스무딩(smoothing)도 할 것이다.

```
def p_topic_given_document(topic: int, d: int, alpha: float = 0.1) -> float:
    """
    문서 d의 모든 단어 중에서 topic에 속하는
    단어의 비율 (+ smoothing)
    """
    return ((document_topic_counts[d][topic] + alpha) /
            (document_lengths[d] + K * alpha))

def p_word_given_topic(word: str, topic: int, beta: float = 0.1) -> float:
    """
    topic에 속한 단어 중에서
    word의 비율 (+ smoothing)
    """
    return ((topic_word_counts[topic][word] + beta) /
            (topic_counts[topic] + W * beta))
```

이 함수들은 토픽을 업데이트하기 위한 가중치 생성에 사용된다.

```
def topic_weight(d: int, word: str, k: int) -> float:
    """
    문서와 문서의 단어가 주어진 경우
    k번째 토픽의 가중치를 반환
    """
```

```
        return p_word_given_topic(word, k) * p_topic_given_document(k, d)

def choose_new_topic(d: int, word: str) -> int:
    return sample_from([topic_weight(d, word, k)
                        for k in range(K)])
```

topic_weight가 위와 같은 형태를 띄는 데는 분명한 수학적인 이유가 있지만, 거기까지 들어가면 너무 복잡하니 이 정도 선에서 넘어가자. 단, 토픽의 가능도는 문서와 단어가 모두 주어졌을 때, 문서-토픽 분포와 토픽-단어 분포의 영향을 받는다는 것을 기억해 두면 좋다. 이것으로 거의 모든 준비 과정은 끝났다.

이제 각 단어를 임의의 토픽에 배정하고 필요한 값들을 뽑아보자.

```
random.seed(0)
document_topics = [[random.randrange(K) for word in document]
                   for document in documents]

for d in range(D):
    for word, topic in zip(documents[d], document_topics[d]):
        document_topic_counts[d][topic] += 1
        topic_word_counts[topic][word] += 1
        topic_counts[topic] += 1
```

우리의 목표는 문서-토픽, 토픽-단어의 결합확률분포로부터 표본을 얻는 것이므로, 조건부 확률분포를 이용해서 앞서 살펴본 깁스 샘플링을 실행하면 된다.

```
import tqdm

for iter in tqdm.trange(1000):
    for d in range(D):
        for i, (word, topic) in enumerate(zip(documents[d],
                                              document_topics[d])):

            # 가중치에 영향을 주지 않도록
            # word와 topic을 count에서 제거한다.
            document_topic_counts[d][topic] -= 1
            topic_word_counts[topic][word] -= 1
            topic_counts[topic] -= 1
            document_lengths[d] -= 1

            # 가중치를 기준으로 새 토픽을 고른다.
            new_topic = choose_new_topic(d, word)
            document_topics[d][i] = new_topic

            # count에 다시 추가한다.
            document_topic_counts[d][new_topic] += 1
            topic_word_counts[new_topic][word] += 1
```

```
        topic_counts[new_topic] += 1
        document_lengths[d] += 1
```

각 토픽은 어떤 의미를 가지는가? 아직까지는 그저 0, 1, 2, 3이라는 숫자에 불과한데, 이름을 붙이고 싶으면 우리가 직접 해야 한다. 이를 위해 각 토픽에서 가장 빈도가 높은 단어가 무엇인지 살펴보자(표 21-1).

```
for k, word_counts in enumerate(topic_word_counts):
    for word, count in word_counts.most_common():
        if count > 0:
            print(k, word, count)
```

토픽 0	토픽 1	토픽 2	토픽 3
Java	R	HBase	regression
Big Data	statistics	Postgres	libsvm
Hadoop	Python	MongoDB	scikit-learn
deep learning	probability	Cassandra	machine learning
artificial intelligence	pandas	NoSQL	neural networks

표 21-1 토픽별로 가장 빈도가 높은 단어

이를 기반으로 각 토픽의 이름을 다음과 같이 정할 수 있을 것 같다.

```
topic_names = ["Big Data and programming languages",
               "Python and statistics",
               "databases",
               "machine learning"]
```

또한 다음과 같은 방식으로 각 사용자의 관심사가 무엇인지 알아볼 수도 있다.

```
for document, topic_counts in zip(documents, document_topic_counts):
    print(document)
    for topic, count in topic_counts.most_common():
        if count > 0:
            print(topic_names[topic], count)
    print()
```

그러면 다음과 같은 결과가 나올 것이다.

```
['Hadoop', 'Big Data', 'HBase', 'Java', 'Spark', 'Storm', 'Cassandra']
Big Data and programming languages 4 databases 3
['NoSQL', 'MongoDB', 'Cassandra', 'HBase', 'Postgres']
databases 5
```

```
['Python', 'scikit-learn', 'scipy', 'numpy', 'statsmodels', 'pandas']
Python and statistics 5 machine learning 1
```

토픽의 이름에 'and'를 사용했다는 것은 토픽의 수를 늘려야 한다는 것을 의미하지만 어차피 제대로 학습하기에는 데이터가 부족해 보인다.

21.6 단어 벡터

최근 많은 자연어 처리 기법들은 딥러닝을 사용하여 발전하고 있다. 이번 장의 남은 부분에서는 19장 '딥러닝'에서 구현한 코드를 사용해서 몇 가지 최신 자연어 처리 기법을 살펴볼 것이다.

그중 단어를 저차원의 벡터로 표현하는 기법은 굉장히 중요하다. 단어 벡터 간 비교를 하거나 더하는 것이 가능해지며, 기계학습 모델의 입력값으로 사용하는 등 다양하게 활용할 수 있다. 그리고 비슷한 단어를 비슷한 벡터로 표현한다는 유용한 성질을 지니고 있다. 예를 들어 'big'의 단어 벡터와 'large'의 단어 벡터는 인접할 것이다. 즉, 단어 벡터를 사용하는 모델에서는 (어느 정도) 동의어를 저절로 처리할 수 있다는 것을 의미한다.

많은 경우, 단어 벡터는 신기한 산술적 성질도 지니고 있다. 예를 들어 'king'이라는 단어 벡터에서 'man'의 단어 벡터를 빼수고 'woman'의 단어 벡터를 더하면 'queen'의 단어 벡터와 굉장히 비슷한 벡터를 얻을 수 있다. 비록 여기서는 다루지 않겠지만 단어 벡터가 정확히 무엇을 학습하는지 고민해 보는 것도 의미가 있을 것이다.

수많은 단어를 벡터로 직접 표현하는 것은 어려운 일이기 때문에 보통 말뭉치를 사용하여 단어 벡터를 학습한다. 여러 학습 방법이 존재하지만, 대부분의 경우 다음과 같은 과정으로 요약할 수 있다.

1. 많은 양의 문서를 모은다.
2. 한 단어 주변의 단어들로 가운데의 단어를 예측하는 것을 목적으로 하는 데이터셋을 생성한다. (반대로, 가운데의 단어로 주변의 단어들을 예측할 수도 있다.)
3. 이런 목적을 잘 수행할 수 있는 신경망을 학습시킨다.
4. 학습된 신경망의 내부를 단어 벡터로 사용한다.

한 단어 주변의 단어들을 기준으로 중간 단어를 예측을 하기 때문에, 문맥이 비슷한 단어끼리는 신경망 상태값과 생성되는 단어 벡터가 유사할 것이다.

여기서는 코사인 유사도(cosine similarity)로 벡터 간 '유사도'를 측정해 보자. 코사인 유사도는 -1부터 1 사이의 값이며, 두 벡터가 얼마나 비슷한 방향을 가리키는지를 의미한다.

```
from scratch.linear_algebra import dot, Vector
import math

def cosine_similarity(v1: Vector, v2: Vector) -> float:
    return dot(v1, v2) / math.sqrt(dot(v1, v1) * dot(v2, v2))

assert cosine_similarity([1., 1, 1], [2., 2, 2]) == 1, "same direction"
assert cosine_similarity([-1., -1], [2., 2]) == -1,    "opposite direction"
assert cosine_similarity([1., 0], [0., 1]) == 0,         "orthogonal"
```

코사인 유사도가 어떻게 동작하는지 보기 위해 먼저 단어 벡터를 학습시켜 보자.

보통 단어 벡터는 수백만 개 혹은 수십억 개의 단어에서 학습되어 생성되지만 여기서는 작은 연습용 데이터셋을 사용할 것이다. 우리가 작성할 연습용 코드에서는 그 정도로 많은 데이터를 처리할 수 없기 때문에, 어느 정도 정해진 구조가 있는 연습용 데이터셋을 만드는 게 좋다.

```
colors = ["red", "green", "blue", "yellow", "black", ""]
nouns = ["bed", "car", "boat", "cat"]
verbs = ["is", "was", "seems"]
adverbs = ["very", "quite", "extremely", ""]
adjectives = ["slow", "fast", "soft", "hard"]

def make_sentence() -> str:
    return " ".join([
        "The",
        random.choice(colors),
        random.choice(nouns),
        random.choice(verbs),
        random.choice(adverbs),
        random.choice(adjectives),
        "."
    ])

NUM_SENTENCES = 50

random.seed(0)
sentences = [make_sentence() for _ in range(NUM_SENTENCES)]
```

앞의 코드로 'The green boat seems quite slow'와 같이 비슷한 구조를 지니지만 다른 단어를 사용하는 문장을 많이 생성할 수 있다. 예를 들어 색(colors)끼리 비슷한 문맥에서 발생할 것이고, 명사들(nouns)끼리 유사한 문맥에서 발생할 것이다. 즉, 단어 벡터가 잘 생성된다면 색을 의미하는 단어들은 유사한 단어 벡터들로 표현될 것이다.

 실제로는 '충분한' 문맥을 제공하는 수백만 개의 문장으로 구성된 말뭉치를 사용해야 할 것이다. 우리의 예시는 불과 50개의 문장에 불과하므로, 구조를 인공적으로 만들어야 한다.

앞서 언급한 바와 같이 우리는 각 단어를 ID로 변환, 즉 one-hot-encoding 방식으로 표현하고 싶을 것이다. 이런 표현 방식을 저장하기 위해 Vocabulary 클래스를 새로 만들자.

```
from scratch.deep_learning import Tensor

class Vocabulary:
    def __init__(self, words: List[str] = None) -> None:
        self.w2i: Dict[str, int] = {}  # word -> word_id 맵
        self.i2w: Dict[int, str] = {}  # word_id -> word 맵
        for word in (words or []):      # words가 주어진 경우
            self.add(word)              # 추가하자.

    @property
    def size(self) -> int:
        """사전에 단어가 몇 개 있는가"""
        return len(self.w2i)

    def add(self, word: str) -> None:
        if word not in self.w2i:         # 처음 본 단어라면
            word_id = len(self.w2i)      # 다음 id를 찾아서
            self.w2i[word] = word_id     # word -> word_id 맵에 추가하고
            self.i2w[word_id] = word     # word_id -> word 맵에도 추가하자.

    def get_id(self, word: str) -> int:
        """word가 주어졌을 때 id(또는 None)를 반환"""
        return self.w2i.get(word)

    def get_word(self, word_id: int) -> str:
        """id가 주어졌을 때 word(또는 None)를 반환"""
        return self.i2w.get(word_id)

    def one_hot_encode(self, word: str) -> Tensor:
        word_id = self.get_id(word)
        assert word_id is not None, f"unknown word {word}"
        return [1.0 if i == word_id else 0.0 for i in range(self.size)]
```

앞의 작업들을 일일이 수작업으로 할 수도 있지만, 클래스에서 처리하면 편할 것이다. 테스트 케이스도 작성해 보자.

```
vocab = Vocabulary(["a", "b", "c"])
assert vocab.size == 3,                 "there are 3 words in the vocab"
assert vocab.get_id("b") == 1,          "b should have word_id 1"
assert vocab.one_hot_encode("b") == [0, 1, 0]
assert vocab.get_id("z") is None,       "z is not in the vocab"
assert vocab.get_word(2) == "c",        "word_id 2 should be c"
vocab.add("z")
assert vocab.size == 4,                 "now there are 4 words in the vocab"
assert vocab.get_id("z") == 3,          "now z should have id 3"
assert vocab.one_hot_encode("z") == [0, 0, 0, 1]
```

딥러닝 모델에서 했던 것과 같이, 사전을 저장하고 불러오는 함수를 작성하면 좋을 것이다.

```
import json

def save_vocab(vocab: Vocabulary, filename: str) -> None:
    with open(filename, 'w') as f:
        json.dump(vocab.w2i, f)          # w2i만 저장하면 된다.

def load_vocab(filename: str) -> Vocabulary:
    vocab = Vocabulary()
    with open(filename) as f:
        # w2i를 불러와서 i2w를 생성
        vocab.w2i = json.load(f)
        vocab.i2w = {id: word for word, id in vocab.w2i.items()}
    return vocab
```

특정 단어를 입력받았을 때 주변 단어에 대한 확률을 반환하는 스킵그램(skip-gram)이라는 단어 벡터 모델을 사용해 보자. 단어와 주변부 단어의 쌍을 입력해서 SoftmaxCrossEntropy 손실 함수를 최소화하면 된다.

 CBOW(continuous bag-of-words)라는 또 다른 단어 모델은 주변 단어를 입력 받아 원래의 단어를 예측한다.

이제 신경망을 설계해 보자. 일단 **임베딩**(embedding) 층에서는 입력 받은 단어 ID를 단어 벡터로 반환해야 하는데, 실제 구현에서는 간단한 룩업 테이블(lookup table)을 사용하면 된다.

다음으로는 단어 벡터를 사전에 있는 단어 수만큼의 output을 갖는 선형(Linear)

층에 입력하고, 이전과 동일하게 소프트맥스(softmax)를 이용해서 주변 단어에 대한 확률로 변환한다. 경사 하강법을 사용해서 모델을 학습하다 보면 룩업 테이블에 있는 벡터들이 업데이트되고, 학습이 끝나면 이 룩업 테이블에 있는 값들이 곧 단어 벡터가 된다.

이제 임베딩 층을 만들어 보자. 실전에서는 단어 외의 다른 것들도 임베딩하고 싶을 수 있으므로, 조금 더 일반화된 Embedding 클래스로 구현해 보자. (그리고 나서 단어 벡터를 생성하기 위한 TextEmbedding라는 서브클래스를 만들 것이다.)

임베딩을 생성할 수 있도록 생성자에는 임베딩 벡터의 수와 차원 수가 명시될 것이고, 벡터의 초깃값으로 정규분포를 따르는 임의의 숫자가 채울 것이다.

```python
from typing import Iterable
from scratch.deep_learning import Layer, Tensor, random_tensor, zeros_like

class Embedding(Layer):
    def __init__(self, num_embeddings: int, embedding_dim: int) -> None:
        self.num_embeddings = num_embeddings
        self.embedding_dim = embedding_dim

        # 임베딩을 하려는 embedding_dim 차원의 벡터 한 개
        self.embeddings = random_tensor(num_embeddings, embedding_dim)
        self.grad = zeros_like(self.embeddings)

        # 마지막 input id를 저장
        self.last_input_id = None
```

이 모델에서는 단어를 하나씩만 임베딩한다. 앞서 언급한 CBOW 모델과 같은 경우, 단어의 열을 입력 받아 단어 벡터의 열을 반환하기도 하기 때문에, 단어 ID의 열을 입력 받도록 설계할 수 있다. 하지만 여기서는 문제를 간단히 풀기 위해 한 번에 단어 한 개씩 임베딩하도록 하자.

```python
    def forward(self, input_id: int) -> Tensor:
        """input_id에 해당되는 임베딩 벡터를 선택한다."""
        self.input_id = input_id       # 역전파에서 사용할 수 있게 값을 저장
        return self.embeddings[input_id]
```

역방향 계산의 경우, 해당 임베딩 벡터의 그래디언트만 계산할 것이다. 즉, 해당 벡터 외에는 모두 0인 self.embeddings의 그래디언트를 계산할 수 있어야 한다.

```python
    def backward(self, gradient: Tensor) -> None:
        # 직전 input의 그래디언트를 비우자.
        # 이게 매번 새로운 0 텐서를 생성하는 것보다 효율적이다.
```

```
        if self.last_input_id is not None:
            zero_row = [0 for _ in range(self.embedding_dim)]
            self.grad[self.last_input_id] = zero_row

        self.last_input_id = self.input_id
        self.grad[self.input_id] = gradient
```

기존 params와 grads 메서드를 오버라이딩해야 한다.

```
    def params(self) -> Iterable[Tensor]:
        return [self.embeddings]

    def grads(self) -> Iterable[Tensor]:
        return [self.grad]
```

앞서 말했듯, 단어 벡터를 생성하기 위한 전용 서브클래스를 만들 것이다. 이 경우, 임베딩 벡터의 개수는 사전의 크기에 따라 달라지므로, 아예 vocab을 입력으로 받자.

```
class TextEmbedding(Embedding):
    def __init__(self, vocab: Vocabulary, embedding_dim: int) -> None:
        # superclass의 생성자 호출
        super().__init__(vocab.size, embedding_dim)

        # 사전은 유지
        self.vocab = vocab
```

기본적으로 제공되는 메서드들을 그대로 사용하기보다는 텍스트 처리를 위한 몇 가지 메서드를 추가하는 것이 편할 것이다. 예를 들어 특정 단어에 대한 벡터를 반환받고 싶은 경우가 있을 수 있다. (이것은 Layer 인터페이스의 일부가 아니지만, 언제든 특정 층에 메서드를 추가할 수 있다.)

```
    def __getitem__(self, word: str) -> Tensor:
        word_id = self.vocab.get_id(word)
        if word_id is not None:
            return self.embeddings[word_id]
        else:
            return None
```

이 dunder 메서드는 인덱싱 없이도 단어 벡터를 검색할 수 있게 해준다.

```
word_vector = embedding["black"]
```

또 임베딩 층을 이용해, 주어진 단어와 가장 가까운 단어가 뭔지 알 수 있다.

```
    def closest(self, word: str, n: int = 5) -> List[Tuple[float, str]]:
        """코사인 유사도를 기반으로 가장 가까운 n개의 단어를 반환한다."""
        vector = self[word]

        # (유사도, other_word) 쌍을 계산하고 가장 유사한 순으로 정렬
        scores = [(cosine_similarity(vector, self.embeddings[i]), other_word)
                  for other_word, i in self.vocab.w2i.items()]
        scores.sort(reverse=True)

        return scores[:n]
```

임베딩 층에서는 벡터를 반환하기만 한다. 이 벡터를 Linear 층에 입력할 수도 있다.

이제 학습 데이터를 준비할 때가 됐다. 각 입력 단어별로 해당 단어의 왼쪽에 있는 단어 2개와 오른쪽에 있는 단어 2개를 출력되는 단어로 선택할 것이다.

먼저 문장들을 소문자로 변환하고 단어로 나눠주는 함수로 시작해서

```
import re

# 훌륭한 regex는 아니지만 이 데이터에서는 적당히 동작한다.
tokenized_sentences = [re.findall("[a-z]+|[.]", sentence.lower())
                       for sentence in sentences]
```

사전을 구축하고

```
# 텍스트에 기반한 사전 구축(word -> word_id)
vocab = Vocabulary(word
                   for sentence_words in tokenized_sentences
                   for word in sentence_words)
```

학습 데이터를 만들자.

```
from scratch.deep_learning import Tensor, one_hot_encode

inputs: List[int] = []
targets: List[Tensor] = []

for sentence in tokenized_sentences:
    for i, word in enumerate(sentence):          # 각 단어에 대해
        for j in [i - 2, i - 1, i + 1, i + 2]:   # 주변 단어들을 선택
            if 0 <= j < len(sentence):            # 문장 안의 단어인지 확인
                nearby_word = sentence[j]         # 주변 단어들을 가져온다.

                # 입력 단어의 word_id를 추가한다.
                inputs.append(vocab.get_id(word))
```

```
        # one-hot-encoding된 출력 단어를 추가한다.
        targets.append(vocab.one_hot_encode(nearby_word))
```

이제 모델은 아주 손쉽게 만들 수 있다.

```
from scratch.deep_learning import Sequential, Linear

random.seed(0)
EMBEDDING_DIM = 5  # 이 정도면 충분할 것 같다.

# 임베딩 층을 나중에 쓸 수 있게 따로 정의한다.
embedding = TextEmbedding(vocab=vocab, embedding_dim=EMBEDDING_DIM)

model = Sequential([
    # 주어진 (word_ids 벡터로 표현된) 단어의 임베딩 벡터를 반환
    embedding,
    # 선형층으로 주변 단어를 선별하기 위한 점수를 계산
    Linear(input_dim=EMBEDDING_DIM, output_dim=vocab.size)
])
```

19장 '딥러닝'에서 배운 방법론들을 사용하면 모델을 쉽게 학습할 수 있다.

```
from scratch.deep_learning import SoftmaxCrossEntropy, Momentum, GradientDescent

loss = SoftmaxCrossEntropy()
optimizer = GradientDescent(learning_rate=0.01)

for epoch in range(100):
    epoch_loss = 0.0
    for input, target in zip(inputs, targets):
        predicted = model.forward(input)
        epoch_loss += loss.loss(predicted, target)
        gradient = loss.gradient(predicted, target)
        model.backward(gradient)
        optimizer.step(model)
    print(epoch, epoch_loss)            # 손실을 출력하고
    print(embedding.closest("black"))   # 몇 개의 가까운 단어를 출력해서
    print(embedding.closest("slow"))    # 무엇이 학습되고 있는지
    print(embedding.closest("car"))     # 볼 수 있게 한다.
```

이 모델이 학습되는 것을 보다 보면, 색을 나타내는 단어들이 서로 가까워지고, 형용사들이 서로 가까워지고, 명사들이 서로 가까워지는 것을 관찰할 수 있을 것이다.

　모델이 학습되고 나면, 가장 비슷한 단어들이 무엇인지 관찰할 수 있다.

```
pairs = [(cosine_similarity(embedding[w1], embedding[w2]), w1, w2)
         for w1 in vocab.w2i
```

```
        for w2 in vocab.w2i
            if w1 < w2]
pairs.sort(reverse=True)
print(pairs[:5])
```

우리는 다음과 같은 결과가 나왔다.

```
[(0.9980283554864815, 'boat', 'car'),
 (0.9975147744587706, 'bed', 'cat'),
 (0.9953153441218054, 'seems', 'was'),
 (0.9927107440377975, 'extremely', 'quite'),
 (0.9836183658415987, 'bed', 'car')]
```

(bed와 cat은 실제로는 아주 유사하지 않지만, 우리의 학습 데이터에서는 그렇고, 모델은 그러한 특성을 반영하고 있다.)

가장 주요한 두 개의 주성분(principal components)을 뽑아서 그림을 그려볼 수도 있다.

```
from scratch.working_with_data import pca, transform
import matplotlib.pyplot as plt

# 가장 주요한 두 개의 주성분을 찾아 단어 벡터들을 변환하라.
components = pca(embedding.embeddings, 2)
transformed = transform(embedding.embeddings, components)

# 점들을 흩뿌린다(점들을 하얗게 만들어서 "보이지 않게" 한다).
fig, ax = plt.subplots()
ax.scatter(*zip(*transformed), marker='.', color='w')

# 각 단어를 알맞은 위치에 표시한다.
for word, idx in vocab.w2i.items():
    ax.annotate(word, transformed[idx])

# 축을 숨긴다.
ax.get_xaxis().set_visible(False)
ax.get_yaxis().set_visible(False)
plt.show()
```

이를 보면 유사한 단어들끼리 뭉쳐있는 것을 확연히 볼 수 있다(그림 21-3).

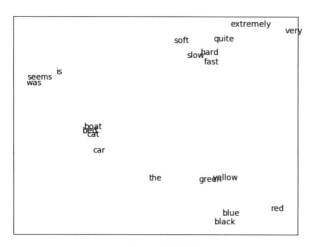

그림 21-3 단어 벡터

만약 좀 더 관심을 가지고 있다면, CBOW 단어 벡터를 학습하는 것도 어렵지 않게 할 수 있다. 일단, ID의 열을 입력 받고 임베딩 벡터의 열을 출력하도록 Embedding 층을 수정하면 된다. 그리고 벡터 열의 합을 반환하는 새로운 층(Sum?)을 만들면 된다.

각 단어는 해당 단어의 주변 단어들의 ID를 입력 받아 해당 단어의 one-hot-encoding을 반환해 주는 형태로 표현할 수 있다.

수정된 Embedding 층에서 주변 단어를 벡터의 열로 바꾸고, 새로운 Sum 층에서 벡터의 열을 하나의 벡터로 변환하고, Linear 층에서 계산된 점수를 소프트맥스에 통과시키면 '특정 문맥이 주어졌을 때 가장 가능성이 높은 단어'를 예측하는 분포를 만들 수 있다.

나는 skip-gram보다 CBOW를 학습시키는 것이 더 힘들었던 것 같다. 그래도 한번 시도해보길 바란다.

21.7 재귀 신경망

앞서 만든 단어 벡터는 신경망의 입력값으로 종종 이용되곤 한다. 그런데 단어가 3개인 문장을 [3, embedding_dim] 텐서, 단어가 10개인 문장을 [10, embedding_dim] 텐서로 만든다면 문장의 경우에는 길이가 제각각이 되기 때문에 문제가 조금 어려워진다. Linear 층에 이러한 문장들을 입력시키기 위해서는, 먼저 제각기인 차원 수를 어떻게든 조정해야 한다.

한 가지 대안은 Sum 층(혹은 평균을 구하는 층)을 사용하는 것이다. 하지만 단어들의 순서는 문장의 의미에 큰 역할을 하게 마련이다. 예를 들어 'dog bites man(개가 사람을 문다)'과 'man bites dog(사람이 개를 문다)'는 완전히 다른 얘기이다!

또 다른 대안은 입력값들 사이에 **숨겨진 상태**(hidden state)를 유지하는 RNN (recurrent neural networks, 재귀 신경망)을 사용하는 것이다. 간단히 말하면, 각 입력값을 현재의 숨겨진 상태와 결합하여 출력값을 만들고, 이 출력값을 다시 새로운 숨겨진 상태로 사용하는 것이다. 이렇게 하면 신경망은 전달받은 입력값들을 '기억'할 수 있게 되고, 모든 입력값과 그들의 순서에 대한 정보가 담겨 있는 출력값을 만들 수 있게 된다.

이제 문장 안의 단어 하나 또는 단어의 문자 하나를 입력값으로 전달받아 숨겨진 상태를 보존하는 간단한 RNN 층을 만들어 보자.

Linear 층에는 가중치(weight) w와 편향(bias) b가 있고 다음과 같이 input 벡터를 입력 받아 output 벡터를 반환한다.

```
output[o] = dot(w[o], input) + b[o]
```

여기에 숨겨진 상태를 추가하려면 입력값 input과 숨겨진 상태 hidden을 위한 두 벌의 가중치가 필요하다.

```
output[o] = dot(w[o], input) + dot(u[o], hidden) + b[o]
```

이제 output 벡터를 hidden의 새 값으로 설정하자. 엄청나게 큰 변화는 아니지만, 이 덕분에 신경망은 아주 멋진 일들을 하게 된다.

```
from scratch.deep_learning import tensor_apply, tanh

class SimpleRnn(Layer):
    """아마도 가장 간단한 순환층"""
    def __init__(self, input_dim: int, hidden_dim: int) -> None:
        self.input_dim = input_dim
        self.hidden_dim = hidden_dim

        self.w = random_tensor(hidden_dim, input_dim, init='xavier')
        self.u = random_tensor(hidden_dim, hidden_dim, init='xavier')
        self.b = random_tensor(hidden_dim)
        self.reset_hidden_state()

    def reset_hidden_state(self) -> None:
        self.hidden = [0 for _ in range(self.hidden_dim)]
```

숨겨진 상태의 초깃값을 0 벡터로 설정했고 이 값을 다시 초기화할 수 있는 함수도 있는 것을 확인할 수 있다.

Linear 층이 동작하는 방법을 기억하고 있다는 전제하에, 이렇게 설정하고 나면 forward 함수는 매우 직관적으로 작성할 수 있다.

```python
def forward(self, input: Tensor) -> Tensor:
    self.input = input              # 입력값과 직전 숨겨진 상태를 기억해서
    self.prev_hidden = self.hidden  # 역전파에서 사용한다.

    a = [(dot(self.w[h], input) +        # 입력값 가중치
          dot(self.u[h], self.hidden) +  # 숨김 상태 가중치
          self.b[h])                     # 편향
         for h in range(self.hidden_dim)]

    self.hidden = tensor_apply(tanh, a)  # tanh 활성화 함수를 적용하고
    return self.hidden                   # 결과를 반환한다.
```

backward 계산도 Linear 층과 유사한데, u를 위한 그래디언트를 추가적으로 계산해야 한다는 점이 다르다.

```python
def backward(self, gradient: Tensor):
    # tanh로 역전파한다.
    a_grad = [gradient[h] * (1 - self.hidden[h] ** 2)
              for h in range(self.hidden_dim)]

    # b는 a와 동일한 그래디언트를 가진다.
    self.b_grad = a_grad

    # 각 w[h][i]에 input[i]를 곱하고 a[h]를 더한다.
    # 즉, w_grad[h][i] = a_grad[h] * input[i]
    self.w_grad = [[a_grad[h] * self.input[i]
                    for i in range(self.input_dim)]
                   for h in range(self.hidden_dim)]

    # 각 u[h][h2]에 hidden[h2]를 곱하고 a[h]를 더한다.
    # 즉, u_grad[h][h2] = a_grad[h] * prev_hidden[h2]
    self.u_grad = [[a_grad[h] * self.prev_hidden[h2]
                    for h2 in range(self.hidden_dim)]
                   for h in range(self.hidden_dim)]

    # 각 input[i]은 모든 w[h][i]와 곱해지고 a[h]를 더한다.
    # 즉, input_grad[i] = sum(a_grad[h] * w[h][i] for h in ...)
    return [sum(a_grad[h] * self.w[h][i] for h in range(self.hidden_dim))
            for i in range(self.input_dim)]
```

마지막으로 params와 grads 메서드를 오버라이딩하면 된다.

```
def params(self) -> Iterable[Tensor]:
    return [self.w, self.u, self.b]

def grads(self) -> Iterable[Tensor]:
    return [self.w_grad, self.u_grad, self.b_grad]
```

❗ 이 '간단한' RNN은 너무 간단해서 실전에서는 사용하지 않는 것이 좋다.

SimpleRnn은 몇 가지 한계점이 있다. 매번 호출될 때마다 모든 숨겨진 상태를 사용하여 입력값을 업데이트한다. 그리고 숨겨진 상태를 호출할 때마다 모든 숨겨진 상태가 덮어씌워진다. 이런 한계점 때문에 학습이 힘들뿐더러, 특히 긴 범위의 종속성(long-range dependencies)에 대한 학습이 어려워진다.

그렇기 때문에 이렇게 간단한 RNN은 거의 아무도 사용하지 않는다. 대신, LSTM (long short-term memory) 또는 GRU(gated recurrent unit)와 같이 파라미터 수가 훨씬 많고, 모든 파라미터가 업데이트되는 것을 막는 '게이트(gate)'가 있는 변형된 RNN을 사용한다.

이 변형들이 딱히 복잡한 것은 아니다. 하지만 훨씬 많은 코드가 필요하고, 개인적으로는 단순히 코드를 읽는 것은 딱히 도움이 되지 않는다고 생각한다. 깃허브[2]의 이번 장 코드에 LSTM 구현체를 하나 추가해놨다. 한번 살펴보는 것도 좋지만, 꽤 지루한 면이 있기 때문에 여기서는 더 이상 다루지 않기로 한다.

우리 구현체의 또 다른 특성은 한 번에 하나의 '스텝(step)'만 가고, 우리가 직접 숨겨진 상태를 초기화해야 하는 점이다. 좀 더 실용적인 RNN 구현체는 열로 구성된 입력값을 입력 받고, 각 열이 시작될 때마다 숨겨진 상태를 0으로 설정한 상태로 출력값 열을 생성하는 것이다. 우리의 구현체도 이렇게 동작하도록 바꿀 수 있다. 단, 이 경우에도 코드만 더 복잡해질 뿐, 더 이해하는 데 도움이 되지 않는다.

21.8 예시: 문자 단위의 RNN 사용하기

'데이텀'이라는 이름은 새로 취임한 브랜딩 부사장이 직접 만든 것이 아니어서인지, 회사 이름을 새로 만들면 더 큰 성공을 이룰 것이라고 주장한다. 그는 데이터 과학을 이용해서 몇 가지 대안을 제안해달라고 한다.

RNN의 한 가지 '귀여운' 응용은 단어가 아닌 문자를 입력으로 해서, 특정 데이

---

[2] *https://github.com/joelgrus/data-science-from-scratch*

터셋의 언어 패턴을 학습하여 가짜 예시를 생성하게 하는 것이다.

예를 들어 여러 밴드의 이름을 가지고 RNN을 학습시켜 새로운 가짜 이름을 여러 개 생성한 후 가장 웃긴 것 몇 개를 골라 트위터에 공유해볼 수 있다. 꿀잼!

이 기법을 너무 많이 봐서 더 이상 신선하다고 생각하지는 않겠지만, 한번 해 보기로 하자.

조사 끝에, 스타트업 엑셀러레이터인 와이 콤비네이터(Y Combinator)에서 가장 성공적인 스타트업 100선(사실은 101선)[3]을 공개했다는 사실을 알게 되었다. 이 웹페이지를 보다 보니 모든 회사 이름이 `<b class="h4">` 태그 안에 있다는 사실을 발견하고는 웹 스크래핑 기술을 써먹어보기로 한다.

```python
from bs4 import BeautifulSoup
import requests

url = "https://www.ycombinator.com/topcompanies/"
soup = BeautifulSoup(requests.get(url).text, 'html5lib')

# 회사 이름이 두 번씩 들어와서, 중복을 없애기 위해 집합 컴프리헨션(set comprehension)을 사용한다.
companies = list({b.text
                  for b in soup("b")
                  if "h4" in b.get("class", ())})
assert len(companies) == 101
```

언제나 그렇지만 웹페이지들은 바뀌거나 사라지기 때문에 위 코드가 더 이상 동작하지 않을 수 있다. 그런 경우에는 새로 익힌 데이터 과학 스킬을 이용해서 코드를 고치거나 이 책의 깃허브 사이트에서 목록을 내려받도록 하자.

다음 단계는? 현재 문자와 지나간 모든 문자를 대표하는 숨겨진 상태를 입력해서 이름의 다음 문자를 예측하는 모델을 만드는 것이다.

그리고 지금까지 그래왔듯, 문자에 대한 확률분포를 예측해서 SoftmaxCross Entropy 손실 함수를 최소화하는 방향으로 모델을 학습할 것이다.

모델이 학습되고 나면 확률에 기반하여 문자를 생성하고, 이 문자를 다음 입력값으로 사용할 수 있다. 이런 방법으로 학습된 가중치를 이용해서 회사 이름을 생성할 수 있다.

일단, 문자로 구성된 Vocabulary을 만들어 보자.

```python
vocab = Vocabulary([c for company in companies for c in company])
```

3　https://www.ycombinator.com/topcompanies/

추가로, 회사명의 시작과 끝을 나타내는 특수 문자를 사용할 것이다. 이렇게 하면 모델은 회사명을 시작하거나 끝내는 문자가 무엇인지 학습하게 된다.

시작과 끝을 나타내기 위한 문자로 regex에서 일반적으로 사용하는 문자를 사용할 텐데, 바라건대 이 문자들이 회사 이름에 직접적으로 등장하지 않을 것이다.

```
START = "^"
STOP = "$"

# 이들도 사전에 추가해야 한다.
vocab.add(START)
vocab.add(STOP)
```

그리고 one-hot-encoding으로 표현된 각 문자를 두 개의 SimpleRnn에 통과시키고, Linear 층을 사용해서 다음 문자에 대한 점수를 생성한다.

```
HIDDEN_DIM = 32   # 다양한 차원으로 테스트해 보자.

rnn1 =  SimpleRnn(input_dim=vocab.size, hidden_dim=HIDDEN_DIM)
rnn2 =  SimpleRnn(input_dim=HIDDEN_DIM, hidden_dim=HIDDEN_DIM)
linear = Linear(input_dim=HIDDEN_DIM, output_dim=vocab.size)

model = Sequential([
    rnn1,
    rnn2,
    linear
])
```

이 모델을 학습했다고 가정하고, 21.5절 '토픽 모델링'에서 사용했던 sample_from을 이용해서 새 회사명을 생성해 주는 함수를 만들자.

```
from scratch.deep_learning import softmax

def generate(seed: str = START, max_len: int = 50) -> str:
    rnn1.reset_hidden_state()  # 두 숨겨진 상태를 모두 초기화한다.
    rnn2.reset_hidden_state()
    output = [seed]            # 특정 seed로 출력값을 시작한다.

    # STOP 문자를 생성하거나 최대 길이에 도달할 때까지 계속한다.
    while output[-1] != STOP and len(output) < max_len:
        # 마지막 문자를 입력값으로 사용한다.
        input = vocab.one_hot_encode(output[-1])

        # 모델을 이용해서 score를 생성한다.
```

```
        predicted = model.forward(input)

        # 확률값으로 바꾼 후 임의의 char_id를 뽑는다.
        probabilities = softmax(predicted)
        next_char_id = sample_from(probabilities)

        # 출력값에 해당 문자를 추가한다.
        output.append(vocab.get_word(next_char_id))

    # START, END를 제거한 후 출력값을 반환한다.
    return ''.join(output[1:-1])
```

자, 이제 드디어 문자 단위의 RNN을 학습할 준비가 되었다. 약간 시간이 걸릴
것이다.

```
loss = SoftmaxCrossEntropy()
optimizer = Momentum(learning_rate=0.01, momentum=0.9)

for epoch in range(300):
    random.shuffle(companies)  # 각 에폭별 학습 순서를 변경
    epoch_loss = 0             # 손실을 저장
    for company in tqdm.tqdm(companies):
        rnn1.reset_hidden_state()  # 두 숨겨진 상태를 초기화
        rnn2.reset_hidden_state()
        company = START + company + STOP    # 시작과 끝을 나타내는 문자를 추가

        # 나머지는 지금까지 봐온 학습용 for문과 동일
        # 다만, 입력값과 출력값이 각각 one-hot-encoding으로 표현된 이전 문자와 다음 문자라는 것이 다르다.
        for prev, next in zip(company, company[1:]):
            input = vocab.one_hot_encode(prev)
            target = vocab.one_hot_encode(next)
            predicted = model.forward(input)
            epoch_loss += loss.loss(predicted, target)
            gradient = loss.gradient(predicted, target)
            model.backward(gradient)
            optimizer.step(model)

    # 각 에폭별 손실을 출력하고 이름을 생성
    print(epoch, epoch_loss, generate())

    # 마지막 100 에폭부터는 이동 거리를 줄이기
    # 딱히 이유는 없지만, 성능에 도움을 주는 것 같다.
    if epoch == 200:
        optimizer.lr *= 0.1
```

학습 후, 모델은 원래 데이터에 있던 이름을 몇 개 생성하기도 하고(데이터가
많지 않고 모델의 크기가 크지 않기 때문에 그럴 만도 하다), Scripe, Loinbare,
Pozium과 같이 조금만 변형된 이름을 생성하기도 한다. 또 Benuus, Cletpo,

Equite, Vivest와 같이 아주 기발한 이름을 생성하기도 하고, SFitreasy, Sint ocanelp, GliyOx, Doorboronelhav와 같이 단어 같기도 하면서 약간 이상한 이름을 생성하기도 한다.

불행히도 대부분의 문자 단위 RNN처럼 이 결과물들은 그다지 흥미롭지는 않고, 브랜딩 부사장은 결국 아무것도 쓰지 못하게 되었다.

숨겨진 상태의 차원을 64로 올리면 학습 데이터에 있는 이름들을 그대로 얻게 될 가능성이 커지고, 반대로 8로 떨어뜨리면 이상한 이름들만 잔뜩 나오게 된다. 이 여러 모델에 대한 사전과 최종 가중치는 이 책의 깃허브[4]에 올려놨으니, `load_weights`와 `load_vocab`로 직접 사용해 볼 수 있다.

앞서 언급한 바와 같이, 이 장의 깃허브 코드에는 LSTM에 대한 구현체도 있으니, `SimpleRnn`을 대체해서 회사명을 생성해봐도 좋을 것이다.

21.9 더 공부해 보고 싶다면

- NLTK[5]는 인기가 많은 파이썬 NLP 툴킷이다. 심지어 온라인으로 읽을 수 있는 책[6]도 있다.
- gensim[7]은 토픽 모델링을 할 수 있는 파이썬 라이브러리다. 밑바닥부터 구현한 우리의 모델보다 훨씬 낫다.
- spaCy[8]는 '상용 수준의 파이썬 NLP' 툴킷이며 역시 매우 인기 있다.
- Andrej Karpathy는 "RNN의 말도 안되는 효과(The Unreasonable Effectiveness of Recurrent Neural Networks)"[9]라는 제목의 유명한 블로그 포스트를 썼다. 매우 읽을 만한 가치가 있다.
- 나의 본업은 NLP 연구를 하기 위한 AllenNLP[10]를 만드는 것도 포함한다. (적어도 이 책을 출판하는 이 시점에는 그랬다.) 그 라이브러리는 이 책의 범위를 훌쩍 넘어서지만, 그래도 꽤 흥미로울 수 있고, SOTA NLP 모델에 대한 많은 인터랙티브 데모를 포함한다.

---

4 *https://github.com/joelgrus/data-science-from-scratch*
5 *http://www.nltk.org/*
6 *http://www.nltk.org/book/*
7 *http://radimrehurek.com/gensim/*
8 *https://spacy.io/*
9 *http://karpathy.github.io/2015/05/21/rnn-effectiveness/*
10 *https://allennlp.org/*

22장

네트워크 분석

한 사람의 주변을 보면 그 사람을 알 수 있다.
- 애론 오코넬(Aaron O'Connell)

많은 데이터 문제는 노드(node)와 그 사이를 연결하는 엣지(edge)로 구성된 네트워크(network)의 관점에서 해석할 수 있다.

예를 들어 페이스북은 사용자가 노드라면 그들의 친구 관계는 엣지이다. 웹은 각 웹페이지기 노드이고 페이지 사이를 연결하는 하이퍼링크가 엣지가 된다.

페이스북에서는 친구 관계가 상호적이다. 즉, 내가 누군가와 친구면 그 사람은 반드시 나와 친구이다. 이런 경우를 엣지에 **방향이 없다**(undirected)고 한다. 반면 하이퍼링크는 그렇지 않다. 내 홈페이지에는 대한민국 국회 홈페이지인 assembly.go.kr에 대한 링크가 있을 수 있어도, 반대로 assembly.go.kr에는 (이유는 모르겠지만) 내 홈페이지에 대한 링크가 없을 수 있다. 이런 네트워크는 방향이 있기 때문에 **방향성 네트워크**(directed network)라고 한다. 여기서는 이 두 종류의 네트워크를 모두 살펴보자.

22.1 매개 중심성

1장 '들어가기'에서 우리는 데이텀 네트워크 안에서 친구의 수를 셈으로써 중심이 되는 주요 핵심 인물을 찾았다. 여기서는 몇 가지 추가적인 접근법을 살펴볼 것이다. 같은 네트워크를 사용하되, `NamedTuple`을 사용해서 데이터를 다뤄보자.

네트워크에 사용자가 있었고(그림 22-1).

```
from typing import NamedTuple

class User(NamedTuple):
    id: int
    name: str

users = [User(0, "Hero"), User(1, "Dunn"), User(2, "Sue"), User(3, "Chi"),
         User(4, "Thor"), User(5, "Clive"), User(6, "Hicks"),
         User(7, "Devin"), User(8, "Kate"), User(9, "Klein")]
```

친구 관계가 있었다.

```
friend_pairs = [(0, 1), (0, 2), (1, 2), (1, 3), (2, 3), (3, 4),
                (4, 5), (5, 6), (5, 7), (6, 8), (7, 8), (8, 9)]
```

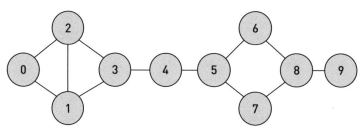

그림 22-1 데이텀 네트워크

친구 관계를 딕셔너리로 다루면 더 간편하다.

```
from typing import Dict, List

# 친구 관계를 유지하기 위한 type alias
Friendships = Dict[int, List[int]]

friendships: Friendships = {user.id: [] for user in users}

for i, j in friend_pairs:
    friendships[i].append(j)
    friendships[j].append(i)

assert friendships[4] == [3, 5]
assert friendships[8] == [6, 7, 9]
```

앞서 연결 중심성(degree centrality)을 살펴볼때는, 선정된 핵심 인물이 우리의 직관과 일치하지 않아 약간 아쉬웠다.

대안으로 사용할 수 있는 지수는 매개 중심성(betweenness centrality)인데, 이는 임의의 두 사람 사이의 최단 경로상에 얼마나 자주 등장하는지를 보는 지수이다. 구체적으로는, 노드 i의 매개 중심성은 다른 모든 노드 j, k쌍 사이의 최단 경로 중에, i를 거치는 경로의 비율로 계산한다.

예를 들어 Thor의 매개 중심성을 구하려면 Thor가 아닌 다른 모든 사람 간의 최단 경로를 구해야 한다. 그리고 그중 어떤 경로들이 Thor를 거쳐 가는지 확인한다. 예를 들어 Chi(id 3)와 Clive(id 5) 사이의 최단 경로는 Thor를 거치지만 Hero(id 0)과 Chi(id 3) 사이의 최단 경로 두 개는 Thor를 거치지 않는다.

결국, 임의의 두 사람이 주어졌을 때 그들 간의 최단 경로를 모두 구할 수 있어야 한다. 최단 경로를 효율적으로 구해 주는 복잡한 방법이 많이 있지만, 이 책에서는 덜 효율적이더라도 이해하기 쉬운 알고리즘을 사용할 것이다.

'너비 우선 탐색(breadth-first search)'이라고도 알려져 있는 이 알고리즘은 그래도 이 책에서는 가장 복잡한 알고리즘 중 하나이니, 찬찬히 살펴보도록 하자.

1. 우리의 목표는 from_user를 받아서 다른 모든 사용자까지의 최단 경로를 계산해 주는 함수를 만드는 것이다.

2. 각 경로는 사용자 ID의 리스트로 표현할 것이다. 모든 경로는 from_user로부터 시작하기 때문에 이는 따로 리스트에 추가할 필요가 없다. 그러므로 리스트의 길이는 경로의 길이를 나타낸다.

3. 사용자 ID들 기(key)로 사용하고, 해당 사용자에 도달할 때까지의 경로를 나타내는 리스트들을 값으로 사용하는 딕셔너리인 shortest_paths_to를 유지할 것이다. 만약 유일한 최단 경로가 존재한다면 이 리스트는 해당 최단 경로만 포함하고 있을 것이고, 만약 여러 최단 경로가 존재한다면 이 리스트는 모든 최단 경로를 포함하고 있을 것이다.

4. frontier라는 큐(queue)를 사용하여 살펴보고 싶은 사용자의 순서를 유지할 것이다. 이전 사용자에서 다음 사용자까지 어떻게 도달했는지 나타내기 위해 (prev_user, user) 형태의 데이터를 큐에 넣고 이를 관리한다. 큐는 from_user의 모든 이웃 사용자를 큐에 넣어서 초기화한다. (큐를 앞에서 다룬 적은 없지만, 항목을 추가 할 때는 뒤에, 제거할 때는 앞에서부터 제거하는 자료 구조라고 알고 있으면 된다. 파이썬에서는 collections.deque로 구현되어 있다.)

5. 네트워크를 살펴보면서 최단 경로를 모르는 새로운 이웃이 보이면 현재 사용자를 prev_user로 설정하고, 새로운 이웃을 큐의 맨 끝에 추가해 주자.

6. 특정 사용자까지의 최단 경로를 계산한 적이 없지만 해당 사용자가 큐에서 제거된다면, 해당 사용자에 도달할 수 있는 최단 경로를 찾았다는 것을 의미

한다. prev_user에 도달하는 최단 경로에서 해당 사용자 방향으로 한 번 더 나아간 경로가 해당 사용자까지의 최단 경로이다.

7. 큐에서 사용자를 제거할 때 해당 사용자까지의 최단 경로를 이미 계산했다면, 새로운 경로를 찾았다는 것을 의미한다. 만약 찾은 경로가 최단 경로라면 추가하고 아니면 추가하지 말자.

8. 만약 큐에 더 이상 사용자가 남아 있지 않다면 네트워크 전체를 살펴봤다는 것을 의미한다(적어도 시작점에서 도달할 수 있는 모든 경로를 살펴봤다는 것을 의미한다). 이제 끝이다.

이제 이것을 하나의 큰 함수로 만들어 보자.

```python
from collections import deque

Path = List[int]

def shortest_paths_from(from_user_id: int,
                        friendships: Friendships) -> Dict[int, List[Path]]:
    # 특정 사용자로부터 다른 사용자까지의 *모든* 최단 경로를 포함하는 dict
    shortest_paths_to: Dict[int, List[Path]] = {from_user_id: [[]]}

    # 확인해야 하는 (이전 사용자, 다음 사용자) 큐
    # 모든 (from_user, from_user의 친구) 쌍으로 시작
    frontier = deque((from_user_id, friend_id)
                     for friend_id in friendships[from_user_id])

    # 큐가 빌 때까지 반복
    while frontier:
        # 큐의 첫 번째 사용자를 제거
        prev_user_id, user_id = frontier.popleft()

        # 큐에 사용자를 추가하는 방법을 고려해 보면
        # prev_user까지의 최단 경로의 몇 개를 이미 알고 있다.
        paths_to_prev_user = shortest_paths_to[prev_user_id]
        new_paths_to_user = [path + [user_id] for path in paths_to_prev_user]

        # 만약 최단 경로를 이미 알고 있다면
        old_paths_to_user = shortest_paths_to.get(user_id, [])

        # 지금까지의 최단 경로는 무엇일까?
        if old_paths_to_user:
            min_path_length = len(old_paths_to_user[0])
        else:
            min_path_length = float('inf')

        # 길지 않은 새로운 경로만 저장
        new_paths_to_user = [path
```

```
                        for path in new_paths_to_user
                            if len(path) <= min_path_length
                            and path not in old_paths_to_user]
        shortest_paths_to[user_id] = old_paths_to_user + new_paths_to_user

        # 아직 한 번도 보지 못한 이웃을 frontier에 추가
        frontier.extend((user_id, friend_id)
                        for friend_id in friendships[user_id]
                        if friend_id not in shortest_paths_to)

    return shortest_paths_to
```

이제 모든 최단거리를 계산해 보자.

```
# 각 from_user에서 각 to_user까지 최단 경로 리스트를 반환
shortest_paths = {user.id: shortest_paths_from(user.id, friendships)
                  for user in users}
```

그러면 이제 매개 중심성을 구할 준비가 다 되었다. 모든 노드 쌍 i, j에 대해 i부터 j까지 n개의 최단 경로를 알고 있다. 이제 각각의 최단 경로에 포함되는 각 노드의 매개 중심성에 1/n을 더해 주자.

```
betweenness_centrality = {user.id: 0.0 for user in users}

for source in users:
    for target_id, paths in shortest_paths[source.id].items():
        if source.id < target_id:            # 잘못해서 두 번 세지 않도록 주의하자.
            num_paths = len(paths)            # 최단 경로가 몇 개 존재하는가?
            contrib = 1 / num_paths           # 중심성에 기여하는 값
            for path in paths:
                for between_id in path:
                    if between_id not in [source.id, target_id]:
                        betweenness_centrality[between_id] += contrib
```

그림 22-2에서 나타난 바와 같이 사용자 0과 9는 다른 사용자 사이의 최단 경로 위에 존재하지 않으므로 매개 중심성이 0이다. 반면 사용자 3, 4, 5는 최단 경로 상에 무척 빈번하게 위치하기 때문에 높은 매개 중심성을 가진다.

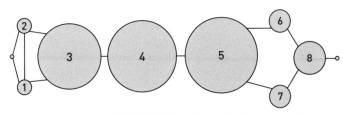

그림 22-2 노드의 크기를 매개 중심성으로 나타낸 데이터 네트워크

☑️ 대개 중심성의 값은 그 자체로 의미 있지는 않다. 우리가 관심 있는 것은 개별 노드의 값들이 다른 노드의 값과 얼마나 다른지이다.

그 외에 살펴볼 수 있는 중심성 지표 중 하나는 근접 중심성(closeness centrality)이다. 먼저 각 사용자의 **원접성**(farness)을 계산한다. 원접성이란 어떤 사용자와 다른 모든 사용자의 최단 경로를 합한 값이다. 이미 모든 노드의 최단 경로를 계산했으니, 이를 더하는 것은 어렵지 않다. (만약 여러 개의 최단 경로를 찾았다면 어차피 모든 최단 경로의 거리는 동일하니 첫 번째 최단 경로의 거리만 더해주자).

```python
def farness(user_id: int) -> float:
    """모든 사용자와의 최단 거리 합"""
    return sum(len(paths[0])
              for paths in shortest_paths[user_id].values())
```

이제 근접 중심성은 간단히 계산할 수 있다(그림 22-3).

```python
closeness_centrality = {user.id: 1 / farness(user.id) for user in users}
```

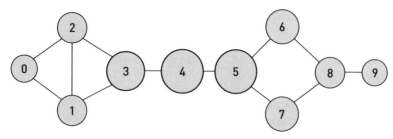

그림 22-3 노드의 크기를 근접 중심성으로 나타낸 데이텀 네트워크

근접 중심성의 편차는 훨씬 작다. 네트워크 중심에 있는 노드조차 외곽에 위치한 노드들로부터 멀리 떨어져 있기 때문이다.

여기서 봤듯이 최단 경로를 계산하는 것은 꽤나 복잡하다. 그렇기 때문에 큰 네트워크에서는 연결 중심성 및 근접 중심성을 자주 사용하지는 않는다. 덜 직관적이지만 보통 더 쉽게 계산할 수 있는 **고유벡터 중심성**(eigenvector centrality)을 더 자주 사용한다.

22.2 고유벡터 중심성

고유벡터 중심성에 대해 알아보기 전에 먼저 고유벡터가 무엇인지 살펴봐야 하고, 고유벡터가 무엇인지 알기 위해서는 먼저 행렬 곱셈에 대해 알아봐야 한다.

22.2.1 행렬 곱셈

A가 $n{\times}m$ 행렬, B가 $m{\times}k$ 행렬(A의 두 번째 차원과 B의 첫 번째 차원이 같음을 염두에 두자)이면, 두 행렬의 곱 AB는 $n{\times}k$ 행렬이 되고 이때 (i,j)번째 항목의 값은 다음과 같다.

$$A_{i1}B_{1j} + A_{i2}B_{2j} + \cdots + A_{im}B_{mj}$$

이는 A의 i번째 행과 B의 j번째 열의 내적과 동일하다.

이는 4장 '선형대수'에서 나온 make_matrix 함수를 사용하여 구현할 수 있다.

```python
from scratch.linear_algebra import Matrix, make_matrix, shape

def matrix_times_matrix(m1: Matrix, m2: Matrix) -> Matrix:
    nr1, nc1 = shape(m1)
    nr2, nc2 = shape(m2)
    assert nc1 == nr2, "must have (# of columns in m1) == (# of rows in m2)"

    def entry_fn(i: int, j: int) -> float:
        """m1의 i 번째 행과 m2의 j 번째 열의 내적"""
        return sum(m1[i][k] * m2[k][j] for k in range(nc1))

    return make_matrix(nr1, nc2, entry_fn)
```

m차원 벡터를 (m, 1) 행렬로 생각한다면, 이를 (n, m) 행렬과 곱하여 n차원 벡터로 간주할 수 있는 (n, 1) 행렬을 얻을 수 있다.

즉, (n, m) 행렬을, m차원 벡터를 n차원 벡터로 변환하는 선형 사상(linear mapping)으로 생각해 볼 수 있음을 의미한다.

```python
from scratch.linear_algebra import Vector, dot

def matrix_times_vector(m: Matrix, v: Vector) -> Vector:
    nr, nc = shape(m)
    n = len(v)
    assert nc == n, "must have (# of cols in m) == (# of elements in v)"

    return [dot(row, v) for row in m]  # output has length nr
```

A가 사각 행렬(square matrix)이라면 이 연산은 n차원 벡터를 다른 n차원 벡터로 변환시킨다. 때로는 A와 v의 값에 따라 A와 v를 곱하면 v의 상수 배에 해당하는 벡터를 얻을 때가 있다. 즉, 결괏값으로 나온 벡터는 기존 벡터 v와 같은 방향을 가리키는 벡터가 될 때가 있다. v가 0으로만 이뤄진 벡터가 아닌데도 이런 일이 생기면 v를 A의 **고유벡터**(eigenvector)라고 부르고, 이때 곱해진 상수를 **고윳값**(eigenvalue)이라고 부르게 된다.

행렬 A의 고유벡터를 찾는 한 가지 방법은, 임의의 벡터 v를 골라 matrix_times_vector를 수행하고, 결괏값의 크기가 1이 되게 재조정하는 과정을 반복 수행하는 것이다.

```python
from typing import Tuple
import random
from scratch.linear_algebra import magnitude, distance

def find_eigenvector(m: Matrix,
                     tolerance: float = 0.00001) -> Tuple[Vector, float]:
    guess = [random.random() for _ in m]

    while True:
        result = matrix_times_vector(m, guess)    # guess를 변환
        norm = magnitude(result)                  # 크기를 계산
        next_guess = [x / norm for x in result]   # 재조정

        if distance(guess, next_guess) < tolerance:
            # 수렴했으니 (고유벡터, 고윳값)을 반환
            return next_guess, norm

        guess = next_guess
```

반환된 guess에 matrix_times_vector를 적용하고 크기가 1인 벡터로 재조정을 하면 자기 자신과 매우 가까운 벡터를 얻을 수 있다. 즉, guess는 고유벡터이다.

모든 실수 행렬에 고유벡터와 고윳값이 존재하는 것은 아니다. 다음 행렬을 살펴보자.

```python
rotate = [[ 0, 1],
          [-1, 0]]
```

이 행렬은 벡터를 시계 방향으로 90도 회전하는 연산을 수행하기 때문에 해당 행렬에 곱했을 때 자기 자신이 되는 벡터는 영벡터밖에 없다. 이 행렬로 앞서 구현한 find_eignevector(rotate)를 수행하면 영원히 끝나지 않을 것이다. 한편,

고유벡터가 있는 행렬도 때로는 무한루프에 빠질 수 있다. 다음 행렬을 고려해 보자.

```
flip = [[0, 1],
        [1, 0]]
```

이 행렬은 모든 벡터 [x, y]를 [y, x]로 변환한다. 따라서 [1, 1]은 해당 행렬의 고유벡터이며 이때 고윳값은 1이 된다. 하지만 x, y 값이 서로 다른 임의의 벡터에서 출발해서 find_eigenvector를 수행하면 두 값을 바꾸는 연산만 무한히 수행할 것이다. (NumPy 같은 라이브러리에는 이런 케이스까지 다룰 수 있는 다양한 방법이 구현되어 있다.) 이런 사소한 문제에도 불구하고, 어쨌든 find_eigenvector가 결괏값을 반환한다면, 그 결괏값은 곧 고유벡터이다.

22.2.2 중심성

고유벡터가 데이텀 네트워크를 이해하는 데 어떻게 도움을 줄 수 있을까? 먼저 네트워크를 인접행렬(adjacency matrix)의 형태로 나타내 보자. 이 행렬은 사용자 i와 사용자 j가 친구인 경우 (i, j)번째 항목에 1이 있고, 친구가 아닌 경우 0이 있는 행렬이다.

```
def entry_fn(i: int, j: int):
    return 1 if (i, j) in friend_pairs or (j, i) in friend_pairs else 0
n = len(users)
adjacency_matrix = make_matrix(n, n, entry_fn)
```

각 사용자의 고유벡터 중심성이란 find_eigenvector로 찾은 고유벡터에서 각 사용자에 대응되는 원소가 된다(그림 22-4).

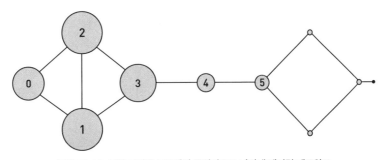

그림 22-4 노드의 크기를 고유벡터 중심성으로 나타낸 데이텀 네트워크

이 책의 범위에서는 벗어나지만, 모든 영행렬이 아닌 인접행렬은 모든 값이 음수가 아닌 고유벡터를 가진다. 그렇기 때문에 다행히도, adjacency_matrix에 대해 find_eigenvector를 구할 때도 의미 있는 값을 얻을 수 있다.

```
eigenvector_centralities, _ = find_eigenvector(adjacency_matrix)
```

연결의 수가 많고, 중심성이 높은 사용자들한테 연결된 사용자들은 고유벡터 중심성이 높다.

앞의 결과에 따르면 사용자 1, 사용자 2의 중심성이 가장 높은데, 이는 중심성이 높은 사람들과 세 번이나 연결되었기 때문이다. 이들로부터 멀어질수록 사용자들의 중심성은 점차 줄어든다.

이렇게 작은 네트워크에서 고유벡터 중심성은 다소 불규칙적으로 작동한다. 연결을 하나만 더하거나 빼더라도 중심성에는 큰 변화가 생긴다. 하지만 네트워크의 크기가 커지면 이런 문제는 사라진다.

사실, 아직도 왜 고유벡터가 의미 있는 중심성을 계산해 주는지 이야기하지 않았다. 고유벡터는 다음의 값을 계산했을 때 결괏값이 eigenvector_centralities의 상수 배가 된다.

```
matrix_times_vector(adjacency_matrix, eigenvector_centralities)
```

행렬곱이 어떻게 동작하는지 살펴보면 matrix_times_vector는 i번째 항목으로 다음의 값을 가지는 벡터를 계산해 준다는 것을 알 수 있다.

```
dot(adjacency_matrix[i], eigenvector_centralities)
```

이 값은 사용자 i에게 연결되어 있는 사용자들의 고유벡터 중심성의 합과 같다.

바꿔 말하면, 고유벡터 중심성은 사용자당 하나씩 부여되는 숫자인데, 그 숫자는 이웃의 중심성의 합의 상수 배다. 이 경우에 중심성이란, 중심성이 높은 사람들과 연결되어 있는 정도를 의미한다. 즉, 중심성이 높은 사람들과 많이 연결되어 있을수록 자신의 중심성도 높다. 순환 논리이기는 하지만, 고유벡터가 그 순환성에서 벗어나게 해준다.

find_eigenvector의 역할에 대해 생각해 보면 이 현상을 다른 관점에서 해석할 수 있다. find_eigenvector는 각 노드에 임의의 중심성을 할당하는 것으로 시작해서, 다음 두 단계가 수렴할 때까지 반복한다.

1. 각 노드의 이웃에 있는 중심성 점수의 합으로 해당 노드에 새로운 중심성 점수를 부여한다.
2. 중심성 벡터의 크기가 1이 되도록 벡터를 재조정한다.

여기에 대한 수학적 논리가 처음에는 이해하기 힘들 수 있지만, 사실 계산 자체는 (이를테면 매개 중심성과는 달리) 상당히 명확하게 이루어진다. 게다가 큰 그래프에서 계산이 수월하다는 것도 장점이다. (최소한, 제대로 된 선형대수 라이브러리를 사용한다면 대규모 그래프에 쉽게 적용할 수 있다. 하지만 우리처럼 리스트로 구성된 행렬을 다루는 구현체를 사용하면 쉽지 않을 것이다.)

22.3 방향성 그래프와 페이지랭크

데이텀이 인기를 별로 끌지 못하자, 순이익 팀의 부사장은 친구 모델에서 보증(endorsement) 모델로 전향하는 것을 고려 중이다. 알고 보니 사람들은 어떤 데이터 과학자들끼리 친구인지에 대해서는 관심이 별로 없지만, 헤드헌터들은 다른 데이터 과학자로부터 존경 받는 데이터 과학자가 누구인지에 대해 관심이 많다.

이 새로운 모델에서 관계는 상호적인 것이 아니라, 한 사람(source)이 다른 멋진 한 사람(target)의 실력에 보증을 서주는 (source, target) 쌍으로 비대칭적인 관계를 표현하게 된다(그림 22-5).

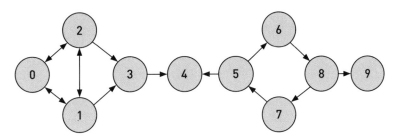

그림 22-5 실력 보증 모델을 사용하는 데이텀 네트워크

이러한 비대칭성을 고려해야 한다.

```
endorsements = [(0, 1), (1, 0), (0, 2), (2, 0), (1, 2),
                (2, 1), (1, 3), (2, 3), (3, 4), (5, 4),
                (5, 6), (7, 5), (6, 8), (8, 7), (8, 9)]
```

그리고 가장 보증을 많이 받은 데이터 과학자들의 데이터를 수집해서, 그것을 헤드헌터들한테 팔면 된다.

```
from collections import Counter

endorsement_counts = Counter(target for source, target in endorsements)
```

사실 '보증의 수'와 같은 숫자는 조작하기가 매우 쉽다. 가장 간단한 방법 중 하나는, 가짜 계정을 여러 개 만들어서 그것들로 내 계정에 대한 보증을 서는 것이다. 또 다른 방법은, 친구들끼리 짜고 서로가 서로를 보증해 주는 것이다. (아마 사용자 0, 1, 2가 이런 관계일 가능성이 크다.)

좀 더 나은 지수는, 누가 보증을 서는지를 고려하는 것이다. 보증을 많이 받은 사용자가 보증을 설 때는, 보증을 적게 받은 사용자가 보증을 설 때보다 더 중요한 것으로 받아들여지는 것이 타당하다. 그리고 이것이 구글이 웹사이트들 간의 순위를 매길 때 사용하는 페이지랭크(PageRank) 알고리즘의 기본 철학이기도 하다. 페이지랭크는 어떤 웹사이트들이 해당 웹사이트를 링크하고 있는지를 기반으로 웹사이트의 순위를 매긴다.

(이 알고리즘이 고유벡터 중심성을 떠올리게 한다면, 그것은 아주 자연스러운 현상이다.)

이 알고리즘을 간단하게 설명해 보면 다음과 같다.

1. 네트워크 전체에는 1.0(또는 100%)의 페이지랭크가 있다.
2. 초기에 이 페이지랭크를 모든 노드에 고르게 배당한다.
3. 각 스텝을 거칠 때마다 각 노드에 배당된 페이지랭크의 대부분은 외부로 향하는 링크에 균등하게 배당한다.
4. 각 스텝을 거칠 때마다 각 노드에 남아 있는 페이지랭크를 모든 노드에 고르게 배당한다.

```
import tqdm

def page_rank(users: List[User],
              endorsements: List[Tuple[int, int]],
              damping: float = 0.85,
              num_iters: int = 100) -> Dict[int, float]:
    # 몇 명을 보증하는지 계산
    outgoing_counts = Counter(target for source, target in endorsements)

    # 페이지랭크를 균등하게 배분
    num_users = len(users)
    pr = {user.id : 1 / num_users for user in users}

    # 각 사용자가 매번 얻는 페이지랭크의 일부
```

```
    base_pr = (1 - damping) / num_users

    for iter in tqdm.trange(num_iters):
        next_pr = {user.id : base_pr for user in users}  # start with base_pr

        for source, target in endorsements:
            # 감쇄한 source pr을 target에 더한다.
            next_pr[target] += damping * pr[source] / outgoing_counts[source]
        pr = next_pr

    return pr
```

페이지랭크를 계산하면 아래와 같다.

```
pr = page_rank(users, endorsements)

# Thor(사용자 4)가 가장 큰 페이지랭크를 지닌다.
assert pr[4] > max(page_rank
                   for user_id, page_rank in pr.items()
                   if user_id != 4)
```

페이지랭크(그림 22-6)에 따르면 사용자 4(Thor)가 가장 랭킹이 높은 데이터 과학자이다.

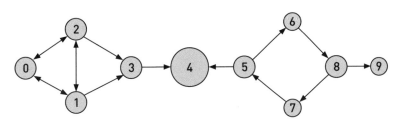

그림 22-6 노드의 크기를 페이지랭크로 나타낸 데이터 네트워크

비록 Thor가 사용자 0, 1, 2에 비해 받은 보증의 수는 적지만(2개), 보증을 서 준 사용자들이 보증을 많이 받았기 때문에 그 수가 Thor에게 누적이 된다. 게다가 이 사용자들은 Thor 외의 다른 사용자에게 보증을 서 주지 않은 것도 Thor의 중심성을 더 높게 하는 요인이 된다.

22.4 더 공부해 보고 싶다면

- 이 곳에서 언급한 중심성 지표들은 가장 인기 있는 것들이기는 하지만, 언급하지 않은 다른 중심성 지표[1]들도 있다.
- NetworkX[2]는 네트워크 분석을 위한 파이썬 라이브러리다. 중심성을 계산하거나 그래프를 시각화하는 데 사용할 수 있다.
- Gephi[3]는 애증이 깃든 GUI 기반의 네트워크 시각화 도구다.

1   *http://en.wikipedia.org/wiki/Centrality*
2   *http://networkx.github.io/*
3   *https://gephi.org/*

## 23장

D a t a   S c i e n c e   f r o m   S c r a t c h

추천 시스템

> 오, 자연, 자연, 왜 그대는 그리도 정직하지 못한가.
> 남성들에게 그리도 진실되지 못한 추천을 해주다니!
> - 헨리 필딩(Henry Fielding)

또 다른 흔한 데이터 문제 중 하나는 추천(recommendation)이다. 넷플릭스(Netflix)는 내가 보고 싶어할 법한 영화를 추천해 주며, 아마존(Amazon)은 사고 싶어할 법한 제품을 추천해 준다. 트위터(Twitter)는 팔로우하고 싶어할 만한 사용자들을 추천해 준다. 이 장에서는 데이터를 사용하여 추천하는 방법 몇 가지를 살펴볼 것이다.

이 장에서는 전에 사용했던 user_interests 데이터를 사용하도록 하자.

```
users_interests = [
    ["Hadoop", "Big Data", "HBase", "Java", "Spark", "Storm", "Cassandra"],
    ["NoSQL", "MongoDB", "Cassandra", "HBase", "Postgres"],
    ["Python", "scikit-learn", "scipy", "numpy", "statsmodels", "pandas"],
    ["R", "Python", "statistics", "regression", "probability"],
    ["machine learning", "regression", "decision trees", "libsvm"],
    ["Python", "R", "Java", "C++", "Haskell", "programming languages"],
    ["statistics", "probability", "mathematics", "theory"],
    ["machine learning", "scikit-learn", "Mahout", "neural networks"],
    ["neural networks", "deep learning", "Big Data", "artificial intelligence"],
    ["Hadoop", "Java", "MapReduce", "Big Data"],
    ["statistics", "R", "statsmodels"],
    ["C++", "deep learning", "artificial intelligence", "probability"],
    ["pandas", "R", "Python"],
    ["databases", "HBase", "Postgres", "MySQL", "MongoDB"],
    ["libsvm", "regression", "support vector machines"]
]
```

구체적으로는, 사용자의 현재 관심사를 토대로 새로운 관심사를 추천해 주는 문제를 풀 것이다.

23.1 수작업을 이용한 추천

인터넷이 있기 전에는, 책을 추천받고 싶을 때 도서관에 방문해서 사서한테 책을 추천해 달라고 요청했다. 이를 통해 여러분의 관심사와 관련 있는 책을 추천받거나 여러분이 좋아했던 책과 비슷한 책을 추천받았다.

데이텀에도 사용자의 수와 관심사의 수가 많지 않기 때문에, 오후 근무 시간 한 번만 투자하면 수작업으로 충분히 모든 사용자를 위해서 추천을 할 수 있다. 하지만 사용자의 수가 폭발적으로 많아지면 이 방법을 사용할 수 없어질 뿐더러, 이 방법은 여러분의 개인적 지식과 상상력에 의해 제한을 받는다는 단점이 있다. (여러분의 식견이 좁거나 상상력이 안 좋다고 말하려는 것은 아니다.) 그 대신 데이터 기반의 접근법을 떠올려 보자.

23.2 인기도를 활용한 추천

한 가지 쉬운 접근법은 단순히 인기 있는 것을 추천하는 것이다.

```python
from collections import Counter

popular_interests = Counter(interest
                            for user_interests in users_interests
                            for interest in user_interests)
```

결과는 다음과 같다.

```
[('Python', 4),
 ('R', 4),
 ('Java', 3),
 ('regression', 3),
 ('statistics', 3),
 ('probability', 3),
 # ...
]
```

해당 내용을 계산한 뒤에는 특정 사용자가 관심사에 적지 않은 항목들을 전체 인기순으로 사용자에게 추천해 준다.

```
from typing import List, Tuple

def most_popular_new_interests(
        user_interests: List[str],
        max_results: int = 5) -> List[Tuple[str, int]]:
    suggestions = [(interest, frequency)
                    for interest, frequency in popular_interests.most_common()
                    if interest not in user_interests]
    return suggestions[:max_results]
```

따라서 다음과 같은 관심사를 가진 사용자 1은

```
["NoSQL", "MongoDB", "Cassandra", "HBase", "Postgres"]
```

다음과 같은 추천을 받게 된다.

```
[('Python', 4), ('R', 4), ('Java', 3), ('regression', 3), ('statistics', 3)]
```

반면 이미 대다수의 인기 항목에 관심을 가지고 있는 사용자 3은 다음과 같은 추천을 받는다.

```
[('Java', 3), ('HBase', 3), ('Big Data', 3),
 ('neural networks', 2), ('Hadoop', 2)]
```

물론 "많은 사람이 파이썬에 관심이 있으니 여러분도 좀 관심을 가져 봐"라는 접근은 그다지 설득력 있는 마케팅 방법은 아니다. 누군가 우리 사이트에 처음 들어왔고, 우리가 그들에 대해 아는 것이 하나도 없을 때는 그게 최선일 수도 있지만, 관심사에 대한 데이터가 어느 정도 축적되었다면 조금 더 개인화된 추천을 어떻게 할 수 있을지 생각해 보는 게 좋다.

23.3 사용자 기반 협업 필터링

사용자의 관심사를 기반으로 추천해 주는 방법 중 하나는, 특정 사용자와 유사한 다른 사용자를 찾은 후, 해당 사용자의 관심사를 추천해 주는 것이다.

그렇게 하기 위해 우리는 먼저 사용자들 간 유사도를 정의할 수 있어야 한다. 여기서는 21장 '자연어 처리'에서 두 단어 벡터 사이의 유사도를 측정하기 위해 활용한 코사인 유사도(cosine similarity) 지표를 사용할 것이다.

우리는 이것을 0, 1로 구성된 벡터에 적용할 것이다. 여기서 벡터 v는 각 사용자의 관심사를 나타낸다. 사용자가 관심사 i에 관심이 있을 때 v[i]의 값은 1이고 그렇지 않으면 0이다. 그러므로 '유사한 사용자'는 '벡터끼리 유사한 방향을 가리키는 사용자'를 의미한다. 완전히 동일한 관심사를 가진 사용자끼리는 유사도가 1이고, 관심사가 전혀 겹치지 않는 사용자끼리는 유사도가 0이 된다. 대부분의 경우, 유사도는 그 사이의 값이 될 것이며, 1에 가까울수록 유사하고 0에 가까울수록 유사하지 않음을 의미한다.

먼저 사용자들의 관심사에 무엇이 있는지 파악하고, 각각의 관심사에 인덱스 번호를 부여하는 것으로 시작해 보자. 집합 컴프리헨션을 이용하면 전체 관심사 목록을 찾을 수 있고 해당 결과를 리스트에 넣고 정렬하자. 그 결과, 리스트의 첫 번째 항목은 0번 관심사가 될 것이다.

```
unique_interests = sorted({interest
                          for user_interests in users_interests
                          for interest in user_interests})
```

이는 다음과 같이 시작되는 리스트로 구성될 것이다.

```
assert unique_interests[:6] == [
    'Big Data',
    'C++',
    'Cassandra',
    'HBase',
    'Hadoop',
    'Haskell',
    # ...
]
```

이제 0과 1로 구성된 각 사용자의 '관심사' 벡터를 만들어 보자. 조금 전에 구한 unique_interests 리스트를 사용해서, 사용자가 해당 관심사를 가지고 있으면 1, 그렇지 않으면 0인 값을 갖는 벡터로 사용자의 관심사를 나타내자.

```
def make_user_interest_vector(user_interests: List[str]) -> List[int]:
    """
    unique_interests[i]가 관심사 리스트에 존재한다면
    i번째 요소가 1이고, 존재하지 않는다면 0인 벡터를 생성
    """
    return [1 if interest in user_interests else 0
            for interest in unique_interests]
```

이제 사용자 관심사 벡터의 리스트를 만들 수 있다.

```
user_interest_vectors = [make_user_interest_vector(user_interests)
                         for user_interests in users_interests]
```

여기서 user_interest_matrix[i][j]는 사용자 i가 관심사 j에 관심이 있을 때는 1, 관심이 없을 때는 0의 값을 가진다.

우리의 데이터가 작기 때문에, 모든 사용자의 상호 유사도를 계산하는 데 문제가 없다.

```
from scratch.nlp import cosine_similarity
user_similarities = [[cosine_similarity(interest_vector_i, interest_vector_j)
                      for interest_vector_j in user_interest_vectors]
                     for interest_vector_i in user_interest_vectors]
```

계산 후에는 user_similarities[i][j]로부터 사용자 i와 사용자 j 사이의 유사도를 알 수 있다.

```
# 사용자 0과 9는 Hadoop, Java, Big Data의 관심사를 공유한다.
assert 0.56 < user_similarities[0][9] < 0.58, "several shared interests"

# 사용자 0과 9는 오직 Big Data만 관심사로 공유한다.
assert 0.18 < user_similarities[0][8] < 0.20, "only one shared interest"
```

특히, user_similarities[i]는 사용자 i의 관심사를 다른 모든 사용자와 비교한 벡터이다. 이에 따라 우리는 한 사용자와 가장 유사한 사용자들을 구할 수 있는 함수를 만들 수 있다. 본인을 비롯해서, 유사도가 0인 다른 사용자는 반드시 제외하자. 그리고 가장 유사한 사용자부터 가장 덜 유사한 사용자 순서로 정렬할 것이다.

```
def most_similar_users_to(user_id: int) -> List[Tuple[int, float]]:
    pairs = [(other_user_id, similarity)              # 0이 아닌
             for other_user_id, similarity in         # 유사도를 지닌
                 enumerate(user_similarities[user_id]) # 다른 사용자
             if user_id != other_user_id and similarity > 0]  # 찾기

    return sorted(pairs,                              # 가장 유사한
                  key=lambda pair: pair[-1],          # 것이 먼저 나오게
                  reverse=True)                       # 정렬
```

예를 들어 most_similar_users_to(0)의 값을 구하면 다음과 같다.

```
[(9, 0.5669467095138409),
 (1, 0.3380617018914066),
 (8, 0.1889822365046136),
 (13, 0.1690308509457033),
 (5, 0.1543033499620919)]
```

이 결괏값을 이용해서 어떻게 새로운 관심사를 추천해 줄 수 있을까? 각각의 관심사에 대해 해당 관심사에 관심이 있는 다른 사용자와의 유사도를 모두 더해 주면 된다.

```python
from collections import defaultdict

def user_based_suggestions(user_id: int,
                           include_current_interests: bool = False):
    # 유사도를 더한다.
    suggestions: Dict[str, float] = defaultdict(float)
    for other_user_id, similarity in most_similar_users_to(user_id):
        for interest in users_interests[other_user_id]:
            suggestions[interest] += similarity

    # 정렬된 리스트로 변환
    suggestions = sorted(suggestions.items(),
                         key=lambda pair: pair[-1],  # 가중치
                         reverse=True)

    # (필요하다면) 이미 관심사로 표시한 것은 제외
    if include_current_interests:
        return suggestions
    else:
        return [(suggestion, weight)
                for suggestion, weight in suggestions
                if suggestion not in users_interests[user_id]]
```

위 함수를 통해 user_based_suggestions(0)를 계산하면 다음과 같은 결과를 얻는다.

```
[('MapReduce', 0.5669467095138409),
 ('MongoDB', 0.50709255283711),
 ('Postgres', 0.50709255283711),
 ('NoSQL', 0.3380617018914066),
 ('neural networks', 0.1889822365046136),
 ('deep learning', 0.1889822365046136),
 ('artificial intelligence', 0.1889822365046136),
 #...
]
```

이 정도면 'Big Data'와 'DB' 관련 관심사를 가진 사람에게 추천하기에 괜찮아 보인다. (여기서 오른쪽의 가중치들은 딱히 어떤 의미를 가지는 것은 아니고, 다만 정렬을 하는 데 쓰인다.)

그러나 이 접근법은 아이템(관심사)의 수가 아주 많아지면 잘 작동하지 않는다. 12.3절 '차원의 저주'를 기억하는가? 차원이 아주 커지면 대부분의 벡터들은

서로 멀리 떨어지게 되기 때문에 결과적으로 대부분의 벡터는 서로 상당히 다른 방향을 가리키게 된다. 즉, 관심사의 수가 아주 많아지면 특정 사용자와 '가장 유사한 사용자'는 사실 전혀 유사하지 않을 가능성이 높다.

내가 지난 수십 년간 수천 개의 물건을 구매한 아마존닷컴과 같은 웹사이트를 떠올려 보면 이 상황이 잘 이해가 될 것이다. 구매 패턴을 통해 나와 유사한 사용자를 찾으려는 시도를 할 수는 있겠지만, 나의 구매 이력과 비슷한 이력을 지닌 사람은 존재하지 않을 것이다. 나와 '가장 유사한 사용자'가 누구일지는 몰라도 그는 결코 나와 유사하지 않을 것이고, 실제로는 그의 구매 패턴을 기반으로 한 추천도 내게는 무용지물일 가능성이 크다.

23.4 상품 기반 협업 필터링

또 다른 접근 방법으로 관심사 자체에 대한 유사도를 구하는 방법이 있다. 이 방법은 사용자의 현재 관심사와 가장 유사한 관심사들을 직접적으로 추천해 준다.

먼저 기존의 사용자-관심사 행렬의 **전치행렬**(transpose)을 구하자. 이 행렬은 관심사가 행, 사용자가 열이 된다.

```
interest_user_matrix = [[user_interest_vector[j]
                         for user_interest_vector in user_interest_vectors]
                        for j, _ in enumerate(unique_interests)]
```

이 행렬은 어떻게 생겼는가? interest_user_matrix의 행 j는 user_interest_matrix의 열 j와 같다. 즉, 관심사에 특정 사용자가 관심을 가지면 1, 관심을 가지지 않으면 0이 표기되어 있다.

예를 들어 unique_interests[0]은 Big Data이므로 그에 관심 가진 사용자 0, 8, 9의 란에 1을 채워 넣으면 interest_user_matrix[0]은 다음과 같다.

```
[1, 0, 0, 0, 0, 0, 0, 0, 1, 1, 0, 0, 0, 0, 0]
```

여기에 다시 코사인 유사도를 적용해 보자. 완전히 동일한 사용자들의 집합이 두 관심사에 관심이 있다면 이 관심사들의 유사도는 1이다. 만약 두 관심사에 동일하게 관심을 갖는 사용자가 단 한 명이라도 없다면 이 관심사들의 유사도는 0이다.

```
interest_similarities = [[cosine_similarity(user_vector_i, user_vector_j)
                          for user_vector_j in interest_user_matrix]
                         for user_vector_i in interest_user_matrix]
```

예를 들어 interest 0인 Big Data와 가장 유사한 관심사는 다음 함수를 이용해서
구할 수 있다.

```python
def most_similar_interests_to(interest_id: int):
    similarities = interest_similarities[interest_id]
    pairs = [(unique_interests[other_interest_id], similarity)
             for other_interest_id, similarity in enumerate(similarities)
             if interest_id != other_interest_id and similarity > 0]
    return sorted(pairs,
                  key=lambda pair: pair[-1],
                  reverse=True)
```

결과는 다음과 같다.

```
[('Hadoop', 0.8164965809277261),
 ('Java', 0.6666666666666666),
 ('MapReduce', 0.5773502691896258),
 ('Spark', 0.5773502691896258),
 ('Storm', 0.5773502691896258),
 ('Cassandra', 0.4082482904638631),
 ('artificial intelligence', 0.4082482904638631),
 ('deep learning', 0.4082482904638631),
 ('neural networks', 0.4082482904638631),
 ('HBase', 0.3333333333333333)]
```

추천 목록은 사용자의 관심사와 유사한 관심사들의 유사도의 합으로 구할 수
있다.

```python
def item_based_suggestions(user_id: int,
                           include_current_interests: bool = False):
    # 비슷한 관심사를 더한다.
    suggestions = defaultdict(float)
    user_interest_vector = user_interest_vectors[user_id]
    for interest_id, is_interested in enumerate(user_interest_vector):
        if is_interested == 1:
            similar_interests = most_similar_interests_to(interest_id)
            for interest, similarity in similar_interests:
                suggestions[interest] += similarity

    # 가중치 기준으로 정렬
    suggestions = sorted(suggestions.items(),
                         key=lambda pair: pair[-1],
                         reverse=True)

    if include_current_interests:
        return suggestions
    else:
```

```
    return [(suggestion, weight)
            for suggestion, weight in suggestions
            if suggestion not in users_interests[user_id]]
```

사용자 0에게는 다음의 (꽤 그럴듯한) 추천 목록이 주어진다.

```
[('MapReduce', 1.861807319565799),
 ('Postgres', 1.3164965809277263),
 ('MongoDB', 1.3164965809277263),
 ('NoSQL', 1.2844570503761732),
 ('programming languages', 0.5773502691896258),
 ('MySQL', 0.5773502691896258),
 ('Haskell', 0.5773502691896258),
 ('databases', 0.5773502691896258),
 ('neural networks', 0.4082482904638631),
 ('deep learning', 0.4082482904638631),
 ('C++', 0.4082482904638631),
 ('artificial intelligence', 0.4082482904638631),
 ('Python', 0.2886751345948129),
 ('R', 0.2886751345948129)]
```

23.5 행렬 분해

앞서 보았다시피, 사용자의 선호도를 0과 1로 구성된 [사용자 수, 상품 수]의 행렬로 표현할 수 있다. 이때 1은 좋다고 표현한 상품을 의미하며 0은 그렇지 않은 상품에 대응된다.

때로는 실제 숫자로 구성된 평점이 주어질 때도 있다. 가령 아마존에 후기를 쓸 때 상품에 1부터 5까지 별점을 줄 수 있다. 해당 숫자는 (만약 평점을 받지 않은 상품은 일단 무시한다면) 여전히 [사용자 수, 상품 수] 행렬로 표현할 수 있을 것이다.

이번 절에서는 이러한 평점 데이터에서 어떤 사용자가 특정 상품에 어떤 평점을 줄 것인지를 예측하는 모델을 학습하는 방법을 살펴볼 것이다.

이 문제에 접근하는 한 가지 방법으로, 모든 사용자에게 잠재적인 '타입'이 주어지고 이를 숫자로 구성된 벡터로 표현할 수 있다고 가정하는 것이다. 상품 또한 잠재적인 '타입'이 주어진다고 가정할 것이다.

만약 사용자의 타입을 [사용자 수, 차원] 행렬로 표현할 수 있고, 상품 타입의 전치행렬을 [차원, 상품 수] 행렬로 표현될 수 있다면, 그 둘의 곱은 [사용자 수, 상품 수] 행렬이 될 것이다. 즉, 선호도 행렬을 사용자 행렬과 상품 행렬 둘로 '분해'하는 모델을 만들 수 있다.

(어쩌면 이러한 잠재적 타입 얘기가 21장 '자연어 처리'에서 만들었던 단어 임베딩을 떠오르게 할 수도 있다. 그 생각은 잊지 말고 기억하고 있도록 하자.)

우리가 만든 열 명짜리 데이터 대신, MovieLens 100k 데이터를 사용해 보자. 해당 데이터는 여러 사용자가 여러 영화에 대해 0부터 5점까지의 평점을 매긴 데이터이다. 각 사용자는 전체 영화의 일부만 평점을 매겼다. 이를 사용하여 임의의 (사용자, 영화) 쌍이 주어졌을 때, 평점을 예측할 수 있는 시스템을 만들 것이다. 사용자가 이미 점수를 부여한 영화를 잘 예측할 수 있도록 모델을 학습시키다 보면 해당 모델이 사용자가 평가하지 않은 영화에 대해서도 평점을 잘 예측해 줄 것이다.

먼저, 데이터부터 받아 오자. 해당 데이터는 *http://files.grouplens.org/datasets/movielens/ml-100k.zip*에서 받을 수 있다.

압축을 풀도록 하자. 우리가 필요한 파일은 두 개이다.

```
# 현재 디렉터리를 가리키고 있는데 필요에 따라 수정하도록 하자.
MOVIES = "u.item"   # 파이프로 구분된 데이터: 영화 아이디|제목|...
RATINGS = "u.data"  # 탭으로 구분된 데이터: 사용자 아이디, 영화 아이디, 평점, 타임 스탬프
```

계속 그래왔듯 데이터를 더 쉽게 다루도록 NamedTuple을 사용하자.

```python
from typing import NamedTuple
class Rating(NamedTuple):
    user_id: str
    movie_id: str
    rating: float
```

 영화 아이디와 사용자 아이디는 정수지만 연속된 값은 아니므로 (숫자를 새로 부여하는 것이 아니라면) 정수 그대로 다루는 경우 많은 차원을 낭비하게 된다. 이를 조금 더 단순하게 다루기 위해 아이디를 문자열로 취급하도록 하겠다.

이제 데이터를 읽어 들이고 탐색해 보자. 영화 파일은 파이프로 구분되어 있으며 많은 열을 갖고 있다. 우리는 여기에서 첫 번째 두 열인 아이디와 제목만 신경 쓸 것이다.

```python
import csv
# UnicodeDecodeError를 피하기 위해 인코딩 정보를 추가한다.
# https://stackoverflow.com/a/53136168/1076346 참고.
with open(MOVIES, encoding="iso-8859-1") as f:
    reader = csv.reader(f, delimiter="|")
    movies = {movie_id: title for movie_id, title, *_ in reader}
```

평점 파일은 탭으로 구분된 데이터이며, 총 4개의 열로 구성되어 있다(user_id, movie_id, rating(1부터 5까지), timestamp). 하지만 timestamp는 필요 없으니 무시하도록 하자.

```python
# [평점] 리스트 만들기
with open(RATINGS, encoding="iso-8859-1") as f:
    reader = csv.reader(f, delimiter="\t")
    ratings = [Rating(user_id, movie_id, float(rating))
                for user_id, movie_id, rating, _ in reader]

# 943명의 사용자가 평가한 1682개의 영화
assert len(movies) == 1682
assert len(list({rating.user_id for rating in ratings})) == 943
```

이 데이터는 흥미로운 탐색적 분석거리가 많이 있다. 예를 들어 스타워즈 영화의 평균 평점에 대해 궁금할 수도 있다. (해당 데이터는 1998년에 만들어진 것으로, "스타워즈: 보이지 않는 위험"이 나오기 1년 전에 만들어졌다).

```python
import re
# 영화 아이디 기준으로 평점을 모으기 위한 자료 구조
star_wars_ratings = {movie_id: []
                        for movie_id, title in movies.items()
                        if re.search("Star Wars|Empire Strikes|Jedi", title)}

# 평점을 순회하며 스타워즈 영화들의 평점을 수집
for rating in ratings:
    if rating.movie_id in star_wars_ratings:
        star_wars_ratings[rating.movie_id].append(rating.rating)

# 각 영화별로 평균 평점을 계산
avg_ratings = [(sum(title_ratings) / len(title_ratings), movie_id)
                for movie_id, title_ratings in star_wars_ratings.items()]

# 순서대로 출력
for avg_rating, movie_id in sorted(avg_ratings, reverse=True):
    print(f"{avg_rating:.2f} {movies[movie_id]}")
```

다들 꽤 높은 평점을 받았다.

```
4.36 Star Wars (1977)
4.20 Empire Strikes Back, The (1980)
4.01 Return of the Jedi (1983)
```

이제 이러한 평점을 예측할 수 있는 모델을 만들어 보자. 우선, 평점 데이터를 학습, 검증, 평가 데이터로 나누자.

```
import random
random.seed(0)
random.shuffle(ratings)

split1 = int(len(ratings) * 0.7)
split2 = int(len(ratings) * 0.85)

train = ratings[:split1]              # 데이터의 70%
validation = ratings[split1:split2]   # 데이터의 15%
test = ratings[split2:]               # 데이터의 15%
```

늘 아주 단순한 베이스라인 모델을 만들어서 우리의 모델이 그보다 잘하는지 확인하는 것이 좋다. 여기서는 '평균 평점을 예측'하는 모델이 베이스라인이 될 수도 있다. 모델의 평가 척도로 오차 제곱 합의 평균을 사용할 것이므로 아래와 같이 베이스라인 모델이 평가 데이터에서 어느 정도 성능을 보이는지 확인할 수 있다.

```
avg_rating = sum(rating.rating for rating in train) / len(train)
baseline_error = sum((rating.rating - avg_rating) ** 2
                     for rating in test) / len(test)

# 우리는 이보다 더 잘해야 한다.
assert 1.26 < baseline_error < 1.27
```

임베딩이 주어졌을 때, 예측된 평점은 사용자 임베딩과 영화 임베딩의 행렬곱으로 주어진다. 어떤 사용자와 영화가 주어지면 해당 값은 각각 임베딩의 내적이다.

우선 임베딩을 생성하는 것부터 시작하자. 이를 딕셔너리를 사용하여 키는 아이디, 값은 벡터로 만들어서 특정 아이디에 대응되는 임베딩을 손쉽게 검색할 수 있도록 하겠다.

```
from scratch.deep_learning import random_tensor

EMBEDDING_DIM = 2

# 서로 다른 아이디를 찾는다.
user_ids = {rating.user_id for rating in ratings}
movie_ids = {rating.movie_id for rating in ratings}

# 각 아이디별로 임의의 벡터를 생성
user_vectors = {user_id: random_tensor(EMBEDDING_DIM)
                for user_id in user_ids}
movie_vectors = {movie_id: random_tensor(EMBEDDING_DIM)
                 for movie_id in movie_ids}
```

이쯤 되면 학습 루프를 만드는 것은 이미 전문가처럼 할 수 있을 것이다.

```python
from typing import List
import tqdm
from scratch.linear_algebra import dot

def loop(dataset: List[Rating],
         learning_rate: float = None) -> None:
    with tqdm.tqdm(dataset) as t:
        loss = 0.0
        for i, rating in enumerate(t):
            movie_vector = movie_vectors[rating.movie_id]
            user_vector = user_vectors[rating.user_id]
            predicted = dot(user_vector, movie_vector)
            error = predicted - rating.rating
            loss += error ** 2

            if learning_rate is not None:
                # 예측치 = m_0 * u_0 + ... + m_k * u_k
                # 각각 u_j가 가중치 m_j를 받고 출력에 들어가며
                # 각각 m_j가 가중치 u_j를 받고 출력에 들어간다.
                user_gradient = [error * m_j for m_j in movie_vector]
                movie_gradient = [error * u_j for u_j in user_vector]

                # 그래디언트만큼 이동
                for j in range(EMBEDDING_DIM):
                    user_vector[j]  = learning_rate * user_gradient[j]
                    movie_vector[j] -= learning_rate * movie_gradient[j]
        t.set_description(f"avg loss: {loss / (i + 1)}")
```

이제 우리 모델을 학습하여 최적의 임베딩을 찾을 수 있다. 나의 경우 학습률 (learning rate)을 에폭이 지날 때마다 조금씩 줄여 주는 편이 좋았다.

```python
learning_rate = 0.05
for epoch in range(20):
    learning_rate *= 0.9
    print(epoch, learning_rate)
    loop(train, learning_rate=learning_rate)
    loop(validation)
loop(test)
```

이 모델은 쉽게 학습 데이터에 오버피팅될 수 있다. EMBEDDING_DIM=2인 경우에 가장 좋은 결과를 얻을 수 있었으며 평가 데이터에서의 평균 손실이 0.89 정도 나왔다.

만약 고차원 임베딩을 사용하고 싶다면 15.8절 'Regularization'에서 본 것과 같은 regularization을 적용해 볼 수 있을 것이다. 특히, 매 그래디언트를 갱신할 때마다 가중치를 0 쪽으로 줄여볼 수 있을 것이다. 해당 기법을 적용해도 나는 특별히 더 나은 결과를 얻지는 못했다.

이제 학습된 벡터를 살펴보자. 각각의 항목이 특별히 의미를 갖고 있어야 할 이유는 없기 때문에 주성분 분석을 사용할 것이다.

```
from scratch.working_with_data import pca, transform

original_vectors = [vector for vector in movie_vectors.values()]
components = pca(original_vectors, 2)
```

벡터를 주성분으로 표현하고 영화 아이디와 평균 평점 기준으로 살펴보겠다.

```
ratings_by_movie = defaultdict(list)
for rating in ratings:
    ratings_by_movie[rating.movie_id].append(rating.rating)

vectors = [
    (movie_id,
     sum(ratings_by_movie[movie_id]) / len(ratings_by_movie[movie_id]),
     movies[movie_id],
     vector)
    for movie_id, vector in zip(movie_vectors.keys(),
                                transform(original_vectors, components))
]

# 주성분 기준으로 첫 25, 마지막 25를 출력
print(sorted(vectors, key=lambda v: v[-1][0])[:25])
print(sorted(vectors, key=lambda v: v[-1][0])[-25:])
```

첫 25개 영화는 높은 평점을 받은 데에 비해 마지막 25개는 대체로 낮은 (혹은 점수가 아예 없는) 평점을 받았다. 이로부터 제1 주성분은 대체로 '얼마나 좋은 영화인가?'라는 정보를 담고 있음을 시사한다.

　제2 주성분의 의미를 파악하는 것은 어렵다. 실제로 2차원 임베딩이 1차원 임베딩에 비해 아주 약간 더 나았는데, 이는 제2 주성분의 정보력이 미묘하다는 것을 시사한다. (아마 더 큰 MovieLens 데이터에서는 더 흥미로운 일들이 많을 것이다.)

23.6 더 공부해 보고 싶다면

- Surprise[1]는 '추천 시스템을 만들고 분석하기 위한' 파이썬 라이브러리로 유명하며 꽤 최신 정보를 담고 있다.
- Netflix Prize[2]는 넷플릭스 사용자들을 위해 더 나은 추천 시스템을 만들기 위한 유명한 공모전이었다.

---

1 *http://surpriselib.com/*
2 *http://www.netflixprize.com*

24장

데이터베이스와 SQL

기억(memory)은 인간에게 최고의 벗이자 최악의 원수다.
- 길버트 파커(Gilbert Parker)

데이터는 종종 **데이터베이스**(database)에 저장되어 제공된다. 데이터베이스는 데이터를 효과적으로 저장하고 질의, 또는 쿼리(query)하기 위한 시스템으로, 이 중 대부분은 PostgreSQL, MySQL, SQL Server 등과 같이 데이터를 테이블에 저장하고 데이터를 조작할 수 있는 선언적(declarative) 언어인 SQL(structured query language)로 쿼리하는 **관계형 데이터베이스**(relational database)이다.

SQL은 데이터 과학자에게는 필수적인 도구 중 하나이다. 이 장에서는 데이터 베이스라고 하기에는 다소 애매하지만, NotQuiteABase라는 파이썬 구현체를 만들 것이다. 더불어 NotQuiteABase에 SQL을 실제로 적용해 보면서, SQL을 어떤 식으로 활용하는지 살펴볼 예정이다. 이런 방식으로 NotQuiteABase에서 문제를 푸는 것을 통해 실생활에서 SQL을 사용하여 문제를 푸는 방식을 익힐 수 있길 바란다.

24.1 CREATE TABLE과 INSERT

관계형 데이터베이스는 여러 테이블의 집합(과 그들 간의 관계)이다. 그리고 테이블은 지금까지 우리가 다뤘던 행렬들과 크게 다르지 않은 행의 집합이다. 가장 중요한 차이점은, 테이블에는 열[1]의 이름과 데이터 타입(data type)이 명시된

---

1 (옮긴이) 관계형 데이터베이스에서는 열 대신 속성(attribute)이라는 표현도 자주 사용된다.

스키마(schema)가 추가된다는 것이다.

가령, users라는 데이터셋에 각 사용자의 user_id, name, num_friends에 해당하는 데이터가 있다고 해보자.

```
users = [[0, "Hero", 0],
         [1, "Dunn", 2],
         [2, "Sue", 3],
         [3, "Chi", 3]]
```

SQL에서는 이 테이블을 다음과 같이 생성하게 된다.

```
CREATE TABLE users (
    user_id INT NOT NULL,
    name VARCHAR(200),
    num_friends INT);
```

여기서 user_id, num_friends는 정수형(integer)이고 name은 200 또는 그 이하의 수의 문자들로 구성되어야 한다고 정의했다. 또한 user_id는 NOT NULL, 즉 값이 빠질 수 없다는 것을 명시했다. (파이썬으로 이는 not None과 유사하다.)

 SQL은 대소문자와 들여쓰기의 사용에 거의 영향을 받지 않는다. 이곳의 예시에서 사용하는 대소문자와 들여쓰기 스타일은 개인적으로 선호하는 형태일 뿐이고, SQL을 공부하면서 다른 자료들을 보다 보면 얼마든지 다른 스타일을 채택하는 예시들을 볼 수 있을 것이다.

데이터 행은 INSERT문으로 입력할 수 있다.

```
INSERT INTO users (user_id, name, num_friends) VALUES (0, 'Hero', 0);
```

SQL문은 항상 세미콜론(;)으로 끝난다. 또한 문자열을 입력할 때는 작은 따옴표(')를 쓴다.

NotQuiteABase에서는 비슷한 종류의 스키마를 명기함으로써 Table이 자동으로 생성될 것이다. 행을 입력하기 위해서는 테이블의 열과 동일한 순서로 작성된 리스트를 insert 함수에 전달해 주면 된다.

그러면 실질적으로 함수 내부에서는 각 열의 이름과 값으로 구성된 딕셔너리로 변환된 상태로 행이 저장된다. 실제 데이터베이스라면 이렇게 저장 공간을 낭비하는 데이터 구조를 사용하지는 않겠지만, 이렇게 하면 NotQuiteABase를 쉽게 다룰 수 있다는 이점이 있다.

NotQuiteABase의 **Table**을 거대한 클래스로 구현할 것이며 메서드를 하나씩 구현할 것이다. 우선 임포트와 타입 별칭(type alias)으로 시작하도록 하자.

```python
from typing import Tuple, Sequence, List, Any, Callable, Dict, Iterator
from collections import defaultdict

# 이후에 사용할 타입 별칭
Row = Dict[str, Any]                        # 데이터베이스 행
WhereClause = Callable[[Row], bool]         # 단일 행을 위한 술어
HavingClause = Callable[[List[Row]], bool]  # 여러 행에 대한 술어
```

생성자부터 시작하자. NotQuiteABase 테이블을 만들기 위해 SQL 데이터베이스에서 테이블을 생성하는 것과 같이, 열 이름의 리스트와 열 타입의 리스트를 넘겨야 한다.

```python
class Table:
    def __init__(self, columns: List[str], types: List[type]) -> None:
        assert len(columns) == len(types), "# of columns must == # of types"

        self.columns = columns          # 열의 이름
        self.types = types              # 열의 데이터 타입
        self.rows: List[Row] = []       # (아직 데이터는 없다.)
```

열의 타입을 받기 위한 도우미 메서드를 추가하자.

```python
    def col2type(self, col: str) -> type:
        idx = self.columns.index(col)   # 열의 인덱스를 찾고
        return self.types[idx]          # 해당 타입을 반환
```

추가되는 값이 올바른지 확인해 주는 insert 메서드를 추가해 주자. 특히, 맞는 개수의 값을 제공해야 하며 각각이 올바른 타입이어야(혹은 **None**)한다.

```python
    def insert(self, values: list) -> None:
        # 값이 올바른 개수인지 확인
        if len(values) != len(self.types):
            raise ValueError(f"You need to provide {len(self.types)} values")

        # 값의 타입이 맞는지 확인
        for value, typ3 in zip(values, self.types):
            if not isinstance(value, typ3) and value is not None:
                raise TypeError(f"Expected type {typ3} but got {value}")

        # 대응되는 딕셔너리를 하나의 행으로 추가
        self.rows.append(dict(zip(self.columns, values)))
```

실제 SQL 데이터베이스에서는 특정 열이 빈(null) 값(None)을 가질 수 있는지 여부를 직접 정할 것이다. 편의상 모든 열이 그럴 수 있다고 가정하도록 하겠다.

또한 몇 개의 dunder 메서드를 추가하여, 테이블이 List[Row]처럼 동작할 수 있도록 하여 테스트를 수월하게 만들 것이다.

```python
def __getitem__(self, idx: int) -> Row:
    return self.rows[idx]

def __iter__(self) -> Iterator[Row]:
    return iter(self.rows)

def __len__(self) -> int:
    return len(self.rows)
```

이제 테이블을 예쁘게 출력할 수 있도록 메서드를 추가하자.

```python
def __repr__(self):
    """테이블을 예쁘게 표현하자: 열 이후에 행"""
    rows = "\n".join(str(row) for row in self.rows)

    return f"{self.columns}\n{rows}"
```

이제 Users 테이블을 만들 수 있다.

```python
# 생성자는 열의 이름과 타입을 필요로 한다.
users = Table(['user_id', 'name', 'num_friends'], [int, str, int])
users.insert([0, "Hero", 0])
users.insert([1, "Dunn", 2])
users.insert([2, "Sue", 3])
users.insert([3, "Chi", 3])
users.insert([4, "Thor", 3])
users.insert([5, "Clive", 2])
users.insert([6, "Hicks", 3])
users.insert([7, "Devin", 2])
users.insert([8, "Kate", 2])
users.insert([9, "Klein", 3])
users.insert([10, "Jen", 1])
```

이제 print(users)를 실행하면 다음과 같은 출력을 볼 수 있다.

```
['user_id', 'name', 'num_friends']
{'user_id': 0, 'name': 'Hero', 'num_friends': 0}
{'user_id': 1, 'name': 'Dunn', 'num_friends': 2}
{'user_id': 2, 'name': 'Sue', 'num_friends': 3}
...
```

리스트와 비슷한 API를 제공하고 있으므로 쉽게 테스트를 작성할 수 있다.

```
assert len(users) == 11
assert users[1]['name'] == 'Dunn'
```

아직 추가해야 하는 기능이 많이 남았다.

24.2 UPDATE

가끔은 데이터를 입력한 후 수정, 또는 업데이트해야 할 때가 있다. 예를 들어 Dunn에게 친구가 한 명 더 생겼다고 하면, SQL로 다음과 같은 쿼리를 던질 것이다.

```
UPDATE users
SET num_friends = 3
WHERE user_id = 1;
```

이때 명시해야 하는 것은 다음과 같다.

- 어떤 테이블을 업데이트할 것인가
- 어떤 행을 업데이트할 것인가
- 어떤 필드를 업데이트할 것인가
- 어떤 값으로 치환할 것인가

NotQuiteABase에도 비슷하게 update라는 함수를 추가해 보자. 함수의 첫 번째 인자에는 키가 업데이트할 열, 값이 치환하고자 하는 필드의 새로운 값인 딕셔너리를 전달할 것이다. (선택적인) 두 번째 인자에는 업데이트하고 싶은 행에 대해서만 True를 반환하고 그렇지 않은 경우에는 False를 반환해 주는 predicate 라는 함수를 전달할 것이다.

```
def update(self,
           updates: Dict[str, Any],
           predicate: WhereClause = lambda row: True):
    # 일단 updates가 올바른 이름과 타입을 지녔는지 확인
    for column, new_value in updates.items():
        if column not in self.columns:
            raise ValueError(f"invalid column: {column}")

        typ3 = self.col2type(column)
        if not isinstance(new_value, typ3) and new_value is not None:
```

```
            raise TypeError(f"expected type {typ3}, but got {new_value}")

        # 이제 업데이트하자.
        for row in self.rows:
            if predicate(row):
                for column, new_value in updates.items():
                    row[column] = new_value
```

그리고 다음과 같이 이용할 수 있다.

```
assert users[1]['num_friends'] == 2            # 원래 값

users.update({'num_friends' : 3},              # num_friends = 3으로 설정
             lambda row: row['user_id'] == 1)  # user_id == 1인 행에 대해

assert users[1]['num_friends'] == 3            # 값을 업데이트
```

24.3 DELETE

SQL로 테이블의 행을 지우는 방법은 두 가지이다. 먼저, 테이블의 모든 행을 지우는 위험한 방법이 있다.

```
DELETE FROM users;
```

덜 위함한 방법으로 특정 조건(condition)을 만족하는 행만 WHERE절을 추가하여 제거하는 방법이 있다.

```
DELETE FROM users WHERE user_id = 1;
```

우리 Table에 이런한 기능을 추가하는 것은 그리 어렵지 않다.

```
    def delete(self, predicate: WhereClause = lambda row: True) -> None:
        """predicate(술부)에 해당하는 모든 행을 제거"""
        self.rows = [row for row in self.rows if not predicate(row)]
```

WHERE절과 같은 predicate(술부) 함수를 전달하면 그 조건에 맞는 행만 삭제할 것이다. predicate를 전달하지 않으면 기본적으로 항상 True를 반환하기 때문에 모든 행을 삭제할 것이다.

　예를 들면 다음과 같다.

```
# 이를 실제로 실행하지는 않을 것이다.
users.delete(lambda row: row["user_id"] == 1)  # user_id == 1인 행을 삭제
users.delete()                                 # 모든 행을 삭제
```

24.4 SELECT

SQL 테이블을 직접 들여다 볼 일은 그렇게 많지 않을 것이다. 대신 SELECT문을 이용해서 필요한 몇 가지 행만 선택해서 보는 경우가 많다.

```
SELECT * FROM users;                              -- 모든 내용을 선택
SELECT * FROM users LIMIT 2;                       -- 첫 두 행만 선택
SELECT user_id FROM users;                         -- 특정 열만 선택
SELECT user_id FROM users WHERE name = 'Dunn';   -- 특정 행만 선택
```

SELECT문은 필드값을 계산하기 위해 사용하기도 한다.

```
SELECT LENGTH(name) AS name_length FROM users;
```

이제 Table에 select 매서드를 추가해 보자. 이 함수는 새로운 Table을 반환할 것이고, 두 개의 선택적 인자를 전달받는다.

- keep_columns에는 보존하고 싶은 열의 이름을 입력할 수 있다. 명시하지 않으면 기본적으로 모든 열을 보존한다.
- additional_columns에는 새로 추가하고 싶은 열을 딕셔너리의 형태로 입력할 수 있다. 이때 딕셔너리의 키는 추가하는 열의 이름이 되고, 값은 새 열의 값을 계산하는 방법을 명시한 함수이다. 해당 함수의 타입 어노테이션을 살펴보고 이로부터 새 열의 타입을 알아낼 것이다. 그러므로 함수가 반환 타입을 어노테이션해 줘야 한다.

두 인자 중 아무것도 전달하지 않으면 입력한 테이블과 같은 테이블이 그대로 반환된다.

```python
def select(self,
           keep_columns: List[str] = None,
           additional_columns: Dict[str, Callable] = None) -> 'Table':

    if keep_columns is None:          # 만약 특정 열이 명시되지 않았다면
        keep_columns = self.columns   # 모든 열을 반환

    if additional_columns is None:
        additional_columns = {}

    # 새 열 이름과 타입
    new_columns = keep_columns + list(additional_columns.keys())
    keep_types = [self.col2type(col) for col in keep_columns]
```

```
    # 타입 어노테이션으로부터 반환 타입을 알아내는 방법은 다음과 같다.
    # 만약 calculation에 반환 타입이 없다면 코드가 멈춰버릴 것이다.
    add_types = [calculation.__annotations__['return']
                 for calculation in additional_columns.values()]

    # 결과를 저장하기 위한 새로운 테이블
    new_table = Table(new_columns, keep_types + add_types)

    for row in self.rows:
        new_row = [row[column] for column in keep_columns]
        for column_name, calculation in additional_columns.items():
            new_row.append(calculation(row))
        new_table.insert(new_row)

    return new_table
```

 2장 '파이썬 속성 강좌'에서 타입 어노테이션이 사실 아무것도 하지 않는다고 언급했던 것을 기억하는가? 위의 예시가 이에 대한 반례이다. 하지만 이를 위해 거쳐야 하는 과정이 너무도 복잡했다.

한 가지 유의할 점은, select 메서드는 아예 새로운 Table을 반환하는데 반해 실제 SQL의 SELECT문은 결괏값을 테이블에 넣어 달라고 명시하지 않으면 화면에 출력되기만 한다.

여기서 where 그리고 limit 메서드까지 추가해 보자. 둘 다 간단하게 추가할 수 있다.

```
def where(self, predicate: WhereClause = lambda row: True) -> 'Table':
    """주어진 predicate에 해당하는 행만 반환"""
    where_table = Table(self.columns, self.types)
    for row in self.rows:
        if predicate(row):
            values = [row[column] for column in self.columns]
            where_table.insert(values)
    return where_table

def limit(self, num_rows: int) -> 'Table':
    """첫 num_rows만큼의 행만 반환"""
    limit_table = Table(self.columns, self.types)
    for i, row in enumerate(self.rows):
        if i >= num_rows:
            break
        values = [row[column] for column in self.columns]
        limit_table.insert(values)
    return limit_table
```

이제 앞서 본 SQL문과 동일하게 작동하는 NotQuiteABase 코드를 작성해 볼 수 있다.

```
# SELECT * FROM users;
all_users = users.select()
assert len(all_users) == 11

# SELECT * FROM users LIMIT 2;
two_users = users.limit(2)
assert len(two_users) == 2

# SELECT user_id FROM users;
just_ids = users.select(keep_columns=["user_id"])
assert just_ids.columns == ['user_id']

# SELECT user_id FROM users WHERE name = 'Dunn';
dunn_ids = (
    users
    .where(lambda row: row["name"] == "Dunn")
    .select(keep_columns=["user_id"])
)assert len(dunn_ids) == 1
assert dunn_ids[0] == {"user_id": 1}

# SELECT LENGTH(name) AS name_length FROM users;
def name_length(row) -> int: return len(row["name"])

name_lengths = users.select(keep_columns=[],
                            additional_columns = {"name_length": name_length})
assert name_lengths[0]['name_length'] == len("Hero")
```

여러 줄에 이어진 쿼리를 사용하기 위해 해당 쿼리들을 괄호로 감싼 것을 눈여겨보자.

24.5 GROUP BY

빈번하게 쓰이는 또 다른 SQL문 중 하나는 GROUP BY이다. GROUP BY는 지정된 열에서 동일한 값을 가진 행을 묶어 주며 MIN이나 MAX, COUNT, SUM 등의 병합 계산을 할 수 있게 해준다.

예를 들어 이름의 길이에 따른 사용자의 수와 가장 작은 user_id를 알고 싶을 수 있다.

```
SELECT LENGTH(name) as name_length,
 MIN(user_id) AS min_user_id,
 COUNT(*) AS num_users
```

```
FROM users
GROUP BY LENGTH(name);
```

SELECT를 통해 선택되는 모든 데이터 필드는 name_length처럼 GROUP BY절에 포함되어 있거나 min_user_id, num_users처럼 병합 계산되어야 한다.

SQL에는 WHERE절과 매우 유사하게 작동하는 HAVING절도 있는데, 병합을 하기 전에 행을 필터링하는 WHERE절과 달리 HAVING절은 병합된 결과를 필터링한다.

또는 이름이 특정 글자로 시작하는 사용자들의 평균 친구 수를 보고 싶을 수도 있다. 특히 그중에서도 친구 수가 평균적으로 1 이상인 경우만 출력해 보자 (조금 억지스러운 상황이긴 하지만).

```
SELECT SUBSTR(name, 1, 1) AS first_letter,
 AVG(num_friends) AS avg_num_friends
FROM users
GROUP BY SUBSTR(name, 1, 1)
HAVING AVG(num_friends) > 1;
```

 SQL 구현체에 따라 문자열을 다루는 함수가 다를 수 있다. 어떤 데이터베이스는 SUBSTRING 혹은 다른 함수를 사용하곤 한다.

전체에 대한 총합을 구하고 싶을 때는 GROUP BY 부분만 제외하면 된다.

```
SELECT SUM(user_id) as user_id_sum
FROM users
WHERE user_id > 1;
```

NotQuiteABase Table에 이 기능을 추가하기 위해 group_by 메서드를 추가해 보자. 이 메서드는 그룹으로 묶고 싶은 열의 이름과 각 그룹에 적용하고 싶은 병합 함수 그리고 여러 열에 적용되는 having이라는 선택적인 인자를 받을 수 있다.

그리고 다음의 단계를 거쳐서 작동한다.

1. (그룹 지어진 값의) tuple을 (그룹된 값을 포함하는) 행으로 변환하는 defaultdict를 만든다. 리스트는 딕셔너리의 키로 사용할 수 없고, 대신 tuple을 사용해야 한다는 점을 상기하자.
2. 테이블의 행을 훑으며 defaultdict를 채운다.
3. 올바른 출력 열을 포함하는 새로운 테이블을 생성한다.
4. defaultdict를 순회하며 having 필터를 적용하고, 새로운 테이블에 값을 채워넣는다.

```
def group_by(self,
              group_by_columns: List[str],
              aggregates: Dict[str, Callable],
              having: HavingClause = lambda group: True) -> 'Table':

    grouped_rows = defaultdict(list)

    # 그룹을 채워 넣는다.
    for row in self.rows:
        key = tuple(row[column] for column in group_by_columns)
        grouped_rows[key].append(row)

    # 결과 테이블은 group_by 열과 병합된 열들로 구성된다.
    new_columns = group_by_columns + list(aggregates.keys())
    group_by_types = [self.col2type(col) for col in group_by_columns]
    aggregate_types = [agg.__annotations__['return']
                       for agg in aggregates.values()]
    result_table = Table(new_columns, group_by_types + aggregate_types)

    for key, rows in grouped_rows.items():
        if having(rows):
            new_row = list(key)
            for aggregate_name, aggregate_fn in aggregates.items():
                new_row.append(aggregate_fn(rows))
            result_table.insert(new_row)

    return result_table
```

✅ 실제 데이터베이스는 당연히 이보다 훨씬 효율적으로 작동한다.

이제 앞에서 작성했던 SQL문과 동일한 코드를 작성해 보자. name_length는 다음과 같다.

```
def min_user_id(rows) -> int:
    return min(row["user_id"] for row in rows)

def length(rows) -> int:
    return len(rows)

stats_by_length = (
    users
    .select(additional_columns={"name_length" : name_length})
    .group_by(group_by_columns=["name_length"],
              aggregates={"min_user_id" : min_user_id,
                          "num_users" : length})
)
```

first_letter는 다음과 같으며

```python
def first_letter_of_name(row: Row) -> str:
    return row["name"][0] if row["name"] else ""

def average_num_friends(rows: List[Row]) -> float:
    return sum(row["num_friends"] for row in rows) / len(rows)

def enough_friends(rows: List[Row]) -> bool:
    return average_num_friends(rows) > 1

avg_friends_by_letter = (
    users
    .select(additional_columns={'first_letter' : first_letter_of_name})
    .group_by(group_by_columns=['first_letter'],
              aggregates={"avg_num_friends" : average_num_friends},
              having=enough_friends)
)
```

user_id_sum은 다음과 같다.

```python
def sum_user_ids(rows: List[Row]) -> int:
    return sum(row["user_id"] for row in rows)

user_id_sum = (
    users
    .where(lambda row: row["user_id"] > 1)
    .group_by(group_by_columns=[],
              aggregates={ "user_id_sum" : sum_user_ids })
)
```

24.6 ORDER BY

결괏값을 정렬하고 싶을 때는 어떻게 하면 될까? 예를 들어 사용자의 이름을 알파벳 순서로 정렬한 후 맨 앞의 이름 두 개만 얻고 싶다면 어떻게 해야 할까?

```sql
SELECT * FROM users
ORDER BY name
LIMIT 2;
```

이 SQL문을 우리의 Table에 구현하기 위해 order라는 함수를 입력값으로 받는 order_by라는 새로운 메서드를 만들어 보자.

```python
def order_by(self, order: Callable[[Row], Any]) -> 'Table':
    new_table = self.select()        # 기존 테이블 복사
```

```
        new_table.rows.sort(key=order)
        return new_table
```

이 메서드는 다음과 같이 사용할 수 있다.

```
friendliest_letters = (
    avg_friends_by_letter
    .order_by(lambda row: -row["avg_num_friends"])
    .limit(4)
)
```

SQL의 **ORDER BY**는 오름차순(**ASC**)과 내림차순(**DESC**) 여부를 옵션으로 전달할 수 있다. 이는 우리의 order 함수에 추가해야 할 것이다.

24.7 JOIN

관계형 데이터베이스는 종종 중복을 최소화하도록 **정규화**(normalize)되어 있다. 예를 들어 파이썬으로 사용자 관심사를 다룰 때는 단순히 각 사용자에 대해 관심사를 리스트로 표현하면 됐었다.

　SQL 테이블은 보통 리스트를 담고 있지 않으므로 보통의 해결책은 새로운 테이블인 user_interests를 생성해서 user_id와 관심사 interest 사이에 1:N 관계를 성립하게 하는 것이다. 이를 SQL로 표현하면 다음과 같다.

```
CREATE TABLE user_interests (
    user_id INT NOT NULL,
    interest VARCHAR(100) NOT NULL
);
```

NotQuiteABase에서는 다음과 같이 테이블을 생성할 수 있다.

```
user_interests = Table(['user_id', 'interest'], [int, str])
user_interests.insert([0, "SQL"])
user_interests.insert([0, "NoSQL"])
user_interests.insert([2, "SQL"])
user_interests.insert([2, "MySQL"])
```

 아직도 중복되는 데이터가 꽤 많다. 가령 'SQL'이라는 관심사가 두 곳에 중복으로 저장되고 있다. 실제 데이터베이스에서는 user_interests 테이블에 user_id와 interest_id를 저장하고, interest_id와 interest를 또 다른 테이블인 interests에 저장하여 관심사 이름을 한 번만 저장하도록 할 것이다. 지금 그렇게 하는 것은 필요 이상으로 예시를 복잡하게 만들기 때문에 굳이 적용하지 않겠다.

데이터가 서로 다른 테이블에 있을 때, 어떻게 분석해야 할까? 이럴 때 사용하는 게 바로 JOIN이다. JOIN은 왼쪽에 있는 테이블의 행을 오른쪽에 있는 테이블의 행과 매칭(matching)시켜 준다. 이때 우리는 어떻게 '매칭'시킬 것인지만 정의해 주면 된다.

가령, SQL에 관심 있는 사용자 목록을 얻고 싶다면 다음과 같이 쿼리를 작성할 수 있다.

```
SELECT users.name
FROM users
JOIN user_interests
ON users.user_id = user_interests.user_id
WHERE user_interests.interest = 'SQL'
```

여기서 JOIN은 users 테이블의 각 행의 user_id를 살펴보고, user_interests 테이블에서 동일한 user_id의 행을 찾아 준다.

한편, JOIN을 할 때는 어떤 테이블과 어떤 열에(ON을 통해) JOIN을 할 것인지 명시해야 한다는 점을 기억해 두자. 지금까지는 매칭 조건에 맞는 조합(만)을 반환하는 INNER JOIN에 대해 배워 보았다.

한편, LEFT JOIN은 매칭 조건에 맞는 조합뿐 아니라 매칭되지 않은 왼쪽 테이블의 행까지도 모두 반환한다. (이 경우에는 오른쪽 테이블에 해당되는 값은 모두 NULL이 된다.)

LEFT JOIN을 사용하면 각 사용자의 관심사를 세는 것이 좀 더 쉬워진다.

```
SELECT users.id, COUNT(user_interests.interest) AS num_interests
FROM users
LEFT JOIN user_interests
ON users.user_id = user_interests.user_id
```

LEFT JOIN은 병합된 데이터셋에서 관심사가 하나도 없는 사용자도 포함시켜 주며(user_interests에 NULL이 들어 있을 뿐), COUNT는 NULL이 아닌 값만 세어 준다.

여기서 구현할 NotQuiteABase의 join 메서드는 조금 더 제한적으로 작동한다. 이 메서드는 공통적인 열을 기준으로 두 개의 테이블을 병합한다. 이렇게 구현하는 것도 그리 간단하지만은 않다.

```
def join(self, other_table: 'Table', left_join: bool = False) -> 'Table':

    join_on_columns = [c for c in self.columns        # 양쪽 테이블이
```

```
                      if c in other_table.columns]       # 모두 포함하는 열

        additional_columns = [c for c in other_table.columns # 오른쪽 테이블에만
                              if c not in join_on_columns]    # 존재하는 열

        # 왼쪽 테이블의 모든 열 + 오른쪽 테이블의 추가적인 열
        new_columns = self.columns + additional_columns
        new_types = self.types + [other_table.col2type(col)
                                  for col in additional_columns]

        join_table = Table(new_columns, new_types)

        for row in self.rows:
            def is_join(other_row):
                return all(other_row[c] == row[c] for c in join_on_columns)

            other_rows = other_table.where(is_join).rows

            # 반환되는 테이블의 각 행을 현재 행과 일치하는 행으로 구성
            for other_row in other_rows:
                join_table.insert([row[c] for c in self.columns] +
                                  [other_row[c] for c in additional_columns])

            # 만약 일치하는 행이 없다면 left join을 의미하며 None을 포함하는 테이블을 반환
            if left_join and not other_rows:
                join_table.insert([row[c] for c in self.columns] +
                                  [None for c in additional_columns])
        return join_table
```

이를 이용하면 SQL에 관심있는 사용자들을 다음과 같이 찾을 수 있다.

```
sql_users = (
    users
    .join(user_interests)
    .where(lambda row: row["interest"] == "SQL")
    .select(keep_columns=["name"])
)
```

그리고 관심사의 개수를 다음과 같이 계산할 수 있다.

```
def count_interests(rows: List[Row]) -> int:
    """None이 아닌 관심사의 개수를 세어 준다."""
    return len([row for row in rows if row["interest"] is not None])

user_interest_counts = (
    users
    .join(user_interests, left_join=True)
    .group_by(group_by_columns=["user_id"],
            aggregates={"num_interests" : count_interests })
)
```

한편 SQL에는 매칭되지 않는 오른쪽 테이블의 행을 보존해 주는 `RIGHT JOIN`도 있고, 양쪽 테이블 모두 매칭되지 않는 행을 모두 보존해 주는 `FULL OUTER JOIN`도 있다. 하지만 이는 참고로 알아 두기만 하고, 여기서 구현하지는 않을 것이다.

24.8 서브쿼리

SQL에서는 쿼리의 결과물을 마치 또 다른 테이블인 것처럼 간주하고 `SELECT`(또는 `JOIN`)를 할 수 있다. 예를 들어 SQL에 관심 있는 사용자들 중에서 user_id가 가장 작은 사용자를 반환하고 싶을 때 이런 서브쿼리(subquery)를 쓰면 좋다. (물론 `JOIN`을 통해서도 같은 작업을 할 수 있기는 하지만, 여기서는 서브쿼리를 통한 방법에 대해 알아보자).

```
SELECT MIN(user_id) AS min_user_id FROM
(SELECT user_id FROM user_interests WHERE interest = 'SQL') sql_interests;
```

NotQuiteABase를 잘 설계한 덕에, 별다른 함수를 추가하지 않아도 쉽게 찾아볼 수 있다(여기서는 쿼리의 결과가 실제로 테이블이기 때문에).

```
likes_sql_user_ids = (
    user_interests
    .where(lambda row: row["interest"] == "SQL")
    .select(keep_columns=['user_id'])
)likes_sql_user_ids.group_by(group_by_columns=[],
                            aggregates={ "min_user_id" : min_user_id })
```

24.9 인덱스

특정 값을 가진 행을 찾을 때(예를 들어 name이 'Hero'인), NotQuiteABase는 테이블의 모든 행을 훑어야 한다. 그리고 행의 수가 아주 많다면 시간도 무척 오래 걸릴 것이다.

직접 만든 join 알고리즘 역시 무척 비효율적이다. 왼쪽 테이블의 각 행별로, 오른쪽 테이블의 모든 행을 한 번씩 훑으며 매칭되는 행이 있는지 찾기 때문이다. 두 테이블이 모두 크다면, 이 과정은 엄청나게 오래 걸릴 수 있다.

게다가 때로는 열에 제약 조건을 주고 싶을 때도 있다. 예를 들어 users 테이블에서 두 명 이상의 사람들이 같은 user_id를 갖지 못하게 하고 싶을 수 있다.

인덱스(index)가 이 모든 문제를 해결해 준다. user_interests 테이블에 user_id에 대한 인덱스가 있다면 join 알고리즘은 전체 테이블을 훑어보지 않고도 매칭되는 행을 찾을 수 있게 된다. 또한 user_id 인덱스에 유일성(unique) 조건이 걸려 있다면, 중복된 값을 생성하려고 할 때 에러가 발생하도록 만들 수 있다.

데이터베이스의 각 테이블에는 하나 또는 그 이상의 인덱스가 있을 수 있고, 이 덕분에 중요한 열의 행을 빠르게 찾을 수 있으며, 효율적으로 테이블을 JOIN 하거나 열 또는 열의 조합에 유일성 제약 조건을 추가할 수 있다.

한편 인덱스를 만들고 사용하는 것은 (어떤 데이터베이스를 사용하냐에 따라 다르기는 하지만) 일종의 흑마법과 같다. 하지만 데이터베이스를 자주 다룰 거라면 제대로 배워 볼 가치가 있다.

24.10 쿼리 최적화

SQL에 관심 있는 사용자를 찾는 쿼리문은 다음과 같다.

```
SELECT users.name
FROM users
JOIN user_interests
ON users.user_id = user_interests.user_id
WHERE user_interests.interest = 'SQL'
```

NotQuiteABase로 이 쿼리를 쓸 수 있는 방법은 (적어도) 두 가지가 있다. user_interests 테이블을 필터링한 후 JOIN을 하거나

```
(    user_interests
    .where(lambda row: row["interest"] == "SQL")
    .join(users)
    .select(["name"])
)
```

JOIN을 한 후 필터링하는 방법이 있다.

```
(    user_interests
    .join(users)
    .where(lambda row: row["interest"] == "SQL")
    .select(["name"])
)
```

어떤 방법을 취하든 동일한 결과가 나올 것이지만 효율성을 따지자면 더 적은 수의 행에 대해 JOIN 연산을 하는 첫 번째 방법이 훨씬 좋다.

하지만 SQL에서는 보통 이런 걱정을 하지 않아도 된다. 원하는 결과를 '선언'

하고 나면, 쿼리 엔진이 알아서 어떤 방식으로 실행될 것인지 (그리고 어떤 인덱스를 사용할 것인지) 결정하기 때문이다.

24.11 NoSQL

데이터베이스의 최근 트렌드 중 하나는 데이터를 테이블로 표현하지 않는 비관계형(nonrelational) 데이터베이스, 즉 NoSQL이다. 예를 들어 MongoDB는 스키마와 행을 사용하지 않고 JSON 문서의 형태로 데이터를 표현하는 데이터베이스이다.

그 외에도 행 대신 열에 데이터를 저장하는 컬럼형 데이터베이스도 있고(이런 데이터베이스는 열의 수가 아주 많지만, 그중 일부만 쿼리에 사용할 때 좋다), 키로 단일 혹은 복잡한 값을 반환하는 키-값 스토리지, 그래프를 저장하고 순회하기 위한 데이터베이스, 여러 데이터 센터 간 호환성을 고려한 데이터베이스, 메모리상에서 동작하는 데이터베이스, 시계열 데이터를 저장하는 데이터베이스 등등 다양한 형태의 데이터베이스가 있다.

내일 당장 유행할 것이 아직 세상에 존재하지 않을 수 있기 때문에 알려줄 수 있는 것은 NoSQL에 대한 관심이 상당히 뜨겁다는 것 외에는 많지 않다. 어쨌든 이제 여러분은 안다. NoSQL은 '핫'하다는 걸.

24.12 더 공부해 보고 싶다면

- 관계형 데이터베이스를 간단히 사용해 보고 싶다면 SQLite[2]는 아주 빠르고 작고, MySQL[3]과 PostgreSQL[4]은 조금 더 크지만 기능이 많다는 것을 참고하자. 세 가지 모두 무료 소프트웨어고 문서화도 잘 되어 있다.
- NoSQL을 탐색해 보고 싶다면 MongoDB[5]가 좋은 출발점이 될 것이다. 시작하기에는 매우 간단하지만 이것은 축복이자 동시에 저주이기도 하다. 역시 문서화가 매우 잘 되어 있다.
- NoSQL에 대한 위키피디아 페이지[6]에는 이 책이 쓰여질 당시에는 존재하지도 않았던 다양한 데이터베이스의 종류를 나열해 주고 있다.

---

2 *http://www.sqlite.org*
3 *http://www.mysql.com*
4 *http://www.postgresql.org*
5 *http://www.mongodb.org*
6 *http://en.wikipedia.org/wiki/NoSQL*

25장

맵리듀스

미래는 이미 여기에 있다.
다만 아직 완전히 분산되지(distributed) 않았을 뿐.
- 윌리엄 깁슨(William Gibson)

맵리듀스(MapReduce)는 빅데이터를 병렬 처리할 때 사용하는 프로그래밍 모델이다. 성능은 굉장하지만 원리 자체는 아주 간단하다.

　여러 아이템으로 구성된, 처리하고 싶은 데이터셋이 있다고 해보자. 그 데이터셋은 웹사이트 로그일 수도 있고, 수많은 책의 텍스트일 수도 있고, 이미지 파일 또는 다른 무엇이 될 수도 있다. 맵리듀스 알고리즘의 기본적인 원리는 다음과 같다.

1. mapper 함수로 각 아이템을 0개 이상의 키-값 쌍으로 변환한다. (때로는 이 것을 단순히 map 함수라고 부르기도 하지만, 파이썬에 이미 map이라는 함수가 있으니 두 가지를 혼동하지 않기 위해 mapper라고 부르겠다.)
2. 동일한 키를 가진 모든 키-값 쌍을 모은다.
3. reducer 함수로 같은 키를 가진 쌍들에 대해 원하는 방식으로 처리된 값을 반환한다.

> ✓　맵리듀스는 유행이 지나갔기 때문에 이 책의 2판에서는 이 장을 제거하는 것을 고려했다. 하지만 여전히 흥미로운 주제이긴 하므로 이를 그대로 두기로 결정했다.

설명이 다소 추상적으로 느껴질 수 있으니 구체적인 예시를 하나 들어 보자. 데이터 과학에는 몇 가지 불변의 법칙이 있는데, 그중 하나는 맵리듀스의 첫 예시는 항상 단어 수 세기라는 것이다.

25.1 예시: 단어 수 세기

데이팀에는 이제 수백만 사용자가 있다! 여러분의 고용 안정성에는 희소식이지만, 덕분에 데이터를 분석하는 일이 좀 더 어려워졌다.

콘텐츠 팀의 부사장은 사용자들이 어떤 주제에 관한 내용을 업로드하는지 궁금해 한다. 첫 번째 시도로 사용자들이 올리는 게시물에 등장하는 단어들의 수를 세서, 빈도 수가 가장 높은 단어들을 찾아 그에게 제시해 보자.

사용자들이 몇백 명뿐일 때는 이 작업이 간단했다.

```python
from typing import List
from collections import Counter

def tokenize(document: str) -> List[str]:
    """공백 문자를 기준으로 나눈다."""
    return document.split()

def word_count_old(documents: List[str]):
    """맵리듀스를 사용하지 않고 단어 수 세기"""
    return Counter(word
        for document in documents
        for word in tokenize(document))
```

하지만 사용자의 수가 백만 명 단위로 늘어나다 보니 글, 또는 문서(documents)의 양이 너무 많아서 컴퓨터 한 대로는 부족할 정도가 되었다. 데이터를 맵리듀스 모델 안에 넣을 수만 있으면, 엔지니어들이 구축해 놓은 '빅 데이터' 인프라를 사용할 수 있다.

먼저, 문서를 키-값 쌍으로 변환시켜 주는 함수가 필요하다. 최종 결과물은 단어별로 묶인 결과일 테니, 결국 키는 단어가 되어야 한다. 그리고 각 단어를 만날 때마다 한 번 등장했다는 것을 표시하기 위해, 값을 1로 설정하겠다.

```python
from typing import Iterator, Tuple

def wc_mapper(document: str) -> Iterator[Tuple[str, int]]:
    """문서의 각 단어마다 (단어, 1)을 내보낸다."""
    for word in tokenize(document):
        yield (word, 1)
```

앞에서 언급한 2번째 단계는 잠시 건너뛰고, 특정 단어에 대한 등장 횟수를 리스트로 수집했다고 해보자. 그러면 단어 수의 총합은 다음과 같이 구할 수 있다.

```
from typing import Iterable

def wc_reducer(word: str,
               counts: Iterable[int]) -> Iterator[Tuple[str, int]]:
    """단어의 모든 빈도 수를 더한다."""
    yield (word, sum(counts))
```

이제 다시 2번째 단계로 돌아가 보면 wc_mapper로부터 얻은 결과를 wc_reducer 한테 전달해 주기만 하면 된다. 이것을 컴퓨터 한 대로 처리할 방법을 생각해 보자.

```
from collections import defaultdict

def word_count(documents: List[str]) -> List[Tuple[str, int]]:
    """맵리듀스를 사용해서 입력 문서의 단어 빈도 수를 세어 준다."""

    collector = defaultdict(list)  # 쌍으로 묶인 값을 저장할 공간

    for document in documents:
        for word, count in wc_mapper(document):
            collector[word].append(count)

    return [output
            for word, counts in collector.items()
            for output in wc_reducer(word, counts)]
```

문서가 ["data science", "big data", "science fiction"] 세 개뿐이라고 해보자.

첫 번째 문서에 적용된 wc_mapper는 ("data", 1)과 ("science", 1)이라는 결과를 반환해 준다. 모든 문서에 대해 동일한 함수를 적용하면, collector는 다음과 같은 결과를 얻게 된다.

```
{"data" : [1, 1],
 "science" : [1, 1],
 "big" : [1],
 "fiction" : [1]}
```

그러면 wc_reducer는 이를 다음과 같은 결과로 반환해 준다.

```
[("data", 2), ("science", 2), ("big", 1), ("fiction", 1)]
```

25.2 왜 맵리듀스인가?

앞서 언급했듯, 맵리듀스의 가장 큰 장점은 데이터 처리(함수)를 데이터로 가져 가서 한다는 것이다. 수십억 개의 문서에서 단어의 수를 세어 보자.

맵리듀스가 아닌 기존의 방법을 사용하면 컴퓨터 한 대로 모든 문서를 한 번 씩 접근해야 한다. 즉, 모든 문서가 그 컴퓨터의 저장 공간 안에 있거나, 프로세 싱 도중 그 컴퓨터에게 전달되어야 한다는 것을 의미한다. 여기서 중요한 것은 그 컴퓨터가 문서를 한 번에 하나밖에 처리하지 못한다는 것이다.

 보통은 코어가 여러 개 있기 때문에 코드만 잘 작성하면 한 번에 몇 개씩 처리할 수 있지만, 여전히 데이터를 해당 컴퓨터에 전달해야 한다는 문제가 있다.

이번에는 수십억 개의 문서가 100대의 컴퓨터에 흩어져 있다고 해보자. 제대로 된 인프라만 갖춰져 있다면 (그리고 세부적인 부분은 조금 무시한다면) 우리는 다음과 같이 문서를 처리할 수 있다.

- 각 컴퓨터는 자신이 보유하고 있는 문서에 mapper를 수행하고, 여러 개의 키-값 쌍을 생성한다.
- 키-값 쌍들을 지정된 몇 개의 리듀스 작업을 수행하는 컴퓨터로 보낸다. 단, 같은 키를 가진 쌍들은 모두 동일한 컴퓨터에 모이게 한다.
- 리듀스 작업을 수행하는 각 컴퓨터는 키별로 쌍들을 묶고 reducer를 실행 한다.
- 각 키-최종 값 쌍을 반환한다.

이 방법이 우수한 이유는 수평적 확장이 용이하기 때문이다. 즉, 컴퓨터의 개수 를 두 배로 늘린다면(맵리듀스 시스템상 몇 가지 고정비용만 제외한다면) 계산 도 두 배나 빨라질 것이다. 각 mapper 컴퓨터는 절반의 일만 하면 되고 (reducer 의 일을 더 분산시킬 수 있을 정도로 충분한 수의 키가 존재한다는 가정하에) reducer 컴퓨터 또한 마찬가지로 절반의 일만 하면 된다.

25.3 맵리듀스 일반화하기

생각해 보면 단어 수 세기와 관련 있는 코드는 모두 wc_mapper과 wc_reducer 함 수에 포함되어 있었다. 바꿔 말하면, 몇 가지만 바꾸면 좀 더 일반화된 프레임워 크를 얻을 수 있다는 것을 의미하기도 한다.

일반적인 타입을 사용하여 우리의 map_reduce 함수에 타입 어노테이션을 완전 히 적용할 수 있을 것이다. 하지만 이렇게 되면 너무 복잡해지기만 할 것이기 때 문에 이 장에서는 훨씬 가벼운 느낌으로 타입 어노테이션을 적용하도록 하겠다.

```
from typing import Callable, Iterable, Any, Tuple

# 키-값 쌍은 그저 값이 두 개인 튜플이다.
KV = Tuple[Any, Any]

# Mapper는 키-값 쌍의 이터러블을 반환하는 함수
Mapper = Callable[..., Iterable[KV]]

# Reducer는 키와 값의 이터러블을 받고
# 키-값 쌍을 반환하는 함수
Reducer = Callable[[Any, Iterable], KV]
```

이제 일반화된 map_reduce 함수를 작성할 수 있다.

```
def map_reduce(inputs: Iterable,
               mapper: Mapper,
               reducer: Reducer) -> List[KV]:
    """mapper와 reducer를 사용해서 inputs에 맵리듀스를 적용"""
    collector = defaultdict(list)

    for input in inputs:
        for key, value in mapper(input):
            collector[key].append(value)

    return [output
            for key, values in collector.items()
            for output in reducer(key, values)]
```

이 코드를 이용하면 다음과 같이 단어를 셀 수 있다.

```
word_counts = map_reduce(documents, wc_mapper, wc_reducer)
```

이제 우리는 아주 다양한 문제를 풀 수 있다.

더 진행하기 전에 wc_reducer는 각 키에 해당하는 값들을 단순히 더해 주는 일만 한다는 점을 유심히 살펴보자. 이런 방식의 병합은 아주 빈번히 발생하는 작업이라 이 역시 일반화할 수 있다.

```
def values_reducer(values_fn: Callable) -> Reducer:
    """values_fn을 값에 적용하는 reducer 반환"""
    def reduce(key, values: Iterable) -> KV:
        return (key, values_fn(values))

    return reduce
```

이 코드는 다음과 같이 손쉽게 이용할 수 있다.

```
sum_reducer = values_reducer(sum)
max_reducer = values_reducer(max)
min_reducer = values_reducer(min)
count_distinct_reducer = values_reducer(lambda values: len(set(values)))

assert sum_reducer("key", [1, 2, 3, 3]) == ("key", 9)
assert min_reducer("key", [1, 2, 3, 3]) == ("key", 1)
assert max_reducer("key", [1, 2, 3, 3]) == ("key", 3)
assert count_distinct_reducer("key", [1, 2, 3, 3]) == ("key", 3)
```

25.4 예시: 사용자의 글 분석하기

콘텐츠 팀 부사장은 단어 수 세기에 무척 감탄했고, 같은 데이터를 통해 사용자에 대해 더 자세히 알아볼 수 있을지 물었다. 그래서 여러분은 사용자가 작성한 각각의 글에서 좀 더 자세한 데이터를 얻게 되었다.

```
status_updates = [
    {"id": 2,
     "username" : "joelgrus",
     "text" : "Should I write a second edition of my data science book?",
     "created_at" : datetime.datetime(2018, 2, 21, 11, 47, 0),
     "liked_by" : ["data_guy", "data_gal", "mike"] },
     # ...
]
```

이번에는 주중 어떤 요일에 사람들이 데이터 과학에 대해 가장 많이 얘기를 나누는지 알아 보도록 하자. 그러기 위해서는 각 요일에 데이터 과학 관련 글이 몇 개인지 세기만 하면 된다. 즉, 각 요일을 키로 사용하고 'data science'라는 문구가 포함된 글이 발견될 때마다 1을 출력하고, 최종적으로 모든 숫자들을 sum으로 더하면 된다.

```
def data_science_day_mapper(status_update: dict) -> Iterable:
    """status_update에 "data science"가 포함되어 있으면 (day_of_week, 1)을 내보낸다."""
    if "data science" in status_update["text"].lower():
        day_of_week = status_update["created_at"].weekday()
        yield (day_of_week, 1)

data_science_days = map_reduce(status_updates,
                               data_science_day_mapper,
                               sum_reducer)
```

조금 더 복잡한 예시로 각 사용자가 어떤 단어를 가장 많이 사용했는지 분석할 수 있다. 이 경우, mapper를 다음과 같은 세 가지 방법으로 작성할 수 있다.

- 사용자의 이름을 키로 사용하고, 단어와 단어의 수를 값으로 사용한다.
- 단어를 키로 사용하고, 사용자의 이름과 단어의 수를 값으로 사용한다.
- 사용자의 이름과 단어를 키로 사용하고, 단어의 수를 값으로 사용한다.

조금 더 생각해 보면, 각 사용자의 단어들을 개별적으로 세기 위해서는 사용자의 이름을 키로 사용해야 한다. 그리고 단어를 키로 사용하는 것은 피해야 한다. 각 사용자별로 모든 단어의 빈도 수를 계산한 뒤, 가장 빈도가 높은 단어를 찾아야 하기 때문이다. 즉, 위의 세 가지 옵션 중에서 첫 번째 옵션이 가장 좋다.

```python
def words_per_user_mapper(status_update: dict):
    user = status_update["username"]
    for word in tokenize(status_update["text"]):
        yield (user, (word, 1))

def most_popular_word_reducer(user: str,
                             words_and_counts: Iterable[KV]):
    """
    (단어, 빈도 수) 쌍으로 구성된 배열에서
    총 빈도 수가 가장 높은 단어를 반환
    """
    word_counts = Counter()
    for word, count in words_and_counts:
        word_counts[word] += count

    word, count = word_counts.most_common(1)[0]

    yield (user, (word, count))

user_words = map_reduce(status_updates,
                        words_per_user_mapper,
                        most_popular_word_reducer)
```

또한 각 사용자별로 글에 '좋아요'를 했던 다른 사용자 수를 셀 수도 있다.

```python
def liker_mapper(status_update: dict):
    user = status_update["username"]
    for liker in status_update["liked_by"]:
        yield (user, liker)

distinct_likers_per_user = map_reduce(status_updates,
                                      liker_mapper,
                                      count_distinct_reducer)
```

25.5 예시: 행렬 곱셈

22.2.1절 '행렬 곱셈'에서 [n, m] 행렬 A와 [m, k] 행렬 B가 주어졌을 때, 둘을 곱해 [n, k] 행렬 C를 구할 수 있는데, 이때 i번째 행과 j번째 열에 속하는 원소의 값은 다음과 같다.

```
C[i][j] = sum(A[i][x] * B[x][j] for x in range(m))
```

이는 우리가 지금까지 그래왔듯 행렬이 리스트의 리스트로 표현되면 가능하다.

하지만 가끔씩 큰 행렬의 경우, 대부분의 원소가 0인 희소(sparse)한 특성을 가질 때가 있다. 이렇게 큰 희소 행렬에 대해서는 리스트의 리스트 형태는 상당히 비효율적이다. 보다 효율적인 표현법은 0이 아닌 값을 담고 있는 위치만 저장하는 것이다.

```
from typing import NamedTuple

class Entry(NamedTuple):
    name: str
    i: int
    j: int
    value: float
```

예를 들어 1억 × 1억 행렬은 1경 개의 원소를 가지며, 이렇게 많은 원소를 한 컴퓨터 안에 저장하기는 쉽지 않을 수 있다. 하지만 원소가 대부분 0인 경우에는 이 대안적인 표현법이 저장 공간을 대폭 절약시켜줄 수 있을 것이다.

이러한 표현법이 있을 때, 맵리듀스를 이용해서 분산적으로 행렬의 곱을 구할 수 있다.

생각해 보면 각 원소 A[i][j]는 C의 i번째 행 그리고 B[i][j]는 C의 j번째 열에만 관여한다. reducer의 결괏값이 C의 각 원소가 되는 것이 우리의 목표라고 한다면, mapper 역시 C의 각 원소를 키로 출력하도록 해야 함을 의미한다. 이는 아래와 같은 구현으로 이어진다.

```
def matrix_multiply_mapper(num_rows_a: int, num_cols_b: int) -> Mapper:
    # C[x][y] = A[x][0] * B[0][y] + ... + A[x][m] * B[m][y]
    #
    # 그러므로 A[i][j]는 모든 C[i][y]에 B[j][y]의 가중치로 들어간다.
    # 그리고 B[i][j]는 모든 C[x][j]에 A[x][i]의 가중치로 들어간다.
    def mapper(entry: Entry):
        if entry.name == "A":
            for y in range(num_cols_b):
```

```
                   key = (entry.i, y)              # C의 어떤 원소
                   value = (entry.j, entry.value)  # 합의 어떤 entry
                   yield (key, value)
           else:
               for x in range(num_rows_a):
                   key = (x, entry.j)              # C의 어떤 원소
                   value = (entry.i, entry.value)  # 합의 어떤 entry
                   yield (key, value)

    return mapper
```

그러고 나면 다음과 같다.

```
def matrix_multiply_reducer(key: Tuple[int, int],
                            indexed_values: Iterable[Tuple[int, int]]):
    results_by_index = defaultdict(list)

    for index, value in indexed_values:
        results_by_index[index].append(value)

    # 값이 두 개인 위치의 값을 곱하고
    # (A에서 하나, B에서 하나) 이를 더한다.
    sumproduct = sum(values[0] * values[1]
                     for values in results_by_index.values()
                     if len(values) == 2)

    if sumproduct != 0.0:
        yield (key, sumproduct)
```

예를 들어 다음과 같은 두 행렬이 있으면

```
A = [[3, 2, 0],
     [0, 0, 0]]

B = [[4, -1, 0],
     [10, 0, 0],
     [0, 0, 0]]
```

이를 튜플로 표현할 수 있다.

```
entries = [Entry("A", 0, 0, 3), Entry("A", 0, 1,  2), Entry("B", 0, 0, 4),
           Entry("B", 0, 1, -1), Entry("B", 1, 0, 10)]

mapper = matrix_multiply_mapper(num_rows_a=2, num_cols_b=3)
reducer = matrix_multiply_reducer

# 곱은 [[32, -3, 0], [0, 0, 0]]이어야 한다.
# 그러므로 두 개의 항목이 있어야 한다.
```

```
assert (set(map_reduce(entries, mapper, reducer)) ==
        {((0, 1), -3), ((0, 0), 32)})
```

이런 방법은 작은 행렬에서는 크게 효과적이지 않지만, 수백만 개의 행과 수백만 개의 열이 주어졌을 때는 꽤 효과적이다.

25.6 여담: Combiner

예리한 독자라면 mapper들이 꽤 많은 정보를 담고 있다는 것을 발견했을 것이다. 예를 들어 단어를 셀 때는 (word, 1)을 전달해서 값을 모두 더하기보다 차라리 (word, None)을 전달해서 단순히 리스트의 길이만 구할 수도 있었다.

하지만 그렇게 하지 않은 이유가 있다. 분산적인 환경에서는 컴퓨터와 컴퓨터 사이에서 전달되어야 하는 데이터의 양을 줄이기 위해 combiner를 사용할 수 있기 때문이다. 예를 들어 한 mapper 컴퓨터가 'data'라는 단어를 500번 보았을 때, 그 컴퓨터한테 500개의 ("data", 1)을 하나의 ("data", 500)으로 합친 후 리듀스 작업을 하는 컴퓨터에 전달하게 하는 것이 훨씬 효율적일 것이다. 이렇게 하는 것이 컴퓨터 간 데이터 전송량을 줄여 주기 때문에 전체적인 속도 또한 훨씬 빠르다.

Reducer를 앞에서와 같이 작성한 덕에 코드를 수정하지 않고도 이렇게 합쳐진 데이터를 다룰 수 있다. 만약 리스트의 길이를 구하는 방법으로 접근했다면 불가능했을 것이다.

25.7 더 공부해 보고 싶다면

- 앞서 언급했다시피 맵리듀스는 이 책을 처음 썼을 때에 비해 인기가 많이 사그라든 것으로 보인다. 아마 이제는 여러분의 시간을 많이 투자할 가치는 없을 것이다.

- 그렇긴 하지만 하둡(Hadoop)[1]은 가장 널리 사용되는 맵리듀스 시스템이다. 관련 서적도 많을 뿐더러, 상업적 및 비상업적 배포판도 많다. 관련 도구는 거대한 생태계를 이루고 있다.

- 아마존 AWS에서는 Elastic MapReduce(EMR)[2]라는 서비스를 제공하는데, 직

---

1 http://hadoop.apache.org
2 http://aws.amazon.com/elasticmapreduce/

접 클러스터를 구성하는 것에 비해 훨씬 쉬울 것이다.

- 하둡에는 보통 지연 속도가 있어서 실시간 분석에는 적합하지 않다. 그런 종류의 작업을 맵리듀스와 비슷하게 다루는 데는 스파크(Spark)[3]가 인기 있다.

---

3 *http://spark.apache.org/*

26장

D a t a   S c i e n c e   *f r o m   S c r a t c h*

데이터 윤리

배를 채우는 것이 먼저이고 윤리는 그 다음이다.
- 베르톨트 브레히트(Bertolt Brecht)

26.1 데이터 윤리란 무엇인가?

데이터의 사용과 함께 데이터의 오용도 발생하게 마련이다. 이는 늘상 그래왔으나, 최근 이런 이슈는 '데이터 윤리(data ethics)'라는 이름으로 구체화되었고 뉴스에서 꽤 두드러지게 특필되었다.

가령 2016년 대선에서, 캠브리지 아날리티카라는 회사가 페이스북의 데이터를 부적절하게 접근[1]하여 이를 정치적 광고 타겟팅에 사용했었다.

2018년에는 우버에서 실험한 자율주행 자동차가 보행자를 치여 숨지게 하는 일[2]이 있었다(당시 '안전 담당 운전자'가 운전석에 있었으나 주의를 기울이지 않고 있었던 것 같다).

그리고 범죄자들의 재범률을 예측하기 위한 알고리즘이 사용[3]되고, 이에 따라 형량이 부과되고 있다. 과연 이것이 판사들이 형량을 결정하는 것보다 더 공정하다고 할 수 있을까?

일부 항공사는 가족들을 서로 떨어진 자리에 할당[4]하여 붙어서 앉기 위해 추가 금액을 지불하도록 하고 있다. 데이터 과학자가 이런 일을 막기 위해 개입하

---

1   *https://en.wikipedia.org/wiki/Facebook%E2%80%93Cambridge_Analytica_data_scandal*
2   *https://www.nytimes.com/2018/05/24/technology/uber-autonomous-car-ntsb-investigation.html*
3   *https://www.themarshallproject.org/2015/08/04/the-new-science-of-sentencing*
4   *https://twitter.com/ShelkeGaneshB/status/1066161967105216512*

였어야 했나? (해당 스레드의 많은 데이터 과학자는 그랬어야 했다고 생각하는 것으로 보인다.)

'데이터 윤리'는 이러한 질문들에 대한 답을 제시하거나, 최소한 이를 다루기 위한 틀을 제안하는 것으로 여겨지고 있다. 나는 이러한 것들에 대해 어떤 식으로 생각해야 한다고 이야기할만큼 오만하지는 않다(그리고 '이러한 것들'은 빠르게 변하고 있다). 그렇기에 이번 장에서는 가장 주요한 사안들을 둘러 보고 가능하다면 여러분이 이것들에 대해 더 깊이 생각해 볼 수 있기를 바란다(아쉽게도 나는 윤리를 '밑바닥부터 시작'하기에는 충분히 좋은 철학자가 아니다).

26.2 아니, 진짜로, 데이터 윤리가 뭔데?

일단 '윤리란 무엇인가?'에서부터 시작해 보자. 만약 여러분이 찾을 수 있는 모든 정의의 평균을 취한다면 윤리(ethics)란 '옳고 그른' 행동을 판단하기 위한 틀 정도로 귀결된다. 그렇다면 '데이터 윤리'란 데이터 관련된 행동의 옳고 그름을 판단하기 위한 틀이라고 볼 수 있다.

몇몇 사람들은 (어쩌면 암묵적으로) 마치 '데이터 윤리'가 우리가 해도 되고 해서는 안 되는 것들을 정의하는 일련의 계명인 것처럼 이야기한다. 그들 중 일부는 성명서를 만들거나 여러분이 맹세할 수 있는 의무적인 서약을 만들기 위해 노력한다. 그리고 데이터 윤리가 데이터 과학 교육과정에 의무적으로 포함되어야 한다고 주장하는 사람들 또한 존재한다. 그런 연유로, 혹시나 그들이 성공할 것을 대비하여 이 장이 탄생했다.

 흥미롭게도, 윤리학 수업이 윤리적인 행동으로 이어진다는 데이터는 별로 없다.[5] 만약 그렇다면 이 캠페인 자체가 데이터 비윤리적이다!

또 다른 사람들은(가령 나 같은 사람) 합리적인 사람들조차 때때로 옳고 그름과 관련된 미묘한 일에 대해 의견의 불일치가 생기기 때문에 어떠한 행동의 윤리적 결과를 항상 고민해 보는 것이 중요하다고 주장한다. 이는 '데이터 윤리'를 옹호하는 사람들이 찬성하지 않는 많은 것에 대한 이해를 요구하지만, 그들의 반대에 동의해야만 하는 것은 아니다.

---

5 *https://www.washingtonpost.com/news/on-leadership/wp/2014/01/13/can-you-teach-businessmen-to-be-ethical*

26.3 데이터 윤리에 대해 신경 써야 할까?

여러분이 어떤 일을 하든 윤리에 대해 신경 써야 한다. 만약 여러분의 업무가 데이터를 다루는 것이라면, 이를 '데이터 윤리'라 표현하는 것은 여러분의 자유이나, 수행하는 업무 중 데이터와 관련 없는 부분에서도 윤리를 신경 써야만 한다.

기술 관련 직종과 다른 직업의 차이점은 어쩌면 그 '규모'에 있다. 기술적 문제에 대해 개인이 내린 결정(데이터와 관련이 있든 없든)이 광범위한 효과를 낼 여지가 있다는 점 말이다.

뉴스 탐색 알고리즘에 가해진 아주 작은 변화가 어떤 글이 수백만 명이 읽는 글이 되거나 아무도 읽지 않는 글이 되는 차이를 가져다 줄 수 있다. 전국에서 사용하는 가석방을 결정하는 알고리즘 안의 하나의 결함으로 수백만 명의 사람들이 체계적인 영향을 받을 수 있지만, 가석방 위원회는 (비록 문제가 있을지라도) 오직 그 앞에 서는 사람들에게만 영향을 미친다.

그러므로 어떤 상황에서도 여러분의 업무가 세상에 미치는 영향에 대해 생각해 봐야 한다. 특히, 업무의 영향력이 클수록 이러한 부분을 더욱 많이 고민해야 한다.

아쉽게도 데이터 윤리와 관련된 논의에서 내린 윤리적 결정을 여러분에게 강요하는 일부 사람들이 있다. 그들이 신경 쓰는 것을 여러분도 신경 씨야 할지는 본인 스스로가 결정해야 한다.

26.4 나쁜 데이터 제품 만들기

몇몇 '데이터 윤리' 이슈는 '나쁜 제품'을 만들어서 생긴 결과이다.

가령, 마이크로소프트에서 트윗을 받으면 이를 흉내 내는 테이(Tay)라는 이름의 챗봇[6]을 배포했는데, 이를 통해 인터넷 사용자들이 금세 테이가 온갖 불쾌한 트윗을 하게 만들 수 있었다. 마이크로소프트 안의 어느 누구도 '인종차별' 챗봇을 배포하는 것의 윤리성에 대해 고민해 본 사람은 없었을 것이다. 아마 어떻게 봇이 오용될 수 있을지 충분히 검토해 보지 못한 채 그저 챗봇을 만들었을 것이다. 어찌 보면 쉬운 목표이지만, 앞으로는 만든 것들이 어떤 식으로 오용될 수 있을지 생각해 보면 좋겠다.

또 다른 예제로 구글 포토가 한때 때때로 흑인을 '고릴라'로 분류하는 이미지

---

6 *https://en.wikipedia.org/wiki/Tay_(bot)*

인식 알고리즘을 사용했던 적이 있다.[7] 이전 경우와 비슷하게, 구글의 누군가가 해당 기능을 일부러 배포하기로 결정했을 가능성은 매우 낮을 것이다(해당 기능의 '윤리'적인 측면조차 고심하지 않았을 것이다). 이번 경우에는 나쁜 학습 데이터, 모델 부정확도 그리고 해당 실수가 준 대단히 큰 모욕감 등의 이유로 문제가 되었다(만약 모델이 때때로 우편함을 소방차로 분류했더라면 아무도 신경 쓰지 않았을 것이다).

이 경우에는 해결책이 명백하지 않다. 학습된 모델을 어떻게 하면 모욕적인 예측을 하지 않도록 보장할 수 있을까? 물론 다양한 입력을 활용하여 모델을 학습(또한 테스트)해야겠지만, 해당 모델이 모든 입력에 대해 여러분이 곤혹스러워질 방식으로 행동하지 않으리라 보장할 수 있을까? 이는 어려운 문제이다. (구글은 '고릴라'라고 절대 예측하지 않도록 하여 이 문제를 '고친' 것으로 보인다.)

26.5 정확도와 공정함의 균형을 유지하기

사람들이 특정 행동을 할 것인지 예측하는 모델을 만들었다고 해보자.

여러분은 꽤 괜찮은 모델을 만들었다(표 26-1).

예측	사람	행동	%
행동 안 함	125	25	20
행동 함	125	75	60

표 26-1 꽤 괜찮은 모델

행동하지 않을 것이라고 예측된 사람 중, 20%의 사람만 특정 행동을 한다. 행동할 것이라고 예측된 사람 중, 60%가 특정 행동을 한다. 나쁘지 않은 결과로 보인다.

이제 사람들을 A와 B, 두 그룹으로 나눌 수 있다고 가정해 보자. 몇몇 동료들은 여러분의 모델이 한 집단에 대해 불공평하다고 걱정하고 있다. 비록 여러분의 모델은 사람이 특정 그룹에 속하는지 여부를 직접 활용하지는 않지만, 그룹과 복잡하게 얽혀 있는 다른 다양한 요소를 사용한다.

실제로, 그룹별로 예측을 나누어 살펴보면 놀라운 통계치를 발견할 수 있다(표 26-2).

---

7 *https://www.theverge.com/2018/1/12/16882408/google-racist-gorillas-photo-recognition-algorithm-ai*

그룹	예측	사람	행동	%
A	행동 안 함	100	20	20
A	행동 함	25	15	60
B	행동 안 함	25	5	20
B	행동 함	100	60	60

표 26-2 놀라운 통계치

여러분이 만든 모델은 공정한가? 같은 팀의 데이터 과학자들은 다양한 주장을 펼친다.

논쟁 1

여러분의 모델은 그룹 A에 속하는 사람의 80%가 '행동하지 않는다'고 예측하지만, 그룹 B의 80%가 '행동한다'고 예측한다. 이 데이터 과학자는 여러분의 모델이 두 그룹에 대해 아주 다르게 예측한다는 점에서 두 그룹을 불공정하게 대하고 있다고 불평한다.

논쟁 2

속한 그룹과 무관하게, 만약 우리가 '행동하지 않는다'고 예측할 때 사람이 행동하는 경우가 20%이고 마약 '행동한다'고 예측했을 때 60%의 확률로 실제 행동한다. 이 데이터 과학자는 예측이 그룹과 무관하게 같은 것을 의미한다는 관점에서 모델이 '정확하다'고 주장한다.

논쟁 3

그룹 B의 40/125 = 32%가 '행동한다'고 잘못 예측되었지만, 그룹 A에서는 오직 10/125 = 8%만이 '행동한다'고 잘못 예측되었다. 이 데이터 과학자는 ('행동한다'는 예측이 나쁜 것으로 생각하기에) 모델이 불공평하게 그룹 B에 낙인을 찍는다고 생각한다.

논쟁 4

그룹 A의 20/125 = 16%가 '행동하지 않는다'고 잘못 예측되었지만, 그룹 B에서는 오직 5/125 = 4%만 '행동하지 않는다'고 잘못 예측되었다. 이 데이터 과학자는 ('행동하지 않는다'는 예측이 나쁜 것으로 생각하기에) 모델이 불공평하게 그룹 A에 낙인을 찍는다고 생각한다.

이들 데이터 과학자 중 누가 맞을까? 누군가 맞기는 한 것일까? 어쩌면 상황에 따라 다를 수도 있다.

어쩌면 여러분은 두 개의 그룹이 '남성'과 '여성'이라고 할 때와 'R 사용자'와 '파이썬 사용자'라고 할 때 느끼는 감정이 다를 수도 있다. 혹은 파이썬 사용자는 남성 쪽으로 기울어 있고 R 사용자는 여성 쪽으로 기울어 있다고 판명이 된다면 또 다른 생각이 들 수도 있다.

어쩌면 여러분은 해당 모델이 데이텀 사용자가 데이텀을 통해 직업에 지원할 것인지 예측하는 용도일 때 느끼는 감정과 면접을 통과할지 예측하는 용도일 때 느끼는 감정이 다를 수도 있다.

어쩌면 어떤 모델을 사용하는지, 어떤 특성을 활용하는지 그리고 어떤 데이터로 학습하는지에 따라 여러분의 의견은 달라질 수 있다.

어찌 되었든, 내가 주장하고 싶은 것은 (어떻게 정의하느냐에 따라) '정확도'와 '공정함' 사이에 트레이드오프 관계가 있을 수 있다는 것이며, 이러한 트레이드오프에는 '올바른' 해답이 항상 존재하지 않을 수 있다는 점이다.

26.6 협력

(여러분의 기준하에) 억압적인 국가의 정부 관료들이 드디어 해당 국가의 시민들이 데이텀에 가입해도 좋다고 승인했다. 하지만 해당 국가의 사용자들이 딥러닝에 대해 논의를 해서는 안 된다고 주장했다. 게다가, 딥러닝에 대한 정보를 알아내려고 시도하는 사용자들의 이름을 보고해 주길 원한다.

해당 국가의 데이터 과학자들에게 이런 식으로 주제가 제한된 (그리고 감시되는) 데이텀에 접근할 수 있도록 제공하는 것이 나을까? 혹은 제안된 제약이 너무 끔찍하므로 아예 서비스를 제공하지 않는 것이 나을까?

26.7 해석 가능성

데이텀 인사과에서 퇴사할 가능성이 가장 높은 임직원을 예측하는 모델을 개발해달라고 요청했다. 이를 통해 미리 개입하여 그들이 더 행복할 수 있도록 하겠다고 했다. (이직률은 CEO가 실리고 싶은 〈10대 행복한 직장〉 잡지에 특집으로 선정되는 데 큰 영향을 주는 요소다.)

여러분은 다양한 종류의 과거 데이터를 모았으며, 세 종류의 모델을 고려하고 있다.

• 의사결정나무

- 인공신경망
- 값비싼 '임직원 유지 전문가'

여러분의 데이터 과학자 중 한 명이 어떤 모델이든 가장 잘 동작하는 모델을 사용해야 한다고 주장했다.

두 번째 과학자는 인공신경망을 사용해서는 안 된다고 주장한다. 다른 두 대안은 예측에 대해 해석할 수 있으며, 이러한 해석만이 인사과가 (단 한 번의 개입이 아닌) 큰 변화를 일으키는 데 도움이 된다고 주장한다.

세 번째 과학자는 비록 '전문가'가 어떤 설명을 제시할 수는 있더라도, 그 사람의 설명이 진짜 예측된 결과의 이유인지는 보장할 수 없다는 점을 지적했다.

우리가 지금까지 살펴본 다른 예시들과 마찬가지로, 이 문제에서도 절대적으로 가장 좋은 선택은 없다. 어떤 상황에는(법적인 이유에서나 혹은 여러분의 예측이 어떤 방식으로든 인생을 바꿀만한 영향을 준다면) 모델의 성능이 비록 더 나쁘더라도 결과를 해석할 수 있는 모델을 더 선호할 수도 있다. 다른 상황에서는, 가장 성능이 좋은 모델을 원할 수도 있을 것이다. 또 어떤 경우에는 해석이 가능하고 성능도 좋은 모델이 존재하지 않을 수도 있다.

26.8 추천

23장 '추천 시스템'에서 논의했다시피, 데이터 과학의 흔한 응용 사례로 사람들에게 추천해 주는 것을 뽑을 수 있다.

유튜브에서 영상를 볼 때, 유튜브 측에서 다음에 볼 영상을 추천해 준다. 유튜브는 광고를 통해 돈을 벌기 때문에 (짐작건대) 여러분이 볼 확률이 높은 영상을 추천해 주어 더 많은 광고를 보여 주고 싶어 할 것이다. 하지만 사람들은 음모 이론 관련 영상을 보는 것을 좋아하기에 관련 영상이 추천되는 경향이 있음이 드러났다.

 내가 이 장을 쓰는 시점에 유튜브에서 '토성'을 검색했을 때 세 번째 결과가 '토성에서 무언가 일어나고 있다... 그들은 숨기고 있는가?'라는 점이, 내가 논하고 있는 영상이 어떤 종류의 영상인지 이해하는 데 도움이 될 것이다.

유튜브가 음모 이론 영상을 추천하지 말아야 할 의무가 있을까? 많은 사람이 그런 영상을 원함에도 불구하고?

또 다른 예시로 만약 google.com(혹은 bing.com)에 방문하여 검색어를 입력하기 시작하면 검색 엔진이 자동완성된 검색어를 제안할 것이다. 이렇게 제안된 검색어는 (적어도 일부는) 다른 사람들의 검색으로부터 도출되었다. 그렇기에 만약 다른 사람들이 불쾌한 것들을 검색한다면 이러한 것들이 여러분에게도 제안될 수 있다.

검색 엔진이 마음에 들지 않는 검색어들을 적극적으로 걸러내야 할까? 구글은 (어떤 이유에서인지) 종교와 관련된 검색어를 제안하지 않기 위해 전념하는 것으로 보인다. 예를 들어 빙에서 '밋 롬니 ㅁ'이라고 입력하면 첫 번째 제안은 (예상대로) '밋 롬니 몰몬'인데 비해 구글에서는 이러한 검색어를 제안하지 않는다.[8]

구글은 불쾌하거나 폄하하는 내용[9]을 포함하는 자동완성 검색어를 직접 걸러내고 있다. (불쾌하거나 폄하하는 내용을 어떻게 판단하는지는 모호하다.) 하지만 때론 진실이 불쾌할 수도 있다. 이런 검색어가 제안되지 않도록 사람들을 보호하는 것은 윤리적인 행동일까? 혹은 비윤리적인 행동일까? 혹은 윤리의 문제가 아닌 것일까?

26.9 편향된 데이터

21.6절 '단어 벡터'에서 우리는 문서의 말뭉치를 사용하여 단어의 벡터 임베딩을 학습하였다. 이 벡터는 '분포적 유사도'를 유지하도록 만들어졌다. 즉, 비슷한 맥락에서 등장하는 단어들은 비슷한 벡터로 표현된다. 이는 학습 데이터 안의 편향이 단어 벡터에도 반영된다는 것을 의미한다.

예를 들어 만약 문서가 R 사용자는 윤리적으로 타락한 사람들이고 파이썬 사용자는 미덕의 귀감이라는 내용을 담고 있다면, 모델은 높은 확률로 '파이썬'과 'R'에 대해 이러한 관계를 학습할 것이다.

더 흔한 예시로, 단어 벡터는 주로 구글 뉴스 기사나 위키백과, 책 그리고 크롤링한 웹 페이지의 조합으로 학습될 것이다. 그렇기 때문에 해당 단어 벡터는 해당 출처 안의 분포적 패턴을 학습하게 될 것이다.

예를 들어 만약 대다수의 뉴스에서 소프트웨어 엔지니어를 다루는 기사가 남성 소프트웨어 엔지니어에 대한 것이었다면 학습된 '소프트웨어' 벡터는 '여성' 단어 벡터보다 '남성' 단어 벡터에 가깝게 위치할 수 있다.

---

8 (옮긴이) 검색 제안은 항상 바뀌기 때문에 실제로는 이 내용과 다를 수도 있다.
9 *https://blog.google/products/search/google-search-autocomplete/*

이렇게 학습된 벡터를 사용하는 애플리케이션도 비슷하게 편향된 유사성을 지닐 수 있다. 애플리케이션의 종류에 따라 이는 문제가 될 수도 있고 안 될 수도 있다. 이런 경우에 특정 편향을 '제거'하는 기법들이 다양하게 존재하지만, 모든 편향을 제거하는 것은 아마 불가능할 것이다. 하지만 그러한 방법이 있음은 알아둘 필요가 있다.

또한 26.4절 '나쁜 데이터 제품 만들기'의 '사진' 예제와 같이, 모델을 대표성이 없는 데이터를 사용하여 학습한다면 해당 모델의 실제 성능이 안 좋을 가능성이 매우 높으며, 불쾌하거나 난처한 방식으로 동작할 수도 있다.

다른 관점으로 보면 여러분의 알고리즘은 우리 세상에 실제로 존재하는 편향을 담고 있을 수도 있다. 예를 들어 여러분이 만든 가석방 모델이 완벽하게 재범을 일으키는 범죄자를 예측할 수 있다고 해보자. 만약 재범이 현실 세계의 어떠한 편향적인 영향의 결과라면 여러분의 모델은 그러한 편향을 지속시킬 뿐일 수도 있다.

26.10 데이터 보호

여러분은 데이팀 사용자에 대해 많은 것을 알고 있다. 그들이 어떤 기술을 좋아하는지, 데이터 과학자인 진구가 누구인지, 어디에서 일하는지, 얼마나 버는지, 사이트에서 얼마나 많은 시간을 보내는지, 어떤 채용 공고를 클릭했는지 등 말이다.

이익 창출 부서의 부사장은 이 데이터를 '빅데이터' 솔루션을 마케팅하고 싶어하는 광고주들에게 팔고 싶어한다. 사내 수석 과학자는 이 데이터를 학계 연구자들과 공유하여 누가 데이터 과학자가 되는지에 대한 논문을 쓰고 싶어 한다. 선거운동 부서의 부사장은 해당 데이터를 정치 캠페인을 위해 제공하고자 한다. 정부 공무 부서의 부사장은 법 집행 시 생기는 질문에 답변하기 위해 이 데이터를 사용하고자 한다.

장래를 미리 대비한 계약 부서의 부사장 덕분에 사용자들은 여러분이 원하는 대로 데이터를 사용해도 무방한 사용자 계약을 맺은 상황이다.

하지만 (이제 짐작할 수 있다시피), 여러분 팀의 많은 데이터 과학자가 이렇게 다양한 활용 방안에 대해 다양한 반대 의견을 개진했다. 누군가는 광고주에게 데이터를 제공하는 것이 옳지 않다고 생각한다. 또 다른 누군가는 학계 안의 사람들은 데이터를 책임지고 보호할 수 없을 것이라며 걱정한다. 세 번째 과학자는 회사가 정치와 관련되어서는 안 된다고 생각하고, 마지막 과학자는 경찰은

신뢰할 수 없으며 법 집행기관과 협업하면 결백한 사람에게 해를 끼칠 것이라고
주장한다.

이 데이터 과학자들 중 일리 있는 말을 하는 사람이 있는가?

26.11 요약

걱정해야 할 게 한둘이 아니다! 우리가 언급하지 못한 수많은 것이 있으며, 현재
우리가 아직 직면하지는 않았지만 미래에는 발생할 수 있는, 수없이 많은 문제
가 있다.

26.12 더 공부해 보고 싶다면

* 데이터 윤리의 중요성을 강조하는 사람들은 아주 많다. 최신 데이터 윤리 관
  련 논란을 찾아 보려면 트위터(혹은 여러분이 자주 사용하는 뉴스 사이트)에
  서 찾아 보는 것이 가장 좋은 방법일 것이다.
* 조금 더 실용적인 것을 원한다면 마이크 루키즈, 힐러리 메이슨, DJ 파틸의
  간략한 e북 *Ethics and Data Science*[10]에서 데이터 윤리를 실제로 적용하는 내
  용을 다루고 있다. 마이크가 지난 2014년 《밑바닥부터 시작하는 데이터 과
  학》을 출판해 주었기 때문에 나는 위의 책을 추천해야만 하는 의무가 있다
  (연습문제: 내가 이렇게 행동하는 것은 윤리적인가?).

---

10 *https://www.oreilly.com/library/view/ethics-and-data/9781492043898/*

27장

D a t a   S c i e n c e   f r o m   S c r a t c h

본격적으로 데이터 과학하기

> 그리고, 다시 한번, 나는 나의 끔찍한 자손들이 앞으로 나아가 번영을 꾀하기를 빌어 본다.
> - 메리 쉘리(Mary Shelley)

이제 어디로 가야 할까? 이 책 때문에 데이터 과학에 대해 겁먹지 않았다는 가정 하에, 다음으로 배워볼 만한 것이 몇 가지 있다.

27.1 IPython

앞서 언급한 바 있지만, IPython은 기본 파이썬 셸에 비해 'magic function'과 같은 훨씬 다양한 기능을 제공한다. 예를 들어 코드를 복사하고 붙여넣을 때 기본 파이썬 셸을 사용하면 공백으로 포맷팅된 것이 깨질 때가 많아 어려움을 겪지만, IPython에서는 magic function이 이 문제를 쉽게 해결해 준다.

IPython을 마스터하면 삶이 훨씬 편해진다. (IPython을 아주 조금만 익히더라도 삶은 훨씬 편해진다.)

 1판에서 나는 텍스트, 코드, 시각화 등을 한꺼번에 나타낼 수 있는 계산 환경인 IPython (이제는 Jupyter) Notebook에 대해서 배울 것을 권장하기도 했다.
하지만 이후 나는 그것이 초보자들을 혼란에 빠뜨리게 하고 나쁜 프로그래밍 습관을 기른다는 측면에서 Notebook의 회의론자가 되었다.[1] (사실 더 많은 이유가 있다.) 꼭 내가 아니어도 다른 사람들을 통해 사용을 권장 받을 테니, 나는 Notebook을 사용하는 것에 반대했다는 사실만 기억했으면 한다.

---

1   *https://twitter.com/joelgrus/status/1033035196428378113*

27.2 수학

이 책에서 선형대수(4장), 통계(5장), 확률(6장)과 기계학습의 다양한 면을 살짝 맛보았다.

좋은 데이터 과학자가 되기 위해서는 이런 주제들에 대해 훨씬 많이 알아야 하니, 각 장의 말미에서 내가 추천한 책이나 여러분이 스스로 고른 책, 온라인 또는 오프라인 강좌 등을 통해 좀 더 심도 있는 공부를 하길 바란다.

27.3 밑바닥부터 시작하지 않는 방법

'밑바닥부터' 뭔가를 만드는 것은 그것이 어떻게 동작하는지 배우는 데 큰 도움이 된다. 하지만 (처음부터 성능을 염두에 두고 만든 것이 아니라면) 그런 경우에는 보통 성능이 뛰어나지는 않다. 게다가 사용성이 나쁘거나, 빠른 프로토타이핑에 부적합하거나, 오류 핸들링(error handling)이 잘 되지 않을 수 있다.

실전에서는 기초부터 조금 더 탄탄하게 구현된 라이브러리를 사용하는 것이 좋을 수 있다. 원래 이 책을 처음 쓰겠다고 제안했을 때는 "자, 그럼 지금부터 라이브러리 사용법에 대해 배워 봅시다"라는 두 번째 파트가 있었는데, 다행히 오라일리 출판사가 거부권을 행사했다. 1판이 나온 뒤 Jake VanderPlas의 《파이썬 데이터 과학 핸드북(Python Data Science Handbook)》[2](위키북스, 2017)이 출판되었고, 관련 라이브러리에 대한 좋은 입문서이니 이 다음으로 읽으면 좋을 것이다.

27.3.1 NumPy

NumPy[3]는 'Numeric Python'의 약자로, '진짜' 과학적인 계산을 할 때 사용되는 다양한 도구를 제공한다. 가령 리스트로 만든 벡터보다 좋은 성능을 보이는 배열(array)이라든지, 리스트의 리스트보다 좋은 성능을 보이는 행렬(matrix)을 비롯해, 그들을 다룰 수 있는 각종 함수를 제공한다.

NumPy는 다른 많은 라이브러리에서도 사용되므로, 특히 알아두면 좋다.

---

2 http://shop.oreilly.com/product/0636920034919.do
3 http://www.numpy.org

27.3.2 pandas

pandas[4]는 파이썬으로 데이터를 다룰 때 사용하면 편한 추가적인 자료 구조를 제공한다. 그중에서도 특히 `DataFrame`이 중요하다. `DataFrame`은 24장 '데이터베이스와 SQL'에서 구축한 NotQuiteABase `Table`과 개념적으로 유사하지만 기능이나 성능면에서 우월하다.

파이썬으로 데이터셋을 합치고 나누고, 뭉치고, 수정하는 등의 작업을 한다면 pandas는 매우 유용한 도구다.

27.3.3 scikit-learn

scikit-learn[5]은 파이썬 머신러닝 라이브러리 중에 가장 인기가 있을 것이다. 이 책에서 만든 대부분의 모델이 구현되어 있을 뿐만 아니라, 그 외에도 다양한 모델을 제공한다. 실제 문제를 풀 때는 의사결정나무를 '밑바닥에서부터' 만들기보다는 scikit-learn을 쓰게 될 것이다. 실제 문제를 다룰 때는, 최적화 알고리즘을 처음부터 작성하기보다는 scikit-learn의 성능을 믿고 사용하게 될 것이다.

scikit-learn의 문서에는 상당히 많은 예시[6]가 포함되어 있다(그뿐 아니라 머신러닝이 어떤 상황에 유용한지까지 상세히 설명되어 있다).

27.3.4 시각화

이 책에서 matplotlib으로 생성한 그래프들은 깔끔하고 기능적이기는 하지만 세련되었다고는 할 수 없다. (게다가 전혀 인터랙티브하지 않다.) 데이터 시각화에 조금 더 관심이 있다면 몇 가지 옵션이 더 있다.

일단 이 책에서 matplotlib조차 완벽하게 훑지 못했으니, 조금 더 깊게 들여다보는 것이다. matplotlib의 웹사이트에는 수많은 예시[7]와 갤러리[8]가 있다. 책이나 논문 등을 위한 정적인 시각화를 생성하고 싶다면 이 옵션을 택하는 게 좋다.

seaborn[9]이라는 라이브러리도 있는데, 이 라이브러리는 무엇보다 matplotlib을 더욱 매력적으로 만들어 준다.

웹을 위한 인터랙티브 시각화를 만들고 싶다면 단연코 'Data Driven Docu-

---

4 *http://pandas.pydata.org*
5 *http://scikit-learn.org*
6 *http://scikit-learn.org/stable/auto_examples/*
7 *http://matplotlib.org/examples/*
8 *http://matplotlib.org/gallery.html*
9 *https://seaborn.pydata.org/*

ments(데이터 기반 문서)'라고 불리는 자바스크립트 라이브러리 D3.js[10]를 써보자. 자바스크립트에 대해 아는 것이 거의 없어도 D3 갤러리[11]에 있는 예시들을 이용하면 내 데이터에 맞게 사용할 수 있다. (좋은 데이터 과학자는 D3 갤러리에서 단순히 복붙을 하지만, 훌륭한 데이터 과학자는 D3 갤러리로부터 좋은 아이디어를 훔친다.)

D3에는 전혀 관심이 없더라도, 갤러리를 한번쯤 훑어보는 것만으로 시각화에 대해 많은 것을 배울 수 있을 것이다.

마지막으로 Bokeh[12]는 D3의 기능을 파이썬으로 가져온 것이다.

27.3.5 R

R[13]을 배우지 않아도 아무런 문제가 되지 않지만, 많은 데이터 과학자와 데이터 과학 프로젝트가 R을 사용하기 때문에 익숙해지는 건 의미가 있다.

그래야 R에 기반한 블로그 포스트, 예시, 또는 코드를 이해할 수 있기 때문이기도 하고, 다른 한편으로는 그래야 파이썬의 (상대적으로) 깨끗하고 우아한 면을 더욱 사랑하게 될 것이기 때문이다. 그리고 오랜 시간 지속되고 있는 'R vs 파이썬' 논쟁에 여러분도 조금 더 근거를 가지고 참여할 수 있기 때문이다.

27.3.6 딥러닝

딥러닝을 하지 않고도 데이터 과학자가 될 수 있지만, 트렌디한 데이터 과학자가 되지는 못할 것이다.

가장 인기 있는 파이썬 딥러닝 프레임워크로는 구글의 텐서플로(TensorFlow)[14]와 페이스북의 파이토치(PyTorch)[15]가 있다. 인터넷에서 최악부터 최고까지 다양한 스펙트럼의 튜토리얼을 찾을 수 있다.

이 중에서 텐서플로가 조금 더 오래되고 널리 사용되고 있는데, 내 생각에는 파이토치가 훨씬 쉽고 특히 초보자에게 친숙하게 느껴질 것이다. 나는 파이토치를 더 좋아하고 그것을 권장하고 있지만, 텐서플로를 골랐다고 해고당한 사람도 없다.

---

10 *http://d3js.org*
11 *https://github.com/mbostock/d3/wiki/gallery*
12 *http://bokeh.pydata.org*
13 *http://www.r-project.org*
14 *https://www.tensorflow.org/*
15 *https://pytorch.org/*

27.4 데이터 찾기

데이터 과학이 직업인 사람이라면, (항상 그런 것은 아니지만) 직장에서 필요한 데이터를 얻을 확률이 높다. 그런데 취미로 데이터 과학을 한다면 데이터를 어디서 구해야 할까? 데이터는 사실 도처에 있다. 하지만 다음의 사이트들은 데이터를 구할만한 좋은 출발점이 될 것이다.

- Data.gov[16]는 미국 행정부에서 제공하는 데이터 포털이다. 정부와 관련된 데이터를 얻고 싶다면 이곳이 좋은 출발점이 될 것이다.
- reddit.com에는 r/datasets[17], r/data[18] 등 데이터를 찾거나 질문할 수 있는 포럼이 있다.
- amazon.com은 공개 데이터셋을[19] 모아서 공개하는데, 자사의 제품을 이용해서 분석하기를 원한다. (하지만 얼마든지 다른 제품을 이용해서 분석할 수 있다.)
- Robb Seaton은 블로그에[20] 몇 가지 유용한 데이터셋을 정리해 두고 있다.
- Kaggle[21]은 데이터 과학 관련 대회를 여는 웹사이트다. 나는 데이터 과학에 관한 한 그다지 승부욕이 없다 보니 한 번도 참여해본 적이 없지만, 여러분은 참여해 보게 될 수도 있지 않은가. 이곳에 데이터셋이 꽤 많다.
- 구글은 최근에 데이터 검색(Dataset Search)[22]을 공개해서 데이터셋 검색을 편리하게 해줬다.

27.5 데이터 과학하기

데이터 목록을 훑어보며 할 거리를 찾아보는 것도 좋지만, 사실 가장 뛰어난 프로젝트(또는 제품)란 실생활의 문제를 개선하는 것이다. 다음은 내가 해본 몇 가지 생활형 프로젝트다.

---

16 *http://www.data.gov*
(옮긴이) 한국은 행정안전부에서 운영하는 공공데이터 통합제공 시스템인 '공공데이터포털(Data Portal)'이 있다. *https://www.data.go.kr/*
17 *http://www.reddit.com/r/datasets*
18 *http://www.reddit.com/r/data*
19 *http://aws.amazon.com/public-data-sets/*
20 *http://rs.io/100-interesting-data-sets-for-statistics/*
21 *https://www.kaggle.com/*
22 *https://toolbox.google.com/datasetsearch*

27.5.1 해커 뉴스

해커 뉴스(Hacker News)[23]는 기술 관련 뉴스가 모이고 토론이 이루어지는 사이트다. 아주 많은 기사가 있지만, 상당수는 내 관심을 별로 끌지 못한다는 것을 깨달았다.

그래서 몇 년 전에 나는 특정 기사에 대한 관심 여부를 예측할 수 있는 해커 뉴스 기사 분류기[24]를 만들었다. 해커 뉴스 사이트에 있는 사람들은 어떻게 모든 기사에 관심을 가지지 않을 수 있냐며, 이 분류기를 크게 환영하지 않았다.

이 분류기를 만들기 위해 많은 기사를 수작업으로 태깅하고(학습 데이터를 만들기 위해), 기사의 특성을 잡아내는 변수를 추출하고(제목에 포함된 단어, URL의 도메인 등) 우리가 만든 스팸 필터와 크게 다르지 않은 나이브 베이즈 분류기를 사용했다.

기억나지 않는 이유로 나는 루비(Ruby)를 사용해서 이 분류기를 만들었다. 나를 타산지석으로 삼아 같은 과오를 저지르지 않기를 바란다.

27.5.2 소방차

나는 시애틀 시내의 중심에 있는 소방서와 시내에서 발생하는 대부분의 화재가 일어나는 장소 사이 어딘가에 살고 있다. (또는 적어도 그렇게 느껴졌다.) 그런 곳에서 몇 년간 산 덕택인지, 나는 시애틀 소방서에 대한 각별한 애정이 있다.

(데이터 과학자의 입장에서는) 운 좋게도 Realtime 911[25]이라는 웹사이트를 방문하면 실제 화재가 발생한 시간, 장소에 대한 데이터 그리고 당시 출동한 소방차에 대한 데이터를 얻을 수 있다.

그래서 나는 지난 몇 년간의 소방 데이터를 수집해서 소방차들 간의 네트워크를 분석[26]해 보았다. 이 작업을 통해 나는 소방차의 입장에서 중심성(centrality)이란 어떤 개념인지를 새로 개발하게 되었고, 그것을 TruckRank라고 부르게 되었다.

27.5.3 티셔츠

나에게는 어린 딸이 하나 있다. 딸의 어린 시절을 함께 보낼 때 가장 짜증 났던 것 중 하나는, 남자아이의 티셔츠는 아주 재밌는 것이 많은 데 비해 여자아이의 티셔츠 중에는 재밌는 것이 많지 않다는 것이었다.

---

23 *https://news.ycombinator.com/news*
24 *https://github.com/joelgrus/hackernews*
25 *http://www2.seattle.gov/fire/realtime911/getDatePubTab.asp*
26 *https://github.com/joelgrus/fire*

그래서 남아와 여아를 겨냥한 티셔츠들 간에 확연한 차이가 있을 거라는 직감이 들었고, 그들 간의 차이를 모델링할 수 있을지 궁금해졌다.

결론부터 말하면 할 수 있다.[27]

이 작업을 하기 위해 먼저 수백 장의 티셔츠 이미지를 수집했다. 그리고 그들을 같은 사이즈로 변환하고, 각 픽셀에 대한 색 정보를 벡터로 변환했다. 마지막으로 로지스틱 회귀 분석으로 티셔츠들을 분류하는 모델을 만들었다.

그때 사용한 한 가지 방법은 단순히 각 티셔츠 안에 어떤 색이 있는지를 분석한 것이었고, 또 다른 접근 방법은 이미지 벡터들에 대한 주성분(principal component) 10개를 구해서 'eigenshirt'로 그려지는(spanning) 10차원 공간을 활용하는 것이었다(그림 27-1).

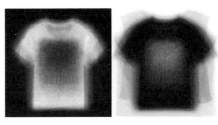

그림 27-1 첫 번째 주성분의 eigenshirt들

27.5.4 지구본 위의 트윗

지난 몇 년간 나는 '회전하는 지구본' 시각화를 만들고 싶었다. 2016년 선거 때, 나는 지오태깅(geotagging)된 트윗을 위치에 맞게 보여 주고, 검색된 결과를 지구본이 회전되면서 보여 주는 작은 웹앱[28]을 만들었다.

이건 온전한 자바스크립트 프로젝트였다. 자바스크립트를 배우는 것도 좋다.

27.5.5 그리고 여러분은?

여러분의 관심을 끄는 것은 무엇인지 생각해 보자. 밤잠을 이루지 못하게 하는 것이 무엇인가? 데이터를 찾아 보고 (또는 웹사이트를 몇 개 스크래핑하고) 데이터 과학을 실제로 해보자.

재미있는 것을 발견한다면 나에게도 알려 주길 바란다! *joelgrus@gmail.com*으로 이메일을 보내거나 트위터에서 @joelgrus[29]를 찾으면 된다.

---

27 *https://github.com/joelgrus/shirts*
28 *https://joelgrus.com/2016/02/27/trump-tweets-on-a-globe-aka-fun-with-d3-socketio-and-the-twitter-api/*
29 *https://twitter.com/joelgrus/*

찾아보기